아리스토텔레스의

레토릭

설득의 변론 기술

아리스토텔레스의
레토릭
설득의 변론 기술

초판 1쇄 인쇄 | 2024년 4월 5일
초판 1쇄 발행 | 2024년 4월 15일

지은이 | 아리스토텔레스
옮긴이 | 전영우

발행인 | 김남석
발행처 | ㈜대원사
주 소 | 06342 서울시 강남구 개포로140길 32 원효빌딩 B1
전 화 | (02)757-6711, 6717
팩시밀리 | (02)775-8043
등록번호 | 제3-191호
홈페이지 | http://www.daewonsa.co.kr

Daewonsa Publishing Co., Ltd
Printed in Korea 2024

ISBN | 978-89-369-2264-1

아리스토텔레스의
레토릭
설득의 변론 기술

아리스토텔레스 지음
전영우 옮김

대원사

역자 서문

1950년대, 미국의 스피치(Speech) 연구에 관심을 가지면서 우선 해롤드 젤코(Harold P. Zelko)의 저서『How to become a successful speaker』를 옮겨 1962년 을유문화사에서 구미 신서 42집『화술의 지식』으로 출판하고, 동년 대학원에서 「구미 스피치 교육사 연구」로 석사를, 1989년「한국 근대 토론사 연구」로 박사 학위를 취득한 역자는 1998년 '한국화법학회'를 창립, 학계에서 동학을 규합했다. 회원들의 연구 열의는 대단하나 내용을 살펴볼 때 스피치 원전에 대한 연구가 소홀함을 깨닫고 아리스토텔레스의『레토릭』을 번역하기로 결심했다.

이 분야가 우리나라에서 단지 '수사학'으로 알려져 오지만 사실상 '변론법'의 의미가 보다 더 강하다고 생각한다. 변론가, 웅변가, 연설가 등의 교재로 오랫동안 각광을 받아 온 원전이 바로『레토릭』이기 때문이다. 오늘날 '스피치 커뮤니케이션' 연구에 관심 갖는 학계와 교육계 인사는 물론 법조계, 정계, 종교계 인사들이 참고해야 할 고전 필독서이기에 흔연히『레토릭』번역에 착수한 것이다.

역자가 참고한 원서는 이미 1차로 번역된 영문판과 일문판이므로 이 번역본은 이중 번역이 된다. 하지만 넓고 깊은 아리스토텔레스의『레토릭』탐구에 다만 감탄의 소리가 절로 나온다. 기원전 384~322년의 아리스토텔레스가 이 책을 어떻게 썼을까 하는 감동마저 자아낸다. 그는 변론법을 "어떤 경우에도 각각의 사례에 적응 가능한 설득 방법을 창출해 내는 능력"이라고 정의하고, 플라톤의 경험에 의한 '능숙함'이라는 종래의 변론법도 그 성공의 원인을 관찰 방법화해 '레토릭'을 '기술'로 성립시켰다. 바로 이 책이 후세의 '변론법', '수사학'에 크나큰 영향을 미친 '그리스 변론법'의 정수라 보겠다.

옛 현자의 원전을 찾아 음미·저작·반추하는 일이 곧 미래 지향적인 학구 태도라는 데 의견을 같이한다면, 이 레토릭은 벌써 그만큼 무게와 가치를 더한다. 일부 장절이 수사법이라 해서 전체를 '수사학'이라 명칭 붙이는 일은 성급한 일이다. 오히려 '변론법'이라 이름 붙이는 편이 합리적이고 타당하기 때문이다. 이 문제는 일단 원전을 읽고 난 다음에 재논의해도 늦지 않을 것이다.

역자의 무딘 붓끝이 행여 원저자 아리스토텔레스의 본래 의도에 유리되거나 왜곡되는 일이 있다고 하면 그것은 전적으로 역자의 허물이 될 것이다. 역자에게 많은 도움을 준 양국의 1차 번역자들에게 고마운 뜻을 표한다.

'아리스토텔레스의 레토리케'가 원제명이지만 그리스어 '레토리케'를 영어 '레토릭'으로 바꾸었다. 그리고 부제로 '설득의 변론 기술'을 덧붙였다. 말하자면 이 책은 변론과 설득의 지혜를 우리에게 가르쳐 줄 것이기 때문이다.

2024년 4월

역자 전영우

차 례

제2권 인격에 의한 설득, 정서적 호소에 의한 설득, 이에 수반하는 논리의 전개

제3권 표현 방법과 배열

해설

'레토릭'에 대한 새로운 이해

'레토릭' 연구는 기원전 5세기경 그리스에서 시작된다. 민주 정부가 아테네를 비롯해 여러 도시에 출현한다. 모든 시민은 동등 권리와 의무를 가지고 정부에 참여한다. 이 공적 생활을 효율적으로 영위하기 위해 그들은 공중 연설 기술을 필요로 한다. 민주제하에서 공공 정책의 결정은 성인 남성 시민으로 구성된 집회에서 정식으로 이루어진다. 그 시민은 대체로 발언을 희망하는 경우가 많다. '오러터(Orator)'로 불리는 소수의 야심찬 시민이 토론에서 리더 역할을 하는 것은 그다지 놀라운 일이 아니다. 그들은 도시와 그들 자신을 위한 최상의 방책을 찾기 위해 사태 해결의 실마리를 풀어나간다. 당시 그리스에 직업적 변호사는 없었다. 만약 시민이 그가 당한 억울한 일 때문에 법정에서 구제책을 찾고자 하면, 그는 바로 법을 찾는다. 혹은 또, 시민이 만약 피고로 법정에 출두한다면 자신의 이익을 옹호하기 위해 발언하고자 한다. 비공식 토의 또는 사적 회합은 물론 축제일, 장례일에 즈음해 공중 연설의 기회도 갖는다.

현대 생활에서 능률적으로 의사를 소통할 수 있는 능력은 고대 그리스 사회 못지 않게 중요하다. 텔레비전 및 라디오를 통해 화자가 접촉할 수 있는 청중은 과거에 비해 상상을 초월하리만큼 그 수가 많다. 우리 대부분은 공적 경력을 열망하지도 않으려니와 대집단 청중을 향해 연설할 기회도 없다. 그러나 대부분은 남이 우리 견해를 이해하도록 우리 사고를 조직하고, 동시에 우리 행동을 옹호하기 위해 남을 설득할 체계적 필요성을 인지하고 있다. 이를 위해 우리는 개인 또는 소집단을 향해 직접 발언한다. 또 우리는 보고서와 문건을 작성한다. 이 현상은 과거보다 한층 더 확대 확장되는 추세다. 우리는 계속 정치인, 교수, 종교 지도자, 의사, 판매 상인, 그 밖의 사람으로부터 많은 발언을 청취 수용한다. 이때 그들이 하는 말의 중요성 및 정당성을 정확히 판단하려고 하면, 우리는 그들이 사용하는 기술을 바르게 이해할 필요가 있다. 놀랄 것도 없이 21세기에 들어와 레토릭 연구는 그 열기가 크게 달아오르는 형편이다. 이와 함께 아리스토텔레스의 『레토릭』은 커뮤니케이션 스킬의 기본 이해를 위한 원전으로 새삼 각광받는다.

그리스와 마찬가지로 소통이 자연의 혜택이라 생각하는 견해가 많다. 스피치나 문장 작법의 원리를 이해하게 됨으로써 유능한 화자 및 작가의 방법을 탐구 실천해 봄으로써 이 같은 재능을 신장할 수 있다.

그리스 학생의 필요에 응해 '소피스트(Sophist)'로 불리는 교사가 출현, 보수를 받고 학생을 가르쳤다. 토론 구성, 스피치의 논리적 분석, 신중한 어휘 선택과 결합 등으로 공적 생활에서 성공적으로 생존할 수 있는 방법 등을 가르친 것이다.

레토릭 역사상 가장 중요한 인물은 고르기아스(Gorgias)다. 그는 기원전 427년 시칠리에서 아테네로 이주, 시의 문체와 역설적인 논의 등으로 그의 청중에게 많은 감명을 주었다. 『스피치 기술』이라는 편람을 출판, 저렴한 가격으로 공급하기 시작한다. 내용은 주로 법정 변론을 체계 있게 구성하는 방법, 청중의 정서 환기, 처해진 정황에서 헤어나는 개연성 논의 등과 관련된 저술이다.

소크라테스와 그의 제자 플라톤은 편람 저자 및 소피스트의 가르침을 모두 불신하고, 플라톤의 대화 기록 『고르기아스』는 본질적인 아첨 형식, 도덕적인 무책임, 참지식에 기초하지 않은 형식적 레토릭을 공격한 최초의 사례가 된다.

일반 사회에서 레토릭의 학술적 기능에 관한 토론은 일찍부터 있어 온다. 오늘에 와서도 일부 학자는 레토릭이 공허하고 논의를 잘못 전개하면서 청중의 기본 정서에만 호소한다는 비판을 가한다. 그만큼 레토릭에 위험 요소가 존재한다. 예를 들면 정치적 과격주의, 민족적 차별주의, 파렴치한 판매 기술 등이 그렇다. 그러나 레토릭을 잘 연구함으로써 잘못 이용할 가능성을 배제할 수 있게 되고, 한편 화자가 청자를 일방적으로 조종하려 할 때 즉각 그 사실을 인식할 수 있게 된다.

레토릭에 매우 실증적인 힘이 실려 있다. 유리한 결과를 얻기 위해 우리가 레토릭을 이용할 수 있음은 물론이다. 그것은 또 설득력 있는 설교다. 성 바울과 사도 그리고 계승자들이 레토릭으로 이 세상에 기독교 신앙을 전파했다. 아메리카 합중국 독립의 초석이 된 공중 여론을 조성한 일도 결국 레토릭에 의존한 결과다. 또 여성들, 소수 집단, 유색인 지도자 등이 그들의 권리를 확실히 주장하게 한 설득력 역시 레토릭이다.

레토릭이 커뮤니케이션 아트이고 도덕적으로 불편부당한 기술이지만, 그것이 또 선과 함께 악을 전파할 수 있음을 분명히 인식한 최초의 학자가 바로 아리스토텔레스다. 그가 말한 설득 방법은 세 개 항의 요소로 요약된다. 논의 내용의 진실성과 논리적 타당성, 남자나 여자가 신뢰할 수 있는 인품임을 청중에게 인식시켜 주는 화자의 성공적인 노력, 청중과 일치하는 미래 지향적이고 실천 가능한 전체를 수용하도록 화자가 청중을 깨우칠 수 있는 정서 등이다. 현대 레토리 학자는 그가 말한 정의가 다소 확대된 것임에도 불구하고 이 세 개 항목의 설득 방법을 참조해 그의 용어를 그대로 사용한다. 논리적 논의를 '로고스(Logos)'로 부르고, 화자 인품의 반영을 '에토스(Ethos)'로 부르고, 청중의 정서 환기를 '파토스(Pathos)'로 부른다.

아리스토텔레스는『레토릭』을 기원전 4세기 중반에 썼다. 그러나 고대, 중세보다 현대에 와서 더 많이 그것이 연구되고 있다. 커뮤니케이션, 화법, 문장 작법을 가르치는 교수들은 이를 세미나 주제로 선택한다. 주제는 본질적인 요소를 구성함은 물론, 스피치 행위의 기초적 통찰력을 제공한다. 또 소통에 대해 토론 범위와 용어 체계를 확립해 준다. 그것은 그들이 일상 생활에서 활용할 수 있게 수업 내용을 조직하고 응용할 수 있는 방법을 설명한다.

아리스토텔레스는 공중 연설에 대한 레토릭의 기능을 크게 제한했음에도 불구하고 그는 커뮤니케이션에 관해 최근의 저자들이 한 것보다 더 폭넓은 업적을 남겼다. 현대 독자들은 이 점에 놀라고 관심을 크게 기울인다. 그는 역사, 철학, 윤리학, 정치, 문학 등의 이슈에 관해 진술했다.

제2권에 인간 심리학에 대한 상당량의 설명을 포함시켰다. 아리스토텔레스의 견해로 보아 모든 화자는 청자들의 마인드를 이해할 필요가 있고, 이 과정에서 우리는 우리가 누구인지, 우리가 해야 할 것을 하는 이유 등을 이해할 수 있게 된다. 독일 철학자 마르틴 하이데거(Martin Heidegger)는『레토릭』 제2권을 상생하는 우리 일상 해석의 첫 번째 체계라고 일컫는다.

현대 이론가들은 빈번하게『레토릭』을 참조하고 인용한다. 커뮤니케이션 아이디어의 원전으로서, 또 스피치와 각종 문장의 수사학적 분석과 평가를 위한 원천 자료로서 이를 크게 참조하고 인용한다. 또, 문학 작품 분석에 적용하기도

하고, 시와 드라마에서 실례를 끌어낼 때 적용하기도 한다. 오늘날 레토릭에 접근하는 이색적 방법도 물론 있다. 일부는 의도적으로 아리스토텔레스에 반대 입장을 취한다. 그러나 이색적 접근의 차별성 있는 기여는 이따금 아리스토텔레스와 대조할 때 더 확실하게 그를 이해할 수 있게 한다.

현대의 레토릭 이론가 중에서 체임 펄맨(Chaim Pereman)은 아마 고대 그리스 철학자로부터 가장 많은 은혜를 받은 사람일 것이다. 아리스토텔레스처럼 펄맨은 『레토릭』에서 가장 중요한 요소로서 논쟁을 지적한다. 그는 "유명한 실례로 자존심을 세워 주는 레토릭을 제시한 아리스토텔레스 『레토릭』의 인용은 만족스럽다."라고 말한다. 광범위하게 읽힌 스테픈 톨민(Stephen Toulmin)의 『논의의 효용(Uses of Argument)』 역시 아리스토텔레스 학설이다. 레토릭에 대한 케네드 버크(Kenneth Burke)의 매우 다른 접근도 주제를 재구성한 것이다. 그러나 그는 첫째, 아리스토텔레스가 다루지 않은 내용은 쓰지를 않았다. 그리고 버크 자신을 이해함과 동시에 그가 빈번히 인용한 아리스토텔레스를 이해하도록 요구한다.

에드워드 코벳(Edward P. J. Corbett)이 쓴 『현대 학생용 레토릭』 같은 교재가 그들의 이론을 전적으로 아리스토텔레스에 토대를 두고 있다. 코벳은 "그의 철학론과 함께 아리스토텔레스는 그 후의 모든 레토릭 이론의 근원이 되었다."라고 말한다. 그리고 그는 현대 레토릭 연구의 선두 주자 레인 쿠퍼(Lane Cooper)의 말을 인용하며 설명을 계속한다. "레토릭은 키케로(Cicero)와 퀸틸리아누스(Quintilianus)뿐 아니라 중세 르네상스 시대, 그리고 현대에 와서도 본질적으로 최상의 요소는 모두 아리스토텔레스에 유래한다." 아리스토텔레스 학파를 신랄하게 비판한 사실로 유명한 에드윈 블랙(Euwin Black)조차 아리스토텔레스에 대한 공격은 그를 이해하는 데 실패한 현대 비평가의 시위에 불과하다고 했다.

『레토릭』은 어려운 작업이다. 현대 독자들은 읽는 데 참고되는 도움을 필요로 한다. 난해성은 종종 아리스토텔레스가 썼다는 사실의 불확실성에서 유래된다. 그것은 우리가 전적으로 동의하지 않는 중세 때 이루어진 수제 복사본에 의존하고 있기 때문이다. 난해성이 더 빈번히 논의되는 이유는 아리스토텔레스 문체에 연유한다. 문체가 극단적으로 압축되어 있다. 독자들은 사고, 어휘 또는 추이 등이 논의를 명백히 전개하도록 기대한다. 또 하나의 문제는 각각의 시기에 연구의 다른 부분을 썼다는 사실과 함께 동일 집단이 아닌 다른 집단의 학생들을 가르칠 때 그의 아이디어 혹은 관점이 변해 있다는 등의 사실에서 발생한다. 일찍이 일치되게 연구 부분을 쓴 그의 개정이 완성되었음에도 불구하고 그가 말한 내용, 그가 사용한 용어에 불일치가 보인다. 그러므로 현재 전체 텍스트에 아리스토텔레스 마인드인 한 가지 주제가 레토릭의 두 가지 견해 사이에 끼어 있다. 하나는 화자에게 도덕적이고 논리적이기를 적극 요구하는 것이고, 또 하나는 토론의 성공을 일층 강조하는 부분이다. 이 사실은 독자를 분명 혼동시킬 수 있다. 그러나 아리스토텔레스를 연구하는 확실한 목적이 바로 이슈의 탐색이기도 하다. 텍스트에서 다른 견해를 찾아볼 수 있다. 특히 플라톤의 비평과 이소크라테스의 레토릭 옹호를 결합해 볼 때, 이 사실은 일반 사회에서 레토릭의 성격과 기능을 현대 학생이 토의할 때 좋은 단초를 제공할 수 있을 것이다.

이 번역은 해설·텍스트의 용어·각주 등에 의해 독자들에게 일층 접근하기 쉽게 고려하고, 아리스토텔레스의 차별성 있고 압축된 전체를 통해 그의 사상을 전달, 표현한다는 양면적인 시도가 있다. 아리스토텔레스에 대한 우리의 이해는 학자들의 본문 연구 및 번역 연구를 통해 뜻깊게 발전하고 있다.

현재까지 학생과 일반 독자가 쉽사리 이용할 수 있는 아리스토텔레스의 영문 번역은 3종이다. 라이스 로버츠(W. Rhys Roberts)판 1924, 프리스(J. H. Freese)판 1926, 레인 쿠퍼(Lane Cooper)판 1932 등이다. 이 3종은 학계 서클에서 레토릭 주제가 신뢰를 얻지 못하고 독자들이 기교적 어휘에 친숙해져 있지 않을 때 출판된 것이다. 때로 번역자들은 일층 더 쉽게 수용할 수 있는 텍스트를 만들기 위해 일부 전문 용어를 포기하든가 또는 의역(意譯)에 집중했다. 그러나 우리 세대에서 아리스토텔레스를 읽어야 하는 한 가지 분명한 이유는 그가 쓴 전문 용어를 이해하는 데 있다. 초기 번역자들은 그리스 원본을 결점 있는 것으로 간주하고 번역 작업을 수행했다. 그들은 그때 아리스토텔레스가 하고자 한 말을 바르게 이해한 것으로 보이지 않는다. 특히 쿠퍼는 해설, 자료, 각주 등을 제공했음에도 불구하고 평균 수준의 독자가 텍스트를 이해하는 데 부분적으로 불충분한 점을 드러낸다.

온전하게 만족할 수 있는 그리스 텍스트의 번역이 없으므로 당연히 우리의 관심을 끄는 것은 그리스의 원문판이다. 로스(Ross)판 1950, 두포(Dufour)와 월텔(Wartelle)판 1960~1973, 카셀(Kassel)판 1976 등이 그것이다. 그리고 『1권과 2권에 대한 비평』 1980~1988에서 그리멀디(Grimaldi)가 만든 몇 부분 본문의 해석과 다른 논문도 우리의 관심을 끈다. 그러나 약간이라도 본문의 변형은 별 의미가 없다. 그것은 각주에서 확인될 것이다.

레토릭의 주요 원칙은 생략 삼단 논법(생략 추리법), 또는 삼단 논법(연역법)의 사용이다.

아리스토텔레스는 공중 연설에서 항상 남성만 염두에 두었다는 주장이 있으나, 그는 분명 레토릭이 남성만으로 한정된다고 생각하지 않았다. 그는 기원전 6세기 여류 시인 사포(Sappo)로부터 레토릭의 실례를 끌어냈기 때문이다. 또 몇몇 다른 여성, 그리고 서사시와 드라마에서 여성역을 끌어 오기도 했다. 그는 말하기를, "행복은 여성이 없다면 반만 나타난다."고 했다. 아리스토텔레스 국제 학술 대회가 정기적으로 열리고 있음에 우리는 주목할 필요가 있을 것이다.

그리스어, 라틴어, 영어, 불어, 독어, 일어 등의 다양한 발음 표기로 인해 내용에 포함된 인명, 지명, 사물명 등에서 일관성이 결여된 경우가 없지 않다. 역자는 그리스어·라틴어에 우선 비중을 두되, 우리에게 한층 가까운 영어를 차선으로 고려했음을 밝히고, 이 책의 부제·장절 별 주제·주해·해설 등은 역자가 덧붙인 것임을 여러분께 알린다.

아리스토텔레스의 생애

아리스토텔레스가 직접 전한 생애의 이벤트는 거의 없다. 그런데도 그는 그의 정신과 가치관을 충분히 드러내고 있다. 특히『니코마코스 윤리학』에서 두드러진다. 그의 행적과 남과의 관련에 대해 우리가 파악하고 있는 내용은 3세기 초에 쓴 디오게네스 라에르티우스(Diogenes Laertius)의『철학자의 생애』중에 나오는 '전기'와 '저작물 목록'을 포함해 최근에 알려진 자료에서 끌어낸 것이다. 아리스토텔레스의 저술을 이해하는 데 도움이 되는 가장 중요한 사실은 마케도니아 왕과의 친밀한 유대와 20년간 학생 및 동료로 지낸 플라톤과의 공동생활이다.

아리스토텔레스는 기원전 384년 그리스 북부 스타기로스에서 태어났다. 이곳은 그리스의 도시로 마케도니아 왕국에 가깝고, 부분적이나마 헬레니즘화한 유일한 도시다. 아리스토텔레스의 아버지는 마케도니아 왕의 친구로서 개인 주치의였다. 아리스토텔레스는 아마 마케도니아에서 그의 젊은 시절을 보냈을 것으로 안다. 그리고 그는 법정과도 유대를 맺어 나갔고, 생애의 절정기에 젊은 왕자의 교육을 담당하는 자리에 올랐다. 왕자는 후에 알렉산더 대왕이 되었다. 그의 마케도니아 관계는 노후에 아테네 사람들에게 다소 의문을 갖게 했다.

아리스토텔레스의 교육은 아마 언어, 시, 음악, 지리 등이 평소 교육에 포함되었을 것으로 추정된다. 체육관의 육상 경기 훈련도 물론 포함된다. 의심할 것도 없이 그는 아버지로부터 의술에 관한 것을 배웠을 것이다. 그리고 이것은 생물학에 관계하는 우연한 계기가 되고, 또 조직 발전의 변화를 보는 계기도 되었을 것이다.

기원전 367년 17세 때, 아리스토텔레스는 플라톤 아카데미 생도가 되기 위해 아테네로 갔다. 그것은 분명 철학에 중요한 관심을 가진 초기의 행보다. 그의 생애를 통해 그는 제자로서의 관계를 유지하며 많은 것을 플라톤에게서 배웠다. 그러나 철학에 대한 그의 차별적인 감정은 플라톤보다 훨씬 실용주의적이었다. 그리고 최초의 태도가 어떻든 간에 그는 결국 기본적으로 플라톤의 철학적 개념을 거부한다. 이를테면, 초월적 관념의 실체를 거부한 것이다. 특히 진선미의 표현 형식에서 그렇다. 플라톤은 유일하고 절대적인 실체의 현상과 일치시켰으나 아리스토텔레스는 이를 독립적인 실체가 아니라 인간의 정신으로 창출된 추상이라 주장한 것이다. 일찍이 아리스토텔레스는 논리학에 관심이 컸던 것으로 보인다. 그것은 플라톤의 격려를 받을 만한 것이다. 그리고 그는 형식 논리학의 창안자이기도 하다. 그는 『오르가논(Organon)』이라는 저술에서 자세한 부분을 설명하고 있다.

그의 정치적 이론에 대한 관심은 플라톤의 작업을 명쾌하게 발전시켰으나 역시 그것은 일층 더 실용적인 방향이다. 그것은 두 사람의 역사적 발전상 존재하는 본질의 연구에 기초를 두고 있다. 그리고 그것은 플라톤이 『국가(Republic)』 및 『법률(Law)』에서 설명한 '이상 국가'를 상상하기보다 오히려 혼합 구성으로 안정성을 창조할 수 있는 견제와 균형을 분명히 밝힌 것이 다르다.

관례대로 경건했음에도 불구하고 아리스토텔레스는 실재적인 세계에 사는 현상을 우선시한다. 그의 윤리학 이론은 종교적 신앙, 혹은 플라톤의 이론 그대로 소년에서의 보상과 처벌에 기초를 둔 것이 아니고, 합리적 감정의 조종에 따른 비종교적 사회에서의 행복을 실현하는 방법에 기초를 둔 것이다. '레토릭'은 사회의 실제적 현상으로, 그에게 관심을 갖게 했다. 플라톤 아카데미에서 하는 행복에 대한 토론은 물론, 아테네에서 벌어지는 정치적 '레토릭'을 보면서 아마 관심이 컸을 것이다.

완전한 형태로 보존된 아리스토텔레스의 저작물은 그의 중년기에 필사한 원고를 통해 전해졌다. 그것은 그의 생애 중 다른 시기에 강의한 주제를 체계적으로 해설한 논문들이다. 그것은 필사자에 의해 복사되었으며, 서점에서 판매할 수 있게 간행된 것은 아니다. 다만 그의 도서관에서 남들이 연구할 수 있게 저술한 것이다. 그러므로 그것은 비전(祕傳)의 저작물로 알려져 온다. 이 같은 현상은 그 저작이 고도로 압축된 내용임을 설명한다.

아리스토텔레스는 대부분 대화체 형식으로 몇몇 저작물을 저술하기도 했다. 특히 플라톤과 공동생활을 한 비교적 초기의 일이다. 그것은 고전으로 읽혔고, 내용은 물론 문체에 감탄을 자아내게 한다. 그것은 뒤늦게 고전의 황폐함을 보존한 것이 아니다. 그것은 현재도 여러 사람에 의해 인용, 발췌, 언급되는 유일한 원전이다. 그 대화체 문장은 '시인론'을 포함하고 있다. 그것은『시학』에서 발견되는 일부 아이디어를 미리 전제하고 쓴 것이다. 그리고 레토릭에 관한 다이얼로그는 '그릴로스(Gryllus)'로 제목을 붙였다. 역사가 크세노폰(기원전 355년 사망 추정)의 아들을 기념해 이름을 붙인 것이다. 또 그 후 2, 3년 안에 간

행되었다. 로마의 퀸틸리아누스와 같이 레토릭이 아트가 아니라는 의론이 포함돼 있다. 이것은 플라톤의 『고르기아스(Gorgias)』를 연상하는 저작으로 보인다. 그러나 대화체 형식의 저작 이래 문제의 양쪽을 의론하게 되었다. 또 그것은 레토릭의 몇몇 아이디어를 추측하게 한다.

아직 아카데미 회원이던 기원전 350년 어느 때, 아리스토텔레스가 말했다. "레토릭 과정을 제공하기 시작했다."고. 이것은 최근에 나온 자료에 의한다. 자료가 전적으로 신뢰되는 것은 아니나, 그 과정이 일반 공중에게 공개된 것으로 보인다. 또 그 과정은 아카데미의 일종 공개 강좌로, 오후에 제공되었다. 그리고 여기서 화법의 실제적 훈련이 실시된다. 자료에 따르면, 그 과정을 제공하게 된 한 가지 이유는 이소크라테스의 영향을 줄이고자 하는 데 있다. 이소크라테스는 궤변자적 레토릭에 대한 자신의 방법을 가르쳤다. 여기에 논리적 이론이 조금도 강조돼 있지 않다. 그는 아테네와 외국에서 온 다수 학생을 가르쳤다. 이와 동시기로 추정되는 안티도시스에서의 가르침에 대한 이소크라테스의 변명은 아리스토텔레스에 대한 자신의 반응으로, 최소한 부분이나마 설명이 가능했을 것이다. 『레토릭』의 몇몇 부분, 특히 제3권 1~15장은 아마 이때 집필된 것이고, 후에 약간만 개정했을 것이다. 아카데미에서 논의된 것으로 알려진 철학적 견해의 결여를 포함하는 초기에 알려진 이들 장절은 신빙성 있는 근거가 된다. 그러나 후년에 가졌던 그것과는 일치하지 않는다. 후년에 첨가할 수 있던 약간을 제외하고 아리스토텔레스의 다른 논문에 대한 참조의 부재, 그리고 여러 이벤트와 '350인회'에 대한 다수의 역사적 참조의 부재를 지적할 수 있다. 레토릭 수업을 준비함에 있어 아마 아리스토텔레스는 4, 5세기 핸드북에서 발견되는 레토릭 교의(教義)의 개관을 이미 편찬했을 것이다.

기원전 347년, 예견한 대로 플라톤이 세상을 떠나자, 곧 아리스토텔레스는 아테네를 떠나 처음 소아시아 아쏘스로 갔다가 레보소 섬으로 갔다. 거기서 그는 생물학적 조사를 많이 했다. 그리고 거기서 가장 유명한 학생 테오프라스투스가 그에게 합류했다.

기원전 343년 또는 342년, 필리포스 왕이 13세가 된 알렉산더의 가정교사로 마케도니아에 오도록 그를 초청했다. 아리스토텔레스는 아마 그에게 논리학, 문학, 레토릭, 정치학 이론 및 윤리학에 대한 수업을 했을 것이다. 이소크라테스가 알렉산더에게 보낸 편지에 필리포스 왕에게 보내는 편지도 동봉되었다. 그것은 레토릭을 연구하는 알렉산더를 칭찬하는 내용이다. 그러나 그것은 아리스토텔레스가 사용한 접근 방식을 비판하는 내용을 포함하고 있다. 아리스토텔레스의 가정교사 임무는 기원전 340년에 끝났다.

기원전 340년부터 335년까지 아리스토텔레스는 마케도니아와 스타기로스에 거주하면서 철학을 연구하는 몇 명의 학생들과 함께 그의 연구를 지속했다. 그는 외견상 정치학을 연구했다. 그리고 실제로 『레토릭』을 완성했다. 그것은 당시의 역사적 이벤트를 참조했다. 그러나 노년의 저작은 아니다. 기원전 338년, 필리포스 2세가 케로네아 전투에서 아테네와 또 다른 그리스의 도시 국가들을 공격하고 고대 세계의 정치적 중요성에 종지부를 찍었다(아테네가 대학도시와 같은 문화 센터로 수 세기 동안 남아 있었음에도 불구하고). 기원전 336년, 필리포스 2세가 암살되고 알렉산더는 왕권 장악에 성공한다.

기원전 335년, 아리스토텔레스는 아테네로 돌아와 페리파토스에서 그 자신의 학교를 개설한다(페리파토스 학교를 이른바 '열 지은 기둥'이라 함). 거기에 리시움의 연무장이 있는데, 오늘의 힐튼 호텔에서 멀지 않은 곳이다. 연무장 근처에 도서관, 연구실 그리고 식당이 있다. 거기서 그는 학생들과 만날 수 있었다. 아테네에 처음 돌아와 그는 시학, 레토릭, 정치학, 윤리학 등이 포함되는 평판이 좋은 주제들을 가르칠 수 있었다. 그러나 후에 그의 주의력은 형이상학에 집중되었다.

기원전 323년, 알렉산더가 세상을 떠난 후에 아테네에서 반마케도니아 감정이 절정에 이르렀다. 아리스토텔레스는 그의 학교를 테오프라스투스에게 인계하고 에우보이아(에비아) 섬에 있는 칼시스로 이주했고, 기원전 322년 그곳에서 세상을 떠난다. 후에, 전기 작가는 그가 가느다란 다리를 가졌고, 반쯤 대머리이고, 반지 끼기를 좋아하고, 혀짜래기 말을 했다고 전하고 있다. 그는 결혼해 한 명의 딸을 얻었다. 아내가 세상을 떠난 뒤에 후처에게서 아들을 두었다.

아리스토텔레스는 예술과 과학의 다양한 관계를 학습할 수 있는 지도를 작성하는 데 중요한 도움을 준 첫 번째 인물이다. 그것은 기원전 4세기 초, 분리 연구로 나타났다. 아리스토텔레스의 학습 지도는 도서 목록과 함께 현대 대학의 비조가 된다. 그 자신의 학적 체계는『형이상학』전 6권에서 찾아볼 수 있고, 또『니코마코스 윤리학』전 6권에서 찾아볼 수 있으며, 그 밖의 자료에서도 찾아볼 수 있다.

아리스토텔레스는 지적 활동을 네 분야로 나누었다. (1) 이론 과학, 그것은 수학·물리학·신학 등을 포함한다. (2) 정치학과 윤리학이 포함되는 실제적인 기술이고, (3) 미술·공예·의술 등이 포함되는 생산적 기술이다. 이에 덧붙여 (4) 방법 또는 도구다. 그들 자신의 불분명한 종속 문제를 제외한 모든 연구에 적용할 수 있다. 논리학과 변증법이 이 분류에 속한다. 고대와 중세의 아리스토텔레스 학자들은 레토릭을 아리스토텔레스의 『레토릭』에 크게 기초를 둔 방법 및 도구의 하나로 간주한다.

현대 학자들은 레토릭을 시학과 같이 생산적 기술이라는 아리스토텔레스의 견해로 돌리는 경향이 있다. 그러나 그가 실제적으로 말한 것은 레토릭이 혼합이라는 사실이다. 그것은 부분적으로 변증법의 수단이다. 그 자신에게 필요한 문제가 아니라 의회용 변론에 기초하는 윤리학과 정치학에서 파생된 실제적인 기술이다. 『니코마코스 윤리학』에서 그는 레토릭을 정치학 구조의 일부 문제라고 말했다. 그러나 레토릭을 정의해 말하기를, 그는 "가능한 설득 방법을 찾는 능력"이라고 했다. 또, "체언에 연결되는 용언을 사용하는 것"이라고 했다. 그래서 아리스토텔레스의 견해에 따르면, 레토릭은 학리적인 요소를 가지고 설득, 화법, 문장 등을 확실하게 생산해 낼 수 있다. 『레토릭』을 읽을 때 우리는 초점의 점차적인 전이를 인지하게 된다. 그것은 변증법과 같은 도구로서의 『레토릭』을 설명하기 시작, 학적 양상으로 정치적이고 윤리적인 내용에서 생산적 양상을 보인다.

『레토릭』은 모두 전 3권으로 구성되어 있다. 현대에 이르면 레토릭 정의에 탁견이 나타난다. 그것은 아리스토텔레스의 영향을 시작으로 하여 퀸틸리아누스(Quintilianus, 35~95, 로마 레토릭 학교 교사)의 의견과 유사점을 보이고 결론을 내린다. 레토릭의 기본적 기능은 '실제적 기술'에 관한 것이라고.

『레토릭』의 장별 개요

『레토릭』의 전체 구조를 명백히 하고, 그 저술 범위의 대체적인 이해를 돕기 위해 장절별로 구분을 지어본다. 실제로 제3권은 분리된 저술이다. 그리고 권별 구분은 당시 파피루스(papyrus) 두루마리 사정에 걸맞은 길이로 편리하게 나눈 것이다.

원래 필사본 저서의 제목은 'Tekhnē Rhētorikē'다(Arts Rhetorica 또는 An of Rhetoric). 아리스토텔레스 자신이 'Poetics'의 논문을 참조하고, 그가 그것을 'Peri Rhētorikēs(On Rhetororic)'라고 이름 붙였다.

『아리스토텔레스 전집』 베를린판(1831)에 고딕체로 숫자와 문자가 표시돼 있다. 이 숫자는 그리스 텍스트에서의 인용 구절을 표시하기 위해 학자들이 선택 사용하고 있다. 그 가치는 번역상 접근하는 데만 필요할 뿐이다.

장별 구분은 15세기 트레비존드(Trebizund)의 조지(George)에 의해 처음 만들어지고, 대부분은 내용을 논리 단위로 나누고 있다. 이것은 여러 시기에 저술한 각 부분의 관계 불일치와 모순에 대해 언급하지 않고, 또 해석과 용어 문제에 대해서도, 각주에서 논의된 번역도 언급하지 않았다. 차례는 다만 내용에 대한 일반적인 안내 구실을 할 뿐이다.

제1권

설득의 공중 연설

CHAPTER 1

변론법과 변증법

변론법과 변증법

변론법은 변증법[1]과 상관 관계에 있다. 양쪽이 모두 다루는 대상에 일반성이 있고 누구나 알 수 있으며, 특정의 전문 지식을 전혀 필요로 하지 않는다. 뿐만 아니라 모든 사람이 어떤 형태로나 양쪽에 모두 관계를 갖는다. 누구나 남의 주장에 지지도 보내고, 자신의 변명이나 남을 고발하기도 하는 이유 때문이다.

변론법 연구의 가능성

그런데 대다수의 사람이 이 같은 사실을 확실히 파악하는 일 없이 실행에 나서든가 관례에 의존해 실행에 나설 뿐이다. 그런데 실제로 이 같은 방법이 아쉬운 대로 사용되고 있어 당연히 이것을 체계적인 방법으로 개선할 필요가 있다. 관례에 의존해 실행하는 사람도, 되어가는 형편대로 내맡기는 사람도 모두 목적을 잘 수행해 나가는 이유는 무엇 때문일까? 그 근거를 고찰하는 일은 가능하고, 이와 같은 고찰은 기술이 담당하는 분야임을 누구나 지체 없이 동의할 것이기 때문이다.

종전 변론법의 불비

그러나 실정을 말한다면, 일반적으로 변론 기술서 등을 정리한 사람들[2]이 변론법 부분을 어느 것 하나 제대로 완성하지 못했다. 기술이 할 수 있는 것은 증거로 입증하는 설득 방법[3]에 한정하고 나머지는 부수적인 것에 지나지 않으나, 그들은 설득 방법 본체에 해당하는 설득 추론에 관해 전혀 언급하지 않고 대부분의 노력을 당면 문제와 동떨어진 부분[4]에 기울이고 있다. 왜냐하면 중상, 동정, 분개, 그 밖에 마음속에 담겨 있는 이 같은 종류의 감정은 당면 문제에 하등 아무 상관이 없을 뿐, 단지 재판관의 기분을 좌우하는 표적을 겨냥하는 데 불과하다. 그러므로, 가령 일반적으로 재판 실정이 모두 2, 3개 국가, 유달리 잘 다스려지는 국가에서 볼 수 있는 것이라 하면 이들에게 설명할 말이 아무것도 없다. 그것은 모든 사람이 그것을 금지하는 법령을 제정해야 한다는 의견을 가지고 있든가, 혹은 또 거듭 이것을 실행에 옮겨서 아레이오스 파고스[5] 법정에서와 같이 당면 문제 이외의 것을 진술하지 못하게 금지하기 때문이다.

어떻든 이 제도를 채용한 것은 바람직하다. 그것은 재판관을 분노, 질투, 동정 등의 감정으로 유인해 그의 판단을 왜곡되게 한다는 것은 있어서 안 될 일이기 때문이다. 그것은 지금부터 사용할 척도와 기준을 부당하게 왜곡하는 일과 다름 없다.

계쟁 당사자가 할 일

또 계쟁 당사자가 해야 할 일은 문제가 사실 그대로인가 아닌가, 혹은 그 사실이 실제 있던 것인가 없던 것인가, 이 점을 분명히 밝히는 것으로 국한하고, 그 사실이 중대한 것인가 사소한 것인가, 정당한 것인가 부정당한 것인가 하는 점은 입법자가 사전에 법으로 규정한 경우를 제외하고 재판관이 스스로 판별할 대상이므로 계정 당사자들에게서 들을 필요는 없다.

입법자와 재판관이 할 일

그러나 무엇보다 적절한 사실은 정당한 절차에 따라 제정된 법 규정이 가능한 한 모든 사실을 망라하고 있으므로 판정자 재량에 맡겨지는 부분은 극히 미미할 수밖에 없다. 그 이유는 첫째, 충분한 사려를 거쳤을 뿐 아니라 입법과 재판 능력을 가진 사람을 몇몇 찾아보는 일이 다수의 사람을 찾는 일보다 용이하다는 것, 둘째, 입법은 장시간에 걸쳐 조사한 토대 위에서 이루어지는 데 판정은 그 현장에서 내려지게 되므로 판정자들이 정의와 국익 등을 적절하게 회복시키기 어렵다는 점, 그리고 무엇보다 큰 이유는 입법자의 판단은 개별적인 사실에 영향을 주는 것이 아니라 장래, 더욱이 일반성 있는 대상에 영향을 미치는데 민회 의원과 재판관은 눈앞에 있는 특정 사항에만 직접적인 판정을 내리게 되는 것이다. 그때 이들에게 이따금 호의의 감정과 개인적인 이해가 투찰되기 때문에 충분하게 진상을 파헤치기가 어려우며, 개인적 쾌불쾌의 감정이 판정에 음영을 드리울 우려가 있다. 그러므로 그 밖의 것은 우리가 말한 것처럼 판정자에게 맡겨진 권한을 가능한 대로 최소한으로 한정해야 하나, 문제화된 개개의 사실이 실제 있었는가 아니면 없었는가, 장차 그렇게 될 것인가 아닌가를 판정자 재량에 맡기지 않으면 안 된다. 이 같은 사실을 입법자가 사전에 예상하기가 불가능하기 때문이다.

의회 변론

만약 전기한 것이 사실이라면, 그 밖의 논의 각 부분이 어떤 내용을 갖추어야 할 것인가 등을 일일이 규정하는 사람들은 명백히 핵심 문제에서 벗어나 있음이 기술 원리인 것처럼 설명하는 결과가 된다. 그중에서 그들이 전념하는 것은 판정자에게 어떤 심정을 안겨 주려면 어떻게 해야 할 것인가, 단지 그것만이 주가 되므로 변론법 속에 본래의 설득 방법을 하나도 설명하고 있지 않다. 하지만 이 설득 방법이야말로 논자가 설득 추론에 정통한 여부를 결정하는 관건이 된다. 이런 까닭에, 의회 변론과 법정 변론은 다루는 방법이 동일하나 어디까지나 의회 변론에 전념하는 편이 개인의 계약 행위에 대한 법정 변론에 간여하기보다 고상하고 공공성마저 높은데도, 그들은 이쪽에 대해 한 마디도 언급하지 않고 예외 없이 법정에 관한 기술서 저작에만 정력을 쏟을 뿐이다. 결국 의회 변론은 문제 사실 이외의 것을 말해도 별로 효과가 없지만 법정 변론보다 일반의 관심이 쏠리기 쉬우므로 술책을 농할 여지가 별로 없다. 의회 변론의 경우 판정자인 의원은 자기들에게 직접 상관되는 사항 중심으로 판단하므로 사실이 제언자의 주장대로라고 증명만 된다면 그 밖의 것은 필요로 하지 않으나, 법정 변론은 이것만으로 불충분하다. 청자인 재판관을 감정적으로 구슬리는 편이 오히려 유리하게 작용하기 때문이다. 요컨대, 판정 대상이 남의 일이므로 청자는 사실을 심리할 때 역시 자기의 이불리밖에 생각지 않고, 진술에 귀 기울일 때 역시 자기 만족이 중심이므로 결국 계쟁 당사자가 생각하는 바에 꼭 맞는 참된 판정을 하지 않을 수 있다. 그렇다고 하면, 앞에서 말한 대로 여러 나라가 문제 사실에 직접 관계가 없는 사항을 발언하지 않게 법으로 금지하고 있다. 그러나 의회의 경우 판정자 자신이 그런 일이 없도록 충분한 주의를 기울인다.

설득 추론과 논리적 추론

그러므로 길게 말할 필요 없이, 기술에 상당하는 변론법 연구는 설득 방법에 관련되는 한편, 설득 방법은 일종의 논증이 된다. 우리가 일상적으로 가장 신뢰하는 대상은 논증되었다고 풀이할 때뿐이다.

변론법의 논증은 설득 추론이고, 한 마디로 말하면 설득 중에서 가장 유력한 방식이다. 그러나 이 설득 추론 역시 일종의 추론이요, 또 추론 전반에 걸쳐 고찰할 때, 전체인가 일부인가에 상관없이 그것이 모두 변증법[6]의 과업이므로 변증법의 추론이 어떤 요소로서 어떻게 구성, 조립되는가를 가장 잘 파악할 수 있다. 또, 설득 추론이 어떤 것을 대상으로 하고 논리적 추론에 비해 어떤 차이가 있는가를 가려볼 수 있는 지식을 갖출 때, 설득 추론에 가장 정통하게 되는 것이 확실하다.

참을 보는 것도, 대체적인 참을 보는 것도 동일한 정신 능력에 의한 것이다. 동시에 또 사람은 태어날 때부터 참을 지향하는 소질을 충분히 갖추고 있고 실제로 진리를 획득하는 까닭에, 일반적으로 참이라 생각되는 것, 대체로 참이라고 생각되는 것에 잘 맞닥뜨리고 진리에 잘 적중하는 것도 모두 동일한 정신 상태라 할 수 있다.

변론법의 유용성

자, 이제 다른 변론가들이 핵심 문제에서 벗어나 있음을 기술 원리대로 말했고, 또 그들이 왜 법정 변론에 치우치기 쉬운가가 명백히 밝혀졌다. 이에 대해 우리가 말하는 진정한 변론법은 크게 도움을 줄 것이다. 그 이유는 첫째, 진실과 정당성은 본성상 반대쪽보다 우수하다. 나쁜 변론에 의해 판정이 적정성을 결한 채 내려지는 경우 필연적으로 진실과 정당성이 완전히 무너지지만, 실제로 이것은 비난받아 마땅하다.

또 둘째, 우리가 엄밀한 학문적 지식을 가졌더라도 그 지식을 기초로 말할 때 설득이 오히려 용이하지 않을 경우가 있다. 왜냐하면 이처럼 지식에 기초한 언론은 교육이 목적이지만 같은 상대에게 가르치는 방법으로 호소하기는 부적절하고, 오히려 세간의 일반 견해에 입각하여 증거를 제시하는 설득 쪽으로 변론을 변경하지 않으면 안 되기 때문이다.

이에 덧붙여 셋째, 변증법의 추론이 그런 것처럼, 변론법은 상반되는 모든 주장에 대해 각각 설득이 가능해야 하기 때문이다. 그러나 그것은 상반되는 양쪽 설득을 목표로 하지 않는다. 나쁜 것은 설득할 필요가 없기 때문이다. 사실의 진상을 간과하지 않으려는 의도이고, 또 다른 어떤 사람이 논의를 정당하게 다루지 않을 때 우리가 직접 반론할 수 있음을 목적으로 한다. 뿐만 아니라 다른 기술은 어느 것 하나도 상반되는 결론을 도출하지 않으나 변증법과 변론법만은 그것을 실행한다. 요컨대, 상반되는 결론이 어떻든 간에 대등하게 다룬다. 하지만 문제 사항 어느 것이든 동등하다는 주장은 아니다. 일반적으로 말해 어떤 경우라도 참된 사항과 보다 좋은 사항이 본성상 추론하기도 쉽고 설득력도 월등하다.

이에 덧붙여 넷째, 같은 자기 몸을 지킬 수 없다 해도 신체를 사용하여 방어하지 못하면 부끄러운 것이고, 언론을 통해 방어하지 못하면 부끄러울 것이 없다고 하면 이상한 일이다. 어떻든 언론을 구사하는 것이 신체를 사용하는 이상으로 인간에게 특별한 가치를 부여하는 것이다. 또 만약 언론 능력이 부당하게 사용된다면 그 폐해는 엄청날 것이라고 말하지만, 이 같은 비난은 도덕을 제외하고 양호한 어떤 것, 특히 체력·건강·부유·통솔력 등 가장 유용한 조건에도 공통으로 적용된다. 왜냐하면 이와 같은 조건도 정당하게 사용할 때는 최대 이익을 보장하지만 부정하게 사용하면 최대의 폐해를 초래하기 때문에.

변론법의 기능

자, 그러면 진술한 대로 변론법이 특정 종류만을 대상으로 하는 것이 아니고 광범위하게 모든 종류를 망라한다는 것, 또 그것은 크게 도움이 된다는 사실이 명백해졌다. 이에 덧붙여, 그 본래의 역할이 설득을 이루어 나가는 데 있지 않고 각자의 문제에 상응하는 설득 방법을 찾아내야 한다는 사실도 명백해졌다. 이 점은 다른 모든 기술의 경우도 동일하다. 예를 들면 의술의 경우, 그 역할은 병자의 건강을 완전히 정상으로 돌려놓는 데 있지 않고 건강 회복이 가능할 때까지 병자를 이끌어 가는 데 있다. 결국 건강을 완전하게 돌려놓기가 절망적인 병자라 하더라도 의술은 역시 유효한 방법을 찾아 적절한 처치를 실행한다.

이에 덧붙여, 진실한 설득 방법과 눈비음만의 설득 방법을 확인하는 것 역시 분명 변론법의 역할이다. 이 점, 변증법의 경우 진실한 추론과 눈비음만의 추론을 확인하는 것이 동일한 그 지식의 역할인 것과 마찬가지다. 언론이 궤변인지 여부는 기술 그 자체만에 의한 것이 아니고 논자의 의도에 의해 결정된다. 더욱이 변론법에 있어 지식에 기초해 논하는 사람도 변론가이며, 어떤 의도를 밑에 깔고 언론하는 사람도 변론가가 된다. 하지만 변증법의 경우 어떤 의도를 밑에 깔고 언론하는 것은 궤변론자고, 아무런 의도 없이 단지 기술 본연의 역할에 따라 언론하는 사람이 변증가라는 차이가 있다.

그러면 변론법 자체에 대해 우리가 어떤 절차를 밟고 어떤 원칙에 따라 출발해야 소기의 목적을 달성할 수 있는가를 설명하려 한다. 그러므로 말하자면, 처음부터 다시 하는 것처럼 변론법이 무엇인지 새롭게 정의를 내리고, 그 위에 나머지를 논의하려고 한다.

CHAPTER 2
변론법의 정의

변론법의 정의와 영역

'변론법'이란, 어떤 문제라도 각각 가능한 설득 방법을 창출해 내는 능력이다. 왜냐하면 이것은 다른 어떤 기술에서 볼 수 없는 기능이기 때문에. 다른 기술은 어떤 것도 그 기술에 속하는 고유 문제만 가르치고 설득할 수 있다.

예를 들어 의술의 경우라면 건강한 것과 병적인 것, 기하학의 경우라면 양(量)에 본래 귀속하는 여러 성질, 산수라면 수(數)에 대해 그렇고, 그 밖의 기술과 지식도 마찬가지다. 그러나 변론법은 말하자면 어떤 문제에 당면해도 이에 대한 설득 방법을 창출할 수 있는 것으로 생각하기 때문이다. 그러므로 우리도 역시 변론법이 기술로서 기능을 발휘하는 영역은 어느 특정 종류에 국한되는 것이 아니라고 주장하는 것이다.

두 가지 설득

또 증거를 제시하는 설득인데, 이에는 기술에 의하지 않는 것도 있고 기술에 기초를 두는 것도 있다. 기술에 의하지 않는 것은 우리 손으로 획득한 것이 아니라 그전부터 있어 온 증거를 말한다. 예를 들면 증인·고문에 의한 자백, 계약서, 또는 여기에 준하는 종류다. 이에 비해 기술에 기초를 둔 설득은 변론의 방법에 좇아 우리 스스로 준비할 수 있는 것을 말한다. 그러므로 우리는 당연 이들 두 가지 설득 중에 전자는 이것을 사용하고, 후자는 자기 스스로 창출해 내게 된다.

변론법 설득의 세 종류

그러나 논의를 통해 우리가 획득하는 설득에는 세 종류가 있다. 하나는 논자의 인격에 관계되는 설득이고, 둘은 청자 마음이 어떤 상태에 놓여 있느냐이고, 셋은 언론 자체에 관계되는 것으로 언론이 증명을 해 준다. 아니면 해 주는 것처럼 보이는 데서 생기는 설득이다.[7)]

그러므로 (1) '인격에 의해서'라고 하는 말은 논자를 신뢰할 수 있는 인물로 판단하게 하는 언론을 말하는 경우다. 결국 인격이 탁월한 사람들에 대해 우리는 남을 대할 때보다 훨씬 많은 믿음을 보다 신속하게 주게 된다. 이것은 일반적으로 어떤 경우에도 말할 수 있으나, 특히 성실성이 결여되어 있어 의견이 갈라질 가능성이 있는 경우가 그렇다. 그러나 이 신뢰도 언론의 내용에 따라 논자를 이러저러한 인간이라고 선입관을 가지고 판단하는 것이면 안 된다. 변론 기술을 가르치는 두세 명의 사람이, 논자의 훌륭한 인격이 언론의 설득성에 밀려 아무 뒷받침이 되지 않는다고 하여 이것을 변론 기술에 포함시키지 않으나, 사실은 그들이 말하는 것과 달라 논자의 인격이 가장 강력한 것이라 할 정도로 설득력을 가지고 있는 것이다.

이에 대해 (2) '청자를 통해'라 한 것은 언론에 이끌리어 청자 마음이 어떤 감정을 품게 되는 경우를 뜻한다. 왜냐하면 우리는 괴로울 때와 기쁠 때, 혹은 또 호의적일 때와 증오할 때 동일한 상태에서 판정을 내린다고 말할 수 없기 때문이다. 그러므로 실은 이것이 우리에게 말하라면 오늘의 변론 기술서 저자들이 유일한 목표로 연찬에 힘쓰고 있는 부분인 것이다. 하지만 이 감정에 대해 상세히 설명하게 될 것이다.

또 (3) '언론 자체에 의해' 설득이 된다는 것은 개개의 문제에 관해 납득되는 언론을 세우고, 여기서 참이 되는, 또는 참이라 보이는 것을 증명하는 경우를 의미한다.

변증법의 윤리학과의 관계

그러면 설득은 이상의 3요소를 수단으로 하는 것이기 때문에 이들 설득 수단을 구사하는 것은 논리적으로 추론이 가능한 자, 또 인격과 덕망에 대해 고찰이 가능한 자, 그리고 감정에 대해 각기 다른 감정은 도대체 무엇이고·어떤 성질의 것이며·또 무엇이 원인이 되어 청중 마음속에 생기는 것인가를 고찰할 수 있는 자가 잘하는 부분이다.

따라서 변론법은 변증법과 품성에 관한 연구, 윤리학에서 파생하는, 말하자면 분지(分枝)와 같은 것이다. 그러나 그 윤리학은 정치학으로 불리는 것이 타당하다. 이 때문에 변론법은 몸을 숨겨 정치학의 모습으로 꾸미고 세상의 변론가로 자부하는 사람들 역시 자기들이 무교양한 때문인지, 혹은 허세를 부리는 것인지, 혹은 또 그 밖에 사람에 따라붙는 약점이 원인이 되어 그런지 역시 그렇게 행동하는 것이다. 왜냐하면 변론법은 앞에서 말한 것

같이 변증법의 일부분이요, 동류이기 때문이다. 결국 그것은 특정의 어떤 것을 대상으로 그것이 어떤 모양인지를 명백히 밝히는 지식이 아니라 언론을 창출해 내는 능력에 다름 아니기 때문이다.

변증법의 증명과 유비

변론법과 변증법의 기능과 그것들이 상호 어떤 관계에 있는가는 앞의 설명으로 어느 정도 충분할 것이다. 다음에 '증명하다', '증명하고 있다'로 보이는 것에 의한 설득인데, 변증법에 있어 증명 방법의 하나는 귀납이고, 또 하나는 추론 그리고 여기에 눈비음의 추론도 있으나 변론법의 경우도 이에 대응하고 있다. 즉, 변론법의 예증은 변증법의 귀납에 해당하고, 설득 추론은 추론에, 그리고 눈비음의 설득 추론은 눈비음의 추론에 해당한다. 결국 여기서 내가 설득 추론이라 부르는 것은 변론법의 추론이고, 예증은 변론법의 귀납인 셈이다. 그러나 변론가는 모두 증명에 의해 설득할 때 예증이냐, 설득 추론이냐 그중 하나를 택해 표시하는 것이다. 이 이외의 방법은 하나도 없다. 그러므로 일반적으로 말해, 무엇을 증명하더라도 반드시 추론이나 귀납에 의존하지 않으면 안 된다고 하면 이것은 분석론에 의해 우리에게 밝혀진 바가 있다. 당연한 것이지만 변증법의 귀납과 추론은 변론법의 그것과 유비적(類比的)으로 동일한 것이 된다.

예증과 설득 추론의 차이

예증과 설득 추론의 차이가 어디에 있는가는 『토피카』의 논술에서 밝혀졌다. 거기서 이미 추론과 귀납에 대해 말한 바 있기 때문이다. 즉, 다수의 동일 사례에 기초를 두고 어떤 것을 사실 그대로임을 증명하는 것은 변증법에서는 귀납이고, 변론법에서는 예증이 된다. 어떤 몇 개의 명제가 있고, 그것들이 보편적으로 혹은 대부분이 참이라는 점에서 다른 명제를 거기서 그것들과 별도로 결론이라고 도출하는 것은 변증법에서 '추론'이라 하고, 변론법에서는 '설득 추론'이라고 부른다.

또 실제의 변론이 각각 유효한 방법으로 이 같은 추리 방식을 가지고 있다는 사실도 명백하다. 왜냐하면 '방법론'[8] 가운데 서술한 것이 그대로 이 경우에도 적용되기 때문이다. 즉 변론의 실제 혹은 예증이, 혹은 설득 추론이 그 특징을 이루지만, 변론가 쪽에서도 이에 대응해 어떤 자는 실례를 많이 사용하고 어떤 자는 설득 추론을 중심으로 변론을 행하고 있다. 그러므로 설득력이 있다고 하는 점에서 예증에 의한 변론도 어떤 열악한 부분이 없지 않으나, 역시 세상의 갈채를 독차지하려고 하면 설득 추론의 변론이 비교우위에 놓인다. 그러나 그것들이 왜 각각 다른가 하는 이유와 각각 어떻게 사용하는 것이 좋은가 등은 다음에 설명하기로 하고, 여기서는 이 같은 설득 방법을 조금 더 명확히 규정해 놓고 싶다.

설득의 의미와 특징

설득력이 있다는 것은 누구에게 설득력이 있고, 또 그중에서 어떤 것은 그 자체가 처음부터 설득력을 가지고 신뢰를 받는데 어떤 것은 다른 명제를 매개로 설득력을 가지게 되므로 어떤 기술도 개별적인 것을 고찰하는 일은 없다. 예를 들어, 의술은 소크라테스 혹은 칼리아스에게 건강에 좋은 것이 무엇인가를 조사하는 것이 아니라, 이러저러한 체질의 사람 또는 여차여차한 상태의 사람들에게 무엇이 좋을까를 조사하는 것이므로, 이것은 기술의 범위에 들지만 개별적인 것은 무제한이므로 지식의 범위에 들지 않는다. 그러므로 변론법 역시 개개의 사례, 예를 들어 소크라테스 또는 히피아스에게 있을 것 같은 부분을 고찰하는 것이 아니고, 변증법이 그런 것처럼 이러이러한 상태의 사람들에게 있을 것 같은 부분을 고찰하는 게 될 것이다. 왜냐하면 변증법은 되는 대로의 무작정 전제에서 추론을 전개하는 일 없이, 비록 광인일지라도 어떤 식의 생각을 나타내게 되는 것이므로 이론적 의론을 필요로 하는 만큼 자료를 수집하고 그것을 추론하는 것이다. 한편, 변론법도 지금까지 항상 심의해 온 문제의 자료를 수집하게 된다.

변론법이 다루는 대상

그러므로 변론법의 기능은 우리가 숙고하고 심의하는 대상, 더구나 우리에게 특정 기술이 없는 사항에 대해, 그리고 또 의론의 수많은 단계를 거쳐 전체를 바라다보는 것 역시 긴 추론의 절차를 헤아리지 못하는 청중 사이에서 다하게 된다. 그러나 우리가 숙고를 되풀이함은 양자택일의 사항일 경우다. 다른 것 같다든가, 있을 것 같다든가, 있다는 것 등이 불가능할 때 그렇게 생각하는 한 누구 한 사람 심의하지 않기 때문이다. 결국 심의해도 아무 이익이 없기 때문이다.

변론법에서 추론의 전제

또 변론에서 추론에 의해 결론을 도출할 수 있는 것은 첫째, 이미 별도의 추론에 의해 도출된 명제를 전제로 하는 경우이고, 또 하나는 추론에 의해 도출된 것은 아니나 일반적으로 사리에 맞는다고 인정받지 못하기 때문에 추론을 요하는 명제를 전제로 하는 경우다. 그러나 이 두 가지 경우 중에서 전자는 그 과정이 길기 때문에 아무리 해도 그것을 더듬어 가기가 용이하지 않다. 왜냐하면 판정자는 단순하다는 상정에 입각하기 때문이다. 후자는 폭넓은 동의를 얻는 것이나 사리에 맞는다고 인정받는 일에 기초를 두고 있지 않기 때문에 필연적으로 설득력을 잃게 될 것이다. 그러므로 당연한 일이지만 설득 추론도, 예증도(예증은 변증법의 귀납으로, 설득 추론은 추론에 해당하는 것으로 보면) 대부분의 경우 전혀 별개의 것을 대상으로 하는 것이 되고[9], 또 설득 추론이 도출되는 전제도 수효가 적어지고 때때로 기본적 추론의 전제보다 적다는 결과가 된다. 그것은 전제 중의 어떤 것이 주지하는 사실일 경우 그것을 거론할 필요가 없기 때문이다. 즉, 청자 자신이 그 전제를 붙이고 보태서 생각하기 때문이다. 예를 들면, "도리에우스는 영관(榮冠)이 걸린 경기[10]에서 승리를 거두었다."는 결론을 도출하기 위해 "그는 올림피아 경기에서 승리를 거두었으므로" 하고 말하면 그것으로 그칠 것을 "올림피아 경기는 영관이 걸린 경기이다."라는 명제를 덧붙일 필요가 없다. 왜냐하면 그것은 누구나 알고 있는 일이기 때문에.

설득 추론의 전제

변론법의 추론이 전제로 하는 것 중에 필연적이라 할 수 있는 것은 드물기 때문에(말하자면 판정이나 조사의 대상이 되는 대부분이 전혀 다른 것 같기 때문이다. 결국 사람들이 심의하고 조사하는 것은 그들이 실제로 행하는 것에 관한 일이지만 실행한 행위는 어느 것도 다른 것처럼 느껴지는 부류이고, 어느 것 하나만 지적해도 반드시 그렇게 하지 않으면 안 되는 것은 없다고 해 잘못은 아니기 때문이다.). 한편 또, 대부분 그렇게 결론이 난다든가, 대부분 그럴 가능성이 있다고 하는 것 등은 필연적으로 그와 같은 다른 성질의 전제에서 도출된다. 결국 결론이 필연적인 것이면 그것은 반드시 필연적인 전제에서 도출되는 것이므로 이 점도 우리에게 이미 '분석론'에서 밝혀진 바 있다. 따라서 분명, 설득 추론이 도출되는 전제 역시 어떤 것은 필연적인 것이지만 그러나 대부분 다 그런 것이다. 그러나 설득 추론은 있을 법한 것과 징증(徵証)을 기초로 이끌어 가게 되므로, 따라서 이 같은 있을 법한 것과 징증은 각각 당연한 것이면서 앞에 말한 대부분의 경우 그러한 전제와 필연적인 전제에 각각 대응하게 된다.

있을 법한 것과 징증

'있을 법한 것'이란, '대부분 그렇게 되는 것'을 뜻하는데, 이것은 일부의 사람들이 정의를 내리는 것처럼 무조건으로 말하는 것이 아니라 '달리 있을 수 있는 것에 관해' 있을 법한 것이고, 이 있을 법한 명제가 관계를 갖는 개개의 사실에 대해 보편적이고 개별적인 것과 동일한 관계에 있다.

한편, 징증은 (a) 그 어떤 것은 개별적인 보편성에 관계가 있고, (b) 어떤 것은 보편적이고 개별적인 것에 관계가 있다. 두 가지 징증 가운데 필연적인 것은 증거로 불리지만, 필연성이 없는 것은 그 차이를 표시하는 명칭을 가지고 있지 않다. 그러므로 내가 필연적이라 하는 것은 논증적 추론이 여기서 조립되는 전제를 말한다. 징증 가운데 필연적인 것만이 증거가 되는 까닭도 이 때문이다. 왜냐하면 진술된 명제에 대해 그것을 반론하기가 불가능하다고 판단하는 경우 사람들은 증명이 이루어지고 추론이 완결되었다고 생각, 증거가 제시된 것으로 결론짓기 때문에 실로 고대 언어에 따르면 '텍마아르(확실한 징증)'와 '페라스(끝, 완결)'는 동일한 것이다.

또 징증의 어떤 것은 다음과 같은 경향으로, (a) 개별적인 보편성에 대해 관계가 있다. (a1) 예를 들면, "왜냐하면 소크라테스는 지자요, 정당한 사람이었으므로"를 "지자는 정당하다."는 징증으로 말하는 경우다. 확실히 이것은 징증이다. 그러나 징증으로 표시된 사실이 참이라 해도 이 추론은 반론 받을 여지를 남기고 있다. 왜냐하면 그것은 논증적 추론으로 족하지 않기 때문이다. 그러나 (a2) 예를 들어, "왜냐하면 열이 있으므로"를 "그는 병중이 있다."로, 혹은 "왜냐하면 젖이 나오므로"를 "그녀는 최근 아기를 낳았다."는 징증일 경우 이것은 필연적이다. 그리고 징증 가운데 이것만이 증거가 된다. 징증으로 언술된 것이 진실이면 이 추론만은 결코 반론 대상이 될 수 없다.

이에 대해, (b) 징증의 어떤 것은 보편성 있는 개별적인 것에 관계가 있다. 예를 들면, "그는 숨소리가 거칠기 때문에"를 "그는 열이 있다."는 징증으로 말하는 경우다. 그러나 이것도 징증 사실이 참이라 해도 반론이 가능하다. 열이 나지 않는 경우에도 숨소리가 거칠 수 있기 때문이다.

자, 그럼 있을 법한 것은 무엇이고, 징증과 증거는 무엇일까? 또 이들 현상의 차이는 어디에 있을까? 여기서도 설명했지만 좀 더 구체적이고 상세한 것, 즉 왜 어떤 것은 논증적 추론이 되지 않는데 어떤 것은 가능한 것인가는 '분석론' 가운데 규정해 놓은 바 있다.

예증

예증은 그것이 귀납일 것과 또 어떤 대상에 대한 귀납이냐 하는 것은 이미 앞에서 설명했다. 그러나 예증은 결론 짓는 명제에 대해 부분이 전체에 관계 있는 것도, 전체가 부분에 관계 있는 것도, 전체가 전체에 관계 있는 것도 아니다.[11] 아니, 그것은 부분이 부분에 대한 유사한 것이 유사한 것에 대한 관계가 있는 것이다. 즉, 두 개의 명제가 양쪽 모두 동일 부류에 속하지만 일방이 타방보다 더 잘 알려진 경우 숙지되는 쪽이 다른 쪽의 예증이 된다. 예를 들면, "디오니시오스는 친위대를 요구하기 때문에 전제 정치를 획책하고 있다. 왜냐하면 이전에 페이시스트라토스가 전제 정치를 획책할 때도 친위대를 요구했고, 그것이 이루어졌을 때 참주(僭主)가 되었고, 메가라에서 테아게테스 때도 그랬었기 때문에."라고 말하는 것을 가리킨다.[12] 그 밖에도 사람들에게 잘 알려진 참주들 모두가 디오니시오스처럼 친위대를 요구한 것이 그것 때문인지 여부는 미지 상태인 채 디오니시오스의 예증이 된다.

이 같은 개개의 사례는 모두 동일 보편 명제 "전제 정치를 획책하는 자는 친위대를 요구한다."에 포함된다.

설득 추론 두 가지

일반적으로 논증적이라 생각되는 설득[13]이 어떤 것으로 구성되는가는 모두 설명했으나 설득 추론에 중요하고, 그리고 특히 지금까지 누구도 간과해 왔다고 말해도 좋은 차이가 있다. 이 차이는 사실 변증법의 추론 방법과 유관한 것이기도 하다. 설득 추론의 어떤 것은 변론법의 추론 방법으로 아주 적합한 것인데, 이유는 그것이 변증법의 추론 방법으로서도 적합하게 대응하기 때문이다. 그러나 한편 어떤 것은 다른 전문적 기술이나 능력에 적합하다. 더욱이 이 같은 기술이나 능력 중 어떤 것은 현존하지만 어떤 것은 아직 확립되어 있지 않다. 이 차이가 모든 사람에게 간과되는 것은 이 때문이므로 그들이 문제를 그 영역에 상응하게 전문적으로 직접 다루면 다룰수록 그만큼 점점 변론법 및 변증법 범위에서 이탈해 나간다. 내가 말하고자 하는 것은 좀 더 설명을 덧붙이면 일층 더 분명해질 것이다.

변증법과 변론법의 논점

나에게 말하라면 변증법 및 변론법의 추론은 우리가 논점[14]이라 부르는 의론의 장을 둘러싸고 행해진다. 여기서 말하는 논점은 정당성과 자연의 영역, 정치의 세계, 기타 종류가 다른 많은 영역에 관계를 가지는 공통의 논점이다. 예를 들면, "보다 많게·보다 적게"의 논점이 그렇다. 정당성이나 자연에 대해서도, 혹은 다른 무엇에 대해서도 동일하게 이 논점부터 추론하든가 설득 추론을 조립하든가 하는 것이 가능하기 때문이다. 이 같은 주제는 각각 종류가 다르다. 이에 대해 주제 각각의 종(種) 또는 유(類)에 직접 관계되는 명제부터 도출하는 것이 특정의 논점이다. 예를 들면, 자연의 영역에서 윤리 영역의 설득 추론이나 추론이 구성되지 않는 명제(전제)가 있고, 또 윤리 영역에서 자연 영역의 추론이 도출되지 않는 명제가 별도로 있다. 이 점은 모든 영역이 동일하다. 앞에 말한 공통의 논점은 어떤 종류의 대상에 대해서도 사람을 여기에 정통하는 전문가로 할 수가 없다. 왜냐하면 이 같은 논점은 특정의 어떤 주제라도 관계를 가지고 있는 것이 아니기 때문이다. 그러나 특정의 논점은 논점이 되는 명제 선택을 적절히 하면 할수록 그에 상응하는 변증법 및 변론법과 다른 종류의 지식을 모르는 사이에 만들어 나갈 수 있을 것이다. 왜냐하면 그 영역 고유의 기본 원리에 다다를 경우, 여기에 남은 것은 변증법 및 변론법이 아니고 그가 현재 그 원리를 거두어들인 해당 지식일 수 있기 때문이다.

그러나 설득 추론의 대부분은 이들 부분적이고 특정적인 종류의 논점에서 도출되어 공통의 논점에 다다른 수는 얼마 되지 않는다. 그러므로 『토피카』에서 한 것처럼 여기서도 설득 추론에 대해 우리가 설득 추론을 손질하는 근본이 되는 종과 논점을 구별하지 않으면 안 된다. 여기서 내가 종이라 하는 것은 주제의 개개 영역에 특유한 명제를 가리키는 것이고, 논점은 모든 종류에 동등한 공통 명제를 말한다.

그럼 먼저 종에 대해 설명하기로 한다. 하지만 이에 앞서 변론법의 종류를 파악하기로 한다. 이것은 종류가 어느 정도나 되는지 나눠 놓고, 이들 종류에 대해 하나씩 요소와 명제(전제)를 이해하기 위해서다.

CHAPTER 3

변론법의 종류

변론법의 세 가지 종류

변론법의 종류는 세 가지다. 왜냐하면 변론 청자(聽者)에게도 그만큼의 종류가 있기 때문이다. 변론은 세 가지 요소, 즉 화자(話者)·변론의 주제·이야기를 듣는 상대(청자(聽者))로 구성되는데 그 목표는 청자를 향한다. 그러므로 청자는 단순한 방청객인가, 아니면 판정자인가 둘 중의 하나가 아니면 안 된다. 또 판정자는 과거사 또는 미래사에 대한 판정자여야 한다. 미래사에 대해 판정하는 자는 예를 들어 민회 의원이 그렇고, 과거사에 대해 판정하는 자는 예를 들어 재판관이 그렇다. 또 화자의 능력을 판정하는 자는 방청객들이다. 그러므로 변론법 언론의 종류는 필연적으로 세 가지가 된다. 즉, 심의적인 것(조언적인 것), 법정용의 것, 일반적인 것이다.

심의의 변론 형식은 권장 또는 제지의 두 가지가 있다. 즉, 개인적인 일로 조언하는 사람들도, 공공의 일로 의회 변론을 시도하는 사람들도 항상 이들 중의 어떤 일방적 형식으로 조언을 하고 있는 것이다. 한편, 재판에는 그 변론에 고소와 변명의 두 가지가 있다. 왜냐하면 계쟁 당사자는 반드시 이 가운데 하나를 선택해야 하기 때문이다. 이에 대해 일반적 변론은 형식에 칭찬과 비난이 있다.

변론이 관계되는 세 가지 시기

이들 세 종류는 각각 그와 관계되는 시기가 있다. 즉, 심의하는 자에게 미래의 시기가(왜냐하면 권면 사항이든 단념시키는 사항이든 그가 조언하는 것은 와야 할 사항에 대한 것이므로), 한편 법정에서 진술하는 자에게 과거사의 시기가 관계돼 있다(왜냐하면 한쪽이 고소하고 다른 한쪽이 변명하는 것은 항상 이미 지나간 행위에 대한 것이므로). 또 일반적 변론이 가장 크게 효력을 보이는 시기는 바로 현재다. 모든 자가 현재 사항에 대해 칭찬 또는 비난을 하기 때문이다.

그러나 이 같은 종(種)의 변론을 하는 자는 이따금 과거사나 미래사를 병용할 때가 없지 않다. 곧, 과거사를 추상하고 미래사를 예측해 논하는 경우가 그렇다.

변론의 목적

변론이 직접 목적으로 삼는 것은 그 종류에 따라 각각 별개이다. 요컨대 종류가 셋이기 때문에 목적도 셋이다. 곧 심의하는 자에게 '이익과 손해'가 목적이다. 왜냐하면 무엇인가를 권유하는 사람은 그것을 "보다 도움이 된다."고 생각하게 조언하고, 단념해야 하는 사람은 "보다 손해가 된다."고 생각하게 해 단념하게 하는 것이므로 그 밖의 것은, 예를 들어 그것이 정당한가 부정당한가, 아름다운가 추한가 등이 이 목적과 관계해 거기에 덧붙여 받아들이는 것뿐이기 때문이다.

한편, 법정에서 진술하는 자들에게 '정당·부정당'은 직접 목적이고, 이 밖의 것은 이들 사람 역시 정당·부정당과 관계돼 거기에 부수적으로 받아들인다. 또 칭찬하든가 비난하든가 하는 사람들에게 '미와 추(행위의 우열)'가 목적이 되고, 이들 사람 역시 그 밖의 것은 미·추에 관련시켜 생각하는 것이다.

변론의 각 종류에 있어 지금 들어 보인 것이 각각의 목적이 되고 있다. 여기에 그 증거가 있다. 결국 목적 이외의 것에 대해 시기 문제는 이의가 제기되지 않을 수 있다. 예를 들어 법정에 서게 된 자는 문제 사실이 없었다든가, 손해를 가한 적이 없었다 등으로 이의를 주창하는 일은 없다. 그렇지만 자기 행위가 부정당하다는 사실은 어떻든 인정하려 하지 않을 것이다. 만약 인정한다면 재판의 필요성은 전혀 없었을 것이기에 말이다. 이와 마찬가지로 심의하는 사람들도 때때로 다른 일은 타인이 말하는 대로 맡겨두는 경우가 있으나, 자기가 조언을 하는 것이 이익이 되지 않는다든가 단념하게 하는 것은 유익하다는 등으로 말하는 것은 결코 인정하지 않을 것이다.

그러나 이웃 나라 사람을, 그것도 아무 부정이 없는 사람을 노예로 만드는 것은 부정당 행위가 아니라고 극력 주장할 것인가 여부는 전혀 개의치 않는 경우가 많다. 이와 동일하게 누군가를 칭찬하는 사람들 역시 그 사람이 행한 일이 이익이 되었는가 아니면 손해가 되었는가는 전혀 조사하려 하지 않고, 찬사 가운데 이따금 그 사람이 자기 이해와 소원을 따지지 않고 훌륭한 일을 해냈다는 사실만을 담아낸다. 예를 들어 아킬레우스[15]를 상찬할 때, 자기는 살면서 획득할 수 있는 것처럼 그것을 하면 죽음을 피할 수 없다는 사실을 알면서 친구 파트로클로스의 구원에 나섰다고 설명하는 것이다.

결국 아킬레우스에게 이와 같은 죽음이 보다 훌륭한 일이었던 것이다. 이에 대해 목숨을 부지하는 것이 이익이 되는 것이었지만.

변론의 세 가지 전제

앞에서 서술한 바에 따르면, 변론가는 무엇보다 먼저 목적이 되는 이 세 종류에 대해 명제를 추론의 전제로 준비하지 않으면 안 된다는 사실이 명백해졌다. 결국 변론법에서 필연적 미증(微證)인 증거, 있을 법한 일, 미증 등이 그 명제가 되기 때문이다. 일반론으로서 추론은 명제(전제)로서 조립되는 것이나, 설득 추론은 지금 거론한 명제로 구성되는 일종의 추론이기 때문이다.

또 불가능한 것은 지금까지 행한 것도, 장차 행할 것도 없다. 다만 가능한 것만을 행할 수 있는 것이고, 또 지금까지 없었던 것, 또 앞으로도 없을 것은 지금까지 행했다든가 앞으로 행하게 될 것이라고 말할 수 없기 때문에 심의하는 자도, 법정에서 진술하는 자도, 연설을 시도하는 자도 가능한 것과 불가능한 것에 대해, 요컨대 어떤 일이 있었던가 없었던가, 어떤 일이 앞으로 발생할 것인가 발생하지 않을 것인가에 대해 반드시 명제를 준비하지 않으면 안 된다.

게다가, 또 모든 변론가는 누군가를 칭찬할 경우도 비난할 경우도, 무엇인가 권유할 경우나 단념시킬 경우, 타인을 고소할 경우와 자신을 변명할 경우, 지금 서술한 점만을 표시하지 않고 선과 악, 미와 추, 정당과 부정당도 좋다. 그 어떤 한쪽이 그 자체든 상호 비교든 어떻든, 그 정도가 크든 작든가 표시하려 시도하는 것이므로 명백하게 대와 소, 비교적 크고 비교적 작고에 대해, 더구나 보편적인지 개별적인지에 대해서도 명제를 준비하지 않으면

안 된다.[16)]

예를 들어, 무엇이 보다 큰 선(善)인가 그렇지 않으면 보다 작은 선인가, 무엇이 보다 큰 부정당 행위인가 아니면 보다 작은 부정당 행위인가 등으로 말이다. 그 밖의 사항에 대해서도 이것은 동일하다.

어떤 변론가라도 꼭 염두에 두어야 할 것은 어떤 논점에 대한 명제인가 하는 점이라고 이미 말했다. 다음 변론의 각 종류에 대해 개별적으로 예를 들어 심의는 어떤 논점을, 또 일반용 언론은 어떤 논점을, 그리고 세 번째 재판은 어떤 논점을 다루는가에 대해 구별하지 않으면 안 된다.

CHAPTER4

의회 변론

심의 대상

그럼 먼저, 심의하는 사람은 어떤 선 아니면 악에 대해 조언할 것인가를 이해하지 않으면 안 된다. 왜냐하면 그는 이해(利害)에 관계되는 것이면 그 모든 것에 대해 조언한다는 것이 아니라, 단지 일어난 일이든 일어나지 않은 일이든 가능한 것에 대해서만 조언하기 때문이다. 이에 대해 필연적으로 있는 것이든가 있을 법한 것, 혹은 어떤 것이든 발생이 불가능한 것 등은 심의의 대상으로 하지 않는다. 그렇다고 또 가능한 것이면 무엇이든 심의 대상이 된다는 의미도 아니다. 왜냐하면 발생하든가 발생하지 않든가 하는 가능성 가운데 본성상 자연히 발생하는 선(이익)도, 우연히 느닷없이 나타난 선(이익)도 포함하고 있으나 이것들에 대해 조언하는 일이 아무 도움도 되지 않기 때문이다. 아니 그가 조언하는 것은 말할 것도 없이 그 가부에 대해 숙고가 필요한 사항에 국한된다. 그러므로 이와 같은 사항은 본래 우리들에 의해 좌우되는 것, 결국 그 생성 발단이 우리들 힘에 관계되는 것이다. 왜냐하면, 우리가 이것저것 편력해 생각하는 것은 그것을 이루어 내는 일이 우리에게 가능한가 불가능한가를 확인하는 것이므로.

이 탐구의 한계점

그러므로 사람들이 자주 심의에 붙이는 사항에 대해 그것을 하나하나 극명하게 세어 보고 종류로 나누고, 또 가능한 대로 진실한 입장에서 그것들에 대해 정의를 각각 내리는 것은 지금의 시점에서 요구할 일이 아니다.

그 까닭은 이것이 변론법에서 할 일이 아니고 좀 더 전문적으로 상세할 뿐 아니라 일층 엄밀하게 사항을 파악하려는 기술로 다룰 일이고, 거기에 또 변론법은 벌써 본래 고찰해야 할 것보다 훨씬 많은 과제를 안고 있기 때문이다. 그것은 앞에서 말한 바 있듯이 변론법이 분석적 학문과 정치학의 인적 사항을 문제로 하는 윤리학에서 이루어진다는 사실, 또 그것은 어떤 부분이 변증법으로 어떤 부분이 소피스트의 궤변과 흡사한 점이 있다는 것, 이것이 진실이기 때문이다.

그러나 변증법이든 변론법이든 그것을 실제적 능력[17]으로 만드는 것같이 다루지 않고 엄밀한 지식으로 만들려고 노력한다면, 이에 상응하게 점차로 변증법과 변론법을 단지 언론의 지식 정도에 머물게 하지 않고 주제가 되는 사항의 학문으로 변조해 감추는 결과, 은연중에 그들 본래의 성격을 파괴하게 될 것이다. 그러나 빈틈없이 분류해 놓는 편이 도움을 준다. 더구나 그렇게 하더라도 정치학을 위해 아직도 연구의 여지가 남겨져 있다고 말하고 싶다.

심의의 다섯 가지 주제

모든 사람이 이에 대해 숙고하고, 또 심의하는 사람들이 이를 둘러싸고 의회 변론을 펼치는 주제로서 가장 중요한 것은 대체로 다섯 가지쯤 된다. 그것은 재원에 관한 것, 전쟁과 평화에 관한 것, 그리고 국토 방위에 관한 것, 수입품에 관한 것, 입법에 관한 것 등이다.

(1) 국가 재원의 경우를 말하면, 이에 대해 조언을 하고자 하는 사람은 국가 세입이 어떤 것이고 어느 정도인가를 알고 있지 않으면 안 된다. 그것은 세입에 누락 부분이 있으면 추가하고, 또 금액이 지나치게 적으면 증가시켜야 함을 의도하고 있는 것이다. 그리고 또, 국가의 예산 지출도 남김없이 파악하고 있지 않으면 안 될 것이다.

결국 만약에 여분의 지출 비목이 있을 때는 삭제하고, 지출액이 과다할 때는 감액해야 하기 때문이다. 사람들이 풍요해지려면 현재 하는 일을 늘릴 뿐만 아니라 지출을 삭감해야 한다.

이 같은 제반 사항 전체를 개관할 때, 다만 자국 상태를 경험하는 것만으로 불충분하다. 이 같은 문제에 대한 조언에 타국 사람들이 찾아낸 방법까지 탐구하는 자세를 갖출 필요가 있다.

(2) 전쟁과 평화에 대해 말한다면, 이것에 대해 조언하고자 하는 사람들은 국가 군사력에 대해 이미 확보하고 있는 것은 어떤 규모이고 향후 어느 정도까지 확보 가능한가, 또 현재의 보유 병력은 어느 정도이고 어떤 종류의 병력을 증강할 수 있을까, 또 지금까지 어떤 전쟁을 어떤 모양으로 수행해 왔는가 등 이 같은 제반 사항을 확보 준비해 두지 않으면 안 된다. 그러나 그것도 자국의 사정만 파악하면 안 된다. 국경을 접하고 있는 이웃 나라에 대해서도 잘 파악하고 있어야 한다. 어느 경우든 접전이 예상되는 상대국이면 더욱 좋다. 자기들보다 힘이 강한 상대는 평화 상태를 유지하고, 힘이 열악

한 상대는 자기들 형편대로 항시 개전 실마리를 풀어나갈 수 있다.

또 쌍방 병력이 동등 수준인가 아닌가 등도 알아둘 필요가 있다. 왜냐하면 이 같은 점 역시 상대보다 우위에 있는가 아니면 열세에 있는가로 갈라지는 경계가 있기 때문이다. 또 이상의 제반 사항과 관련해 자국이 싸운 전쟁만 아니라 타국 사람들이 일으킨 전쟁에 대해서도 그 결말이 어떻게 났는지 잘 관찰해 둘 필요가 있다. 왜냐하면 동일한 원인에서 본래 동일한 결과가 발생하기 때문이다.

(3) 국토 방위에 대해, 어떻게 해야 나라가 유지되는지 그 방법을 모르고 있으면 안 된다. 아니 수비대 병력과 그 종류, 주둔지 위치에 대해 파악하고 있어야 한다. 나라의 지형에 어두운 사람은 무리이기도 하다. 수비가 불충분하면 병력을 증강하고, 여유가 있으면 삭감해 방위에 유리한 거점 감시를 강화한다.

(4) 식량에 관해, 국가가 그것을 확보하는 데 어느 정도의 지출이 꼭 적당할까, 또 국내 생산의 식량과 수입되는 식량은 각각 어떻게 다른가, 또 국민은 어떤 생산물을 수출하고 어떤 상품의 수입을 필요로 하는가를 알아둘 필요가 있다. 그것은 통상 상대와 계약이나 협정을 체결할 의도의 표시다. 결국 자기들보다 강력한 사람들과 국가, 그리고 통상의 면에서 자기들에게 도움되는 사람들과 국가, 이 두 종류의 사람들과 국가에 대해 자국민이 비난하지 않도록 만전의 주의를 기울이지 않으면 안 되기 때문이다.

(5) 국가의 안녕을 바란다면, 이상의 문제점 모두를 내다보지 않으면 안 된다. 그러나 입법에 대해 충분한 이해를 갖는 것이 특히 중요하다. 왜냐하면 국가 안전은 법률에 있기 때문이다. 그러므로 국가 체제의 종류에 어떤 환경이 바람직한가, 또 그 국가 체제에 특유한 내적 원인과 반대의 외적 원인이 있어 본디부터 어떤 원인에 의해 국가 체제가 붕괴되어 가는지 알 필

요가 있다. 그러므로 "특유의 내적 원인에 의해 붕괴한다."라는 것은 최선의 국가 체제를 별도로 한다면 그 밖의 국가 체제는 모두 그 자체가 해이하거나 긴장해도 멸망한다는 의미다. 예를 들어 민주 제도인데, 그것은 민주제 특유의 원리가 해이된 때만 약체화해 결국 과두 체제로 옮겨 간다는 것이 아니고, 크게 긴장한 때 역시 그와 같은 결과로 끝난다는 것이다.[18)]

이것은 어디까지나 갈구리코와 들창코가 각각 이완되면 중간쯤에서 보다 좋은 모양이 될 뿐만 아니라, 긴장해 갈구리코와 들창코 모양이 지나쳐도 어느새 '코'라 생각하기 어려울 정도로 바뀌는 비유와 같다.

또 법을 제정하기 위해 그 문제를 고찰할 때, 단지 과거 사실에 기초를 두고 어떤 국가 체제가 자국을 위해 좋은가를 알 뿐 아니라 다른 나라 국민이 채용한 체제에 대해서도 어떤 체제가 어떤 국민에게 적합한가를 알아야 도움이 된다. 따라서 법 제정을 위해 말할 것도 없이 세계 견문기가 도움이 된다.[19)] 그것은 여기서 타국민의 법 습관을 알게 되기 때문이다.

한편 정치에 대해 조언을 하려면 인간의 여러 가지 행위에 관해 기록하고 있는 여러 사람의 조사 기록이 도움 된다. 그러나 이것은 모두 정치학이 담당할 일이지 변론법이 담당할 일이 아니다.

자, 의회에서 조언을 하려는 사람이 명제를 준비해 두지 않으면 안 될 문제 가운데 가장 중요한 것은 이상의 사실과 같다. 그러나 이들 문제에 대해 기본적인 것보다 그 밖의 문제에 대해서도 우리가 무엇인가를 권고하든 단념하게 할 때 그 추론의 기본이 되는 논점에 대해 다시 한번 말하기로 한다.

CHAPTER 5

윤리적 토픽

행복이 모든 사람의 목적

개별적으로 한 사람 한 사람을 보아도, 사회 구성의 모든 사람을 보아도 그들 누군가에게도 어떤 목적이 있고, 그 목적을 조준해 사람들은 무엇인가를 선택하고 회피하기도 한다. 목적이 되는 이것은 한 마디로 말하면 '행복 및 행복의 부분'이다. 그러므로 여기서 그 구체적인 예로서 행복이란 일반적으로 말해 무엇이라 할 수 있는가, 또 행복의 부분은 어떤 것으로 이루어질 수 있는가, 이 점에 대해 일반적으로 내리는 정의를 확인해 보기로 한다.

왜냐하면 사람이 권고하고 단념하게 하는 것은 모두 행복이나 행복에 기여하는 것 그리고 행복에 반대되는 것에 관련되기 때문이다. 행복의 부분이 되는 어떤 것을 산출하든가 그 작은 것을 크게 만들든가 해 행복을 가져오는 것은 이를 실행할 일이지만,[20] 행복을 파괴하든가 방해하든가 혹은 행복과 반대되는 것을 가져올 일은 실행할 일이 아니기 때문이다.

행복의 정의

행복이란 (1) 덕을 수반하는 좋은 삶, (2) 생활이 자족적일 것, (3) 안정성 있는 가장 쾌적한 삶, (4) 재산이 풍족하고 신체 건강도 혜택을 받은 상태로 이를 유지 및 발전시킬 능력이 있을 것 등으로 생각한다. 그것은 이들 중의 하나나 하나 이상이 행복이라 함을 거의 모든 사람이 인정하기 때문이다.

행복의 부분

만약 행복이 그와 같은 것이라면 당연한 것으로 하고 혈통이 좋다든가, 친구가 많다든가, 좋은 친구를 갖는 것, 부유한 것, 좋은 자녀를 둔 혜택, 많은 자녀를 둔 혜택, 좋은 노년을 보내는 일, 거기에다 예를 들어 건강, 아름다움, 강건함, 큰 체구, 경기에 잘 적응하는 등의 신체에 관한 여러 가지 덕(우수성)이나 명성, 명예, 호운, 덕성 등이 행복의 부분이 될 것이다. 왜냐하면 자기 자신에 속하는 내적 선(善)과 외부에서 가해오는 외적 선까지 갖춘다면 그때야말로 그 사람은 가장 자족적인 사람이 되기 때문이다. 그러므로 내적 선이란 정신에 관계되는 선이나 신체 내에 있는 선을 가리킨다. 외적 선은 좋은 혈통, 친구들, 재산, 명예 등을 가리킨다. 거기에다 역시 세간적 실력과 운명의 혜택이 바람직하다고 우리는 생각한다. 왜냐하면 그와 같은 경우에 우리의 삶이 가장 안정된 기반 위에 설 수 있기 때문이다. 그렇다면 일반적 규정의 경우와 동일하게 이들 좋은 부분 하나하나에 대해서도 그것이 무엇인지를 규정하도록 해 본다.

좋은 혈통

좋은 혈통이란, 국민과 국가의 경우로 말하면 토착민이라든가 오랜 전통과 역사를 가지고 있는 것, 또 최초의 지도자들이 세상에 널리 알려질 것, 또 그들로부터 사람들이 선망하는 여러 가지 미점(美點)으로 걸출한 인물이 다수 배출되고 있을 것 등이다.

한편, 개인의 경우 좋은 혈통은 아버지 계통이나 어머니 계통에 기본을 두지만 어떤 경우라도 당사자가 양친의 적자일 것이고, 또 국가의 경우와 동일하게 최초의 사람들 곧 선조가 덕이나 부 혹은 그 밖의 요소로 사람들의 칭송이 자자한 미점이 세상에 널리 알려져 있을 것, 그리고 그 가계는 남자든 여자든 젊은이든 노인이든 걸출한 인물이 수많이 배출돼 있어야 한다.

좋은 자녀의 혜택

좋은 자녀의 혜택을 받고 있을 것과 수많은 자녀의 혜택을 받는 것은 달리 의미가 불명한 것은 없다. 국가 공공의 입장에서 말하면, 그것은 다수의 좋은 젊은이를 가지고 있음을 가리키나 여기서 '좋은'의 의미는 신체의 덕으로 말하면, 예를 들어 신체의 크기·아름다움·강한 힘·경기에 적응하는 능력 등이 우수하다는 것이고, 정신의 덕은 절도와 용기가 젊음의 그것에 해당한다.

한편, 개인적으로 여자든 남자든 자기 자녀가 많아 모두 앞에 예로 든 성질의 사람일 것, 이것이 좋은 자녀의 혜택이고 많은 자녀의 혜택을 받는 것이다. 또 여자의 경우로 말하면, 신체는 아름답고 커야 하고,[21] 정신은 절도와 자유인다움을 갖춘 일하기 좋아하는 것[22]이 그 덕이다. 그러나 개인적이든, 또 국가로서도 동일하게 지금 예로 들어 보인 미점 하나하나를 남자든 여자든 갖추도록 노력하지 않으면 안 된다. 왜냐하면 라게다이몬 사람처럼 여자의 지위가 낮게 억제되고 있는 국민은 그 반 정도가 행복하지 않다고 말해도 지장이 없으므로.

부유

부유를 만들어 내는 부분은 화폐를 다량으로 보유할 것, 토지, 결국 건수에 있어서나 넓이라는 점에 있어서나 아름다운 점에 있어 남을 능가하는 부동산을 소유하고 있을 것, 게다가 그 수량과 아름다움에서 유례를 찾아볼 수 없을 정도의 가재도구와 가축과 노예를 소유하고 있어야 한다. 다만, 그것들 모두가 자기 소유고, 확실하고 자유인에 어울리고, 동시에 도움이 되는 경우로 한정된다.

'도움이 된다.'는 의미는 무엇보다 소득이 많은 재산을 가리키고, '자유인에 어울린다.' 함은 즐기는 것이 목적임을 가리킨다. '소득이 많다.' 함은 수입의 원천을 가리킨다. '즐기는 것이 목적'이라 함은 그것을 사용하는 이외에 그만큼 가치 있는 것을 거기서 얻을 수 없음을 의미한다. 또 '확실하다'는 정의는 현재 여기서 그것들을 자기 의도에 맞게 사용할 수 있는 형태로 소유하고 있음을 뜻한다. 또 '자기 소유물이란 어떤 것이냐'에 대한 정의는 남에게 양도할 때 자기 판단으로 결정되는 경우에서 찾아진다. 타인에의 양도란 증여와 매각을 말한다. 그러나 일반적으로 말해 부유하다 함은 단지 재산을 소유하고 있다 하기보다 오히려 그것을 사용한다는 데 있다. 왜냐하면 앞에 말한 소유물을 실제로 움직이는 것, 즉 사용하는 것, 이것이 부유이기 때문이다.[23]

명성

명성이란 모든 사람에 의해 훌륭한 인물이라고 평가되는 것, 혹은 모든 사람 그렇지 않으면 다수의 사람, 그렇지 않으면 좋은 사람들, 그렇지 않으면 사려 있는 사람들이 마음으로부터 기대하는 미점(美點)을 가지고 있는 것 중에 있다.

명예

명예란, 선행을 실천한다는 좋은 평판이 자자한 증거다. 그러나 정당하고, 또 누구도 명예를 받는 것은 실제로 좋은 행위를 한 사람들인데, 그러나 좋은 행위를 할 가능성이 인정되는 사람도 명예를 받을 때가 있다. 그러므로 좋은 행위는 신체 안전이나 생존의 원인이 되는 사항에 관련을 갖는가, 혹은 그 밖에 소유하는 것이 일반적으로 용이하지 않다든가 특정의 장소 혹은 특정 시기에 용이하지 않은 좋은 것에 관련을 갖고 있다. 그것은 다수의 사람이 현재 보잘것없는 일로 명예를 얻고 있지만, 그러나 그것도 장소와 시기가 원인을 제공하기 때문이다.

명예를 세워주는 부분은 희생물을 바치는 의식, 운문과 산문으로 쓰는 비문, 특권, 영지의 양여, 명예석, 공장(公葬), 초상, 공비에 의한 부양, 또 외국에서 세워주는 부분은 예를 들어 무릎을 꿇고 절하는 궤배의 예절과 길이나 자리를 양보하는 것, 각 나라에서 귀중히 여기는 물품을 증정받는 것 등이다.

왜냐하면 물품 증정은 자기 소유의 것을 선사하는 것으로, 그것은 존경의 뜻을 담고 있음을 표시하는 것이기 때문이다. 그러므로 재화를 좋아하고 명예를 좋아하는 사람도 모두 물품 증정을 탐내는 것이다. 물품 증정은 양쪽 모두가 기대하는 것을 포함하기 때문이다. 즉, 그것은 재화를 좋아하는 사람이 탐내는 소유물이고, 또 동시에 명예를 좋아하는 사람들이 바라는 명예를 포함하고 있기 때문이다.

신체의 덕

신체의 덕(우수성)은 건강이다. 그 건강은 신체를 사용해도 이로 인해 병증이 생기지 않는 상태를 가리킨다. 왜냐하면 사람들이 건강하다고 말할 때 헤로디코스[24)]가 건강했다고 하는 의미의 건강일 경우가 많은데, 이는 인간의 모든 즐거움을 혹은 그 대부분을 삼가거나 절제하는 것이므로 건강하다고 해 행복하다고 보는 사람은 없을 것 같기 때문이다.

아름다움은 나이에 따라 각각 다르게 되어 있다. 젊은이의 경우 그 아름다움은 경주나 힘을 겨루는 노고에 견딜만한 신체를 가지고, 더구나 경기를 즐기고자 하는 사람들 눈에 그의 모습이 상쾌하게 비쳐져야 한다. 그러므로 5종 경기[25)]의 선수가 최고로 아름답다. 그들은 선천적으로 타고난 강력한 체력과 재빠른 소질을 모두 다 갖추고 있기 때문이다. 이에 비해, 장년에 이른 사람들의 경우 싸우기 위한 노고에 감내할 만한 신체를 가지고, 보기에도 호감을 살 뿐만 아니라 상대에게 매우 두렵다는 느낌을 안겨 줄 것 같이 생각될 것, 또 노인의 경우 신체가 살아나가는 데 피치 못할 노고에 충분히 감내할 수 있는 한편, 노령에 장애를 갖게 되는 원인을 하나도 갖지 않기 위해 고통이 없다고 하는 것이다.

강력한 힘은 남을 의도대로 움직일 수 있는 능력이다. 그러나 남을 실제로 움직일 때 반드시 끌 것인가, 누를 것인가, 치켜세울 것인가, 죄어 댈 것인가, 혹은 또 눌러 부술 것인가 하지 않으면 안 된다. 그러므로 강력한 힘을 가진 자라면 이상의 모든 것이나 혹은 그 몇 가지에 힘이 강하다는 뜻이다.

크기에서 우월하다 함은 신장이나 몸집이나 몸둘레가 대부분의 사람을 능가하고, 그 크기의 정도가 보통 사람과 다르게 커서 그 점 동작이 둔하다는 데까지 미치지 않아야 한다.

경기에 적절한 신체의 덕은 신체 크기와 강력한 힘과 빠른 발 동작으로 이루어진다. 왜냐하면 발이 빠른 자가 힘이 세기 때문이다. 결국 하지를 일정 방식으로 내던지고, 빠르게 그리고 멀리까지 움직일 수 있는 자는 경주에 적합한 것이고, 죄어 대든가 상대를 눌러 꼼짝 못하게 하는 능력을 가진 자는 레슬링에, 주먹으로 타격을 가하는 것으로 상대를 밀어붙일 수 있는 자는 권투로, 또 양쪽 능력이 다 있는 자는 판크라티온[26]에 적합하다. 그리고 모든 운동에 능력을 발휘할 수 있는 자는 5종 경기에 적합하다.

좋은 노년

좋은 노년을 보냄은 노령에 고통 없이 편안하게 나아가는 것을 의미한다. 발 빠르게 나이를 먹는 경우도, 나이 먹기는 더디나 고통이 많은 경우도 좋은 노년이라 말할 수 없는 까닭이다. 그러나 좋은 노년은 신체의 덕, 즉 건강과 운이 따라야 이루어진다. 왜냐하면 병을 몰라도 강건하지 못하면 신체 관계로 번민함 없이 끝나지 않고, 또 운이 따라주지 않으면 괴로움 없이 오래도록 계속 살아갈 수 없기 때문이다.

그러나 체력이나 건강과 별도로 오래 사는 힘은 따로 있다. 왜냐하면 신체상 우수한 부분이 인정되지 않음에도 오래 사는 사람들이 많기 때문이다. 하지만 이런 문제에 대해 파고들어 논하는 것은 이 경우 아무 쓸모가 없다.

친구

친구가 많고 좋은 친구를 갖는 것이 행복의 부분인 것은 친구의 정의를 보면, 상대를 위하는 일이라 생각되는 것을 오로지 상대를 위해 실행할 수 있는 사람을 가리킨다. 이와 같은 사람을 수많이 가지고 있는 사람이 친구가 많은 사람이고, 이와 같은 사람이 훌륭한 인격자일 경우에 그는 좋은 친구를 가진 사람이다.

호운(好運)

호운이란 운이 원인이 되는 좋은 것 모두를, 혹은 대부분을, 혹은 또 그 주된 것을 손에 넣든가 그렇지 않으면 소유하고 있음을 이른다. 그러므로 운이 원인이 되는 좋은 것 가운데 일부는 기술이 원인일 때도 있으나 대부분은 기술과 관계가 없는 것이다. 예를 들어 자연이 원인이 될 경우가 그렇다(다만, 운에 의해 생긴 것이 자연에 반하는 것도 있지만).[27] 왜냐하면 건강은 기술(의술)이 그 원인이나 신체의 아름다움이나 크기는 자연이 원인일 때가 있기 때문이다.

그러나 일반적으로 좋은 것이라 해도 사람들의 질투가 쏠리는 것은 운이 원인일 수가 있다. 또 계산 밖의 좋은 것도 운이 그 원인이다. 예를 들어 다른 형제들은 용모가 추한데 그만은 잘났다든가, 다른 사람들은 보물을 찾지 못하는데 그만이 찾았다든가, 옆 사람에게 화살이 맞고 표적이 된 사람은 맞지 않았다든가, 항상 왕래하고 있는데 그때 그만이 그곳에 가지 않았고 그곳에 간 것이 한 차례뿐인 사람들이 죽음을 당했다는 등의 경우가 그렇다. 이 같은 종류의 사례는 모두 호운의 예다.

덕

덕에 대해 칭찬의 논점이 가장 관계가 깊기 때문에 칭찬을 논의할 때 그것을 정의하려고 한다.

CHAPTER 6
윤리적 토픽(속)

변론가가 무엇인가를 권유할 때 장차 있을 것, 또 현재 있는 것에서 어떤 쪽을 조준해야 하는가? 그리고 또, 생각을 단념하게 할 때 어디에 초점을 맞추면 좋을까? 이것은 이제 분명하다. 왜냐하면 후자가 목표로 하는 것은 전자와는 정반대이기 때문이다. 그런데 조언을 주고 심의하는 자가 목표로 내세우는 것은 유익한 내용이다. 왜냐하면 그들이 심의하는 것은 목적에 대한 것이 아니고 목적에 이르는 수단에 관한 것이지만, 이들 수단이 되는 것은 실제로 행위 시에 이익을 안겨 주는 것이기 때문이다. 그런데 이때 이익을 가져오는 것은 좋은 것이다. 그러므로 우리는 좋은 것, 결국 이익이 있는 것에 대해 그 기본적 요소의 일반적 이해를 갖지 않으면 안 될 것이다.

좋은 것의 정의

좋은 것이란 단지 그 자체가 목적일 때 또 우리가 타의 것을 선택할 때 목적이 되는 것, 또 모든 것이 혹은 감각 그렇지 않으면 지성을 가지고 있는 것으로 모두가 찾는 것, 혹은 또 지성을 갖추지 않은 것도 지성을 갖출 때 찾아지는 것[28]이라 해 두자. 또 지성이 일반적 형태로 각각의 사람에게 적당히 지시하는 것이나 각자의 지성이 개개의 경우에 상응해 각각의 사람에게 지시하는 것도 좋은 것이라 해 두자. 이것은 각각의 개인에게 좋은 것이다. 게다가 또 그것이 바로 옆에 있을 때 사람은 좋은 상태에 놓이고, 스스로 만족하게 되는 것, 또 그것만으로 족한 것, 또 지금 드러낸 좋은 것들을 만들어 내가 그렇지 않으면 유지할 것 같은 따위, 또 이 같은 좋은 것이 결과적으로 뒤따라간다. 또 그것과 반대되는 것을 저지하고, 그것을 근절시키는 것이 좋은 것이다.

결과적으로 뒤따라간다고 하는 데 두 가지 방법을 생각할 수 있다. 동시적인가, 뒤부터인가 등이다. 예를 들어 학습에는 안다는 것이 뒤따라가고, 건강하다는 것은 살아 있다는 것과 동시에 뒤따라간다. 또 만들어 내는 것은 세 가지 방식이 있다. 하나는 건강 자체가 건강을 만들어 낸다는 의미고, 또 하나는 음식물이 건강을 만들어 낸다는 의미, 그리고 셋째는 체육이 건강을 만들어 낸다는 의미다.[29] 왜냐하면 체육은 거의 대부분 건강을 가져오기 때문이다.

추가 규정과 실례

좋은 것은 일반적으로 앞에 말한 것처럼 규정되어 있으나, 여기서부터 필연적으로 좋은 것을 손에 넣는 것과 함께 나쁜 것을 방기한다는 것 역시 좋은 일이라고 말하게 된다. 왜냐하면 후자에게 현실적으로 나쁜 것을 가지고 있지 않다는 사실이 동시에 전자에게 현실적으로 좋은 것을 가지고 있다는 사실이 뒤에서 결과로 뒤따르기 때문이다.[30] 또 작은 선 대신 좀 더 큰 선을 손에 넣는 것과 큰 악 대신 좀 더 작은 악을 손에 넣는 것도 좋은 일이다. 왜냐하면 큰 것이 작은 것을 넘을 정도만큼 선을 취하고, 나쁜 것을 방기하는 일이 행해진다는 이유 때문이다.

그리고 당연한 일이지만 덕도 역시 좋은 것이 된다. 왜냐하면 덕망이 있는 사람은 그 덕으로 인해 좋은 상태에 놓이고, 게다가 덕은 좋은 것을 만들어 내고 좋은 일을 실행할 수 있기 때문이다. 그러나 각각의 덕에 대해 그것이 어떤 것이고 어떤 종류의 것인지, 여기에 대해 별도로 설명하지 않으면 안 된다.

또 쾌락 역시 좋은 것이 되어야 한다. 왜냐하면 동물은 모두 태어나며 동시에 쾌락을 찾기 때문이다. 더욱이 즐거운 것도, 아름다운 것도 모두 좋은 것이 된다. 왜냐하면 즐거운 것은 쾌락을 만들어 내고, 한편 아름다운 것도 그 어떤 것은 즐거운 것이고 어떤 것은 그 자체로 무조건 바람직하기 때문이다.[31]

좋은 일로 명백한 것

좋은 것을 일일이 열거하면, 좋은 것이란 다음과 같은 것이 아니면 안 된다.

행복, 왜냐하면 행복은 그 자체만으로 바람직하고 자족적이므로 그것을 목적으로 우리는 많은 것을 선택하게 되기 때문이다.

정의·용기·절제·관대, 그 밖의 개성. 왜냐하면 그것은 모두 우수성을 지닌 정신의 덕이기 때문이다.

건강·아름다움, 그 밖의 유사한 것. 왜냐하면 그것들은 신체상의 덕이고,

좋은 것을 많이 만들어 내기 때문이다. 예를 들면, 건강이 쾌락과 삶을 만드는 것이다. 그리고 건강은 가장 좋은 것으로 생각한다.[32] 결국 건강은 대부분 사람이 가장 중요시하는 두 가지, 즉 쾌락과 삶을 만들어 내는 원인이 되기 때문이다.

부유, 왜냐하면 그것은 소유의 우수성을 드러내[33] 좋은 것을 많이 만들어 내기 때문이다.

친구와 우정, 왜냐하면 친구는 그 자체만으로 바람직한 것이고, 또 좋은 것을 많이 가져다주기 때문이다.

명예·명성, 왜냐하면 그것은 즐거움이고, 좋은 것을 많이 만들어 줄 뿐 아니라 대부분의 경우 존경의 근원이 되는 미점을 상대방 사람들이 실제 감각한 결과이기 때문이다.

말하는 능력과 행동하는 능력, 왜냐하면 이 같은 능력은 모두 좋은 일을 만들어 내기 때문이다.

타고난 소질·기억력·이해력·민감성, 왜냐하면 이 같은 능력이 좋은 것을 가져다주기 때문이다.

모든 지식·기술·삶, 왜냐하면 좋은 것을 어떤 것 하나 동반하지 않더라도 그 자체로서 바람직하기 때문이다.

정직성, 왜냐하면 그것은 국가 공공에 이익을 가져다주기 때문이다.

이상이 대체로, 일반적으로 인정하는 좋은 것이라고 말해도 좋을 것이다.

이론에 대한 평가

좋은 것이냐 아니냐 이론이 있을 경우 다음 항목으로 평가가 내려진다.

그 반대가 악인 것은 좋은 것이다.

그 반대가 적 편에 유익한 것도 그렇다. 예를 들어 자기편의 사기 저하가 적측에게 유리하게 작용한다면 그 반대가 되는 용기가 동포 시민에게 특히 유익하다. 이것은 명백한 사실이다.

일반적으로 말해 적측이 기대하고 있는 것, 혹은 적측이 그것에 기쁨을 느낄 수 있는 것 등과 반대되는 것은 우리에게 이익이 된다고 생각한다. 그러므로 다음과 같이 좋은 평을 받는다. "틀림없이 프리아모스는 기뻐할 것이다."[34) 다만 이 같은 일은 항상 그렇다는 것이 아니고 대체로 그렇다는 것이다. 왜냐하면 때로 동일한 것이 대립된 쌍방에게 이익을 주는 일이 있다 해도 별로 이상할 것이 없기 때문이다. 이런 점에서, 대항해 겨루는 쌍방에게 동일한 것이 피해를 주는 일이 있다면, 자연 재난이 사람들을 하나로 결속시킨다고 말하게 된다.[35)]

정도를 지나는 일이 전혀 없는 것, 이도 좋은 것이다. 이와 반대로 합당한 적당량을 지나치는 것은 모두 나쁜 것이다.

그 때문에 많은 노력이 기울여지고 다액이 지출되었다고 하면 좋은 것이다. 왜냐하면 그 같은 일을 하는 것도 그것이 벌써부터 좋은 것이라 생각한 때문이고, 또 그 경우 이것은 목적한 바대로, 즉 많은 노력과 지출의 목적처럼 생각하는 것이지만 그러나 목적한 바의 일은 좋은 것이기 때문이다. 그런 사례에서 다음 시구를 말할 수 있다. "프리아모스에게는 자랑할 만한 소재로." 또 "하지만, 헛되게 머무는 것은 부끄러운 일."[36)] 또 "출입구에서 물병을 떨어뜨린다."[37)]고 하는 속담 역시 동일한 취지다.

또 많은 사람이 소망해 찾고 있는 것, 그것을 찾아 사람들이 서로 싸우는 모습을 보이는 것. 왜냐하면 모든 사람이 소망해 찾고 있는 것, 이것이 좋은 것이었으나 많은 사람이란 이 경우 모든 사람과 동일한 것으로 생각하기 때문이다.

또 칭찬받는 일이 좋은 것이 아니면 누구 하나 남을 칭찬하지 않기 때문이다.

또 적이 극구 칭찬하는 것. 이것은 그것으로 심한 눈총을 쏘는 사람들까지 좋다고 인정한다면, 그 좋은 점은 벌써 모든 사람에게 인정받은 것이나 다름없기 때문이다. 왜냐하면 그들은 그 좋은 점이 명백하므로 그렇게 인정하고 있기 때문이다. 마치 그것은 아군이 비난하고, 적측이 비난을 가하려 하지 않는 자가 분명히 좋지 않은 인간인 것과 상응한다. 바로 그렇기 때문에 시모니데스가 다음 시를 썼을 때 코린토스 사람들은 그에게서 비난받았다고 생각한 것이다. "코린토스인에 대해 이리온은 지나치게 책망하지 않는다."[38]

또 남녀를 불문하고 사려가 깊은 자 또는 좋은 자가 선출한 것. 예를 들어 아테나가 오디세우스를, 데세우스가 헬레네를, 여신들이 알렉산더를, 호메로스가 아킬레우스를 선출한 것이 그렇다.[39]

또 일반적으로 말해 숙고한 뒤 선택한 것. 그런데 사람들이 실행하려고 선택하는 것은 앞에 든 항목이나 적측에 나쁜 것이나 아군 측에 좋은 일, 그런데 가능한 것 등이다. 여기 가능한 일에 두 가지가 있다. 즉, 일어날지도 모르는 것과 용이하게 일어나는 것 등이다. '용이하다'는 것은 고생하지 않든가 혹은 단시간 내에 일어나는 일이다. '곤란한 일'은 고생이 따르든가 이에 소요되는 시간이 길다고 정의할 수 있기 때문이다.

또 무엇인가가 소망한 대로 이루어질 경우, 그 사람에게 그 일은 좋은 것이다. 그러나 사람들이 소망하는 것은 전혀 나쁘지 않은 것이든가, 혹은 나쁜 정도가 여기서 결과하는 선보다 작든가 한 것이다. 이 같은 악이 행해지게 되는 것은 그에 대한 처벌을 전혀 깨닫지 못하든가, 혹은 처벌을 가볍게 하는 경우일 것이다.

또 특히 자기만이 이루어내는 것, 혹은 그것을 하는 자가 달리 없을 것 같을 때, 혹은 보통을 넘을 것 같을 때 역시 선택의 대상이 된다. 이것은 그와 같은 것을 행할 때 주어지는 명예가 한 단계 높기 때문이다. 또 자기들에게 상응하는 것 역시 그렇다. 그런데 자기들에게 상응한다는 것은 자기들의 출생이나 선천적인 능력을 생각할 때 적합한 것, 혹은 또 실행에 능력이 조금 부족해도 자기들에게 그것이 부족하다고 믿는 바의 것이다. 왜냐하면 그와 같은 일은 실행에 역부족이라 해도 사람들은 동일하게 선택하는 것이기 때문이다.

또, 용이하게 이루어내는 것, 이것은 용이하기에 가능한 것이기 때문이다. 그런데 용이하게 이루어낸다는 일은 모든 사람, 혹은 다수의 사람, 혹은 자기와 동등 정도의 사람들, 혹은 그보다 못한 사람들이 지금까지 이룩해 낸 일이 그렇다.

또 아군 측을 기쁘게 하는 원천이 되는 것, 혹은 적측에게 혐오감을 주는 원천이 되는 것.

또, 자신이 존경하고 복종하는 사람들이 적극 실행하고자 하는 것.

또, 그것에 대해 충분한 소질을 갖고 경험도 잘 쌓고 있는 일. 왜냐하면 사람들은 그런 일이라면 보다 용이하게 이룩해 낼 수 있다고 믿고 있기 때문이다.

또, 평범한 인간이라면 누구 하나 행하려 하지 않는 것. 왜냐하면 그와 같은 것은 보다 한층 더 칭찬의 가치가 있기 때문이다.

또, 이따금 욕심내며 찾고 있는 것. 왜냐하면 그와 같은 것은 유쾌할 뿐만 아니라 보다 좋은 것으로 보이기 때문이다.

그리고 특히 각각의 사람들은 자기들이 그것의 각별한 애호자라고 말해지는 것을 행위의 대상으로 선택한다. 예를 들어 승리를 애호하고 쟁취하려는 자는 승리를, 명예를 애호하고 획득하려는 자는 명예를, 재화를 애호하는 자는 재화를 실현이 가능한 것이면 대상으로 선택하고, 그 밖의 사람들에 대해서도 이 점은 동일하다.

좋은 것과 이익이 있는 것에 대해 우리가 설득을 달성하기 위한 논점으로 다룰 수 있는 것은 앞에서 설명한 대로다.

CHAPTER 7

비교 우위를 입증하는 방법

그러나 사람들은 양쪽이 함께 유익한 것을 인정하기는 해도 이따금 어느 쪽이 보다 많은 이익을 가져오는가에 대해 의론하게 되기 때문에 '비교적 큰 선(善)'과 '비교적 많은 이익을 가져다주는 것'에 대해 논하지 않으면 안 될 것이다.

비교적 크다, 비교적 작다의 정의

그러면 타를 넘어 있다는 뜻은 동일 정도의 높이에 좀 더 높은 무엇이 덧붙여지고 있다는 것이고, 타에 처진다는 뜻은 타의 속에 포함돼 있다는 것이다. 그렇다고 하면, 또 '비교적 크다'나 '비교적 많다'는 항상 '비교적 작다'는 것과의 관계에서, 한편 '크다'와 '작다', '많다'와 '적다'는 다수의 것에서 볼 수 있는 평균적인 크기와의 비교로서 그와 같이 말한다. 결국 '크다'는 평균적 크기를 넘어선 것이고 그것보다 부족한 것은 '작다'는 것이고, '많다'와 '적다' 도 이와 동일한 것이다.

비교적 큰 선

그런데 '좋다'고 우리가 말하는 것은 단지 그것 때문에 바람직한 것이 타의 이유 때문은 아닌 것이다. 또 모든 것이 탐내어 찾고 있는 것, 또 어떤 것이든 지성이나 사려를 손질할 수 있다면 선택할 수 있는 것, 또 좋은 것을 가져오든가 유지시키는 것, 혹은 그것들 좋은 것이 결과로 수반되는 것, 또 타의 것이 그것의 이유로 있는 것(이것은 목적이다. 결국 목적이란 그것 이외의 것이 그것 때문에 행하는 것이다.)이다. 이상의 성질을 누군가와의 관련으로 준비하고 있는 것이 그 개인에게 좋은 것이므로 당연한 일로, 좋은 것도 하나이든가 근소한 수로 있기보다 수효가 많은 쪽이 그만큼 비교적 큰 선이 되는 것이 필연이다. 다만 하나 또는 소수의 좋은 것이 다수의 좋은 것 가운데로 세어서 넣는 경우를 가리킨다.[40] 왜냐하면 이렇게 해서 얻어진 다수의 좋은 것은 초과하는 것이고, 이들 다수의 좋은 것에 포함되는 것은 초과한 것이기 때문이다.

종류 사이의 대소

또 어떤 종류에서 최대의 것이 타 종류의 최대의 것을 초과하는 경우 그 종류는 전체로서 타 종류를 초과하는 것이고, 또 역으로 어떤 종류가 전체로서 타 종류를 초과하는 경우 그 종류 최대의 것은 타 종류 최대의 것을 초과한다. 예를 들어, 남성 최대의 것이 여성 최대의 것보다 크다고 하면 전체로서 남성은 여성보다 크고, 또 남성 쪽이 전체로서 여성보다 크다고 하면 남성에서 가장 큰 자는 여성에서 가장 큰 자보다 큰 것이다.[41] 왜냐하면 종류에서 초과하는 것과 종류 가운데서 최대의 것에서 초과하는 것은 비례하기 때문이다.

계기 관계의 대소

또 A는 B에 뒤따라가지만 B는 A에 뒤따라가지 않을 경우, B는 A보다 큰 선이다. 그것은 뒤따라가는 것의 사용이 다른 한쪽을 사용하는 것에 포함되기 때문이다. 그런데 무엇이 무엇에 뒤따라가는 것은 (a) 동시적인가, (b) 뒤를 따르는가, 혹은 또 (c) 가능한가 등이다. (a) 동시적으로 뒤따른다는 것은 삶이 건강한 것에 뒤따르지만, 건강은 삶에 뒤따르지 않는다는 경우가 그런 것이고, (b) 뒤를 따른다 함은 지식을 갖는다는 것이 학습에 뒤따르는 경우, 또 (c) 가능적이란 도둑질이 신전 탈취에 뒤따른다는 것이 그렇다. 왜냐하면 신전을 휩쓸고 집기를 훔치는 자는 사람들로부터도 도둑질할 가능성이 있는 것이기 때문이다.

제3의 것과의 비교

또, 동일한 것을 초과하는 것들은 비교적 큰 정도로 초과하는 쪽이 비교적 크다. 왜냐하면 그것은 필연적으로 다른 한쪽보다 비교적 큰 것도 초과하기 때문이다.

두 가지 비교

또 비교적 큰 선을 가져오는 것은 그 자체도 비교적 큰 선이다. 왜냐하면 이 일이 "비교적 큰 선을 가져온다."는 의미였기 때문이다.[42] 또 그것을 만들어 내는 원인이 비교적 큰 선인 것도 동일한 의미로 비교적 큰 선이다. 왜냐하면, 만약 건강을 만들어 내는 편이 즐거움을 만들어 내는 것보다 바람직한 것이고 비교적 큰 선이라면, 건강도 역시 쾌락보다 큰 선이기 때문이다.

또, 그 자체로써 보다 바람직한 것은 그 자체로써 그렇지 않은 것보다 큰 선이다. 왜냐하면 건강에 좋은 것은 그 자체 때문에 바람직하지 않은 것에 비해 체력은 그 자체 때문에 바람직한 것이지만, 이것만큼 좋은 것은 달리 없다고 말했기 때문이다.

또, 한 쪽이 목적이고 다른 쪽이 목적이 아닌 것 같은 경우, 목적이 되는 쪽이 보다 큰 선이다. 왜냐하면 후자는 다른 것 때문에 바람직하나, 전자는 그 자체 때문에 요구되는 것이니 말이다. 예를 들어 체육을 하는 것은 신체의 상태가 좋아지기 때문에 요구된다는 것이 그렇다.

또 자기 이외의 것을 하나 더 혹은 그 이상 필요로 하는 것에 지나지 않는 것은 보다 큰 선이다. 왜냐하면 그와 같은 것은 보다 자족적이기 때문이다. 그런데 다른 것을 그렇게 필요로 하지 않는 것은 보다 근소한 것, 혹은 손에 넣기가 보다 쉬운 것밖에 필요로 하지 않는 것을 가리킨다.

또 이것은 저것이 없으면 존재할 일도 없고 살아가기도 불가능하나 저것은 이것이 없어도 존재한다는 경우, 저것은 보다 큰 선이다. 왜냐하면[43] 다른 것을 필요로 하지 않는 것은 보다 자족적이고, 따라서 그것은 분명 보다 큰 선이기 때문이다.

또 한쪽이 단초이고 다른 쪽이 단초가 아닌 것 같은 경우, 또 한쪽이 원인이고 다른 쪽이 원인이 아닌 것 같은 경우, 어떻든 전자가 동일 이유로 인해 보다 큰 선이 된다. 결국 원인이나 단초가 없다면 그 어떤 것도 존재하든가 살아가든가 하는 일은 불가능하기 때문이다. 또 단초가 둘이 있을 경우 보다 큰 단초에서 생긴 것이 보다 크다.[44] 또 원인이 둘이 있을 경우도 보다 큰 원인에서 생긴 쪽이 크다. 또 이와 반대로, 두 개의 단초 가운데 보다 큰 것의 단초는 보다 크고, 둘이 있는 원인 중에도 보다 큰 원인 쪽이 크다.

자 그럼 앞에서 서술한 바에 따라, 어떤 것이 보다 큰 것으로 나타나느냐에 따라 다음 두 가지 경우를 생각하게 된다. 그것은 분명한 사실이다. 즉, 무엇인가가 단초이고 다른 것은 단초가 아니라면 그 무엇은 보다 크다고 생각하게 되고, 또 그것은 목적이고 단초가 아니며 다른 것이 단초인 것 같은 경우라도 그것은 보다 크다고 생각될 것이기 때문이다. 결국 보다 큰 것은 목적이고 단초가 아니라는 것이 그 이유다. 예를 들면, 레오다마스가 칼리스트라토스를 탄핵할 때, 계획자는 그것을 실행으로 옮긴 자보다 큰 부정을 일으킨 것이다. 왜냐하면 그가 그와 같은 계획을 세우고 단초를 제공하지 않았다면 그것이 실행으로 옮겨지지도 않았을 것이라고 주장하고, 반대로 가브리아스를 탄핵할 때 실행한 자 측이 계획을 입안한 자보다 큰 부정을 저질렀다. 왜냐하면 실행자가 없었다고 하면 실제로 일이 일어나지 않았을 것이기 때문이다. 결국 계획을 입안하는 일은, 즉 그것을 행동으로 옮기는 것을 목적으로 하고 있기 때문이라고 주장하는 것이 그런 것이다.[45]

또 희소한 것이 풍부한 것보다 큰 선이다. 예를 들면, 금은 유용성으로 보아 열악한 것이나 희소 가치 때문에 보다 큰 선으로 보는 것이다. 결국 그것은 손에 넣기가 보다 곤란하다는 점에서 소지하는 데 보다 큰 좋은 점이 있기 때문이다. 그러나 관점을 바꾸면, 풍부하다는 쪽이 희소하다는 쪽보다 그렇다고 할 수 있다. 왜냐하면 그것은 사용할 기회가 훨씬 많기 때문이다. 결국 빈번한 편이 극히 드문 편보다 우수하기 때문이다. 그런 까닭에 다음과 같은 말도 있다.

> 가장 좋은 것, 그것은 물 -핀타로스, 〈올림픽 축승의 노래〉

또 일반적으로 말해, 보다 곤란한 편이 용이한 편보다 좋은 것이다. 왜냐하면 드물기 때문이다. 그러나 관점을 바꾸면 보다 용이한 편이 곤란한 것보다 좋은 것이다. 왜냐하면 그것은 우리가 바라는 바대로이기 때문이다.

또, 그것의 반대가 보다 큰 것, 또는 중요한 것, 혹은 그것이 빠진 것이 보다 큰 것, 이것이 보다 크다.[46] 또 완성된 덕은 아직 완성된 덕이 아닌 것보다, 완성된 악덕은 아직 완성된 악덕이 아닌 것보다 크다. 왜냐하면 각각 전자 쪽이 목적을 달성하나 후자는 그렇지 않기 때문이다.[47]

그 기능이 보다 아름답고 또는 보다 추한 것은 그 자체도 우수성이나 결합성에서 보다 크다. 또 그것의 결합성이나 우수성이 보다 큰 것은 그 기능도 역시 보다 크다. 원인이나 단초에 있는 것처럼 결과 역시 이에 대응하고, 결과에 있는 것처럼 원인이나 단초에 있는 것이 이에 상응하는 때문이다.

또 그것을 능가하는 일이 보다 바람직하다든가 보다 아름답다고 하는 것은 그 자체도 크다. 예를 들면, 예민하게 보는 것은 예민하게 냄새 맡아 분별하기보다 바람직하다고 하는 것이 그렇다. 왜냐하면 시각은 후각보다 바람직하기 때문이다. 또 친구에 대한 사랑이 보다 강한 편이 재화에 대한 사랑이 보다 강한 편보다 훨씬 아름답다. 따라서 친구에 대한 사랑은 재화에 대한 사랑보다 아름답다 하는 것 역시 그런 것이다. 반대로 그 자체가 보다 좋은 것은 그것이 능가하는 것도 보다 좋고, 보다 아름다운 것이기 때문이다.

또 그것에 대한 욕구가 보다 아름답든가, 혹은 보다 좋은 것은 그 자체 역시도 보다 크다. 왜냐하면 보다 큰 동경과 욕구는 보다 큰 것을 향하고 있기 때문이다. 또 반대로, 보다 아름답고 혹은 보다 좋은 대상을 향한 욕구는 같은 이유에서 그 자체도 보다 좋고, 보다 아름답다.

또 어떤 대상에 대한 지식이 보다 아름답고 혹은 보다 훌륭한 경우, 대상 자체 역시 아름답고 보다 훌륭하다. 왜냐하면 지식에 있는 그대로 대상에 있는 진실도 또한 대응하고 있기 때문이다. 결국 지식은 각각 그 자체에 속하는 영역에 지령을 내리는 입장에 있기 때문이다. 그리고 또 대상이 보다 훌륭하고 보다 아름다운 경우의 지식 또한, 같은 이유로 대상의 존재 양식에 대응하는 것이 된다.

또 사려 있는 사람들 모두가 혹은 그 대다수, 혹은 그중에서 가장 유력한 사람들이 좋은 또는 보다 큰 선이라고 판단하게 되는 것 같은 것, 아니면 지금까지 판단해 온 것도 그런 식이라는 것이 필연이다. 무조건 하고 그런 것인가, 그렇지 않으면 사려에 기초를 두고 판단한 한도 내에서 그런 것인가는 어떻든. 그것은 그렇다 하고, 사려 있는 사람들의 판단이 유력한 것은 선 이외의 경우에도 공통으로 말할 수 있다. 어떤 것의 '좋은지 여부'와 마찬가지로 그것이 '무엇인가'나 '어느 정도인가'나 '어떤 모양인가' 역시도 지식이나 사려가 말해 주는 그대로이기 때문이다. 그러나 우리가 이와 같은 사실을 서술해 온 것은 좋은 것에 관한 것이다. 즉, 지금까지의 정의는 모든 것이 사려를 거친다면 각각 선택된 것이 좋은 것이라고 하는 결과다. 그러므로 사려가 다른 경우보다 강한 상태를 '좋아'라고 할 수 있는 것이 그만큼 '보다 큰 선'이란 사실은 명백하다.

또 보다 좋은 사람들에 속하는 것도 무조건이든가 아니면 그가 보다 좋은 인간인 한에서 그런가는 어떻든 보다 좋은 것이다. 예를 들면, 보다 좋은 사람의 덕인 용기는 그렇지 않은 신체의 강건함보다 좋다. 또 보다 좋은 사람이 선택하는 것도 무조건이든가, 아니면 그가 보다 좋은 인간인 한이든가 등 차이는 있지만 보다 좋은 것이다. 예를 들면, 부정한 일을 꾸미기보다 오히려 부정을 받아들이는 쪽을 선택한다는 경우가 그렇다.[48] 왜냐하면 이것은 정당하다는 처지보다 보다 훌륭하다는 자가 선택하는 길이기 때문에.

또 보다 상쾌한 것은 상쾌함이 떨어지는 것보다 좋은 것이다. 왜냐하면 쾌락은 모든 사람이 추구하는 것일 뿐 아니라 사람들은 상쾌함을 감지하는 자체 때문에 탐을 내지만, 사실 이들 조건이 좋은 것과 목적의 정의가 되기 때문이다. 그러므로 보다 상쾌한 것은 고통을 동반하는 일이 보다 적을 뿐 아니라 동시에 또, 보다 오래 지속되는 상쾌함인 것이다.

또, 보다 아름다운 것은 아름다움이 떨어지는 것보다 좋다. 왜냐, 아름다운 것은 상쾌한 것인가 혹은 그 자체가 바람직한 것인가 하기 때문이다.

또 자기가 자기 자신을 위해 혹은 친구들을 위해 누구에게도 황차 그것을 갖게 하는 원인이고 싶다고 바라는 것, 이것도 보다 좋은 것이다. 그러나 되도록 바람직하지 않은 것은 보다 큰 악이다.

또, 보다 오래 지속되는 것은 단시간밖에 지속하지 못하는 것보다 보다 확실한 것은 확실성이 떨어지는 것보다 좋은 것이다. 왜냐하면 오래 지속하는 경우 장시간 사용한다는 점에서 타의 것을 능가하고 있고, 한편 확실한 것의 경우 바라는 시간에 사용이 가능하다는 점에서 타의 것을 초월하기 때문이다. 확실한 것은 타의 것에 비해 사용하고 싶을 때 언제든 그것을 가능하게 해 주기 때문이다.

또, 등위어(等位語)나 동근(同根)의 굴절어(屈折語)[49] 등의 어떤 말 사이에 보이는 관계는 그 밖의 말에 대해서도 그대로 들어맞는다. 예를 들면, '용기를 가지고'라는 것이 '절제적으로'라는 것보다 아름답고 바람직한 것이라면, '용기'는 '절제'보다 또 '용기 있는 일'은 '절제 있는 일'보다 바람직하다는 것이 그렇다.

또, 모든 사람이 선택하는 것은 반드시 모두가 선택한다고 한정할 수 없는 것보다 좋은 것이다. 또 보다 많은 사람이 선택하는 것은 보다 소수의 사람이 선택하는 것보다 좋다. 왜냐하면 모든 사람이 찾는 것은 좋다고 했으므로, 따라서 찾는 정도가 보다 많으면 그만큼 큰 선이 되기 때문이다.

또, 반대자나 적수 혹은 판정자[50]나 판정자가 선임하는 사람들이 선택하는 것도 보다 큰 선이다. 왜냐하면 앞의 두 가지 경우는 모든 사람이 그와 같이 주장하는 것과 동일하고, 뒤의 두 가지 경우는 권위자나 유식자가 주장하는 것과 동일하기 때문이다.

또, 때로 모든 사람이 주고 있는 좋은 것은 보다 큰 선이다. 왜냐하면 주지 않는다는 것은 가치가 평가되지 않은 것이기 때문이다. 또, 때로 누구 한 사람 주지 않고 혹은 극히 소수의 사람들밖에 주지 않는 선이 보다 크다고 할 때도 있다. 왜냐하면 그것은 희소성에서 훌륭하기 때문이다.

또, 보다 많은 칭찬을 독차지하는 것도 보다 좋은 것이다. 왜냐하면 그것은 보다 아름답고 보다 훌륭하기 때문이다. 또, 그것에 대한 명예가 보다 큰 것도 동일하다. 왜냐하면 명예라고 하는 것은 이른바 일종의 가치 평가이기 때문이다. 또 그것에 관한 처벌이 보다 큰 것도 그 자체가 보다 큰 것이고, 중요한 것이기 때문이다.[51)]

또 일반적으로 크고 중요하다고 인정받고 있는 것, 혹은 큰 것이 명백한 것, 보다 큰 것도 또한 그 자체가 보다 크다. 더욱이 동일한 것도 많은 부분으로 나눌 수 있다면 보다 큰 것으로 보인다. 왜냐하면 그것은 보다 많은 것을 초과하는 것으로 보이기 때문이다. 그러므로 저 유명한 시인 호메로스도 다음의 말이 멜레아그로스를 설복시켜 일으켜 세웠다고 말하는 것이다.[52)]

> 그 도성을 빼앗긴 사람들을 습격해 입힌 참화의 정도,
> 사람들은 모두 도륙되고 마을은 병화로 회신되고,
> 아이들은 타국인에게 끌려가다.

또 에피카르모스가 사용한 것처럼 구(句)를 하나로 결합하고, 거기에 한 단씩 중첩시켜 나가는 수법[53)] 역시 부분으로 나누는 것과 동일한 이유로(즉, 결합하는 것은 문제가 중요성의 면에서 타를 크게 초과하는 사실을 나타내 보이

기 때문임.), 동시에 또 문제가 많은 중대 사항의 단초이고 원인인 것처럼 보일 뿐만 아니라 보다 크게 보이는 효과를 지닌다.

또 곤란한 일이나 드물기 짝이 없는 일은 보다 크기 때문에 시의, 연배, 장소, 시간, 능력까지도 크게 보이는 작용이 있다. 왜냐하면 자기의 능력이나 연배의 한계를 넘어 자기와 동등한 사람들의 수준을 초월하는 선에서 무엇인가를 이룩해 내면 결국 그와 같은 이례적인 방법으로, 혹은 그와 같은 장소에서, 혹은 그와 같은 시간에 그것을 이룩해 내면 그 행위는 아름다움의 관점에서도, 좋다는 관점에서도, 정당성의 관점에서도, 또 그것들과 반대되는 것의 관점에서도 크기를 유지하는 것이 되기 때문이다. 여기에서 올림피아 승리자에 대한 다음 촌철 시가 구가되는 것이다.

> 이전에는 양어깨에 조잡한 천평칭을 메고
> 아루고스에서 데게아까지 물고기를 운반해 갔다.

또, 이피크라테스[54]가 자기를 상찬해 어떤 신분에서 몸을 일으켜 현재의 신분에 올랐는가를 말한 것도 마찬가지다.

또, 선천적으로 타고난 것은 후천적으로 터득하고 익힌 것보다 훨씬 크다. 왜냐하면, 그것을 손에 넣기가 보다 곤란하기 때문이다. 그러므로 저 유명한 시인 호메로스도 말한 바가 있다. "나는 스스로 배웠다."[55]

또, 큰 것의 가장 큰 부분도 보다 크다. 예를 들면, 페리클레스가 전사자 추도 연설 중에서 다음처럼 말한 것이 그것에 해당한다.

> 전쟁으로 인해 국가에서 청년을 빼앗는 일은 마치 1년 가운데 봄을 제거하는 것과 같은 것이다.[56]

또, 그 필요가 보다 클 때 도움을 주는 것은 보다 좋을 것이다. 예를 들면, 노경이나 병환의 경우에 도움 되는 것이 그렇다. 또, 두 가지 좋은 것 중에서 목적에 보다 가까운 것이 보다 좋다. 또, 특정 개인에게 실제상 도움 되는 쪽이 일반으로, 이론상으로 도움 되는 것보다 좋다. 또, 가능한 것은 불가능한 것보다 좋다. 왜냐하면 가능한 것은 특정한 개인을 위해 도움이 되나 불가능한 것은 그렇지 않기 때문이다. 또, 인생의 목적에 직접 연관성이 있는 것이 보다 좋은 것이다. 왜냐하면 목적에 가까이 있는 것은 목적으로서의 자격을 다른 것보다 많이 갖추고 있기 때문이다.

또, 진실과의 연관성이 있는 것은 사려와의 연관성이 있는 것보다 좋다. 그러므로 사려와의 연관성이 있는 것의 정의는 만약 그것을 선택한 것이 타인의 눈에 머물 것 같지 않으면 선택하지 않을 것 같은 것이다. 그러므로 타인에게 잘 비추는 것이 타인에게 잘하는 것보다 바람직하다고 생각하게 될 것이다. 왜냐하면 전자는 그것이 타인에게 눈치채게 하는 것이 아니라도 사람들은 선택하는 게 틀림없으나, 그러나 남에게 잘하는 것은 사람 눈에 머물지 않는 경우 선택하지 않을 것이라고 일반적으로 생각하기 때문이다.

또, 그것에 대해서 그렇게 생각하기보다 사실 그래야 하는 것이 사람들의 바람이라는 것, 그와 같은 것도 보다 좋은 것이다. 왜냐하면 그것은 "진실과의 관계가 있다." 하는 성질을 보다 많이 갖추고 있기 때문이다. 그러므로 사람들은 정의에 대해 그것은 작고 중요하지 않은 것이라고 주장하지만,57) 결국 그것은 정당함에 관해서 진실·정당하게 있기보다 정당하게 있다고 생각하는 쪽이 바람직하다는 이유 때문에서다. 건강하다는 데는 그렇게 말하지 않는다.

또, 다수의 목적에서 보다 도움받는 것도 보다 좋은 것이다. 예를 들면 살아가는 데도, 잘 살아가는 데도, 쾌락에도, 훌륭한 행위를 하는 데도 도움받는 것이 그렇다. 그러므로 부귀와 건강은 최대의 선이라고 생각하는 것이다. 왜냐하면 그것들은 이상의 이익을 모두 갖추고 있기 때문이다.

또, 고통을 동반하는 일이 보다 적고, 더욱 적극적 쾌락을 동반하는 일은 보다 좋은 것이다. 그 이유는 그것이 하나보다 더 많은 좋음을 갖추고 있다는 데 있다. 그러므로 이 경우 쾌락도, 무고통도 좋은 것으로써 구비하고 있음이 된다. 또, 두 개의 좋은 것 가운데 동일한 어떤 것에 덧붙여져 그것의 전체를 보다 큰 선으로 하는 쪽이 보다 좋은 것이다.

또, 자기의 주위에 있는 것이 타인의 눈에 머무르게 되는 쪽은 눈에 머무르지 않는 것보다 좋다. 타인의 눈에 머무는 것은 그것이 진실이라는 느낌을 강조하기 때문이다. 그러므로 부귀를 가진 것에 대해서도 사람들에게 그렇게 보일 때 더욱더 큰 선이라고 생각하게 되는 것이다.

또, 중요시되고 있는 것도 보다 좋은 것이다. 사람에 따라 그것이 유일하게 끔찍이 아끼는 것이라도 타의 중요한 것과 함께하는 것도 있지만, 그렇다고 하면 한 쪽 눈을 가진 사람의 눈을 멀게 하는 경우와 두 눈을 가진 사람의 한 쪽 눈을 멀게 하는 경우 벌이 똑같다고 할 수 없다. 여하튼 전자는 매우 중요하게 간직해 온 것을 빼앗겨 버린 형편이기 때문에.

그럼 무엇인가를 권해 보든가 단념하게 하는 경우, 설득 수단을 어떤 것으로 가져가야 좋은가는 이미 앞에서 설명한 대로다.

CHAPTER 8

국제(國制)

국제 분류의 필요

그러나 설득을 성공시키고 적절한 조언을 주기 위해 무엇보다 중요하고 가장 효과적인 것은, 모든 국제를 이해하고 각 국제의 관행이나 여러 제도 및 그것이 가진 이점을 분류하는 일이다. 왜냐하면 모든 사람은 이익을 가져다주는 것에 설득되는데, 그들에게 이익을 가져다주는 것은 이 경우 국제를 유지하는 것이기 때문에. 게다가 권위를 가지고 있는 것은 주권자가 내리는 포고다. 그러나 주권자는 국제에 따라 모두가 다르다. 왜냐하면 국제의 종류만큼 주권자의 종류도 그만큼 많기 때문이다.

국제의 네 가지 종류

그런데 국제에 네 가지 종류가 있다. 즉, 민주제·과두제·최우자제(最優者

制)·독재제 등이다. 그러므로 주권자 또는 최고 결정권자는 어느 경우든 이들 각각의 국제에 있어 그 일부든가, 또는 그 전체를 이룬다고 할 것이다.

각 국제에 대한 정의

민주제는 추천에 의해 지배권을 나누어 갖는 국제다. 과두제는 재산의 평가에 기초를 두고 자격을 인정받은 사람들이, 또 최우자제는 교육을 기초로 자격을 인정받은 사람들이 지배권을 나누어 갖는 국제다. 여기서 말하는 교육은 법으로 정해진 교육에 관한 것이다.[58] 왜냐하면 최우자제하에서 지배의 책임을 담당하는 것은 지금까지 법의 규정을 충실히 지켜 온 사람들이기 때문에 이 같은 사람들을 가장 훌륭한 인물이라고 간주하는 것은 당연한 일이다. 이 같은 점에서 이 국제 최우자제라는 이름을 얻게 된 것이다. 독재제는 그 이름이 표시하는 것처럼 한 사람이 모든 사람에게 군림하는 국제다. 이 종류의 국제 가운데 어떤 종류의 규칙에 따라 운영되는 것이 왕제고, 전혀 제약을 받지 않는 것이 참주제다.

각 국제의 목적

다음에 각 국제의 목적도 간과해서는 안 된다. 왜냐하면 사람들이 선택하는 것은 목적과 직접 관계가 있는 것이기 때문에. 그런데 민주제의 목적은 자유이고, 과두제의 목적은 부유, 최우자제의 목적은 교육의 제도와 법제, 참주제의 목적은 참주 자신의 경호다. 그러므로 각 국제의 목적과 직접 관계 있는 관행[59]·제도·이익 등을 분류해 놓지 않으면 안 된다는 것이 명백하다. 사람들은 그 목적에 비추어 행위의 선택을 하는 것이기 때문에.

그런데 설득은 논증적 의론만이 아니라 성격을 잘 나타내는 의론에 의해서도 이루어지기 때문에. 왜냐하면 논자가 어떤 성격의 인물이냐로 결국 그가 좋은 인간, 또는 호의적 인간, 또는 그 양쪽이라 생각되는 경우 우리는 그에게 신뢰감을 갖기 때문이다. 우리는 각각의 국제가 가지고 있는 성격을 파악해 둘 필요가 있을 것이다. 그것은 각 국제가 가지고 있는 성격에서 해당 국제가 당연 가장 신뢰가 가는 게 틀림없기 때문이다. 그러나 그들의 성격은 개인의 경우와 똑같은 방법에 의해 파악할 수 있을 것이다. 왜냐하면 성격은 무엇인가를 선택할 때 나타나는 것이지만 선택은 목적에 비추어 결정하기 때문이다.

무엇인가를 권유할 때 우리는 장차 생길 일, 그렇지 않으면 현시점에서 무엇을 목적으로 지향하는가, 또 무엇이 이익을 가져다줄 것인가의 설득 수단을 어디에서 손에 넣을까, 나아가 여러 국제 고유의 성격이나 여러 제도에 대해서 무엇을 수단으로 또 어떤 방법을 써야 충분한 논의가 가능할까 등 이 같은 점이 현시점의 적절한 범위 안에서 논의되었다. 왜냐하면 이들 문제에 대해 깊이 추구한 의론은『정치학』에 상세히 서술되어 있기 때문이다.

CHAPTER 9

일반 변론

일반 변론의 목표

다음에 덕과 악덕, 아름답고 훌륭한 것과 추한 것에 대해 서술하기로 한다. 그것은 이들의 논점이 칭찬이나 비난을 하는 사람들의 목표가 되기 때문이다. 결국 이 같은 종류의 것을 논의한다면, 이와 동시에 어떻게 하면 우리가 청자에게 이러저러한 성격의 인물이라고 수용될 수 있을까, 그 수단이 되는 것까지 명백히 하는 결과가 되기 때문이다. 사실 이것만이 두 번째 설득 수단이라 할 수 있다.[60] 왜냐하면 덕에 관해 신뢰가 족하니, 따라서 칭찬해야 할 인물이라고 생각하게 하는 것은 우리에 대해 그렇게 할 경우도, 타인을 대상으로 그렇게 할 경우도 다 같이 동일 수단에 의해 달성할 수 있기 때문이다. 그러나 우리는 가벼운 기분에 관한 것도 묵직한 본심에 관한 것도 있지만, 때때로 인간 또는 신만이 아니라 무생물이나 인간 이외의 동물의 매우 흔한 것까지 칭찬하는 일이 있으므로, 후자의 것들에 대해서도 전자와 동일한 방식으로 의론의 자료가 되는 명제를 파악해 둘 필요가 있다. 그러므로 실례를 보이는 범위 내에서 이것들에 대해서도 논의하는 것으로 한다.

아름다운 것에 대한 정의

아름다운 것은 모두 그 자체가 바람직한 것이다. 또 칭찬할 가치가 있고, 좋은 것이고, 더구나 흔히 있는 것이다. 상쾌한 것이 그렇다.

덕

만약 이것이 아름다운 것의 정의라고 하면 당연한 일로써 덕은 아름다운 것이 된다. 왜냐하면 그것은 좋은 것이고, 더구나 칭찬할 가치가 있기 때문이다. 그러므로 일반적 견해는 덕이란 좋은 것을 가져오고 그것을 유지하는 능력,[61] 혹은 수없이 많고 큰 이익을 그것도 모든 경우에 모든 형태의 이익을 가져오는 일이 가능한 능력이라고 생각하고 있다.

덕의 여러 부분, 덕목

한편, 덕의 부분으로서 정의·용기·절제·응양(鷹揚)·도량이 큰 것, 선심을 쓰는 것, 온화·사려·지혜 등을 생각할 수 있다. 만약 덕이 남에게 이익을 가져다주는 능력이라고 한다면 타인에게 가장 도움이 되는 덕이 최대의 덕임은 필연적이다. 그러므로 사람들은 정의의 사람이나 용기 있는 사람에게 특히 존경의 뜻을 표시하게 된다. 왜냐하면 용기는 전쟁에서, 한편 정의는 평화 시에 다른 사람들에게 도움이 되기 때문이다. 도움이 되는 다음 것은 선심 쓰기다. 선심 쓰기가 좋은 사람은 돈을 잘 쓰고, 다른 사람들이 가장 탐하는 금전과 재화를 찾아 경쟁하는 일을 벌이지 않기 때문이다.

정의란 그것이 있으므로 각자는 자기가 취할 이익만을, 더욱이 법이 명하는 방식으로 갖게 되는 덕이다. 이에 대해 부정은 남이 취해야 할 것을 법이 명하는 방식에 위배해 가며 가지는 것이다.

용기는 그것이 있으므로 위난에 즈음해[62] 사람들이 훌륭한 행동을 법이 명하는 방식으로 취할 수 있고, 또 법을 충실히 준수하는 자가 되는 덕인 것이다. 그러나 겁쟁이는 그것과 정반대다.

절제란, 그것이 있으므로 사람들이 육체의 쾌락에 대해 법이 명하는 태도를 지켜나가는 덕인 것이다. 그러나 방탕은 이와 정반대다.

선심 쓰기가 좋은 것은 금전에 관해 타인에게 잘해 줄 수 있는 덕이고, 인색함은 이와 정반대다.

도량이 크다는 것은 큰 은혜를 베풀 수 있는 덕이고, 도량이 작다는 것은 이와 정반대다.

웅양이란, 금전의 지출 면에서 큰 것이 될 수 있는 덕이다. 그러나 협량이든가 사람됨이 잘다고 하면 이와 정반대다.

사려란, 지성의 덕이므로 이에 따라 사람들은 앞에서 말한 좋은 것과 나쁜 것에 대해 행복을 염두에 놓고 잘 도모할 수가 있는 것이다.

덕의 징후와 성과

그럼 덕과 악덕에 대해 전반적인 것과 그 여러 부분에 대해 현시점에서 필요한 것을 충분히 말했다. 그러나 남아 있는 것, 즉 미와 추에 대해서도 그것을 식별하는 것이 어렵지 않다. 왜냐하면 덕을 가져다주는 것이 필연적으로 아름다운 것이다. 왜냐하면 그것은 덕을 지향하고 있기 때문이다. 덕에서 결과하는 것도 역시 그렇다고 하는 것이 명백하다. 사실, 덕을 가져다주고 덕에서 결과하는 것은[63] 덕의 징후인 동시에 덕의 성과인 것이다.

아름답고 훌륭한 것

그럼 덕의 징후가 되는 것, 선·덕성이 가져다주는 활동의 성과, 그렇지 않고 선의 속성을 가진 것이면 아름다운 것이므로 필연적으로 용기 있는 덕의 활동 성과, 혹은 용기 있는 것의 징후, 혹은 용기 있는 행위를 표하는 것도 아름답고 정당한 것이지만, 정당하게 한 행동 역시 아름답다고 말하게 된다. 다만, 행위를 받는 경우는 그렇게 말할 수 없다. 그것은 덕 가운데 나 홀로 정의의 덕이니, 그와 같은 경우에 '정당하게'라는 것이 반드시 아름다운 것을 의미하지 않는다. 아니, 처벌받는 경우 부정(不正)에 벌 받는 것보다 정당하게 벌을 받는 편이 추하기 때문이다.[64]

또, 그에 대한 포상이 명예일 경우 그것은 아름답다. 또 그것에 부수하는 보수가 명예인 편이 금전일 때보다 더 아름답다.

또, 바람직한 행위 가운데 행위자 자신을 위해 하는 것이 아닐 경우, 또 예를 들면 내 몸은 살피지 않고 조국을 위해 이루어낸 것, 무조건하고 좋다고 한 것, 일반적으로 본래 좋다고 한 것[65] 등, 즉 특정의 개인에게 좋은 것이 아닌 것은 아름답다. 왜냐하면 특정의 개인에게 좋은 것은 자기중심적이기 때문이다. 또, 살아 있을 때보다 오히려 죽은 뒤에 소유할 가능성이 큰 것, 이 같은 것이 아름답다. 왜냐하면 '자신을 위해'라는 성격은 어느 쪽이냐 하면 생존 시에 소유하는 것으로 인정되기 때문이다. 또, 무릇 남을 위해 행한 행동은 아름답다. 왜냐하면 그것은 자기를 위한다는 의식이 적기 때문이다.

또, 모두 자기 자신을 위해서가 아니고 남을 위해 완수한 성공은 아름답다. 또, 자기에게 잘해 준 사람들을 위해 완수한 성공도 그렇다. 왜냐하면 그것은 정당한 일이기 때문이다. 또, 선의의 시혜 또한 아름답다. 왜냐하면 그것은 자기중심적이지 않기 때문이다.

또 사람들이 그 일로 인해 부끄럽게 생각하는 것과 정반대의 것은 아름답다. 왜냐하면 사람들이 부끄럽게 생각하는 것은 추한 것을 실제로 말하든가 행하든가 할 때든가, 그 기분이 들 때이기 때문에. 그것은 마치 알카이오스가 "나에게 입을 통해 말하고 싶은 것이 있다. 그러나 부끄러움이 그것을 눌러 막고 있다."라고 말했을 때, 사포가 대답해 다음과 같이 노래한 대로다.[66]

> 좋은 것 아름다운 것을 찾는 기분이 당신에게 있다면,
> 추한 것을 입에 담으라고 당신의 혀가 충동하는 것이 아니라면,
> 부끄러움이 당신의 눈을 덮개로 씌우는 일 없이도
> 당신은 머뭇거림 없이 하고 싶은 말을 했을 것이다.

또, 사람들이 그것을 손에 넣으려고 겁내지 않고 이것저것 마음을 부수는 것은 아름다운 것이다. 왜냐하면 세상의 명성에 통하는 좋은 일의 경우 이 같은 경험을 겪는 것이기 때문에.

또, 본성상 보다 훌륭한 자가 가지고 있는 덕(우수성)이나 덕의 기능은 보다 아름답다. 예를 들면 남성의 우수성은 여성의 그것보다 아름답다. 또 자기보다 오히려 타인 쪽이 그 은혜를 향수하는 덕은 보다 아름답다. 그러므로 정당성이나 정의는 아름다운 것이다. 또 적에 대해 보복을 가하고 화해로써 끝내려 하지 않는 것은 아름답다. 왜냐하면 차용은 반제가 정당한 일이지만, 정당한 것은 아름다운 것이고 더욱이 패하지 않는 것이 용기 있는

사람의 특징이기 때문에.

또, 승리나 명예도 아름다운 것으로 셈해 넣을 수 있다. 왜냐하면 그것이 비록 아무 내용이 없는 경우라 해도 바람직한 것이고, 덕이 걸출함을 명시하기 때문이다.

또, 사람들 기억에 남을 만한 행위도 아름다운 것이다. 그리고 보다 많이 기억에 남는 것은 그만큼 보다 아름답다. 또 사후까지도 잇따르는 것이나, 명예가 결과로서 따라붙는 것이나, 보통이 아닌 것이나, 단지 한 사람뿐인 것 등도 보다 아름답다. 그것은 이 같은 것들이 보다 강력한 인상으로 사람들 기억 속에 오래 남을 것이기 때문이다.

또, 이익이 발생하지 않는 소유물은 아름답다. 왜냐하면 그것은 보다 자유인에 상응하는 것이기 때문이다.[67] 더욱이 각 국민 생활 속에 보이는 고유의 풍속과 습관은 아름답다. 또, 무릇 각 국민의 생활에서 칭찬받는 것의 징후가 되는 것도 그렇다. 예를 들면 라게다이몬 사람들 사이에서 장발이 아름답다고 하는 것이 그것이다. 장발은 자유인의 징후로 보고 있기 때문이다. 결국 두발을 길게 한 것은 어떤 임금 노동에 종사하는 것도 용이하지 않기 때문이다. 또, 통속적 기술로 말하지 않는다는 것도 아름답다. 왜냐하면 타인과 더불어 살 수 없다는 것이 자유인의 특질이기 때문에.[68]

유어(類語)에 의한 칭찬

또, 사람을 칭찬하든가 비난하든가 하기 위해 그 사람이 현재 가지고 있는 성질과 동류의 성질도 그것과 같다고 풀이하는 것이 좋다. 예를 들면 신중한 사람을 냉정하다고 하든가 책모가로 간주하든가, 남에게 호감을 주는 사람을 정직한 사람이라고, 혹은 생각이 둔한 사람을 대범한 사람으로 받아들여야 한다. 또, 어느 때든 상호 유사 관계에 있는 여러 성질 중에서 가장 기분에 맞는 것을 뽑아내 이것으로 각각의 사람을 칭찬해야 한다. 예를 들면 화를 잘 내는 사람이나 자주 흥분하는 사람을 순진하고 외곬의 사람이라고, 완고한 사람을 자존심이 강하고 당당한 사람이라고 말하는 것 등이 그런 것이다. 또, 성질상 지나친 행위가 보이는 사람들은 그것에 관계 있는 덕을 가지고 있는 것이라고 받아들일 일이다. 예를 들면 무모한 사람은 용기 있는 사람으로, 낭비벽이 있는 사람은 선심 쓰기 좋아하는 사람이라고 말하는 것처럼.

왜냐하면 다수의 사람이 그렇게 생각하게 될 것이고, 동시에 또 그것이 원인이나 동기가 되어 잘못된 추론이 도출될 가능성도 있기 때문에. 즉, 그럴 필요가 없을 때 무모하게 굳이 위험을 무릅쓴다고 하면, 그 자는 위험을 무릅쓰는 것이 훌륭한 행위라고 할 경우 용감하게 지금 이상의 위험을 굳이 무릅써야 한다고 많은 사람이 생각할 것이고, 이 사람 저 사람 구별 없이 선심 좋게 행동하는 자는 친구들에 대해서도 그렇게 할 것이 틀림없다고 생각할 수 있기 때문이다. 왜냐하면 누구를 대해서도 잘한다고 하는 것은 덕의 지나친 행위지 부족한 것은 아니기 때문이다.[69]

청중이 칭찬하는 행위일 것

그런데 칭찬이 어떤 청중을 앞에 놓고 행하는 것인가, 이 점 역시 잘 생각해 보지 않으면 안 된다. 소크라테스가 말한 것처럼 아테네 사람들 사이에서 아테네 사람들을 칭찬하는 일이 어려운 것이 아니기 때문이다.[70] 또 청중은 예를 들어 스키타이 사람이든 라코니아 사람이든 혹은 철학자여도 좋으나,[71] 각각의 청중 곁에서 존중되는 성질이 칭찬받는 자에게 현재 있다고 하는 것을 말하지 않으면 안 된다. 그리고 일반론으로서 존중받는 그 성질은 아름다운 것이라는 장소에 가져가지 않으면 안 된다. 적어도 존중받는 것과 아름다운 것은 서로 이웃하고 있다고 생각되고 있기 때문이다.

상응하는 행위일 것

또 자기에게 상응하는 일로서 행해지는 행위는 아름답다. 예를 들면 그 행위가 자기 조상이나 자기의 현재까지의 업적으로 잘 조화되는 경우가 그것이다. 왜냐하면 더욱더 명예를 쌓는 일은 행복에 공헌하는 아름다운 것이기도 하기 때문이다. 또 행위가 본인과의 상응을 일탈해도 상응하는 것 이상으로 좋은 것, 그 이상으로 아름다운 것을 향해 일탈하는 것이면, 그 행위는 아름답다. 예를 들어 혜택 받은 환경에서 두드러지지 않더라도 역경에 처했을 때 불요불굴의 활달함을 보이든가, 신분이 높아지면서 점점 인품이 뛰어나고 대인 관계가 부드러워지는 경우 등이 그런 것이다. 그리고 실제 후자와 같은 것을 이피크라테스의 "어떤 신분에서 몸을 일으켜 지금 어떤 지위에 있는가"라는 자화자찬의 말도, 또 올림피아 승리자의 다음 말, "이전에는 양어깨에 조잡한 천평칭을 메고"도, 또 시모니데스의 다음 말도 표현하려고 한 것이다. "아버지도 남편도 그리고 형제도 또 참주였던 여자이긴 하나."[72]

선택에 의한 행위일 것

그런데 칭찬은 당자가 행한 것을 기본으로 하는 것이나 선택에 기초를 두고 행위한다는 것은 덕망 있는 사람에게만 인정되는 특징이므로, 칭찬함에 있어서 그 자가 선택에 기초를 두고 행위하고 있음을 표시하도록 노력하지 않으면 안 된다. 그런 경우에 그가 그렇게 행위한 것을 수없이 보았다는 언급은 유효하다. 그러므로 우연히 그렇게 하는 처지가 되었다든가, 운이 좋아 그렇게 되었다고 말하는 것도 숙려 끝에 선택해 한 것 등으로 해석하도록 하지 않으면 안 된다. 왜냐하면 다수의 유사한 일이 사례로 인용되는 경우 그와 같은 실례는 그에게 덕망이 있고, 숙려 끝에 선택된 것이라는 징후로 생각하게 하기 때문이다.

칭찬과 찬사

칭찬은 어떤 사람의 덕망이 걸출한 점을 공공연하게 말하는 변론이다. 그러므로 그의 행위가 어떤 의미로 그 덕을 표현한 것이라고 말할 수 있는가, 이 점을 증명해 보일 필요가 있다. 그러나 찬사는 이룩해 놓은 과업에 대한 것이다. 이에 대해 예를 들면, 태어나기를 잘한 것이나 교육처럼 행위를 둘러싼 여러 조건은 변론 내용을 확신시키는 보조 수단이다. 왜냐하면 좋은 부모 밑에서 좋은 자녀가 태어난다든가, 교육 방법으로 그 사람의 인품이 정해진다는 것 등은 생각되는 일이므로. 우리도 찬사는 실제로 행위한 사람들에게 바치는 것이다. 그러므로 과업이란, 그 사람의 독특한 멋을 나타내는 징후다. 사람들이 아직 행위를 하지 않은 경우라도 그 행위를 할 사람이라고 확신할 때 우리는 그를 칭찬할 것이기 때문에.[73] 또 누군가를 축복받은 자라 부르는 일과 행복한 자라 부르는 일은 그것이 서로 같은 일이지만, 그러나 칭찬하든가 찬사를 올린다는 것과는 동일하지가 않다. 아니, 행복이 덕을 부분으로 포함하는 것처럼 사람을 행복하다고 말하는 것은 그 사람에 대한 칭찬과 찬사를 함께 포함하고 있는 것이다.

칭찬과 조언의 상호 변환

그러므로 일반 변론의 칭찬과 의회 변론의 조언은 공통성을 가지고 있다. 왜냐하면 무엇인가를 조언할 때, 그대가 말하려는 충고의 말은 화법을 바꾸면 찬사가 되기 때문이다. 그러므로 사람은 무엇을 해야 하고 또 어떤 인간이 되어야 하는가를 어느 정도 이해하고 있다면, 그와 같은 것을 충고의 말로 할 때 화법을 고쳐 그렇게 변환하면 좋다. 예를 들면 "자랑할 것은 운이 좋아서 갖추어진 것이 아니고 자력으로 손에 넣은 것이 아니면 안 된다."고 말하는 것이 그것이다. 이 같은 표현을 쓰면 그것은 충고의 기능을 가지고 있으나, 그러나 다음처럼 표현한다면 칭찬으로 통용하는 것이 된다. "그가 자랑하는 것은 운이 좋아 갖추게 된 것이 아니고 자력으로 손에 넣은 것뿐이다."

그러므로 누군가를 칭찬하려고 생각한다면 남에게 제안할 때 어떤 것을 말할까를 생각하고, 또 무엇인가를 제안하려고 생각할 경우에 그것이 행해졌을 때 어떤 말로 칭찬할 것인가를 생각하면 좋다. 그러나 조언이 무엇인가를 단념하게 할 때와 그렇지 않을 때는 그 화법을 바꿀 경우, 당연한 일이지만 표현은 반대의 형태를 취하게 된다.[74]

확대 과장

또, 칭찬에 당해 그 효과를 확대 과장[75]하는 방법도 많이 사용하지 않으면 안 된다. 예를 들면, 그것을 해낸 사람은 그 사람뿐이라든가, 그가 최초라든가, 그를 포함해 본디 몇 사람뿐이라든가, 그가 특히 등으로 말하는 경우가 그런 것이다. 왜냐하면 이 같은 경우의 한정이 표현하는 것은 모두 아름답기 때문이다.

또 행위의 시기, 그 시의성에 기본을 둔 개별적 논점도 효과를 증대시킨다. 그러나 그것이 효과를 올리는 것은 그 행위가 예기치 못한 형태로 행해진 경우다.[76)]

또, 수없이 동일한 행위를 훌륭하게 완수한 경우도 이에 언급해야 한다. 왜냐하면 이것은 중요한 논거이고, 그 행위가 운에 의한 것이 아니라 그 사람 자신의 힘에 의한 것이라고 생각되기 때문이다.

또, 그 행위를 장려하고 이것을 현창하는 제도가 그의 행위를 동기로 창안되고 정착하기에 이르렀다는 경우도 이것을 들어올려 줘야 한다. 또 예를 들면, 히폴로코스[77)]가 그랬던 것처럼 그 인물이 세상의 찬사가 처음으로 만들어진 들어맞는 상대라는 경우도 이 일에 언급해야 한다. 또 하르모디오스와 아리스토게이톤의 경우처럼[78)] 처음으로 아고라 시장에 그 동상이 세워졌다는 것도 그런 것이다. 그리고 이 같은 논점은 앞에 말한 바와 반대로 사람을 비난하는 경우에도 동일하게 사용된다.

또, 그 사람만으로 충분한 자료 혜택을 받지 못한 때는 다른 사람들과 비교해 말하는 것도 좋을 것이다. 이것은 이소크라테스[79)]가 사용한 방법인데, 그것은 그가 법정용 변론에 익숙지 못한 때문이다. 그러나 비교는 저명한 사람들과의 사이에서 해야 한다. 왜냐하면 뛰어난 사람들보다 훌륭하다고 하면 칭찬을 격상하는 효과가 있고 그 자체가 아름답기도 하기 때문에. 그러므로 확대 과장의 수법이 칭찬의 변론 영역에 받아들여지는 것은 당연한 일이다. 왜냐하면 확대 과장된 것은 타의 것을 초월한 것을 의미하는데, 타를 초월함은 아름다운 것에 포함되기 때문이다. 그러므로 저명인사와의 비교가 불가능한 경우에도 타의 그렇지 않은 사람들과의 비교를 하지 않으면 안 된다. 타를 초월한다는 것은 덕, 우수성을 표현한다고 생각하기 때문이다.

각종 변론에 적응하는 방법

일반적으로 말해, 모든 변론의 공통적 방법 가운데 확대 과장의 방법은 일반 변론이 가장 적합한 것이다. 왜냐하면 그 변론이 문제로 삼는 행위는 일반인이 사실로 인정하는 일로서 다음은 거기에 중요성과 아름다움을 감언이설로 유혹하는 작업이 남아 있을 뿐이기 때문에. 또 예증의 방법은 심의 중심의 의회 변론에 가장 적합하다. 왜냐하면 거기서 과거의 사례로부터 장래의 일을 추측해 판단이 내려지게 되므로. 또 설득 추론은 법정 변론에 가장 적합한 것이다. 결국 과거의 사실은 불확실하게 되어 있으므로 원인 규명 및 논증을 다른 어떤 것보다 잘 받아들이기 때문이다.

그럼, 칭찬과 비난의 변론은 거의 모두 어디에 기초해 행하게 되는 것인가, 또 어떤 것에 착안해 칭찬이나 비난을 하게 되는 것일까, 또 찬사와 매도는 어떤 자료를 써서 행할 것인가 등 이 같은 점은 앞에 말한 대로다. 왜냐하면 이상의 몇 가지 점을 파악하고 있다면 그 반대 역시 자명해지기 때문이다. 결국 비난은 그들 반대의 여러 가지 점에 기초해 행해지기 때문이다.

CHAPTER 10

범죄에 대한 토픽

이어서 고발과 변명에 대해 그 추론을 어느 만큼 그리고 어떤 전제를 가지고 조립할 것인가, 이 점을 서술하는 것이 다음에 전개할 작업이 될 것이다.

부정을 고찰하는 세 가지 관점

그럼 먼저 세 가지 점을 이해하지 않으면 안 된다. 즉, 첫째는 어떤 그리고 얼마만큼의 동기에서 부정을 저지르는가? 둘째, 부정을 저지르는 자 자신은 정신적으로 어떤 상태에 있는가? 그리고 셋째, 어떤 성질의 사람, 어떤 상태에 놓인 사람에 대해 부정이 감행되는가 등이다. 그렇다면 먼저 '부정을 저지르다'에 대해 정의를 내리고 이어 이들 몇 가지 점을 순차적으로 말하고자 한다.

부정의 정의

그럼, 부정을 저지른다는 것은 법을 위반해 의도적으로 남에게 해를 가하는 일이라고 하자. 그런데 법에는 특유한 법과 공통의 보편적인 법이 있다. 여기서 말하는 특유의 법이란 적힌 것으로[80] 개개의 나라가 국가 생활을 영위할 때 규범으로 하는 것이다. 이에 대해 공통의 법이란 적혀 있지 않은 것으로, 모든 사람 곁에서 용인되고 있다고 생각하는 법인 것이다. 또, 의도적으로 행한다는 것은 그 행위에 관한 것을 잘 알고 어떤 강제도 받음이 없이 그것을 행하는 경우다. 그러므로 의도적으로 행한 행위는 반드시 그 모두가 숙려한 끝에 선택한 것이라 말할 수 없으나, 그러나 선택에 기초를 둔 행위는 그 모두가 충분히 알려진 것이다. 왜냐하면 스스로 선택하고 있으면서 그것을 모르는 인간이란 한 사람도 없기 때문이다.

부정을 선택하는 동기

또 법을 위반하고, 타인에게 해를 가하고 열악한 행위로 나아가는 등의 길을 선택하는 원인·동기는 악덕이고, 억제력이 없음이다. 왜냐하면 누군가가 악한 성질을 하나 또는 그 이상 가지고 있는 경우, 그들이 거기에 있어 악한 인간이라 지적되는 해당 사항에 관해 그들은 또 정당하지 않은 일을 할 인간이기도 하기 때문이다. 예를 들면 인색한 사람은 금전에 관해, 방탕한 사람은 신체 쾌락에 관해, 유약한 사람은 안이함을 찾는 일에 관해, 소심한 사람은 위난에 관해(왜냐하면 그와 같은 사람은 공포에 손들고, 동일한 위난에 처해 있는 동료를 그대로 방치하기 때문이다.), 또 명예에 집착하는 사람은 명예 때문에, 분노하기 쉬운 사람은 성냄 때문에, 승리하는 일에 구애받는 사람은 승리 때문에, 집념이 강한 사람은 복수 때문에, 사려가 부족한 사람은 정당한 일과 부정당한 일을 오해하기 때문에, 후안무치의 사람은 세평을 무시하기 때문에 각각 정당하지 않은 일을 하고 있는 것이다. 그 밖의 형태의 사람들도 각각 그 유형에 보이는 악한 성질에 관해 동일하게 정당하지 않은 일을 하고 있다. 그러나 이상의 점에 대해 그 어떤 것은 덕에 관한 먼저의 논술 1권 9장에서, 또 어떤 것은 감정에 대해 이후의 논술 2권 1~11장에서 밝혀진 바가 있다. 그러므로 나머지 작업은 어떤 목적으로 어떤 정신 상태에 있는 자가 어떤 사람에 대해 부정을 저지르는가, 이 점이 설명된다.

부정행위의 외적 동기

그러면 처음에 사람들은 무엇을 탐하는 나머지 또 어떤 일을 피하려고 부정행위에 손을 대게 되는 것인가, 이 일을 분석하도록 한다. 왜냐하면 고발자는 어떤 사람이라도 이웃 사람에게 부정을 저지를 때 표적으로 삼는 동기 가운데 어떤 것이 어떤 정도로 소송 상대에게 적합한가를 조사하는 한편, 변명하는 자는 그들 동기 가운데 어떤 것, 그리고 어느 정도의 것이 자기 자신에게 기억이 없는가를 조사할 필요가 있음은 명백한 것이기 때문에.

그런데 모든 사람이 행하는 행위는 어떤 것도 자기의 힘에 의하지 않는 것인가, 혹은 자기의 힘에 의한 것인가 그중의 하나다. 자기의 힘에 의하지 않는 행위라는 것이 그것을 운에 맡겨 하는가 아니면 필연에 의해 하는가 그 중의 하나지만, 필연에 의한 것은 강제에 의한 것인가 자연에 의한 본성적인 것인가 중의 어느 것이다. 그러므로 자기 힘에 의하지 않은 행위는 모두 운에 의한 것인가, 혹은 자연에 의한 것인가, 혹은 강제에 의한 것인가 그중의 하나가 원인이 되어 행하는 것이다.

행위의 내적 동기

이에 대해 자기 힘에 의한 행위, 결국 자기 자신이 그 원인이 되어 있는 행위는, 그 어떤 것은 습관에 의한 것이고, 어떤 것은 욕구가 원인이 되어 하는 것이다. 그리고 욕구가 원인이 되는 것 가운데 어떤 것은 생각하여 헤아림에 기초를 둔 욕구에 의한 것, 어떤 것은 생각하여 헤아림을 수반하지 않은 욕구에 의한 것이다. 그러므로 원망(願望)[81]·의지는 좋은 것에의 욕구이고(왜냐하면 좋은 것이라고 생각하지 않으면 누구도 그것을 희망하지 않기 때문에), 이에 대해 생각하여 헤아림을 수반하지 않은 욕구는 분노와 욕망이다. 그러므로 사람들의 행위는 모두 필연적으로 일곱 가지 원인 또는 동기에 의해, 즉 운에 의해, 자연에 의해, 강제에 의해, 습관에 의해, 생각하여 헤아림에 의해, 성냄에 의해, 욕망에 의해 행해지는 것이 된다.[82]

부대적 원인

그러나 행위를 다시 행위자의 연령, 성격, 기타 등으로 분류하는 것은 여분의 일이다. 왜냐하면 젊은이에게 때때로 격하기 쉽든가 욕망이 흐르기 쉽든가 하는 일이 있더라도 그들이 그와 같은 행위에 쏠리는 것은 젊음 때문이 아니고 분이나 욕망이 원인이 되는 까닭이다. 또 빈부가 행위의 원인이 되는 것도 아니다. 아니, 가난한 사람의 경우 그들이 금전을 탐하는 것은 그들이 금전이 결핍되어 있다는 것에서 이따금 결과하는 것이고, 한편 부유한 사람이 필요불가결한 것이라 할 수 없는 쾌락을 추구하는 것도 그와 같은 쾌락을 자유롭게 손에 넣을 수 있다는 데서 이따금 발생하는 것이므로, 그러나 실제는 이 같은 사람들도 부유나 가난이 아니라 욕망이 원인이 되어 그와 같은 행위를 하게 되는 것이다. 정당한 사람이나 부정당한 사람이라도, 또 자기 성격대로 행위하고 있다고 하는 다른 사람들에 대해서도, 마찬가지로 이 사람들도 실제 앞에 말한 일곱 가지 원인에 의해 행위하는 것이 된다. 결국 혹은 생각하여 헤아림이, 혹은 감정이 원인이 되는 것이다. 그러나 사람에 따라서 훌륭한 인품이지만 감정이 원인을 이루든가 반대로 나쁜 성격이나 감정이 원인을 이루는 일도 있다.

그렇기는 해도 각각의 성격에 각각의 행위가 그것에 부대하는 결과로서 나타나는 것이 사실이다. 결국 절제 있는 사람에게 절제적이라는 사실이 원인으로 즉각 유쾌한 것에 따른 훌륭한 견해와 욕망이 따라오고, 방탕한 사람에게 동일한 그것들에 따른 그것과 반대되는 것이 역시 동일하게 따라오기 때문이다. 그러므로 앞에서 말한 분류는 여기서 중단해야 하나, 그러나 통상적인 행위가 어떤 사람에게 따라오는가, 그 점에 대한 고찰을 하지 않으면 안 된다. 왜냐하면 누군가가 희다든가 검다든가, 혹은 크다든가 작다든가 하는 경우라면 앞에서 거론한 것 같은 결과[83)]가 따라오는 관련성이 전혀 정해지지 않았으나, 젊은가 연로한가라든가, 정당한가 정당하지 않은가쯤 되면 즉각 그 결과에 차이를 가져오기 때문이다. 또, 일반적으로 말해 부대적 성질 가운데 사람들의 성격에 차이를 낳는 것 같은 것도 행위에 다른 결과를 가져온다. 예를 들면 자기 스스로 부자라고 생각하는가 혹은 가난한 사람이라고 생각하는가로, 또 운이 좋다고 생각하는가 불운하다고 생각하는가로 행위에 어떤 차이가 생겨나게 되는 것이다. 이에 대해서 후에 다루도록 하고(2권 12~17장) 지금은 먼저 남아 있는 문제, 즉 일곱 가지 원인에 대해 말하려고 한다.

1. **운에 의한 행위**: 운에 의해 일어나는 것이면 그 원인은 확정되지 않고, 또 어떤 목적을 가지고 생기는 것이라도 항시 생기는 것인가 대부분의 경우에 생기는 것인가? 규칙성을 가지고 생기든가 하는 것이 아닌 것이 그렇다.

이 점에 대해 운의 정의를 보면 확실하다.

2. **자연에 의한 행위**: 이에 대해 자연에 의해 생긴다는 것은 그 원인이 행위자 중에 있고, 또 규칙성을 유지하는 경우다.[84] 왜냐하면 자연에 의해 생기는 것은 항상 혹은 대부분의 경우 동일하게 생기기 때문이다. 자연에 반해 생기는 것에 대해 그것도 어떤 종류의 자연적 원인에 따라 생기는 것인가, 아니면 다른 원인에 따라 생기는 것인가? 이 점에 대해 깊이 파고들어 논할 필요는 전혀 없으나, 다만 운도 그와 같은 것의 원인이 된다고 생각할 수 있다.

3. **강제에 의한 행위**: 또 강제에 의해 생긴다는 것은 행위자 자신의 손으로 하기는 하지만 자기의 욕망, 혹은 고량에 반해 행해지는 것을 말한다.

4. **습관에 의한 행위**: 습관에 의함이란, 지금까지 수없이 행해진 것이 원인이 되어 사람들이 행하는 것을 가리킨다.

5. **생각하여 헤아림에 의한 행위**: 생각하여 헤아림에 의해 행해진다는 것은 앞에서 말한 좋은 것들(1권 6장)을 목적으로 보도록 한다. 목적에의 수단으로 보도록 한다. 어떻든 간에 그것들을 보고 이익을 가져다준다고 판단하는 행위가 그것이다. 다만 그것은 그것들이 이익을 가져다준다는 이유로 행해지는 경우를 가리킨다. 그것은 방탕한 사람들도 이익이 되는 것을 어느 정도 행하지만, 그러나 그 경우는 그것이 이익을 가져오기 때문이 아니고 자기 자신의 쾌락이 주된 이유가 되고 있기 때문이다.

6. **분노에 의한 행위**: 격앙이나 분노에 의한다는 것은 보복 행위를 가리킨다. 그러나 보복과 징벌은 별개의 것이다. 왜냐하면 징벌은 그것을 받는 사람 때문에 있는 것이고, 보복은 그것을 행하는 사람 때문에 있는 것이라 그 기분이 만족스러워야 하는 것이 목적으로 되어 있기 때문이다. 그럼 분노란 무엇인가? 이 점은 감정에 대한 논술(2권 2장) 중에 명백히 밝혀질 것

이다.

7. **욕망에 의한 행위**: 욕망에 의해 행해지는 것은 분명하게 유쾌하다고 생각되는 행위를 가리킨다. 그러므로 친숙해진 일이나 습관적으로 몸에 익혀진 것은 유쾌한 것 중에 들어간다. 왜냐하면 그것 자체는 유쾌하지 않은 것이라도 그것에 익숙해질 때는 유쾌하게 행한다는 것이 많이 있기 때문이다.

그러므로 총체적으로 말해 자기 자력에 의해 행해지는 것은 그 모두가 좋은가 또는 좋은 것처럼 보이는가, 혹은 유쾌한가 또는 유쾌한 것처럼 보이는가 하는 것이다. 그러나 자기 힘에 의해 행해지는 것은 의도적으로 이루어지고, 자기 힘에 의하지 않는 것은 의도적으로 이루어지는 것이 아니므로 모두 의도적으로 이루어지는 것은 좋은 것인가 아니면 좋은 것처럼 보이는가, 혹은 유쾌한 것인가 아니면 유쾌한 것으로 보이는가 하는 것이 될 것이다. 결국 나는 나쁜 것 아니면 나쁜 것으로 생각되는 것에서 빠져 나오는 것, 아니면 보다 큰 악을 보다 작은 것으로 바꾸는 것도 좋은 것 중에 산입한다. 왜냐하면 이것도 어떤 의미로 바람직한 것이기 때문에. 또 고통스러운 것 아니면 고통스러운 것처럼 보이는 것도 그것들에서 빠져 나오는 것, 혹은 그 큰 것을 보다 작은 것으로 바꾸는 것을 마찬가지로 유쾌한 것 중에 산입하는 것이다.

따라서 우리는 이익을 가져다주는 행위나 유쾌한 행위에 대해 그것들이 얼마나 되고, 각각 어떤 것인가를 파악하지 않으면 안 된다. 그러므로 이익을 가져다주는 것에 대해 의회 변론 중에 먼저 설명했으므로(1권 6장) 여기서 유쾌한 것에 대해 말하기로 한다. 그러나 그 정의는 개개의 세부적인 점에 걸쳐 전문적 엄밀성을 갖지 않더라도 명료성에 결격 사유가 없는 한 그것으로 충분하다고 하지 않으면 안 된다.

CHAPTER 11
쾌락에 대한 토픽

쾌락의 정의

그럼 우리는 쾌락을 정신 운동의 일종이라 보고 정신 전체가 지각하는 형태로써 본래의 정상 상태를 회복시키는 것이고, 또 고통은 반대의 움직임일 것이라고 가정해 보기로 하자.[85] 만약 쾌락이 그와 같은 것이라면 지금 드러낸 본래 상태를 만들어 내는 것이 유쾌함이요, 그 상태를 파괴하든가 그와 반대되는 상태를 만들어 내는 것이 고통임은 말할 것도 없다.

본성과의 일치는 유쾌하다

그러므로 자연 본래의 상태로 진행하는 것이 대부분의 경우 유쾌함이요, 그리고 특히 자연 본성에 따라 이루어지는 활동이 그 본래의 모습을 되찾을 때 그렇다는 것은 필연적이다.

습관은 유쾌하다

또 습관도 유쾌한 것이다. 왜냐하면 습관으로 몸에 밴 것은 사실상 가지고 태어난 것과 동일한 것이므로 결국 습관은 자연과 어디엔가 흡사한 점이 있는 것이다.[86)]

'수없이'라는 것은 '항상'과 가까우나, 그러나 자연은 항상 일어나는 것이고, 또 습관은 수없이 일어나는 것에 포함되기 때문이다.

강제받지 않는 것은 유쾌하다

또 강제받지 않는 것은 유쾌하다. 왜냐하면 강제는 자연을 거역하는 것이므로. 그러므로 필연적인 행위는 그 뜻이 고통스러운 것이 된다.[87)] 다음처럼 시로 노래한 것도 옳은 말이다.

> 필연적으로 속박된 것은 애당초 모두 괴로운 것이라면.[88)]

그러나 고통스러운 것이라면 어딘가에 신경을 집중시키든가, 진지한 노력을 거듭하든가, 긴장감을 늦추지 못하는 것 등도 그런 것이다. 왜냐하면 그것들은 그렇게 하도록 습관 붙인 것이 아닌 한 외부로부터 필연적으로 속박되고 강제된 것이기 때문에.

그러나 습관 붙여진 경우 습관이 그 행위를 유쾌하게 만드는 것이다. 이에 대해 지금 드러낸 것과 반대되는 것은 유쾌하다. 그러므로 안온하다든가, 고통이 없다든가, 잔걱정이 없다든가, 놀이, 휴식, 잠 등은 유쾌한 것 중에 산입할 수 있는 것이다. 왜냐하면 이 같은 것들은 어떤 것이라도 외적 필연성과 무관계하기 때문이다.

욕망이 향하는 것은 유쾌하다

또 우리들 속에 그것에 대한 욕망이 있는 것은 모두가 유쾌하다. 왜냐하면 욕망은 유쾌한 것에 대한 강력한 욕구이기 때문에.

욕망의 2종

욕망에는 생각하여 헤아림을 포함하지 않는 것과 생각하여 헤아림을 동반하는 것이 있다. 여기서 생각하여 헤아림을 포함하지 않는다는 것은 어떤 이해력에[89] 기초하지 않는 욕망을 가리킨다. 신체를 통해 나타나는 욕망처럼 자연적이라 말할 수 있는 것이 그 종류에 속한다. 예를 들면 갈증이나 굶주림 등 영양에 대한 욕망이 그러하고, 영양물의 종류 각각에 상응한 욕망의 특정 종류도, 미각이나 애욕에 관계 있는 욕망, 결국 일반적으로 촉각에 관련 있는 욕망도, 후각·청각·시각에 관련 있는 욕망도 그렇다.

이에 대해 생각하여 헤아림을 수반하는 것은 확신하는 토대 위에 갖게 되는 욕망을 가리킨다. 왜냐하면 그것의 즐거움에 대해 이야기를 들려주고 그것을 확신하는 토대 위에 보고 싶다든가, 손에 넣고 싶다든가 하는 욕망을 마음속에 품는 예는 얼마든지 있기 때문이다.

기억이나 기대에 기초를 둔 쾌락

그럼, 쾌감을 느끼는 일은 감각을 통해 어떤 감정을 빼앗기는 데 있기 때문에, 또 표상을 갖는다는 것은 일종의 감각이기 때문에[90] 새롭게 과거의 기억을 환기시키든가, 장래에 기대를 품고 있는 사람의 마음에 항상 그가 떠올리고 기대하고 있는 표상이 따라오기 때문이다.

만약 이상에서 말한 대로라면 생각에 떠올리든가, 기대하고 있는 사람들에게 그와 동시에 쾌락도 또한 따라오는 것이 분명하다. 그에게 일종의 감각도 따라오기 때문에. 그러므로 유쾌한 것은 모두 필연적으로 현재 하는 것으로서 감각하는 것 그중에 있는가, 지나가 버린 것으로서 떠오르는 것 가운데 있는가, 혹은 와야 할 것이라고 기대하는 것 가운데 있는가 그중의 하나가 될 것이다. 왜냐하면 감각하는 대상은 현재 있는 것이고, 생각에 떠오르는 것은 지나가 버린 것이고, 그리고 기대하는 것은 미래의 일이기 때문에.

그러므로 기억으로서 환기되는 것이 유쾌하다는 것은 그것이 현재하는 그 시점에서 유쾌한 것만 꼭 들어맞는 것은 아니다. 그 시점에서 유쾌하지 않았던 것도 시간이 경과하면 그 결과가 아름답고 좋은 것이 되는 경우에 유쾌하게 되는 예도 있는 것이다. 이런 까닭에 다음과 같은 말을 입에 올리는 것이다.

> 그러나 구원된 뒤에 지나간 노고의 이것저것을 생각해 내는 것은 유쾌한 일이다. –에우리피데스, 『안드로메다』 단편 133
>
> 시간이 지나면 고통스러운 일일망정 회상해 떠올릴 때 기쁨을 기억하는 것, 많은 고난을 겪고 많은 것을 이룩해 놓은 자는.
>
> –호메로스, 『오디세이아』 15서 400~401행

그 원인은 지금에 와서 재난을 면하고 있다는 그 일이 또 유쾌하다는 데 있다. 한편, 기대하고 있는 것이 유쾌하다 하는 것은 그것이 현재하는 시점에 큰 기쁨을 주는가, 혹은 큰 이익을 그것도 고통 없이 주는가 하는 식으로 보이는 경우다. 총괄해서 그것이 현재 시점에 기쁨을 주는 것은 그것을 기대하고 있을 때도, 생각을 일으킬 때도 대개 기쁨을 주는 것이다. 바로 그렇기 때문에 성을 내는 일도 유쾌한 것이다. 이것은 호메로스가 분노에 대해 노래한 그대로다.

실로 이것이야말로 방울져 떨어지는 꿀보다 훨씬 더 단 것[91)]

왜냐하면 복수가 되지 않는 것이 분명한 상대에게 누구 한 사람 성을 내지 않고, 힘으로 보아 자기들을 훨씬 앞서는 사람에 대해서도 성을 내지 않든가 내더라도 그렇게 강하지 않든가 하기 때문이다.

또 욕망의 대부분은 어떤 쾌락이 그것에 따라온다. 왜냐하면 지향하는 것을 일찍이 어떻게 해서 손에 넣었는가를 머릿속에 떠올리든가, 장래 손에 넣을 수 있으리라고 기대하는 경우 사람들은 어떤 쾌락을 맛보는 것이기 때문에. 예를 들면 고열에 시달려 갈증에 목마른 사람들은 과거에 물 마신 일을 떠올려도, 마침내 마시게 될 것이라 기대해도 즐거운 기분을 갖게 된다. 연애하는 사람도 연인에 관한 얘기를 누구엔가 말하든가, 그 모습을 그림에 담든가, 상대를 위해 시를 쓰든가 해서 항상 기쁨을 맛보고 있다. 왜냐하면 이와 같은 일은 모두 그렇게 하고 있는 사이에 연인의 일을 떠올려 마치 상대를 눈앞에 두고 있는 것 같은 생각을 하게 하기 때문이다. 그리고 실로 연애가 시작되는 것은 어떤 사람의 경우라도 이 일은 결국 연인이 곁에 있을 때 그것을 기뻐할 뿐 아니라, 곁에 있지 않을 때도 연인을 떠올리는 일로 인해 기쁨을 느끼지만, 그 기쁨은 상대가 실제로 곁에 있지 않기 때문에 비통한 생각이 가해지는 것 같은 경우가 그런 것이다. 또 이와 동일하게 재회의 희망이 없을 경우에도 그 비탄 가운데 어떤 종류의 쾌락이 포함되어 있다. 즉, 비통이란 상대가 그곳에 없을 때 생기는 것이고, 쾌락이란 그 사람에 대해 어떤 일을 했다든가 어떤 사람이었다 등으로 생각을 떠올려 상대가 눈 앞에 있는 것처럼 해 주는 것이다. 그러므로 당연한 일이지만, 다음과 같은 말을 하게 되는 것이다.

> 이같이 말하고, 그는 마침 그 자리에 있는 모든 사람에게 슬픈 눈물에의 달콤한 생각을 북돋우었다.
>
> –호메로스,『일리아스』23서 108행,『오디세이아』4서 183행

또 앙갚음을 하는 것도 유쾌한 일이다. 왜냐하면 그것이 달성되지 않으면 고통이 될 것 같은 것에 대해 그것이 이루어지는 것도 유쾌하기 때문이다. 또 화를 낸 사람은 그 앙갚음이 되지 않는 경우에 더 이상 없는 고통을 기억하지만, 앙갚음의 기대가 커지면 기쁨을 느낀다.

다른 쾌락

또, 승리한 것도 유쾌한 것이다. 그것은 따로 승리에 구애받는 사람만의 일이 아니라 모든 사람에게 말할 수 있는 것이다. 왜냐하면 그때에 타인에게 우월하다고 하는 표상, 생각이 나타나지만 이것이야말로 강약의 차이는 있으나 누구라도 계속 욕구를 추구하는 것이기 때문에. 또 승리는 유쾌한 것이므로 놀이나 신체 경기, 토론을 전개할 때도 당연 유쾌해지게 된다. 이 같은 놀이에서 빈번하게 승패의 결과가 나오기 때문에. 주사위놀이, 공놀이, 쌍륙, 장기도 마찬가지다. 나아가 진지하게 맞붙는 놀이에서도 똑같은 것을 말할 수 있다. 왜냐하면 이 같은 종류의 놀이에 익숙해지면 즐거워지기도 하고, 처음부터 즐거운 것도 있기 때문이다. 예를 들면 사냥개를 쓰는 수렵

이나 그 밖에 모든 종류의 사냥이 그렇다. 결국 경쟁과 경합이 있는 곳에 승리도 있다는 이유다. 그러므로 법정 변론의 기술도, 쟁론의 방법도 능숙한 사람이나 능력 있는 사람에게 유쾌한 것이된다.

또 명예와 명성도 가장 유쾌한 것 중의 하나다. 그것은 자기가 훌륭한 인사와 동일한 성질의 인물이라는 표상, 생각을 각각 해당되는 사람이 갖기 때문이다. 진실을 말하면 신뢰하는 사람들이 그와 같은 평가를 말해 주는 경우는 더욱 그렇다. 그러므로 진실을 말하면 신뢰해 주는 사람이 멀리 떨어진 사람보다 가까이 있는 사람, 관계가 먼 사람보다 평소 친숙한 사람이나 같은 시민, 후세의 사람보다 같은 세대의 사람, 사려가 낮은 사람보다 사려가 깊은 사람, 소수의 사람보다 다수의 사람 등이다. 확실히 지금 거론된 사람들 쪽이 그 반대의 사람들보다 진실한 평가를 해 줄 것이라 생각되기 때문이다. 어떻든 자기가 대단히 경시하는 것, 예를 들면 미숙한 어린이이든가 동물과 같은 인간에 의해 주어지는 명예나 명성은 최소한 명성 그 자체 때문에 이것을 마음에 두고 걱정하는 일은 전혀 없다. 만약 걱정하는 일이 있다 해도 그것은 다른 것에 이유가 있기 때문이다.

또 친구도 유쾌한 것의 하나다. 왜냐하면 친구를 좋아하고 사랑하는 것도 유쾌한 것이다. 술에 기쁨을 느끼지 못하면 누구 한 사람 술을 사랑하는 자가 없기 때문에. 친구의 사랑을 받는 것도 유쾌하기 때문이다. 왜냐하면 친구의 사랑을 받는 것도 그것은 무릇 감지할 능력이 있는 자라면 모두가 찾고자 하는 좋은 것이 자기에게 갖추어져 있다는 표상, 생각을 갖는다. 그런데도 친구에게 사랑을 받는다는 것은 자기가 자기 자신으로 인해 경애받고 있다는 것밖에 안 되기 때문이다.

또 남이 경탄하게 되는 것은 자기가 경의를 표시한다는 그 자체가 이유이므로 유쾌하다. 또 인사치레 말을 듣는 것이나 인사치레 말을 하는 사람도 유쾌하다. 왜냐하면 인사치레 말을 하는 사람은 겉을 꾸미는 것뿐이지만 자기의 찬미자이고 친구이기 때문이다.

또 같은 사실을 수없이 반복하는 것도 유쾌하다. 왜냐하면 가까이 친숙해진 것은 유쾌하다고 했기 때문에.

또 변화를 주는 것은 유쾌하다. 왜냐하면 변화를 준다는 것은 본래의 상태를 향해 행하는 것이기 때문이다.[92] 결국 언제까지나 똑같은 상태로 계속 있는 것은 고정화 상태가 정도를 지나치기 때문이다. 그러므로 이렇게 말하게 된다.

> 세월 따라 변해 가는 것은 모두에게 감미로운 것이다.
>
> –에우리피데스, 『오레스테스』 234행

시간을 좇아 드물게 나타나는 것이 유쾌한 것도 그 때문이다. 이것은 인간의 경우든 사물의 경우든 동일하다. 왜냐하면 그것은 현재 상태의 변화이고, 동시에 또 시간을 좇아 나타나는 것은 희소 가치가 있기 때문이다.

또 학습하는 것이나 경탄하는 것은 대개 유쾌하다. 왜냐하면 경탄하는 것에 그것을 알고 싶다고 하는 욕망이 포함되어 있다. 따라서 경탄을 받는 것은 욕망의 대상이 되기 때문이고, 한편 학습에 본래 상태를 되찾는다는 행위가 포함되어 있기 때문이다.[93]

남에게 잘하는 일이나 잘함을 받는 일은 유쾌한 것에 산입된다. 왜냐하면 남의 잘함을 받는 일은 자기가 탐해 구하는 것을 손에 넣는 일이 되고, 이에 대해 남에게 잘하는 일은 그렇게 할 수 있는 능력이 자기에게 있다고 하는 것이니 남보다 우월한 것이어서 이들 두 가지는 어떻든 사람들이 탐해 구하는 목표다. 따라서 유쾌한 일이다. 또 남에게 잘하는 행위는 유쾌한 일이므로 이웃 사람을 다시 일어서게 하는 행위도, 부족한 부분을 완전히 채워 주는 경우도 인간으로서 유쾌한 일이다.

또 학습하는 일도, 경탄하는 일도 유쾌한 것이기 때문에 다음과 같은 것도 필연적으로 유쾌한 것이 아니면 안 된다. 예를 들면 회화술이나 조각술이나 작시와 같은 모방술은 전 것보다 교묘하게 모방된 작품이면 그 모든 것도 유쾌한 것이다. 이것은 가령 모방한 실물이 불쾌한 것일지라도 동일하다. 왜냐하면 남에게 기쁨을 안겨 주는 것은 실물 그 자체가 아니라 오히려 "이것은 그의 것이다."라는 추론이 행해지고, 그 결과 사람이 무엇인가를 배우게 되기 때문이다.[94]

또 줄기의 급전이든가,[95] 아슬아슬한 위기에서의 구원 등도 유쾌하다. 왜냐하면 이러한 것은 모두 경탄을 자아내기 때문이다.

또 자연 본성에 즉응하는 것은 유쾌한 것이고, 그래서 동류의 것은 상호 자연에 즉응한 동류이므로 동류의 것이나 유사한 것은 모두 일반적으로 유쾌하다. 예를 들면 인간은 인간을 취하고, 말은 말을 취하고, 젊은이는 젊은 이를 취해야 유쾌한 것처럼. 이런 데서 "동년배와 동지는 기쁘다."든가, "유사한 것은 항상 유사하다."든가, "짐승은 짐승을 안다."든가, "새는 새와 동행한다."와 같은 속담이나 그 밖에 이와 같은 종류의 것이 입에 오르내린다.

또 자기와 유사한 것, 자기와 동류의 것은 모두 유쾌한 것이나 사람은 누구라도, 특히 자기 자신에 대해 이 동류감을 가지고 있으므로 필연적으로 모든 사람은 많든 적든 자기 자신을 사랑하는 자임을 알 수 있다. 왜냐하면 유사나 동류의 관계는 모두 무엇보다 자기 자신에 대해 가장 많이 성립되기 때문이다. 또 모든 사람은 자기 자신을 사랑하는 자이기 때문에 자기 자신의 것, 예를 들면 자기 작품이든가 자기 주장이나 학설 등은 필연적으로 누구에게도 유쾌한 것이다. 그러므로 모든 사람은 대체로 겉치레 인사를 하는 자를 사랑하고, 자기를 사랑해 주는 자를 사랑하고, 명예를 사랑하고,[96] 그리고 어린이들을 사랑한다. 어떻든 사람들에게 있어 어린이는 자기 자신의 작품이기 때문에. 또 불완전한 것을 완전하게 마무르는 일은 유쾌하다.[97] 왜냐하면 그때 비로소 자기의 작품이 되기 때문에.

또 지배하는 일은 대단히 유쾌한 일이기 때문에 지자라고 생각되는 것도 유쾌한 일이다. 왜냐하면 실천적인 지혜를 갖는 것은 지배자에게 상응하는 힘이 되고, 이론 지식은 크게 경탄해야 할 사항의 지식이기 때문에.[98] 게다가 사람은 대체로 명예를 구하는 자이므로 이웃 사람을 비난하든가, 그들에게 군림하든가 하는 것도 필연적으로 유쾌한 일이다.

또 자기가 최고의 탁월성을 발휘할 것이라고 생각하고 있는 영역에서 일에 힘쓰는 것은 유쾌하다. 이것은 저 시인이 말하는 그대로다.

> 사람들이 매일매일 대부분을 충당해 일념으로 힘쓰는 일,
> 벼랑길에서 확실하게 스스로 가장 탁월하다는 사실을 표시하는 일.[99]

마찬가지로, 또 놀이나 유유자적함은 모두 유쾌한 것에 들어가고, 여기에 웃음도 유쾌한 것 중의 하나이므로 익살스러운 것은 인간이든 언어든 행동이든 당연히 유쾌한 것이 된다. 하지만 익살스러운 것, 농담에 대해 따로『시학』가운데 정의해 놓았다.[100]

그러면 유쾌한 것에 대해 이것으로써 충분하게 설명을 끝낸 것으로 해 둔다. 역시 고통스러운 것에 대해 이상에 설명한 것과 반대되는 것에 눈길을 돌리면 특별하게 말할 것이 따로 없다.

CHAPTER 12
가해자와 피해자의 토픽

자, 사람들이 부정을 저지를 때 동기가 되는 것은 앞에서 말한 대로다. 이번에 정신적으로 어떤 상태의 사람이 누구에 대해 부정을 저지르는가, 이 점을 말하기로 하자.

부정이 가능한 경우

사람들이 스스로 부정행위에 손을 대는 것은 행위 그 자체가 실행 가능한 것이고, 더욱이 자기 자신에게도 가능하다고 생각하는 경우 결국 (1) 그것을 저질러도 발각되지 않을 것이라고 생각하든가, 또는 (2) 발각되지 않는 것으로 그치지 않더라도 벌을 받지 않든가, 그렇지 않으면 (3) 벌을 받더라도 그 벌이 자기들이나 자기들이 염려하는 사람들이 받는 이익보다 작다고 생각하는 경우다. 그러면 어떤 행위가 가능하게 보이고, 어떤 일이 불가능해 보일까? 이 점은 뒤에 가서 다루기로 한다. 왜냐하면 이 같은 일들은 법정 변론에 국한되지 않고 모든 변론에 공통적인 논점이기 때문에.

처벌되지 않는다고 믿는 경우

그런데 처벌을 가장 교묘하게 틈 사이로 재빨리 빠져나가 부정을 저지를 수 있다고 자신하는 것은 웅변가들, 행동력 있는 사람들, 소송 경험이 풍부한 사람들이지만, 그 밖에 친구들이 많을 경우도, 재산이 많을 경우도 그와 같이 믿는다. 그래서 자기 자신이 지금 드러낸 사람들 중 어디에 해당하는 경우에, 특히 처벌받지 않고 부정행위를 저지를 수가 있다고 생각하는 것이지만 자기가 그렇지 않은 경우라 하더라도 자기 친구든, 하인이든, 부정 동료든 간에 그런 자들이라면 동일하다. 왜냐하면 이상의 조건을 갖추면 부정행위를 저지르는 것도, 그것이 발각되지 않는 것도, 처벌을 받지 않는 것도 가능하기 때문이다. 또 자기가 부정의 피해자나 재판관과 친구일 경우도 동일하다. 왜냐하면 친구들은 친구로부터 부정행위를 받는 일에 무경계하는 이상 고소하기에 앞서 그 한편에서 화해하는 길을 택하려 하기 때문이고, 다른 한편, 재판관은 상대가 친구이면 적절히 처리하든가 무죄 방면으로 하든가 처벌을 매우 가볍게 그치든가 하기 때문이다.

발각되지 않으리라고 믿는 경우

또 부정이 발각되지 않는 것은 고소장에 적힌 사실과 정반대의 성질을 가진 사람들이 그렇다. 예를 들면, 약하디 약한 사람은 폭행에 대해, 가난한 사람이나 추한 사람은 간통에 관해 그렇다. 동시에 또 지나치게 공공연히 사람의 눈을 꺼리지 않는 부정행위도 발각되는 일이 없다. 왜냐하면 이와 같은 행위는 일반적으로 누구 한 사람 뜻밖의 일이므로 무경계하기 때문에.

또 그 크기를 보더라도, 성질을 보더라도 그것이 저질러졌다고 누구 하나 생각지 않는 것 같은 부정행위도 발각은 되지 않는다. 왜냐하면 이것도 또 무경계이기 때문에. 병증의 경우와 함께 부정행위도 잘 저질러지는 것은 누구나 경계하지만 지금까지 누구도 이환된 적이 없는 병증은 한 사람도 주의하는 자가 없기 때문이다.

또 적이 한 사람도 없든가, 혹은 다수의 사람에게도 부정행위가 가능하다고 생각한다. 왜냐하면 전자는 경계받지 않기 때문에 발각되는 일은 없을 것이라 생각하고, 후자는 다수의 경계자에 대해 부정을 기도한다는 것은 있을 수 없다고 생각하기 때문에. 발각될 일이 없고 거기에 발각되어도 다수가 경계하는 상황에서 그런 일을 기도하는 것은 있을 수 없다고 변명할 수 있으므로 추궁을 면하게 되기 때문이다.

또 상투적 수법이든 장소 문제든 부정을 감추어 마무리짓는 수단을 가진 사람들 혹은 부정을 잘 처리할 수 있는 명석한 두뇌를 가진 사람들도 역시 똑같이 생각한다.

처벌이 작다고 믿는 경우

또, 일의 발각을 면할 수 없는 경우라도 재판을 회피하든가 연기하든가 재판관을 매수할 수 있는 사람들도 처벌 없이 부정을 저지를 수 있다고 생각하고 있다. 또 벌금형이 선고되더라도 전액 지불을 회피하든가, 지불을 연기하든가 할 수 있는 사람들, 혹은 곤궁하기 때문에 잃어버릴 것이 아무 것도 없는 사람도 그렇다.

또 부정에 의한 이득은 분명하게 계산되는가, 혹은 대규모의 것인가, 혹은 직접 손아귀에 들어오더라도 처벌은 가벼운가, 계산되지 않는가, 직접 신상에 미치지 않게 하는 사람들도 한가지다. 또 처벌이 이익에 균형이 맞을 정도가 아닌 경우도 그렇다. 예를 들면 일반적인 생각은 참주제의 경우가 그런 것이다.

또 부정행위는 자기 실리에 연결되는 반면, 처벌은 비난받는 것만으로 끝난다는 사람들, 또 반대로 부정행위가 어떤 종류의 칭찬으로 연결된다. 예를 들면 제논의 경우처럼[101] 부정행위가 동시에 아버지 또는 어머니를 위한 복수가 되는 칭찬받아야 할 결과를 초래할 수 있다는 것이 그런 것이다. 그러나 처벌은 벌금이냐 추방이냐 혹은 또 그 종류까지라고 말하는 사람들, 이 같은 사람들도 부정행위가 된다고 생각한다. 왜냐하면 사람들은 실리와 명예라는 두 가지 동기에 의해 정신의 두 가지 상태에서[102] 부정행위를 하기 때문이다. 다만, 같은 사람이 두 가지 동기에 의해서가 아니고, 성격상 상호 반대되는 사람이 각각 어떤 동기에서라는 것이지만.

또 지금까지 수없이 발각되지 않고 지냈다든가, 처벌을 받아본 적이 한 번도 없다는 사람들도, 또 수없이 실패를 거듭해 왔다고 하는 사람들도 마찬가지다. 왜냐하면 전쟁 행위와도 같아서 부정행위의 경우에도 재차 도전하고자 하는 사람들이 있는 법이다.

또, 부정에 수반하는 유쾌함은 곧바로 향수되고 고통을 느끼게 되는 것은 차후의 일이라든가, 부정행위의 이득은 그 현장에서 손에 넣을 수 있으나 처벌이 내려지는 것은 그 뒤의 문제라고 하는 사람들도 마찬가지다. 왜냐하면 방탕한 자가 이 같은 유형의 인간인데, 그들에게는 일반적으로 자기가 구하고 있는 모든 것에 대해 억제력이 없다는 것이 항시 따라붙기 때문이다.

또 그와는 반대로, 당초부터 부정행위에 대한 고통과 처벌에 따른 두려움이 있어 유쾌함이나 이익은 차후에 오지만 그것이 보다 지속적이라 하는 경우다. 왜냐하면 억제력이 강한 사람이나 남보다 훨씬 사려가 뛰어난 사람이 그와 같은 일을 추구하는 것이기 때문에.[103]

또 부정을 저지른 것은 우연한 발생에 의한 것이든가, 강제되어서든가, 타고난 성질에 의해서든가, 그 습관이 있었기에 등등으로 생각되는 가능성이 있는 사람들, 일반적으로 과오를 범한 것이지 부정을 저지른 것은 아니라고 인정하는 사람들, 이들도 부정을 저지를 수 있다고 생각한다.

또, 재판관의 관대한 처벌을 받는 것이 가능한 사람들도 그렇다. 또, 결핍 상태에 있는 사람들도 동일하다. 그런데 결핍하다는 것에 두 가지 경우가 있다. 즉, 가난한 사람들처럼 생활에 필요 불가결한 것이 결핍된 경우든가, 부유한 사람처럼 필요한 것이라 할 수 없는 것이 결핍된 경우가 있다.

대단히 평판이 좋은 사람들과 대단히 평판이 나쁜 사람들. 전자는 부정의 혐의를 받을 것 같지 않고, 후자는 그 이상 평판을 떨어뜨릴 일이 없기 때문이다. 그럼, 부정행위를 꾸미는 것은 행위자 자신이 정신적으로 이상과 같은 상태에 있을 때지만, 그들이 부정을 저지르는 것은 다음 사람들에게 대해서이고, 다음 부정을 저지른다.

부정의 대상인 상대

부정의 대상이 되는 사람들은 생활 필수품에 관해서이고, 여분의 것에 관해서이고, 즐기는 목적의 것에 관해서이고, 자기에게 결핍되어 있는 것을 가지고 있는 사람들. 이때 상대가 멀리 떨어져 있는 사람이든 가까이 있는 사람이든 상관이 없다. 결국 후자에게는 단서 잡기가 빠를 수 있고, 전자에게는 앙갚음하는 데 시간이 걸리기 때문이다. 예를 들면, 카르타고 사람들에게서 약탈해 온 그리스 사람의 경우가 그렇다.

또 조심성이 깊지도 않고 경계심마저 없이 남을 쉽게 신뢰하는 사람들. 왜냐하면 이와 같은 사람이 상대라고 하면 쉽게 부정이 누구에게도 탐지되지 않기 때문에. 또 무관심한 사람들. 왜냐하면 고소하는 것은 모두 낌새를 차리는 사람들에게 보일 수 있는 것이기 때문에. 또 부끄러움을 타는 사람들도 그렇다. 왜냐하면 이득을 찾아 이를 악무는 일이 없기 때문에.

또 다수의 사람으로부터 부정당해도 고소해 보지 않은 사람들. 이들은 속담이 말한 대로 "갓난아기의 손을 비틀 듯"[104]과 같은 자도 넘쳐나기 때문에. 또 지금까지 한 차례도 부정을 당해 보지 않은 사람들과 수없이 그런 일을 겪은 사람들. 왜냐하면 전자는 그런 일은 결코 없다고 생각하고, 후자는 게다가 두 번 다시 없을 것이라 생각하므로 어떻든 무경계하기 때문에.

또 타인에게 중상을 당한 사람들이든가 중상당하기 쉬운 사람들. 그와 같은 사람들은 재판관에게 위구심을 품고 있기 때문에 자진해서 고소하려 하지 않고, 설령 고소를 하더라도 재판관에게 마움을 사고 시샘을 사고 있다고 생각하므로 충분한 설득이 불가능한 까닭이다.

또 "너희들의 조상이, 혹은 너희들 자신이, 또는 너희들 친구가 우리에 대해, 혹은 우리의 조상에 대해, 혹은 우리가 목표로 하는 사람들에 대해, 부정을 저질렀다든가 부정을 저지르려고 기도했기 때문이다."고 하는 구실을 만들 수 있는 상대. 왜냐하면 속담에도 있는 것처럼 "열악한 것은 구실만이 필요하다."고 하기 때문에.

또 적수나 친구도 그렇다. 후자에 대해 부정을 저지르기가 용이하고, 전자에 대해 그것이 유쾌하기 때문에. 또 친구가 없는 사람들. 뿐만 아니라 말을 잘하든가 행동으로 옮기는 것에 자신이 없는 사람들도 그렇다. 왜냐하면 그와 같은 사람들은 고소하고자 시도하는 일이 없든가, 혹은 시도해도 곧 화해하든가, 아니면 어떤 성과도 거둘 수 없든가 하기 때문이다.

또 재판이 되어가는 사정을 지켜보든가, 벌금이 부과되는 것을 주시하든가 해서 시간을 허비하는 것이 이익이 되지 않는다고 생각하는 사람들. 예를 들면 외국인이나 자급농이 그렇다. 왜냐하면 이와 같은 사람들은 얼마 안 되는 것으로 문제를 타결짓고 간단히 고소를 취하하기 때문이다.

또 지금까지 많은 부정을 저질러온 사람들. 혹은 자기들이 현재 받고 있는 것과 동일한 부정을 타인에게 저지른 일이 있는 사람들. 항상 타인에게 저지르는 것이 익숙해진 것과 같은 부정을 자기가 받을 경우, 그 사람에게 부정행위 등이 없었던 것과 같다고 생각하기 때문이다. 내가 말하는 것은, 예를 들면 항상 타인에게 폭력을 휘둘러 온 사람에게 누군가가 폭행을 저지르는 것 같은 경우다.

또 타인에게 나쁜 처사를 한 일이 있든가 혹은 하려고 했든가, 그렇지 않으면 현재 하려고 하든가 혹은 틀림없이 할 것이라고 하는 사람들. 왜냐하면 이 같은 사람들에 대한 부정행위는 유쾌하고 아름답기도 하기 때문에 결국 부정한 행위 등이 없었던 것과 같다고 생각되기 때문이다. 그 자들에게 부정을 저지르는 것이 친구든가, 외경하는 사람이든 연인이든 주인이든, 한마디로 말해 자기 자신이 살아가는 데 버팀목이 되어 주는 사람들을 기쁘게 해 주는 것이 되는 사람들.

또 부정을 저질러도 재판관의 관대한 처벌을 받을 가능성이 있는 상대. 또 전서부터 불만을 품어온 상대나 이전에 사이가 틀어졌던 상대. 예를 들면 칼리포스가 디온에 대해 부정행위에 착수했다는 것이 그렇다.[105] 그와 같은 것은 부정행위가 아닌 것과 같다고 생각하기 때문이다.

또 자기가 착수하지 않더라도 타인이 부정을 저지르려 하는 사람들. 이 같은 사람들에게 부정을 저지르는 일은 더 이상 숙려의 여지가 없다고 생각하기 때문이다. 아이네시데모스가 가까운 이웃을 예속시킨 게론에 대해 "자신이 하려고 했었는데 그가 선수를 친 것이다."라는 이유로 코따보스 경기의 상품을 증정했다고 말하는 것이 이에 해당한다.[106)]

그 자들에게 부정을 가한 일로 장래에 많은 정의를 행한 결과가 된다고 말한 상대. 그것은 그 부정이 쉽게 치유된다는 생각에 입각하고 있다. 데살리아인 이아손이 많은 정의를 실현하기 위해 어떤 부정도 저지르지 않으면 안 된다고 말한 것이 그런 것이다.[107)]

부정행위의 종류

다음에, 부정의 대상이 되는 행위로서 모든 사람, 그렇지 않으면 다수의 사람이 자칫 범하기 쉬운 부정행위가 있다. 왜냐하면 그것은 관대히 보면 잠깐 빌려주는 것과 같다고 생각하기 때문이다. 또 은폐가 용이한 것, 이 같은 유의 것으로 예를 들면 먹을거리처럼 즉시 소비되고 마는 것이 있다. 혹은 형태·색채·구성 등이 간단하게 바뀔 수 있는 것,[108)] 혹은 그것을 감출 장소가 여러 곳에서 간단하게 얻어질 수 있는 것, 이 같은 것을 가지고 가기가 간단해 더욱 작은 장소에 감출 수 있는 것이 올려진다. 또 부정을 저지른 자가 앞서서 그것과 조금도 다르지 않은 유사품을 다수 소유하고 있는 것, 또 부정을 당한 자가 하는 말을 꺼리는 것. 예를 들면 자기 집 부인들에 대한, 혹은 자기 자신이나 자식들에게 가해진 폭행이 그것이다. 또 고소한 자가 소송 취미라고 생각되는 것, 하잘것없이 작아서 묵인해 주는 것 같은 것이 그와 같은 유의 것이다.

그럼, 사람들은 정신이 어떤 상태일 때 부정행위를 저지르는가, 또 어떤 모양의 부정을 어떤 사람들을 대상으로 어떤 동기에서 행하는가는 대체로 이상과 같다.

CHAPTER 13
정당성과 비정당성의 토픽

정·부정의 분류

그러면 모든 부정행위와 정당행위를 먼저 다음 요소를 출발점으로 해 분류하도록 한다.

정당한 일과 부정당한 일을 두 종류의 법과 관련, 두 종류의 사람과 관련하여 각각 두 방식으로 규정한다.

두 종류 법에 의한 규정

내가 법이라 말하고 있는 것은, 한 가지는 특유한 법을 가리키고, 또 한 가지는 공통의 법을 가리키는데, 특유한 법이란 각각의 국가 사회가 자기들 생활과의 관련을 토대로 제정한 법으로, 여기에 성문화한 것과 하지 않은 것이 있다. 이에 대해 공통의 법이란, 자연에서의 법을 가리킨다. 결국 사람들이 상호 간의 공동생활을 영위하든가, 협약을 교환하는 일이 없는 경우에도 자연에 있어 공통의 정당성이나 부정당성이 존재하고 있어 모든 사람은 그것이 있음을 희미하나마 규지하고 있다. 예를 들면 소포클레스의 『안티고네』인데, 그녀가 오빠인 폴리네이케스를 매장하는 것은 가령 금제라고 하나 정당한 일이다. 왜냐하면 자연에 있어 그것은 정당한 것이기 때문이라고 말한 것은 명백하게 이의 정당성을 의미하고 있는 것이다.

> 그것은 어제오늘의 일이 아니다. 영원히 계속 살아오며, 언제 이 세상에 태어났는지 아는 자는 없다.[109)]

또 엠페도클레스가 살생의 금지를 언급해 말한 것도 그런 것이라고 하는 것은, 살생의 금지는 사람에 따라 정당하기도 하고 정당하지 않기도 한 것이 아니다. "아니, 그것은 만물에 미치는 법의 운명으로, 멀리 지배를 확대하는 천계를 관통하고, 다함이 없는 빛을 관통해 간단없이 모두에게 뻗쳐 간다." 이기 때문이다. 또 알키다마스가 '메세니아인을 기리는 연설' 가운데 말한 것도 그런 것이다.[110)]

두 종류 사람에 의한 규정

한편, 사람과 관련해서 정당·부정당은 두 가지로 나뉜다. 즉 국가 사회와의 관계로, 혹은 국가 사회를 구성하는 일 개인과의 관계로 해야 할 일·해서 안 될 일이 규정되어 있다. 그러므로 부정행위도 정당행위도 공히 두 가지 방식으로 행해질 수가 있는 것이다. 그것은 어떠한 행위도 한 사람 특정 인간에 대해 행해지는가, 아니면 국가 사회에 대해 행해지는가 두 가지 방식이 있기 때문이다. 즉, 간통하고 구타하는 사람은 특정의 한 개인에 대한 부정을, 또 병역을 거부하는 자는 국가 사회에 대한 부정을 저지르고 있는 것이다.

부정은 의도적 행위

그럼, 부정행위 전체가 하나는 국가 사회를 향한 것, 또 하나는 한 명 또는 수 명의 개인을 향한 것이라 했으므로 여기서 다시 한번 부정이 가해진다는 것은 무엇인가, 그 정의를 반복해 보려고 한다.

부정이 가해진다는 것은 그 의도를 가진 사람으로부터 부정행위를 당하는 것이다. 왜냐하면 부정이 가해지는 것은 앞에서 의도적 행위라고 정의를 내렸기 때문에. 또 부정을 당하는 사람은 당연한 일로서 해를 당하는 것이고, 그것도 본의 아니게 당하는 것이지만, 그와 같은 해가 어떠한 것인가는 앞에서 설명한 사실로서 명백해졌다. 왜냐하면 좋은 것과 나쁜 것이 그 자체로서 어떤 것이냐는 것은 앞에서 설명한 바가 있고,[111] 또 의도적 행위에 대해서도 그것은 해당 행위를 잘 알고 난 뒤에 행해지는 것이라고 설명했기 때문에. 따라서 전체적 고발은 필연적으로 국가 사회와의 관계로 행해지는가, 그렇지 않으면 개인적 이해와의 관계로 행해지는가, 또 알지 못하는 사이 본의 아니게 행한 사람에 대해서인가, 그렇지 않으면 잘 알고 난 뒤에 의도적으로 행한 사람에 대해서인가. 또 의도적으로 행한 사람에 대해서 숙려한 끝에 선택한 사람에 대해서인가, 감정에 휩싸여 행한 사람에 대해서인가, 그 가운데 어떤 것이 아니면 안 된다. 그런데 분노는[112] 감정에 대한 논술 중에서 다루게 될 것이고(2권 2장), 숙려 선택에 의한 행위가 어떤 모양의 것이고, 정신이 어떤 상태에 있는 사람들이 행하는 것인가는 이미 설명한 바가 있다(1권 11·12장).

부정에 의지가 작용한다.

그러나 어떤 행위가 행해진 것을 인정하면서 그 죄명, 아니면 죄명에 해당하는 행위를 인정하지 않는 일이 흔히 있다. 예를 들면 무엇인가 취하기는 했어도 죄명에 있는 절도는 작용하지 않는다든가, 먼저 구타는 했지만 폭행은 작용하지 않는다든가, 성적인 교섭은 있었으나 간통은 하지 않았다든가, 도둑질은 했어도 성물털이는 하지 않았다(왜냐하면 훔친 것은 신의 소지품이 아니기 때문)든가, 토지를 침범했으나 공공의 토지에 대한 것이 아니라든가, 적측과 담합은 했으나 국가를 배반한 것은 아니라든가처럼. 그러므로 이 같은 부정행위에 대해서도 절도란 어떤 것인가, 폭행이란 어떤 것인가, 간통이란 어떤 것인가 등을 규정해 둘 필요가 있을 것이다. 그 목적은 사실 그 행위가 있었다고 말하든, 없었다고 말하든 그것을 증명하고자 할 때 우리는 항시 정당한 사실을 분명히 밝힐 수 있다는 데 있다.

그런데 지금 들어 보인 예는 모두 누가 부정으로 나쁜 인간인가, 그렇지 않으면 부정한 자는 아닌가를 둘러싼 의론의 쟁점이 되는 것이다. 악이나 부정은 선택 의지가 있을 때 인정하지만, 앞에 든 것처럼 죄명은 예를 들면 폭행이나 절도처럼 단순한 행위 외에 선택 의지가 있음을 의미하고 있기 때문이다. 왜냐하면 누군가를 구타했다면 그것은 어떤 경우라도 폭행을 가한 것이 되는 것이 아니고, 가령 상대에게 욕을 보였다든가, 자신이 즐긴다는 것처럼 어떤 목적을 갖는 경우에 폭행이라고 인정하게 되는 것이고, 전부 무엇인가를 취한 경우라도 항상 절도를 저지른 것으로 된다는 의미가 아니다. 취한 상대에게 손해를 입히고 자신이 이익을 획득한 의도가 있는 경우에 한정되기 때문이다.

그 밖의 부정에 대해서도 이 같은 경우와 동일하다.

성문화되지 않은 정·부정

정당행위와 부정당행위에 두 가지 종류가 있다고 했는데, 결국 하나는 성문화한 것이고, 또 하나는 성문화하지 않은 것이다. 그중에서 법이 조문으로 분명히 명문화된 것은 이미 설명했으므로 다음에 법조문으로 써 있지 않은 것을 문제 삼으면 여기에 두 가지 종류가 있다.

1. **자연의 정·부정**: 하나는 덕과 악덕의 극치로서의 정·부정이고, 여기에 비난이나 칭찬, 불명예나 명예, 그리고 포상이 주어진다. 예를 들면 잘해 준 사람에게 감사하든가, 잘해 준 사람에게 그 답례로 잘해 주든가, 친구들에게 구원의 손길을 뻗치든가, 이 밖에 이에 버금가는 것이 그런 것이다.

2. **공정** : 또 하나는 특유한 것으로 성문화된 법에 결락된 부분이다. 결국 '공정'이 바로 그것이다.[113) 공정은 정당한 것이라고 일반적으로 생각하고 있지만, 공정한 것이라고 다루어지는 것은 성문화된 법에서 불거진 정당성이기 때문에. 그런데 이 결락이 생긴 것은 입법자의 의도에 의한 경우가 있고, 의도하지 않았던 경우도 있다. 즉, 의도하지 않았다는 것은 입법자가 깨닫지 못한 경우다. 의도에 의함은 입법자에게 그 의도가 있어도 완전한 규정을 내리지 못하는 경우, 아니 법이라면 구석구석까지 빠짐 없이 모든 것에 미치는 형태로 명문화되어야 하는 것이지만 규정의 내실은 그렇게 하는 것이 불가능해 많은 경우에 그렇다고 하는 형태로 해결을 본다는 경우, 결국 상처를 입힌 것이라도 어느 정도의 크기, 어떤 쇠붙이로 상처를 입혔는가 하는 것처럼 무수한 사례를 생각할 수 있기 때문에 완전하게 규정지어 놓는 일이 용이하지 않는 경우가 된다. 왜냐하면 일생이 걸려도 그것을 셈하기가 불가능하기 때문에. 그래서 완전하게 규정해 놓을 수 없지만 법으로 규정화하는 것이 필요할 경우, 아무리 해도 무조건적인 표현으로 규정할 수 없기 때문에 결과로서 반지를 낀 채 그 손을 사람에게 흔들어 보이든가 구타하

는 경우에 성문법에 의하면 무조건하고 법에 저촉되고, 부정을 저질렀다고 하지만 그러나 진실한 점은 부정을 저지르지 않았다는 것이 된다. 공정이란 실로 이것, 즉 성문화된 법과 진실의 사이에서 판단할 일인 것이다.

공정이 적용되는 행위

만약 공정이 지금 거론된 바의 것이라면 어떠한 행위가 공정이 적용되어야 하는 것이고, 어떤 것이 적용되지 않아도 되는 것인가. 또 어떤 사람이 공정에 의해 판단할 일이 아닌가. 이런 점은 이제 분명해졌다. 즉, 정상을 고려해야 할 행위, 이것이 공정을 적용해야 하는 것이고, 또 실수와 부정행위는 그 다음에 불운한 행위에 대해서도 동등의 형벌을 요구하지 않는다는 것은 공정한 행동이다. 불운한 행위는 예상 외의 것이어서, 또 품성의 열악성에 기인하는 것도 아니어서 이에 대한 부정행위는 예상 외의 일은 아니고, 더구나 본인의 열악성에 기인하고 있는 것이기 때문에. 즉, 욕망에 휘몰리는 부정행위는 품성의 열등성에 기인하고 있는 것이다.

어떤 행위가 공정인가

인간의 취약성에 관용성을 가지고 임하는 것은 공정한 일이다. 또 법에 의해서가 아니라 입법자에게, 결국 법조문에 의해서가 아니라 제정한 사람의 입법 정신에 주목하는 일, 또 행위 그 자체가 아니라 행위가 의도하는 데로 눈을 돌리고, 사실의 일부가 아니라 그 전체에 대해, 또 피의자가 지금 어떤가가 아니라 그는 항상 그렇지 않으면 대개의 경우 어떤 사람이었던가에 눈을 돌리는 것이 공정이라 하겠다. 또 받은 피해보다 받은 은혜 쪽을, 자기가 베푼 은혜보다 자기가 받은 은혜 쪽을 기억하는 것도 공정한 일이다. 또 부정을 당해도 이에 견뎌낸다는 것도 그렇다. 또 직접 행동으로 호소하기보다 언론에 의해 흑백을 가려 보는 것도 공정한 일이다. 또 법정 판결을 우러르기보다 조정에 의해 해결하려는 것도 그렇다. 왜냐하면 조정에 나서는 자는 공정성에 눈길을 돌리지만, 재판관 측은 법에 눈길을 돌리기 때문이다. 조정자의 제도가 발안된 것도 실은 이 목적, 결국 공정성을 견고히 하기 위한 것이다.

그러면 공정행위에 대해 이상과 같이 다루는 방식으로 정의된 것으로 한다.

CHAPTER 14

큰 부정을 입증하는 방법

품성의 부정에 기초한 경우

부정행위에 대해 말한다면, 그 동기로 되어 있는 품성의 부정이 클수록 부정행위도 보다 크다. 그러므로 겉보기는 매우 세세한 부정행위가 가장 중대한 부정행위가 되는 일도 있다.

예를 들면 칼리스트라토스가 멜라노포스를 힐난하고, 그는 신전 감독관을 속이고 신성한 재물에서 반 오볼로스화 석 장을 앗았다고[114] 말하는 것이 이에 해당한다. 그러나 이처럼 세세한 부정도 정의라는 관점에서 본다면 정반대인 것이다. 조그마한 부정이 최대의 것이 됨은 그 가운데 가능성으로서 최대의 부정이 포함된 것에 의한다. 왜냐하면 반 오볼로스화 석 장도 신성한 재물을 앗을 정도의 사람이면 어떤 부정형위도 범할지 모르기 때문이다.

피해 규모에 의한 경우

그러므로 부정행위가 보다 크고 중대하다는 것은 이처럼 마음속 동기를 기준으로 판단되는 일도 있고, 또 그 피해 규모로 판단되는 일도 있다. 보다 크다고 하는 부정행위란, 그것에 균형이 맞는 정도의 벌이 없고 어떤 것을 취해도 지나치게 가볍다는 뜻이다.

또 보상할 도리가 없는 부정행위도 그렇다. 왜냐하면 그것은 처리하기가 어렵고, 그렇기는커녕 불가능성까지 있기 때문이다.

또 피해자가 재판에서 상대를 처벌할 수 없는 부정행위도 동일하다. 왜냐하면 그것은 보상받을 수 없기 때문이다. 재판은 징벌을 가함과 동시에 보상하는 것이기도 하기 때문이다.

또 피해자, 즉 부정을 당한 자가 스스로 자기 자신을 크게 징벌하라고 할 경우, 그때의 부정행위는 보다 크다. 그것은 부정을 저지른 자 측은 그 이상의 벌로 징계받는 것이 정의이기 때문이다. 예를 들면 소포클레스가[115] 에우쿠데몬 사건을 변호해 그는 욕을 당했기 때문에 스스로 급소를 과감히 짜른 것이므로 가해자에 대해 피해자가 자기 자신에게 과한 벌보다 가벼운 양형은 불가능하다고 말한 것이 이에 해당한다.

그 밖의 기준에 의한 경우 (1)

그것을 한 것이 그 자만의 경우든, 그 자가 최초이든, 그 자를 포함해 본래 소수일 뿐이라는 등 이 같은 부정행위도 보다 크다. 동일한 실수를 몇 차례 반복하는 것도 그렇다. 또 그것이 계기가 되어 방지책이나 벌칙이 강구 안출된 부정행위도 동일하다.

예를 들면 아르고스에서 새로운 규칙이 제정되는 계기를 마련해 준 자든,

새로운 감옥이 건설되는 기회를 준 자 등은 그 부정을 일층 엄격하게 처벌받는다. 또 보다 야수성이 짙은[116] 부정은 보다 크다. 또 계획에 기초를 두고 행해진 부정도 보다 크다. 또 그 이야기를 듣고 사람들이 가련하게 여기기보다 오히려 공포감을 느끼는 부정도 그렇다.

변론의 효과적 방법

이 경우 변론법이 사용하는 효과적 방법은 다음과 같은 것이다. 즉, "그는 지금까지 지켜야 할 수많은 정당성의 원리를 쓸어 버리든가 혹은 뛰어 넘었다." 예를 들면 신에게 하는 맹세가 그렇고, 맹우의 약속이 그렇고, 신뢰의 보증이 그렇고, 이국 간의 혼인 관계가 그렇다고 말하는 것이다. 왜냐하면 이 같은 화법은 수많은 부정행위를 저지른 것처럼 과장해 표현하는 것이 되기 때문이다.

그 밖의 기준에 의한 경우 (2)

또 부정을 저지른 자가 처벌을 받는 그 장소에서 부정을 저지르는 일도 보다 큰 부정이다. 다름 아닌 위증하는 자가 범하는 부정이 그것이다. 왜냐하면 재판소에서까지 부정을 저지른다면 그가 부정을 저지르는 장소 등이 따로 없기 때문이다.

또 가해자가 그것에 가장 수치심을 자각하는 부정은 보다 크다. 또 잘해 준 사람에게 부정을 가하는 경우도 마찬가지다. 결국 그것은 잘해 준 사람에게 나쁜 처사를 하고, 덧붙여 보답의 은혜를 주지 않는다는 양방의 이유에 의한 것이다.

불문법에 반하는 행위

또 성문화되지 않은 법에 반해 행해진 부정행위도 보다 크다. 그것은 강제력에 의하지 않고 정당하게 있는 것, 이것이 덕성에 있어 보다 훌륭한 사람의 조건이지만, 그러나 성문화된 법은 강제적인 것인 데 대해 성문화되지 않은 법은 그렇지 않기 때문이다. 그러나 관점이 바뀌면 성문법이 정당성에 반하는 경우가 부정은 보다 크다. 왜냐하면 놀라운 결말을 수반하는 부정이나 처벌 대상이 되는 부정을 행하는 자는 당연 처벌을 수반하지 않는 부정행위도 행할 것이기 때문에.

자, 보다 큰 부정행위와 보다 작은 부정행위는[117] 이상에서 말한 바와 같다.

CHAPTER 15
비기술적 설득 방법

비기술적 설득의 수효

이상의 논술에 이어지는 작업은 변론법 본래의 것이 아니라는 설득 방법, 입증에 대해 개관하는 일이다. 왜냐하면 이 설득 방법은 법정 변론 특유의 것이기 때문에. 그것은 그 수효가 다섯 가지, 즉 법, 증인, 계약, 고문에 의한 자백, 선서 등이다.

법

그럼 처음에 법에 대해서인데, 어떤 것을 권하든가 단념하게 하든가,[118] 또 고소하든가 변명하든가 할 때 법을 어떤 식으로 적용하면 좋을까, 이 점에 대해 말하기로 한다.

성문법을 공격하는 경우

성문법이 문제의 사건에 불리하게 작용하는 경우에, 항상 공통법에 호소해 보다 공정한, 결국 보다 정의에 들어맞는 해석을 적용할 것은 분명하다. 그리고 재판관이 자주 말하는 "최선의 판단에 의해"라는 선서의 어구는[119] 이것, 즉 어떤 일이 있어도 성문법에 준거하지 않는다는 의미라고 할 수 있다.

또 공정은 항상 동일하게 그대로 계속되고, 일시라도 변하는 일이 없다. 공통의 법도 이 점은 같다. 왜냐하면 자연적인 것이므로 이에 대해 성문법은 이따금 변하는 것이다. 그리고 이 같은 사정이 있기 때문에 소포클레스의『안티고네』에서의 그 말도 있다고 말해야 한다. 즉, 안티고네는 다음과 같이 말해 오빠를 매장한 일은 클레온이 정한 법에 위반하지 않은 것이라고 변명하고 있는 것이다.

> 왜냐하면, 그것은 어제오늘의 일이 아닙니다. 영원히 삶은 계속되고, 때문에 저는 이것을 위반하고자 하지는 않았습니다. 가령, 어떤 인간의 의향을 두려워한다 해도…….

또 정당성은 진실한 것이므로 이익을 가져오는 것이지만, 정당하다고 생각되는 것만으로는 그렇지가 않다. 그러므로 성문법도 그렇지는 않다. 왜냐하면 법의 기능인 진실의 정당성을 달성하지 못하기 때문이라는 것도 말해야 한다. 그리고 재판관은 위조품의 정당성과 진실의 정당성을 식별하기 위해 이른바 금은 감정사와 같은 존재라는 사실도. 또 성문법보다 오히려 불문법에 호소해 그것을 준수해 나가는 것은 덕성이 보다 훌륭한 사람에게 상응하는 것이라는 사실도 말해야 한다.

그러므로 불문법에 호소하지 않으면 안 되는 것이다. 다음의 경우에 해당한다.

어떤 법이 평판이 높은 법과 혹은 또 그 법 자체와 어디인가 상반하는 점이 있을 경우. 예를 들면 어떤 법은 어떤 계약이든 체결된 이상은 모두 효력을 갖는다고 했는데, 타법에 법에 반한 계약의 체결을 금지하는 일이 때에 따라 있는 것이다. 또 법이 어떻든 해석할 수 있는 경우도 그렇다. 그 경우에 불문법에 호소해 화폐와 같이 안팎이야 어떻든 뒤집어 보고 어느 쪽이 지시하는 해석에 참된 정당성 또는 이익을 적합하다고 할 수 있을 것인가를 알아낸 다음, 이 적절한 해석에 따르도록 하지 않으면 안 된다. 또 법이 제정된 당시의 객관적 사정은 이제 와서 존재하지 않는데 법만이 남아 있다고 하는 경우에 이 사실을 분명히 표시해 이 점에서 해당 법과 싸우도록 힘쓰지 않으면 안 된다.

성문법을 변호할 경우

이에 대해 성문법이 당해 사건에 유리하게 작용할 것 같은 경우, 앞에 말한 "최선의 판단에 의해"라는 선서의 말은 법에 반하는 판결을 내리는 것이 목적은 아니다. 법이 의도하는 것이 무엇인지 확실하게 독해할 수 없는 경우, 재판관이 거짓 서약의 죄를 묻지 않기 위해 있는 것이라고 말해야 한다. 또 사람은 누구나 무조건하고 좋은 것을 선택하는 것이 아니라 자기에게 좋은 것을 선택하는 것이라고 하는 것도.[120] 또 법에 따르지 않는 것은 법이 제정되어 있지 않은 것과 어떤 차이는 없다는 것도. 또 타의 기술 세계에서, 예를 들면 의사보다 재치가 뛰어난 자가 되고 싶어하는 것은 아무 이익도 되지 않는다. 왜냐하면 의사의 과실이 미치는 피해라 해도 그것은 지배자 된 법에 복종하지 않는 습관에 젖은 경우만큼 심하지 않기 때문이라는 것도.[121]

또 법보다 영리한 사람이 되려고 약삭빠르게 구는 것은 좋은 법과 상찬받는 것에서 금지되고 있다는 것도 말해야 한다.

법에 대한 규정은 이상으로써 충분하다고 해 둔다.

증인

다음은 증인에 대한 것인데, 증인에 두 종류가 있다. 하나는 옛날의 증인, 또 하나는 최근의 증인이다. 최근의 증인도 당사자와 위험을 함께 나누는 증인과 그와 같은 두려움이 없는 증인으로 나뉜다.

옛날 증인

내가 옛날 증인이라 말하는 것은 시인들 및 그 판단이 널리 알려진 저명한 인물을 가리킨다. 예를 들면 아테네 사람들이 사라미스 문제로 호메로스를 증인으로 채택했다든가,[122] 테네도스의 사람들이 최근 시게이온 사람과의 싸움에 코린토스의 페리안드로스[123]를 증인으로 채택했다든가, 클레오폰[124]이 크리티아스를 비난함에 있어 솔론의 비가 형식의 시를 사용하고 그의 가계는 예전부터 품행이 좋지 않다, 그렇지 않다면 솔론이 시 가운데서 "어떨까 불그레한 머리털이 크리티아스에게 말하리라. 아버지가 한 말은 들어야 하지 않을까."[125] 하고 노래할 리가 없었을 것이기 때문에 라고 말한 것이 그렇다.

과거의 사건에 대해 이상과 같은 사람들이 증인이 되었으나, 그러나 장래의 일에 관해서 신의 계시를 받은 해석자도 증인이 된다. 예를 들면, 데미스토클레스가 신의 계시인 '나무의 성벽'이란 말을 들어 올리고 해전을 단행해야 한다고 주장한 것이 그렇다.[126] 뿐만 아니라 앞에서 말한 바와 같이 속담이 충고자를 위해 증언해 준다.[127] "결코 노인에게 잘해서 안 된다."[128] 또 부친을 살해한 이상 그 자식들도 살해하도록 하는 충고의 경우에 다음 속담이 증인이 된다. "부친을 살해하고 그 자식들을 남겨 두는 일은 바보가 하는 짓이다."

최근의 증인

한편 최근의 증인이란, 지금까지 어떤 사건에 대해 판정을 내려준 일이 있는 저명한 인물이 해당된다. 결국 이 같은 사람들의 판정은 동일 문제에 대해 싸우고 있는 사람들에게 도움이 되기 때문이다. 예를 들면 에우불로스가 법정에서 카레스를 비난할 때, 플라톤이 아르케비오스를 향해 한 말[129] "악인임을 고백하는 일이 이 나라에서 점차 유행해 왔다."를 사용한 것이 그렇다. 또 위증하고 있다고 보이면 고발의 위험을 함께 나누게 되는 사람들도 그렇다.

그런데 이 같은 사람들은 일이 실제 일어났는가 안 일어났는가, 현재 일어나고 있는가 안 일어나고 있는가 등에 대해서만 증인이 되지만 그것이 어떤 형편인가, 예를 들면 정당한 것인가 부정당한 것인가, 이익을 가져오는가 불리하게 되는가 등에 대해서 증인이 되지 않는다.

이에 대해 사건과 직접 관계가 없는 사람들 측이 이들 문제점에 관해 보다 신뢰할 수 있는 증인이 된다. 그러나 가장 신뢰할 수 있는 것은 옛날의 증인들이다. 왜냐하면 매수되어 더럽혀지는 일이 없기 때문이다.

또 자기 증언에 대해 보증을 주려면 증인이 없는 사람일 때 이렇게 말하면 좋다. "확실한 것을 토대로 해 판정을 내릴 것이다. 그것이 '최선의 판단에 의해'라는 것이다."라고. 또 "확실한 것은 증인과 달라 금전으로 그 눈을 속일 수 없다.", "확실한 것은 위증의 현장을 포착할 수 없다."고.

한편, 증인이 있는 사람은 증인이 없는 사람을 향해 이렇게 말해야 한다. "확실한 것은 재판에서 결정되는 것이 아니다." 또 "만약 변론만으로 충분히 진상의 진위를 가릴 수 있다면, 증언 등이 전혀 필요하지 않았을 것이다." 라고.

증언

또 증언에 자기 자신에 대한 것과 계쟁 상대에 대한 것, 또 사실 관계에 관한 것과 인품에 관한 것 등이 있다. 그러므로 말할 것도 없지만 도움이 되는 증인이 없어서 곤란하다는 일은 전혀 있을 수 없다. 왜냐하면 사실에 관해서 자기 자신을 지지하는 것 같은, 그렇지 않으면 계정 상대에게 불리하게 될 것 같은 증언을 얻을 수 없을 경우에도 인품 면에서 자기 자신의 공정성에 연결되는 것 같은, 그렇지 않으면 상대방의 열악성에 연결되는 것 같은 증언을 얻을 수 있다면 증언으로서 충분하기 때문에.

증언에 관한 그 밖의 것, 예를 들면 증인이 친구인가 적인가, 그렇지 않으면 그 어떤 것도 아닌가 등 평판이 좋은 인간인가 그렇지 않으면 평판이 좋지 않은 인간인가, 그렇지 않으면 그 어느 것도 아닌 인간인가 하고 말할 수 있는 것, 그리고 그와 같은 종류의 다른 차이 등은 설득 추론의 자료가 되는 것과 동일한 논점에 기초를 두고 말하면 좋다.

계약

다음에 계약에 관해 변론을 사용하는 것은 그것이 계약의 중요성을 증대시키든가 감소시키든가, 혹은 계약을 신용할 수 있는 것으로 하든가 신용할 수 없는 것으로 하든가 하는 범위로 한정된다.

계약이 유리할 때

즉 계약이 자기에게 유리할 경우 그것을 신뢰할 가치가 있는 유효한 것으로 하고, 계쟁 상대에게 유리할 경우 그 반대로 하는 것이다. 그런데 계약을 신용할 수 있는 것, 그렇지 않으면 신용할 수 없는 것으로 만들기 위한 방법은 증인을 다루는 것과 전혀 바뀌지 않는다. 왜냐하면 계약에 서명한 자 혹은 그것을 보관하는 자가 어떤 인간이냐로 계약이 신용되느냐 여부가 결정되기 때문이다.

또, 계약의 존재를 쌍방에서 인정받고 있을 경우에 그것이 자기 자신에게 유리하다고 하면 그 신뢰도를 증대시켜야 한다. 결국 우리는 다음과 같이 논해야 한다.

"계약도 특유하고 개별적이라 하지만 법이다." 또, "계약이 법을 유효한 것으로 하는 일은 없어도 법은 법에 기초한 계약을 유효한 것으로 한다." 또, "일반적으로 법 그 자체가 일종의 계약이다. 그러므로 계약을 신용하지 않든가 휴지조각쯤으로 생각하는 자는 법을 무효로 하는 것이 된다." 다시 또, "모든 상거래는 그리고 자유 의지에 의한 것은 특히 계약에 기초를 두고 행해지고 있다. 그러므로 계약의 효력이 없어지면 인간 상호의 교류는 전적으로 상실하게 된다."고.

그 밖에도 이 문제에 관련하는 일은 있으나 그것들은 한 번 보면 곧 알 수 있을 것이다.

계약이 불리할 때

이에 대해 계약이 자기에게 불리하고 계쟁 상대편에 유리할 경우, 우선 처음에 자기에게 불리한 법과 싸울 때 자기 주장이 이 경우에도 꼭 들어맞는다. 왜냐하면 법의 경우에 그것이 올바르게 제정되지 않고, 제정자가 과오를 범하고 있을 것 같으면 그것에 따를 필요가 없다고 생각하는데, 계약의 경우 반드시 그것에 따르지 않으면 안 된다고 생각한다면 그것은 불합리한 일이기 때문에. 다음에, 재판관은 정의의 심판자다. 그러므로 재판관인 사람은 문제로 되고 있는 계약만을 계속 눈 돌릴 일이 아니라 그것이 정당성을 보다 많이 구현하고 있는가 하는 점에 눈을 돌리지 않으면 안 된다고 말해야 한다. 또 정당성은 기만에 의해서도, 강제에 의해서도 이것을 비틀어 구부릴 수 없으니, 왜냐하면 그것은 자연에 놓여 있기 때문에. 그러나 계약은 기만당한 때라도, 무리하게 강제당한 때라도 맺어지는 것이라고 논해야 한다.

이상에 덧붙여 계약이 기록된 법, 그렇지 않으면 공통의 법 가운데서 어디에, 또 기록된 법에 대해 자국의 법 그렇지 않으면 타국의 법에 반하는 데가 없는가 여부 등을 잘 조사해 볼 일이다. 뒤이어 그 이후의 것도 좋고, 그 이전의 것도 좋으나 타의 계약과 상반되는 데가 없는가 조사해야 한다. 왜냐하면 후자가 유효하고 전자가 무효가 되는가, 아니면 전자가 정당하고 후자가 기만에 의한 것이라는 말인가. 어떻든 도움이 되는 쪽을 말해야 하기 때문에. 더욱이 이익이라는 관점에서 그 계약이 재판관들에게 어디인가 불리한 결과를 가져올 일이 없는가 하는 것도 보아 두지 않으면 안 된다. 이 같은 종류의 다른 사항에 대해서도 동일하다. 그와 같은 경우의 의론도 동일하게 무난히 찾아낼 수 있기 때문이다.

고문에 의한 자백

또 고문에 의한 자백은 일종의 증언이므로 거기에 신빙성이 있다고 생각한다. 왜냐하면 그 자백에 일종의 강제력이 작용하고 있기 때문이다. 그러나 이 같은 점에 대해서도 가능한 의론을 제기하는 것도 어렵지 않다. 즉, 그와 같은 의론에 의해 사람은 자백이 자기 쪽에 유리한 경우에 몇 가지 증언 중에서 이 자백만이 진실이라고 말해 그 가치를 증대시킬 수 있고, 자기에게 불리하고 계쟁 상대에게 유리한 경우에도 고문 종류 전반에 걸쳐 그 실태를 말해 자백의 효력을 소멸시키는 일이 가능할 것이다. 왜냐하면 강제를 당하면 진실을 결코 말하지 않겠다고 굳게 입을 닫고 있는 것도 즉각 고문을 멈추게 하려고 간단히 거짓 자백을 하는 일도 있어 진실을 등진 거짓도 말할 수 있기 때문에. 또 그와 같이 논하는 경우에 지금까지 있었던 동일한 사례로 재판관이 알고 있는 것을 예로 인용할 수 없으면 안 된다.

또 고문에 의한 자백은 진실이 아니다. 왜냐하면 혈액 순환이 나쁘다든가, 돌처럼 견고한 피부를 가졌다든가, 정신이 강경한 사람들이 많아 이 같은 사람들이라면 의연하게 모진 고문에 계속 버틸 수 있다.

한편, 겁이 많고 흠칫하기 잘하는 사람들은 확신이 서는 태도를 보이고 있는 것도 자기들에 대한 고문 용구를 보기 전의 일이므로 고문에 의한 자백에 어떤 신용도 할 수 없다고 말해야 한다.

선서

선서[130]에 관해 네 가지 경우로 나눌 수 있다. 즉, (1) 상대에게 선서를 구하고 자기도 선서를 하는가, 그렇지 않으면 (2) 그 어느 것도 하지 않는가, 아니면 (3) 한쪽은 하지만 다른 쪽은 하지 않는가, 그리고 이 경우 (3a) 선서를 구하되 자기는 선서를 하지 않는가, (3b) 자기는 선서를 하지만 상대에게 선서를 구하지 않는가로 나뉜다. 이 밖에도 그 선서가 자기 또는 상대에 의해 이미 행해진 경우를 지적할 수 있다.

선서를 구하지 않는 경우

상대에게 선서를 구하지 않을 때의 경우로, 사람들은 쉽게 거짓 선서를 한다는 것, 또 선서하면 상대는 주장한 바를 인정받은 것으로 알고 빌린 것을 갚지 않고, 상대가 선서하지 않을 것 같으면 재판관이 판정을 내릴 것이라고 생각하기 때문에 무익하다는 것, 그리고 재판관에 위임된다는 위험이 우려된다. 왜냐하면 재판관은 신뢰하지만 상대는 신뢰할 수 없기 때문이라는 것 등을 지적해야 한다.

선서를 거부하는 경우

또 선서의 요구를 거부할 때의 이유로서 신성한 선서가 금전과 상환이 된다는 것[131], 또 만약 자기가 나쁜 인간이었다면 선서의 신청을 받아들였을 것이다. 왜냐하면 아무 목적 없이 악인이기보다 어떤 목적을 위해 악인인 편이 좋기 때문이라는 것, 더욱이 선서를 하면 확실히 소송 문제는 유리하게 될 것이고, 선서를 하지 않으면 그렇게 되지 않을 것이다. 그렇다고 하면, 선서를 하지 않는다는 것은 도덕적 우수성에 의한 것이므로 거짓 서약을 두려워하기 때문은 아닐 것이라는 사실을 지적해야 할 것이다.

또 이 경우에 크세노파네스의 말, 즉 "신을 두려워하지 않는 불경한 자가 신을 공경하는 사람을 향해 다짐에 의한 결착을 도전하는 것은 공평하지 않다. 그것은 힘이 강한 자가 약한 자에 대해 때릴 것인가 아니면 맞을 것인가 하고 도전하는 경우와 동일한 것이다."[132]라고 하는 말이 적절하다고 말할 일이다.

선서 요구를 수용하는 경우

선서 요구를 수용할 때의 이유로서 나는 자기 자신을 믿지만 저 자를 믿지 않기 때문이라고 말해 앞의 크세노파네스의 말을 반대로 해 "신을 공경하는 사람이 선서에 의한 결착을 신청해 신을 공경하지 않는 자의 요구로 신을 공경하는 자가 선서한다면, 그때에 공평성이 담보될 것이다."고 주장할 일이다. 그리고 그 재판관들에 대해 선서한 이상 재판할 일이라고 요구하면서 그 동일 문제에 대해 자기가 선서 요구를 수용하려 하지 않는 것은 두려운 일이라고 덧붙일 것이다.

선서를 구하는 경우

또 상대에게 선서를 구할 때의 이유로서 신들에게 판정을 위임하려는 것은 신을 공경하는 태도라고, 또 계쟁 상대에 대해 그대는 이 이상 재판관 등을 구할 일이 아니니다. 왜냐하면 신들에게 판정을 맡기고 있기 때문이라고. 그리고 다른 사람들에게 선서하라고 요구하고 있으면서 동일한 그 일에 대해 자기가 선서하려고 하지 않는 것은 불합리하지 않은가 하고 논할 일이다.

그런데 개개의 경우에 각각 어떻게 논하면 좋을까는 이제 분명하기 때문에 그것들이 두 개씩 조합될 때, 예를 들면 자기 자신은 선서할 예정으로 있지만 상대에게 그것을 요구할 생각이 없을 때, 또 상대에게 선서를 요구는 하지만 자기에게 선서할 마음이 없을 경우, 또 자기도 선서하고 상대에 대해서도 요구할 마음이 있을 경우, 또 그 어느 것도 아닐 경우 등에 어떤 식으로 논해야 할 것인가 하는 점도 이제 분명해졌다. 왜냐하면 이들의 경우는 당연 지금 지적된 경우를 조합한 것이 되기 때문에, 따라서 변론하는 쪽도 앞에 열거한 것을 조합하는 것이 되기 때문이다.

선서가 상반할 경우

또 이미 자기 자신이 행한 선서가 있고 그것이 지금의 선서와 상반될 경우에 다음과 같이 논해야 한다. 그것은 거짓 다짐이 아니다. 왜냐하면 부정을 저지르는 일은 의도적인 것이고, 또 거짓 다짐을 하는 일은 부정을 저지르는 일이지만, 그러나 이 경우와 같이 억지나 기만에 의한 것은 의도적 행위는 아니기 때문이다고. 그러므로 이 경우에 우리는 거짓 다짐에 대해 이렇게 결론지어야 한다. 즉, 거짓 다짐을 한다는 것은 마음에 의한 것으로 겉치레 말이 아니다고.

이에 대해, 소송 상대에게 이미 한 다짐이 있고, 그것이 지금의 선서와 정반대의 경우에 이렇게 논하면 좋다. 다짐한 바의 것을 지킬 수 없다고 하면 일체의 모든 것을 뒤집는 것이 된다. 바로 그렇기 때문에 재판관들도 선서한 뒤에 법을 행하는 것이라고. 그리고 재판관을 향해서 "그들은 당신들에게 재판에 당해 이미 한 다짐을 지킬 것을 요구하고 있지만, 그러나 자기들은 다짐 또는 맹세를 지키려 하지 않는다."고 말해야 한다. 또 선서의 효과를 거두기 위해 말한 편이 좋았던 일이 달리 있었다면 그것도 말해야 한다.

그러면 변론법 본래의 영역에 포함하지 않는 설득 방법에 대해 이 정도로 끝낸다.

제2권

인격에 의한 설득, 정서적 호소에 의한 설득, 이에 수반하는 논리의 전개

CHAPTER 1

설득의 특성과 정서의 영향

제1권의 요약

어떤 사항을 권하든가 단념하게 하든가(의회 변론), 사람을 칭찬하든가 비난하든가(일반 변론), 고소하든가 변명하든가(법정 변론) 할 때 어떤 논점에 기초를 두고 행하면 좋을까? 또 어떠한 견해나 명제가 이 같은 변론의 설득 방법으로 도움이 되겠는가는 이상에서 설명한 대로다. 왜냐하면 변론의 종류 각각에 대해 개별적으로 생각하면 어떤 종류의 설득 추론도 그들 견해나 명제에 대해, 그리고 그것들을 기본으로 해 조립하고 있기 때문이다.

변론의 목표

그러나 변론은 판정 내리는 것을 목표로 하고 있기 때문에, 왜냐하면 의회에서 여러 가지 조언에 대해 판정하고 법정 판결도 판정이기 때문에 변론가는 (1) 언론에 주목해 그것이 증명을 해 주고 납득이 가도록 배려할 뿐 아니라, (2) 자기 자신을 어떤 인품의 인물로 보이도록, 그리고 동시에 (3) 판정자에게도 어떤 종류의 감정을 안겨 주도록 마무리를 짓지 않으면 안 된다.

왜냐하면, 논자가 어떤 인품의 인물로 보이느냐는 것과 청자에게 논자는 자기들에 대해 어떤 감정을 가지고 있다고 이해시키는 것과 덧붙여, 청자 자신도 어떤 감정을 안고 있다고 하면 그것을 설득해 줄 때, 특히 의회 변론에 있어 그리고 법정 변론에서도 큰 차이를 가지고 있기 때문이다.

청자의 감정

그런데 논자가 어떤 인품의 인물로 보이는가는 의회 변론에 어느 정도 충분히 도움이 되지만, 한편 청자가 어떤 감정을 갖게 되는가는 법정 변론에서 크게 도움이 된다. 사랑할 때와 미워할 때, 또 성이 났을 때와 공손할 때 동일한 한 가지 사실이 동일하게 보이지 않고 전혀 별개의 사실로 보이든가 혹은 크게 다른 사실로 보이든가 하기 때문에, 즉 자기가 판결을 내리려 하는 상대를 사랑하고 있는 사람의 눈에 그는 부정 등이 전혀 저질러지지 않았든가 저질러졌다 해도 경미한 것으로 생각된다.

한편, 미워하는 사람의 눈에 그것과 정반대로 비추이고, 또 무엇인가 욕망을 가지고 강한 기대를 걸고 있는 자에게 기대하고 있는 것이 유쾌한 것이라면 그것은 반드시 수용되고 좋은 것이 되리라 생각하지만, 역으로 그것으로 전혀 마음에 움직임이 없다든가 불쾌감을 안고 있는 사람에게 그것과 반대로 보이는 것이다.

논자가 신뢰받는 근거, 인품

논자 자신이 신뢰받는 근거가 되는 것에 세 가지가 있다. 결국 우리가 남을 신뢰하는 근거는 논증을 별도로 할 때 그만큼의 수효가 있기 때문이다. 그것들은 사려, 도덕적 우수성, 호의 등 세 가지다.

왜냐하면 논하든가 조언하든가 하는 문제에 잘못이 있는 것도 이들 모두 또는 이들 가운데 어느 하나가 원인이 되고 있기 때문이다. 결국 사람들은 사려에 결함이 있어서 올바른 견해를 가지지 못하든가, 혹은 올바른 견해는 가지고 있어도 품성이 열악한 때문에 그 견해를 그대로 말하려 하지 않든가, 혹은 사려도 있고 품성도 훌륭하지만 호의를 가지고 있지 않기 때문에 최후의 수단을 알고 있으면서 그것을 조언하지 않는 일도 있을 수 있다는 것인가 그 어떤 것이므로 그 이외의 이유는 없는 것이다. 따라서 이 세 가지를 다 갖추고 있다고 생각되는 사람은 당연 청자에게 신뢰받을 수 있는 인물이라 하게 되는 것이다. 그렇다면 어떻게 해야 사려도 있고, 훌륭한 인물이라 생각하게 되는가. 이 점은 앞에서 말한 덕에 대한 분류(1권 9장)를 기본으로 이해하면 좋다. 왜냐하면 타인에 대해서든 그 자신에 대해서든 그것과 동일한 논점을 기본으로 하면, 그와 같은 인물처럼 만들 수 있기 때문이다. 그러나 호의와 우애에 대해서는 감정에 관한 의논 중에서 말하지 않으면 안 된다.[133)]

감정

그러므로 감정이란 그 때문에 사람들의 기분이 바뀌고 판단상 차이를 가져오게 되는 것인데, 그것에 고통이나 쾌락이 따라붙는다. 예를 들면 성남, 연민, 두려움, 그 밖에 이와 같은 종류, 그리고 이것들과 반대되는 것이 그렇다. 그러나 이 같은 각각의 감정에 대해 세 가지 기준으로 나누어 고찰해야 한다. 즉, 성냄을 예로 들면 마음이 어떠한 상태일 때 성을 내게 되는가, 또 어떤 사람에 대해 성을 내는 것이 보통인가, 또 어떠한 일로 성을 내는 것인가의 세 가지 기준이다. 왜냐하면 이들 중에서 하나나 또는 둘을 이해하고 있더라도 그 모두를 이해하고 있지 않으면 청자의 마음에 성남의 감정을 부어 넣는 일은 불가능하기 때문이다. 다른 감정의 경우도 동일하다.

우리는 전술한 논술의 경우도 명제마다의 기술을 시도했지만,[134] 감정에 대해서도 그것과 동일하게 다루어서 거기서 표시된 방식에 따라 분류하도록 한다.

CHAPTER 2

성냄

성냄의 정의

그러면 성냄을 이렇게 정의하도록 한다. 경멸하는 일은 정당하게 다루는 것이라고 말할 수 없는데, 자기 또는 자기에 속하는 어떠한 것에 대해 돌연한 경멸이 있기 때문에 이에 돌연한 복수를 하고자 하는 고통이 수반된 욕구다라고.

개인 대상의 쾌락

만약 성냄이 이런 것이라 하면 필연적으로 성내는 사람은 항상, 예를 들면 크레온이라 할 만큼 개인 누구인가에 대해 성내고 있는 것이지 인간 일반에 대해 성내고 있는 것은 아니다. 또 자기 또는 자기에 속한 사물에 대해 무엇인가 행해졌다, 아니면 행하려 하기 때문에 성내는 것이라 할 수 있다. 더욱이 어떤 성냄에도 필연적으로 복수에의 기대에서 발생하는 어떤 종류의 쾌락을 수반한다. 왜냐하면 자기가 갈망하는 것을 소유할 수 있다고 생각하는 것은 기쁨이지만, 누구 한 사람 자기에게 불가능하다고 생각되는 것을 갈망하는 사람은 없다. 때문에 성내고 있는 사람도 자기 자신에게 가능한 것을 갈망하게 되기 때문이다. 그러므로 다음의 시는 분노에 대해 적절하게 표현한 것이라고 말할 수 있다.

> 실로 이것이야말로 방울져 떨어지는 꿀보다 훨씬 단것을, 사람들 마음에 불타 퍼져 가누나. –호메로스,『일리아스』18서 109~110행

결국 앞에 말한 이유에 의해서도, 또 성내고 있는 사람은 마음속에 복수하는 일에 시간을 쓰고 그리고 그때 발생하는 표상이 꿈속에 형성되는 것처럼 마음에 유쾌함을 낳게 한다는 이해에서 어떤 종류의 쾌락이 분노에 따라붙어 오기 때문이다.

경멸의 여러 양상

경멸이란, 아무 가치도 없다고 생각하는 것에 그 생각이 확실히 형상을 갖추고 나타나는 것이므로 나쁜 것이나 좋은 것, 여기에 그 원인이 될 것 같은 것은 우리도 거짓 없이 다루어야 할 것이라 생각하지만, 그러나 아무 가치도 없는 것, 혹은 있어도 매우 근소하다고 생각하는 것은 전혀 관심을 둘 가치가 없다고 생각한다.

경멸에 세 가지 종류를 생각할 수 있다. 즉, 무시와 짓궂은 말, 모욕 등이다. 왜냐하면 무엇인가를 무시하고 있는 자는 그것을 경멸하고 있는 것이

고, 그것은 아무 가치도 없다고 생각하는 것을 사람들은 무시하는데, 사람들이 경멸하는 것은 그 아무 가치도 없는 것이기 때문이다.

또 짓궂은 말을 하는 자도 상대를 경멸하고 있는 것으로 생각하기 때문이다. 결국 짓궂은 말이란, 타인의 희망에 대한 방해이고, 그것도 자기가 무엇인가를 획득하기 위함이 아니고 상대가 무엇인가를 손에 넣지 못하게 하는 것이지만, 그것이 자기에게 어떤 이익이 되는 것을 목적으로 하지 않기 때문에 이것은 경멸하고 있는 것이다. 왜냐하면 상대가 자기에게 해를 가하는 일이라고 보고 있는 형편도 아니며, 만약 그렇다면 두려움을 느끼고 상대를 경멸하는 등의 일은 없었을 것이다. 말만의 이익을 줄 것이라 보는 것도 아니다. 만약 그렇다면 자기 친구가 되는 생각을 한 것이다. 그것은 분명하기 때문이다.

또 모욕하는 자도 상대를 경멸하고 있는 것이다. 왜냐하면 모욕이란 그 피해자가 그것으로 인해 부끄러운 생각을 하든가 말하는 것인데, 그것도 자기가 다른 무엇을 손에 넣기 위함이든가, 자기 기분에 무엇인가가 일어났기 때문이라는 사정도 아니고 다만 쾌감을 맛보기 위해 그렇게 하는 것이기 때문에. 결국 앙갚음으로 모욕을 가하고 있는 사람들도 실제는 상대를 모욕하려고 하는 것이 아니고 복수하고 있는 것이다. 그러므로 타인을 모욕하는 사람들이 갖는 쾌감의 원인은 상대에게 심한 처사를 하는 것에 의해 자기들이 상대보다 우월하다고 생각하는 데 있다. 그러므로 젊은 사람들이나 부자들은 모욕적인 행동을 자주 하는 것이다. 결국 모욕하는 것으로 우월감을 느끼기 때문이다.

또 명예를 인정하지 않는 것도 모욕의 한 가지다. 즉, 명예를 인정하지 않으려 하는 사람은 상대를 경멸하고 있는 것이다. 왜냐하면 선악 어떤 것이라도 전혀 아무 가치도 없는 것은 어떤 명예도 받지 못했기 때문에. 그러므로 아킬레우스는 역정을 내고 이렇게 말하는 것이다.

그 자는 나의 명예를 욕보이고,

나의 포상을 빼앗아 자기 것으로 한 때문에. -호메로스, 『일리아스』 1서 356행

이 같은 나를 마치 이름도 나지 않은 방랑의 무리인 것처럼.

-호메로스, 『일리아스』 9서 648행

이와 같이 받은 불명예 때문에 자기는 역정을 내고 있다는 것에 다름 아니다.

또 사람은 일반적으로 출생 면에서, 능력 면에서, 덕성 면에서 모두 자기가 남보다 크게 우월하다는 면에서 예를 들면, 재화에서 부자가 빈천자에게 우월하고, 또 언변에서 능변이 불변의 사람보다, 지배자는 피지배자보다, 지배하는 것이 당연하다고 생각하는 사람은 당연 피지배의 사람보다 우월하다고 하는 것처럼 자기가 우월하다는 면에서 보다 열등한 자로부터 중요시되는 것이 어울리는 일이라고 생각한다. 그러므로 다음과 같이 노래한 것이다.

제우스 신에게 양육된 왕들의 분노는 참으로 크다.

-호메로스, 『일리아스』 2서 196행

하지만 훨씬 훗날까지도 유한은 마음속에 품는 것.

-호메로스, 『일리아스』 1서 82행

즉, 그들이 성을 낸 것은 자기들이 우월하다는 기분이 있기 때문인 것이다.

게다가 또, 사람들은 잘해 주어서 당연하다고 생각하는 상대가 중요하게 대해 주지 않으면 경멸받고 있다고 생각, 성을 낸다. 그 같은 상대와는 자기가 혹은 자기 원인으로 다른 누군가가 혹은 자기 가족이 지금껏 잘해 주었는가, 현재 잘하고 있는가, 혹은 그렇게 하려고 바라고 있는가, 바란 일이 있는 사람들의 일이다.

성난 때 마음의 상태

이상 말한 데서부터 사람들이 성내는 것은 그 자신의 마음이 어떠한 상태에 있을 때고, 누구에 대해 어떤 일이 원인이 되어 성내는가 하는 것은 이제 명백해졌다. 즉, 자기 자신에 대해 고통을 느낄 때가 그런 것이다. 그것은 고통을 느끼는 자가 무엇인가를 욕구하고 있기 때문이다. 그 경우 누군가가, 예를 들면 목에 갈증이 있는 자가 마시려고 하는 것을 방해하는 것처럼 무엇인가를 직접 방해하려고, 혹은 간접적으로 방해하려고 그 어떤 경우라도 그 행위가 돌아가는 길은 마찬가지인 것처럼 생각된다. 즉, 무엇인가를 욕구하고 있는 사람에 대해 누군가가 그 행동에 반대하는 행동을 할 경우에도, 그것에 손을 빌리려 하지 않는 경우에도, 다른 일로 그를 곤혹스럽게 하는 경우에도 그는 그 모든 사람에게 한결같이 성을 내는 것이다.

그러므로 질병으로 고통받는 사람들, 빈곤으로 인해 고뇌하는 사람들, 싸우고 있는 사람들, 사랑하고 있는 사람들, 갈증을 느끼는 사람들, 한마디로 말해 욕망을 가지고 있고 그것이 수월하게 채워지지 않는 사람들은 성을 잘 내고 초조해진다. 그중에서도 현재 자기가 처한 상태를 경멸하는 사람들에 대해서 특히 그렇다. 예를 들면, 질병 시에 그 질병에 관계 있는 것이 원인이 되어 빈곤 상태에 있을 때 그 빈곤에 관계가 있는 것으로, 싸우고 있을 때 그 싸움에 관계가 있는 것으로, 사랑하고 있을 때 그 사랑에 관계 있는 것으로, 그 밖의 경우에도 이와 동일하게 그와 같은 사람들에 대해 성을 잘 내게 되는 것이다. 왜냐하면 지금 지적한 경우에 사람은 각각 현재 덮치고 있는 상태에 의해 자기가 성냄을 향해 달려가는 길을 앞서서 준비하고 있기 때문이다.

게다가, 오기를 기다린 것이 현재 일어나고 있는 것과 이따금 반대일 경우도 사람은 심하게 성을 낸다. 왜냐하면 예상을 크게 뒤엎는 일은 주어지는 고통도 보다 크기 때문이다. 그것은 꼭 크게 예상에 반하는 것이라도 그것이 이따금 자기가 바라고 있던 것이라 할 경우에 기쁨도 한층 더한다는 것과 어울린다.

그러므로 이상에 말한 바로부터 시절·시기·마음의 상태·연령 등은 어떤 것이, 그리고 어떤 경우, 어떤 때 쉽게 성내게 되는가 하는 점은, 그리고 또 이들 조건이 많이 중첩되어 있을 때 그만큼 지나치게 격노하기 쉽다는 것도 이제 분명해졌다.

성냄의 상대

본인의 경우는 마음이 앞에서 말한 상태에 있을 때 성냄에 치우치기 쉽지만, 한편 그들이 성냄에 부딪치는 상대라고 하면 자기를 조소하고, 우롱하고, 놀리는 자들이다. 왜냐하면 이 같은 사람들은 모욕을 가하고 있기 때문이다.

또 모욕의 조짐이 될 해악을 가해 오는 자에 대해서도 성을 낸다. 다만 그 행위의 성격이 가해자에게 있어 앙갚음에 해당하는 것이라 해도 이익이 된다는 것도 아니다. 이것이 필요 조건이다. 왜냐하면 그렇기 때문에 처음으로 그 성냄은 모욕이라고 생각하기 때문이다.

또 자기가 특히 진지하게 몰두하고 있는 것을 나쁘게 말하든가, 무시하든가 하는 자에 대해서도 화를 내고 부딪힌다. 예를 들면 철학의 연구에 긍지를 가지고 있는 사람들은 누군가가 철학에 대해 그와 같은 행동을 취할 경우 이에 성을 내게 된다.

그 밖의 예를 보아도 이것은 마찬가지다. 그 경우 지금 말한 긍지를 가져야 할 것이 자기에게 전혀 갖추어져 있지 않은 것은 아니든가, 그만큼 현저하지 못한 것은 아니든가, 타인의 눈에 갖추어진 것처럼 보이지 않는다든가 등등으로 의심을 가지고 있을 때는 그 성냄이 보다 일층 격해질 것이다. 왜냐하면 타인의 야유를 받는 표적이 되고 있다고 하더라도 그 점에서 자기는 남보다 우수하다고 강하게 확신하고 있을 때는 전혀 개의치 않기 때문이다.

또 친구가 아닌 자보다 오히려 친구에 대해 보다 격하게 분노한다. 그것은 친구가 잘해 주지 않는 편보다 잘해 주는 편이 당연하다고 생각하기 때문이다.

또 항상 자기에게 경의를 표하든가, 배려를 잊지 않던 사람들이 두 번 다시 이와 같은 교제를 해 오지 않는 경우도 그들에게 성을 내게 된다. 왜냐하면 그들에 의해 업신여김을 받고 있다고 믿어버리기 때문이다. 결국 그렇지 않다면 전처럼 교제해 줘야 할 것이라고 생각한다.

또 친절한 답례를 하지 않는 사람이나 대등한 답례를 하지 않는 사람들에 대해, 또 자기에게 반항한 자가 자기보다 열세한 자일 경우 그와 같은 자에 대해. 왜냐하면 이 같은 두 가지의 경우 그와 같은 자는 모두 자기를 경시하고 있는 것처럼 생각하기 때문이다. 즉, 후자의 예에서 그와 같은 자는 자기들보다 열세한 자를 무시하고 있는 속셈이고, 전자의 예에서 자기들보다 열세한 자로부터 대우를 잘 받고 있다는 속셈을 가지고 있기 때문이다.

또 아무 쓸모도 없는 자들이 무엇인가로 자기를 경멸하는 경우 그들에 대해 보다 격한 분노를 느낀다. 왜냐하면 우리의 전제에 따르면, 경멸이 원인인 성냄은 경멸할 자격이 없는 자에 대해 행해진다는 것이지만, 그러나 보다 열세한 자에게 상응하는 것은 자기보다 훌륭한 자를 경멸하지 말아야 하기 때문에.

또, 친구에 대해서도 자기 일을 잘 말해 주고, 친절하게 해 주지 않을 때 성을 내는데, 자기에게 반항하는 주장을 말하든가 행하든가 하는 경우에 그 성냄이 일층 더 큰 것이 된다.

또, 자기들이 무엇인가를 구하는 데 알아차리지 못하는 경우에도 화가 나는 것이다. 안티폰의 극에 등장하는 프레그시포스가 멜레아그로스에게 화를 내는 것이 이에 해당할 것이다.[135] 왜냐하면 그것을 알아차리지 못하는 것은 소원해지는 징후이기 때문에. 그것은 배려함이 있다면 그 자의 일을 알아차리지 못할 리가 없을 것이기 때문에.

또 자기들의 불행을 기뻐할 자들, 한 마디로 말해 자기들이 불행의 한가운데 있으면서 밝게 행동하고 있는 자들, 이 같은 사람들에 대해서도 화를 낸다. 왜냐하면 이와 같은 일은 자기에게 적의를 품고 있든가, 경멸하고 있든가 하는 것의 징후로 보이기 때문에.

또 타인에게 고통을 주면서도 그것을 개의치 않는 자에 대해서도 화가 나는 것을 느낀다. 나쁜 보답을 가지고 온 사람에게 화를 내는 것도 이 때문이다.

또 자기들에 대한 결점을 남에게 듣든가, 직접 보고도 못본 체하고 태연해하는 자에 대해서도 화를 낸다. 왜냐하면 그와 같은 자는 자기들을 경멸하고 있든가, 아니면 적의가 있는 것처럼 하는 것도 서로 같기 때문이다. 그것은 친구라면 그 아픔을 함께 나누어 가질 수 있기 때문이다. 결국 사람은 누구나 자기의 결점을 깨달으면 마음 아프게 생각하기 때문에.[136)]

거기에, 다음 다섯 종류의 사람들 눈앞에서 자기를 경멸하는 자에 대해 화를 낸다. 즉, 명예를 겨루고 있는 상대, 자기가 감복하고 있는 사람, 그 사람에게 감복받고 싶다고 원하고 있는 상대, 혹은 자기가 외경하고 있는 사람이든가 자기를 외경하고 있는 사람들이 그렇다. 이 같은 사람이 있는 데서 자기를 경멸하는 사람이 있다면 그 자에게 일층 더 격한 분노를 느끼게 된다.

또 도움의 손을 뻗치지 못하면 자기의 수치가 되는 상대, 예를 들면 부모, 자녀, 처, 지배하의 자 등에 관해 경멸의 행동이 있는 자에 대해 화를 낸다.

또, 받은 은혜에 보답을 하지 않는 자에 대해서도. 왜냐하면 그 경멸은 해야 할 의무에 반하고 있기 때문이다.

또, 자기는 진지하게 싸우고 있는데 여기에 핀잔 어린 대응을 보이는 자에 대해서도. 왜냐하면 핀잔은 경멸하고 있는 증거이기 때문에.

또, 다른 사람들에게 잘하면서 자기한테는 그렇게 하지 않는 경우 그 자에 대한 분함을 느낀다. 왜냐하면 모든 사람이 받아야 한다고 하는 일에 자기만이 그럴 가치가 없다고 생각하는 것, 이것이야말로 경멸하고 있는 증거이기 때문에.

또 잊는다고 하는 사실도 화를 내게 하는 원인이다. 예를 들면 상대의 이름을 깜박 잊는다는 것도 정말 하찮은 일이라 하나, 화를 내게 하는 원인이 된다. 왜냐하면 잊는다는 것도 소원하다는 징후로 보이기 때문이다. 그것은 잊는다는 것이 배려에 소홀하기 때문에 생기는 것이므로 배려에 소홀함은 일종의 경멸이기 때문에.

마무리

사람들은 누구에 대해 또 자기 마음이 어떠한 상태 때 어떠한 이유로 성내게 되는가를 일괄적으로 설명했는데, 한편 변론을 시도하는 자는 말할 것도 없고 변론에 의해 청자의 마음을 실제로 성내게 하는 상태가 되도록 마무르면 그 성냄의 원인이 되는 것은 자기의 반대자들이고, 그들이 사람의 성냄을 끌어들인 인간이기 때문이라는 것을 밝히지 않으면 안 될 것이다.

CHAPTER 3

온화함

온화함의 정의

성내는 일은 온화하게 되는 것의 반대요, 성내는 일은 온화함의 반대이기 때문에 마음이 어떠한 상태일 때 사람들은 온화하게 되는가, 또 어떠한 사람들에 대해 온화한 태도를 취하고, 무엇에 의해 온화해지는가를 파악해 두지 않으면 안 된다. 그러면 여기서 온화하게 되는 것은 성냄이 가라앉고 평온한 상태로 돌아온 것이라고 해 둔다.

온화하게 만나는 상대

사람들이 성을 내는 것은 자기를 경멸하는 자에 대한 것이고, 더구나 경멸이 의도적인 것이라 한다면 경멸이 되는 것을 실제로 어느 것 하나 행하지 않든가, 그렇지 않으면 본의 아니게 행하든가, 혹은 그 어느 것인 것처럼 보이든가 하는 자는 말할 것도 없이 온화하다.

또 실제 한 것과 정반대의 것이, 실은 바라고 있던 것이라고 하는 자도 그렇다.

또 타인들에 대하는 것과 같은 행동을 자기 자신에 대해서도 하는 자는 온화하다. 왜냐하면 자기가 자기를 경멸하는 자는 한 사람도 없다고 생각하기 때문이다.

또 자기의 잘못을 인정하고 후회하고 있는 자에 대해서도 마찬가지다. 결국 자기의 나쁜 소행 때문에 당하는 고통이 죄를 씻는 것으로 보지 않고 성내는 일을 멈추기 때문이다. 그 증거는 하인을 징계하는 경우에서 찾을 수 있다. 그것은 말대꾸를 하든가, 죄를 부정하는 자에 대해 우리는 한층 더 엄격한 징벌을 가하지만, 벌을 받아 마땅하다고 인정하는 자에 대해 성냄을 가라앉히기 때문이다. 그 이유는 명백한 사실을 부인하는 일이 수치스러움을 전혀 느끼지 못하는 태도이고, 수치를 느끼지 못하는 것은 상대를 경멸하고 개의치 않는다는 것에 다름 아니라는 데 있다. 어떻든 우리는 심히 경시하고 있는 상대에 대해 수치감을 느끼지 않는 것이다.

또, 자기들에 대해 서투르게 나오지만 말대꾸를 하지 않는 자에 대해 온화한 태도를 보인다. 왜냐하면 이와 같은 자는 열세에 있는 것을 자인하고 있는 것처럼 생각되지만 열세에 있는 자는 상대에게 두려움을 느끼고, 두려워할 경우에 누구 한 사람도 상대를 경멸하지 않기 때문이다. 서투르게 나오는 자에 대해 성냄이 그치는 것은 개의 예를 보면 확실하다. 결국 개도 꼼짝 않고 앉아 있는 자에 대해 물지 않는 법이다.

또, 거짓 없이 행동하는 자기들에 대해 거짓 없이 접촉하는 사람들은 온화하다. 왜냐하면 자기들은 거짓 없는 대우를 받고 있으므로 경시되지 않고 있다고 생각하기 때문에.

또 자기들이 베푼 이상으로 은혜를 베풀어 준 사람들에 대해, 또 자기들에게 무엇인가를 구하고 간절히 원하는 자들에 대해. 왜냐하면 이와 같은 자들은 일층 서투르게 나오기 때문에.

또 어떤 사람에 대해서도, 아니 인품이 훌륭한 사람에 대해서도, 자기들과 같은 사람들에 대해서도, 오만한 행동을 한 적도 없지만 우롱할 일도 경멸할 일도 없는 사람들에 대해서 부드럽다. 일반적으로 말해 부드럽게 만드는 조건은 그것과 반대되는 성냄을 가져오는 조건을 기본으로 고찰하면 좋을 것이다.

또 자기들이 외경하는 자, 혹은 수치심을 갖는 상대에 대해서도 자기들이 그와 같은 기분을 가지고 있는 한 화낼 일은 없다. 왜냐하면 동시에 외경하고, 또 화낼 일이 불가능하기 때문에. 또 화내는 일에 맡겨 행동한 자에 대해서도 사람들은 화를 내지 않든가, 혹은 화를 내도 매우 작다. 왜냐하면 그와 같은 자는 경멸이 원인이 되어 행동했다고 생각되지 않기 때문이다. 결국 화를 내고 있을 때 누구 한 사람 그 상대를 경멸하지 않는다. 그것은 경멸에 고통은 없으나 성냄에 고통이 따르기 때문에. 또 자기들에게 수치심을 느끼는 자에 대해서도 사람들은 부드럽다.

온화한 사람, 마음의 상태

또 성냄과 반대 상태에 있을 때 분명히 사람들은 부드럽다. 예를 들면 놀이에 흥을 돋우고 있을 때, 큰소리로 유쾌하게 웃을 때, 축하 연회 때, 순풍에 돛을 달 때, 성공한 때, 만족스러울 때 등 한마디로 말해 고통이 없고 타인을 기분 상하게 하는 일 없이[137] 쾌락을 향수하고, 훌륭한 장래 희망에 불타고 있을 때가 그렇다. 더구나 시간이 지나 성냄의 신선한 감정이 멀어진 사람들도 부드럽다. 왜냐하면 시간은 성냄을 종식시키기 때문이다.

그리고 또, 어떤 사람에 대해 한 발 먼저 실행한 복수도 타인에 대한 보다 큰 화를 종식시킨다. 그러므로 필로크라테스[138]가 다음과 같이 대답한 것은 적절하다. 즉, 민중이 그에게 성내고 있을 때 어떤 사람이 그를 향해, "어째서 변명하지 않는 것입니까?" 하고 질문했을 때, "아직 그 시기가 아니다." 하고 대답해 "그러면 어느 때 할 것입니까?" 하고 물으니, 그는 "누군가가 같은 혐의로 중상받은 사실을 마지막까지 지켜본 때이다." 하고 대답했다. 결국 다른 사람에게 화를 낸 때에 사람들의 기분도 온화해진다는 의미다. 그리고 그것은 실제 에르고필로스의[139] 경우에 있었던 일이다. 즉, 사람들은 그에 대해 칼리스테네스에 대한 이상으로 화를 냈으나, 바로 전날 칼리스테네스에게 사형 선고를 내린 일이 있었기 때문에 그에게는 방면으로 처리한 것이다. 또, 해당되는 상대에게 유죄 선고를 내렸을 때도 사람들은 온화해진다. 또, 노기에 휘말리면 자기가 손을 내려 마무리하는 것보다 더 심한 재앙을 상대가 받게 되는 경우도 그렇다. 그것은 그들의 생각으로, 이른바 복수를 한 것과 같기 때문에.

또 자기 자신 부정을 저질렀기 때문에 보복을 받아도 당연하다고 생각하는 경우에 그 정당한 처벌에 대해 화를 내지 않는다. 왜냐하면 그와 같은 경우에 사람들은 이제 자기들이 정당성에 반하는 대우를 받는다고 간주하지 않으나, 노하는 것은 틀림없이 이 정당성에 반하는 대우 중에 있다고 했기 때문에. 그러므로 미리 말로 응징해 둘 필요가 있다. 그것은 그렇게 하면 노예라도 응징받고 분개하는 일이 없어지기 때문이다.

또, 우리가 벌을 가하려고 하는 상대가 벌을 받는 것은 우리에 의한 것이고, 우리가 그에게서 받은 처사의 대상이라는 점에 신경 쓸 필요가 없다고 생각하는 경우에 우리는 온화한 태도를 취한다. 왜냐하면 성냄은 특정의 개인을 향해 하는 것이기 때문에.[140] 이것은 앞의 정의에서 분명히 밝혀진 바가 있다. 그러므로 그 시인이 그의 시 가운데 다음과 같이 말한 것은 옳다.

사람에게 답하라. 그것은 오디세이아,
도성을 파괴하는 호족의 자라고.[141]

즉, 그것은 만약 키클롭스가 어디의 누구에 의해 어떤 대상으로 그와 같이 눈에 띄었는가를 알지 못했다면 복수한 것이 되지 못한다는 생각에 의한 것이다. 그러므로 그 밖의 사람들에 대해서도 그것이 복수라는 사실을 몰랐다고 하면 화를 내지 않고, 죽은 자에 대해서도 이제 화를 내는 일은 없다. 결국 죽은 자는 최대의 벌을 받고 있는 관계로 고통스러운 것도, 느끼는 것도 있을 수 없다고 생각하기 때문이다. 상대가 고통을 느끼는 일은 화를 내는 자가 대상으로 삼는 것이다. 그러므로 그 시인이 아킬레우스에게 죽은 자에의 성냄을 진정시키려고 다음과 같이 노래한 것은 적절한 것이다.

생각건대, 그는 미친 듯이 성을 내어
감각 없는 흙덩이만 욕보인다.[142]

마무리

그러므로 청자의 성냄을 진정하려 할 경우 이상의 논점을 기본으로 논해야 할 것은 물론이다. 즉, 청자 측은 이것을 이상에서 말한 상태로 만들고,

청자가 성내고 있는 상대 측은 이것을 혹은 외경해야 할 사람처럼, 혹은 수치에 값하는 사람처럼, 혹은 지금까지 은혜를 베풀어 온 사람, 혹은 본의 아닌 행위자, 혹은 자기 하는 일에 심하게 괴로워하는 사람처럼 만들어 논하지 않으면 안 된다.

CHAPTER 4
우애와 증오

우애의 정의

사람들은 누구를 사랑하고 누구를 미워하는가, 또 그것은 무엇 때문인가. 이 같은 일들은 먼저 우애와 친구, 사랑하는 일을 정의한 다음 말하도록 한다.

그러면 친구로서 사랑한다는 것은, 좋다고 생각되는 것이 누군가의 손에 들어가는 것을 자기를 위해서가 아니라 오로지 그 사람을 위해서 바라는 일이고, 가능한 한 그 좋은 것을 그를 위해 실현시키려고 하는 것이라고 해 둔다.

또 친구란, 누군가를 사랑하고 또 그 상대에게 사랑을 돌려주는 자의 일이다. 자기들을 친구라고 생각하는 것은 상호 간에 이와 같은 관계에 있다고 생각하는 사람들이다.

우애의 상대

이상의 것이 전제되면 친구라 말하게 되는 것은 필연적이고, 좋은 일을 함께 기뻐하고 괴로운 일을 함께 나눈다면 그것도 다른 것이 아닌 상대를 위해 그렇게 하는 자가 아니면 안 된다.[143] 결국 사람은 누구라도 희망하는 대로 일이 실현되면 기뻐하고, 그와 반대의 결과에 대해서 고통을 당하는 것이다. 따라서 고통과 쾌락은 그 사람의 희망이 어떤 것인가를 잘 표현하고 있는 것이다. 그러므로 자기와 마찬가지로 같은 것을 좋다 또는 나쁘다고 하는 사람들, 또 같은 자를 친구로 하고 같은 자를 적수로 하는 사람들, 이 같은 사람들이 친구다. 왜냐하면 이 같은 사람들과 자기는 필연적으로 동일한 의식적 욕망을 가지고 있기 때문이다. 그러므로 자기를 위해 바라고 있는 그것을 남을 위해서도 바라고 있는 사람은 분명히 그에게 있어서의 친구인 것이다.

또, 자기들에 대해 혹은 자기들이 마음에 두고 있는 자에 대해 친절하게 해 준 자, 다만 그 친절이 자기들에게 중요한 의미를 갖는가, 또는 본심에서 나온 것인가, 또는 참으로 필요한 때 해 준 것인가 하는 경우 그것도 자기들을 위한 생각으로 그렇게 해 준 것인가, 그렇지 않으면 자기들에게 잘하고 싶다고 바라고 있는 것처럼 생각되는 자를 사람들은 친구로서 사랑한다.

또 친구의 친구, 즉 자기가 친구로 사랑하는 자를 사랑하고 있는 사람들, 또 자기에게 친구로서 사랑받는 자에 의해 사랑받고 있는 사람들도 그렇다.[144] 또 자기가 적대시하고 있는 같은 사람을 적으로 하는 사람, 결국 자기가 미워하는 사람을 미워하는 사람, 그리고 자기에게 미움받고 있는 사람에게 미움받는 사람. 왜냐하면 자기에게 동일한 좋은 것이 이들 모든 사람에게도 좋다고 생각되고 있는 것이어서, 따라서 그들은 자기에게 좋은 일을 바라고 있는 것이 되지만 이것이야말로 친구에게 보여지는 특성이라 보고 있기 때문에.

더욱이 금전 면이나 신체 안전상 잘해 주는 자도 사람들은 친구로서 사랑한다. 선심을 잘 쓰는 사람, 용기 있는 사람, 정당한 사람에게 경의를 표하는 것은 그것 때문이다. 그런데 그 정당한 사람이라고 생각되고 있는 것은 타인을 상대하지 않고 생활하고 있는 사람들이다. 결국 자기의 노동으로 생계를 꾸려가는 사람, 그중에서도 농경으로 생계를 꾸려가는 사람이 그와 같은 자고, 또 그 밖에 자작 농부가 특히 그렇다.[145)]

또, 절도 있게 판별하는 사람들도. 그들은 부정을 저지를 인간이 아니기 때문에. 또 이것과 동일한 이유로 타인의 일에 말 참견하지 않는 사람. 또, 자기들이 친구가 되고 싶다고 바라고 있는 사람도 역시 그것을 바라고 있는 것이 확실한 경우 그 사람을 친구로서 사랑한다. 그와 같은 사람이라면 덕성이 훌륭한 사람이든가, 모든 사람들 사이에서 혹은 특히 훌륭한 사람들 사이에서 혹은 자기들이 찬미하고 있는 사람들, 그렇지 않으면 자기들을 찬미하고 있는 사람들 사이에서 평판이 좋은 사람 등을 들 수 있다.

더욱이 생활을 같이하고, 함께 하루하루를 보내는 것이 즐거운 상대.[146)] 성격이 고분고분하고 남의 허물을 캐고 들으려 하지 않고, 경쟁심이 강해 걸핏하면 싸우려 드는 경우가 아닌 사람이 그와 같은 인간이다. 왜냐하면 후자와 같은 성격의 소유자는 모두 싸우기를 좋아하지만 싸우고 있는 사람은 상대와 반대되는 일을 바라는 것처럼 생각되기 때문이다.

또, 농담을 잘 던지고 농담을 잘 받아들일 줄 아는 사람들도 친구다. 왜냐하면 이 같은 사람들은 상대의 놀림을 웃으며 들어 흘릴 수도 있고, 즉 묘하게 되받아칠 수도 있다. 어떻든 함께 즐기고 이웃 사람과 같은 목표를 향해 오로지 앞으로 나아갈 수가 있기 때문이다.

또, 자기들이 가지고 있는 장점을 칭찬하는 사람들, 그중에서도 자기들에게 없는 것이 아닌가 하고 생각해 내며 칭찬해 주는 사람들을 친구로 사랑한다.

또 용모에서도, 복장에서도, 또 생활 전체를 보아도 상쾌한 사람들을 친구로 사랑한다.

또, 그들에게 범한 과실이라 해도, 그들이 베풀어 준 은혜라 해도 자기들을 비난하는 일이 없는 사람들도 그렇다. 이 같은 비난을 하는 자는 어떤 경우에서도 남의 흠을 들추어내기를 좋아하는 사람이기 때문에.

또 원한을 언제까지 기억하지도, 받은 비난을 언제까지 마음속에 두지도 않고, 곧바로 화해할 수 있는 사람들도 친구로서 사랑한다. 왜냐하면 남에 대해서 그러한 태도를 취하는 자라고 생각되는 사람이면 자기들에 대해서도 그렇게 할 것이라고 생각하기 때문이다.

또 욕설은 전혀 입에 담지 않고, 이웃 사람의 것이든 자기의 것이든 결점에는 상관하지 않고, 장점만을 보려는 사람들도 친구다. 이렇게 처신하면 좋은 사람이기 때문에.

또, 사람이 노하고 있을 때나 진지한 자세를 취하고 있을 때 여기에 거슬림이 없는 사람들도. 거슬리는 일을 하는 것은 싸우기를 좋아하는 자이기 때문에.

또, 자기들에 대해 어딘지 모르게 진지한 태도로 접촉해 주는 사람들도 그렇다. 예를 들면 자기들을 찬미하고 있는 사람들, 자기들을 훌륭한 인물이라고 받아들이고 있는 사람들, 자기들과 같이 어떤 일에 기쁨을 느끼는 사람들, 그리고 특히 자기들이 더욱더 찬미받고 싶다고 바라고 있는 점, 혹은 훌륭하다든가 호감이 간다고 생각되는 일을 가장 첫 번째로 바라고 있는 점으로 앞에서와 같은 기분을 간직하고 있는 사람들.

또, 자기들과 유사한 사람들이나 동일한 일로 제휴되고 있는 사람들. 다만 우리에게 강한 방해가 되든가 같은 일로 생계를 꾸려가는 경우는 별도다. 왜냐하면 그와 같은 경우에는 속담이 말하는 대로, "도공은 도공을 시샘한다."가 되기 때문이다.

또, 자기와 똑같은 것을 탐내는 사람들. 다만 자기들도 함께 그것에 참여할 수 있는 것이 아니면 안 된다. 그렇지 않으면 앞의 경우와 동일한 결과가 되기 때문이다.

또, 그 앞에 나와도 자기들이 결점이라 생각되는 사실에 부끄러움을 느끼지 않는 상대. 그러나 그것은 자기들이 그 사람들을 경시하고 있지 않은 경우의 일이다. 또 그 앞에서 진실로 자기들의 결점에 대해 부끄러움을 느끼는 상대도 그렇다.

또 자기들과 명예를 겨루고 있는 상대, 혹은 자기에게 지지 않으려고 겨루는 일은 있어도 자기를 질투하는 일만은 하지 않는 상대. 이 같은 사람들을 친구로서 사랑하고, 친구가 되고자 한다.

또, 손을 빌려 좋은 일을 해 주려고 하는 상대. 다만, 그렇게 하는 것으로 자기들에게 보다 큰 재난이 덮치지 않게 하는 경우다.

또, 자기 곁에 없는 자든 있는 자든 한결같이 친구로서 사랑하는 사람까지도 사람들은 친구로 한다. 나아가 죽은 자에 대해 그와 같은 태도를 취하는 사람을 모든 사람이 친구로서 사랑한다.

또, 일반적으로 친구를 마음으로 사랑하고, 내버려두지 않고 돌보는 사람들을 사람들은 친구로서 사랑한다. 왜냐하면 사람들은 좋은 사람 중에서도 특히 친구로서 좋은 사람을 사랑하기 때문이다.

또, 자기들에 대해 체재를 고치려 하지 않는 사람, 자기 자신의 결점을 있는 그대로 말하는 사람이 그와 같은 자다. 왜냐하면 친구 앞에서 우리는 자기가 결점이라고 꼭 믿는 점을 부끄럽게 생각하지 않는다고 말하기 때문이다. 더욱이 만약 부끄럽게 생각한다면 그 사람은 상대를 친구로 사랑하지 않는 것이고, 부끄럽게 생각하지 않으면 친구로서 사랑하고 있다고 보아도 좋다.

또, 우리에게 두려움을 주지 않는 사람들. 즉, 우리가 태연할 수 있는 상대. 왜냐하면 두려움을 느끼는 상대를 친구로 사랑하는 자는 한 사람도 없기 때문이다.

우애의 종류

그러므로 우애의 종류는 친구와 동지의 사랑, 가족의 사랑, 친인척 간의 사랑, 그리고 이와 유사한 관계의 사랑 등이 있다.

우애의 조건

우애를 낳는 것은 친절한 기분, 더욱이 요구받지 않고도 친절하게 해 주는 것, 그리고 친절히 하고도 그것을 말로 퍼뜨리지 않는 것이다. 왜냐하면 이와 같은 경우에 처음으로 친절하게 하는 것은 상대를 위하는 것이지 다른 것에 목적이 있지 않다고 생각하기 때문에.

미움의 정의

미움과 적대감인데, 이에 대해서 우애의 경우와 반대되는 것을 근본으로 해서 고찰할 수 있을 것이다. 적대감을 낳는 것은 노함, 혐오, 중상 등이다.

성냄과 미움의 차이

그런데 성냄은 자기에 대한 처사를 원인으로 발생하지만, 적대감은 '자기에 대한' 조건이 없어도 발생한다. 왜냐하면 누군가를 이러이러한 인간이라고 보는 경우에도 우리는 그 자를 미워하기 때문이다.

또, 성냄은 항상 개별적인 것에 관계가 있다. 예를 들면 가리아스든가 소크라테스에게 성을 낸다는 식으로, 그러나 미움은 그 종류 전체에 대해서도 대상이 된다. 왜냐하면 누구라도 '도둑놈'이나 '밀고자'를 미워하기 때문이다.

또 성냄은 시간이 지나면 가라앉지만, 미움은 가라앉지 않는다.

또 전자는 상대의 고통이 대상이지만, 후자는 상대의 악을 요구한다. 그것은 성내고 있는 사람은 상대가 그것에 대한 복수를 바라지만, 미워하는 사람은 우려 여부는 전혀 문제 되지 않기 때문이다. 덧붙여 고통을 갖게 하는 것은 모두 감각되지만, 악이 두드러진 것은 결코 감각되는 일이 없다. 예를 들면 부정이나 무분별이 그것이다. 왜냐하면 악이 자기 주위에 있어도 그 일은 어떤 고통도 주지 않기 때문이다.

또 성냄은 고통을 수반하지만, 미움은 고통을 수반하지 않는다. 왜냐하면 성낸 사람은 고통을 느끼지만, 미워하는 사람은 고통을 느끼지 않기 때문이다.

또, 성난 사람은 상황에 여러 가지 변화가 생기면 상대를 측은하게 생각하는 일도 있지만, 미워하는 사람은 어떤 일이 있어도 측은하게 생각하는 일은 없다. 왜냐하면 전자는 성냄을 당하고 있는 상대가 인과응보의 고통을 맛보는 것을 바라지만, 후자는 상대가 온전히 사라지기를 바라기 때문이다.[147]

마무리

그러면 이상에서 말한 바에 따라 분명해진 것처럼, 우리는 누군가가 실제로 적이든가 친구일 때 그대로임을 명백히 보여 주고, 또 그렇지 않을 때 이것을 실제로 적이나 친구에게 할 수가 있고, 또 적이라 하든가 친구라 주장하는 자에 대해 그 주장을 뒤집을 수 있고, 성내기와 적의에 의해 싸우고 있는 자에 대해 어떻든 희망하는 태도 쪽으로 이끌어 나갈 수도 있는 것이다.[148)]

CHAPTER 5

불안감과 자신감

사람들은 어떠한 것을, 또 누구를, 그리고 어떤 상태에 있을 때 두려움을 느끼는가. 이 점은 다음 논술에 의해 분명히 밝혀질 것이다.

두려움의 정의

두려움이란, 틀림없이 오려고 하는 파멸을 결과할 것 같은, 그렇지 않으면 고통을 가져다줄 것 같은 악을 마음에 상상하는 것으로 생기는 일종의 고통, 혹은 마음의 혼란이라고 해 본다. 그것은 사람들이 어떤 악이라도 두려워한다는 의지가 아니고, 예를 들면 부정한자, 혹은 우둔한 자라고 하면 두려워할 일이 없다. 크나큰 고통이나 파멸을 의미하는 것만을, 더구나 그것이면 장래의 일이 아니고 조금 후에 일어날 정도로 임박한 것처럼 생각되는 경우에 두려워하기 때문에. 왜냐하면 몹시 먼 장래의 일에 두려움을 느끼지 않기 때문이다. 예를 들면 사람들은 누구라도 자기는 언젠가 죽는다는 사실을 잘 알고 있다. 그러나 그것이 가까운 일이 아니라고 생각하고 있기 때문에 죽음을 전혀 염려하지 않는다.

두려운 것

만약 두려움이 이 정의와 같은 것이라면 파멸을 가져오든가, 심한 고통이 따르는 해악을 가하든가 하는 큰 힘을 가지고 있다고 생각되는 것이 당연하므로 두려운 것이라 하게 된다. 그러므로 그 같은 조짐도 또 공포의 대상이 된다. 그것은 그 조짐이 있을 때 두려운 것이 가까이 다가오는 것으로 생각하기 때문이다. 왜냐하면 이 일, 결국 두려운 것의 접근이 위험한 일이기 때문에.

그와 같은 조짐의 작용을 하는 것은 무엇인가 해내는 능력 있는 자의 적개심과 성냄이다. 왜냐하면 그들에게 그 의도와 능력이 있고, 따라서 실행이 임박했음을 확실히 하기 때문이다. 또, 힘을 가지고 있는 부정한 품성도 그렇다. 그것은 후에 선택의 의지가 있다면 부정한 자는 실제로 부정한 자가 되기 때문이다. 또 모욕을 받은 덕에 힘을 갖는 경우. 왜냐하면 모욕을 받은 경우 덕은 언제나 복수의 의도를 갖는데, 지금이야말로 그 힘을 갖는 것이 명백하기 때문에.[149] 또 무엇인가 해낼 수 있는 능력 있는 사람들이 가지고 있는 공포감은 놀라운 것이다. 그것은 그와 같은 상태의 사람도, 또 당연 몸을 지킬 준비가 되어 있기 때문이다.

두려워하는 사람

또 인간 대부분은 어느 쪽이냐 하면, 품성에서 떨어지고 이득 욕에 약하고 위험에 직면하면 겁이 많기 때문에 일반적으로 타인이 시키는 대로 한다는 것은 두려운 일이다. 그러므로 무엇인가 도리에 어긋난 일을 통한 자는 그 공범자가 자기를 밀고하든가, 관계를 끊지 않을까 공포심을 갖게 된다. 또 부정을 저지를 능력 있는 자는 부정을 당할 가능성이 있는 자에게 두려운 대상이다. 그것은 대개 인간은 가능한 경우 부정을 저지르는 것이기 때문에. 또 부정을 당한 자, 혹은 부정을 당하고 있다고 믿고 있는 자도 두려운 것이다. 왜냐하면 늘 보복의 기회를 엿보고 있기 때문에. 또, 부정을 저지른 일이 있는 자도 힘을 가지고 있는 경우에 두렵다. 그것은 보복당하는 것을 두려워하기 때문이다. 이와 같은 상태가 두려운 일이라는 사실은 앞에 보인 대로다.

또, 동일한 것을 놓고 경합을 벌이고 있는 자 동지도 그것을 쌍방이 동시에 손에 넣지 못할 때 두렵다. 왜냐하면 그와 같은 상대와 항상 싸우게 되기 때문이다. 또, 자기들보다 강한 사람들에게 공포의 대상이 되는 상대는 두렵다. 왜냐하면 자기보다 강한 사람들조차 해를 주는 것이라면, 자기에게 해를 가하는 것은 한층 더 용이하기 때문이다. 또, 자기보다 강한 사람들이 두려워하는 상대도 같은 이유로 인해 두렵다.[150] 또, 자기들보다 강한 사람들을 망친 사람도, 그리고 자기들보다 약한 사람들에게 공격을 준비하는 사람도 두렵다. 왜냐하면 그와 같은 사람은 이미 두려워하는 자든가, 혹은 그 힘이 커진 어느 날에 자기들도 두려운 자가 되기 때문이다.

또, 자기들로부터 부정을 당한 적이 있는 자나 적이 아니면 경쟁 상대 가운데 두려운 것은, 격하기 쉬운 사람이나 생각한 것을 무엇이든 말하는 사람 등이 아니라 대인 관계가 온화하고 마음속과 정반대로 행동하는, 만사 빈틈이 없는 사람이다. 왜냐하면 이 같은 사람은 행동으로 옮길지 여부를 포착하기 어려워 행동으로 옮길 가능성이 없는 것이 언제까지 가도 알 수 없기 때문이다.

두려운 것 (속)

그런데 두려운 것이라도 실수로 저질러진 그 잘못을 바로잡는 일이 본인에게 허용되지 않는 것, 아니 오히려 바로잡는 일이 전혀 불가능한 것, 그렇지 않으면 그 가능성이 본인이 아니고 반대자 손에 달려 있는 것, 이와 같은 것은 모두 두려움의 정도가 일층 더 강하다. 또, 그것을 구하는 수단이 없든가 혹은 용이하지 않은 것도 두렵다. 일반적으로 말해, 타인의 몸을 덮쳤는가 혹은 덮치려 하는 것을 보고 연민의 정을 느끼는 일은 두려운 것이다.

그럼 두려운 것, 결국 사람들이 두려움을 느끼는 대상에 대해 그 주요한 점들은 대체로 이상과 같다고 말해도 좋을 것이다. 그러면 마음이 어떤 상태일 때 두려움을 느끼는가. 이번에는 그 점을 말해 보기로 한다.

어떠한 상태일 때 두려워하는가

만약 두려움에 어떤 파멸적인 피해를 입는 것이 틀림없다는 어떤 예기가 수반된다고 하면, 전혀 피해를 입는 일이 없을 것이라고 생각하는 사람들은 누구 한 사람 받는 일은 없을 것이라 생각하는 그 해에 대해서도, 그 사람으로부터 받는 일은 없을 것이라 생각하는 그 상대에 대해 받는 일은 없을 것이라 생각하는 그때에 두려움을 느끼지 않는 것은 명백하다. 그렇다고 한다면, 두려움을 느끼는 것은 필연적으로 어떤 해를 받을지 모른다고 생각하는 사람들, 즉 그렇게 생각하는 상대에 의해 그렇게 생각하는 피해를 그렇게 생각할 때 받는 것이 아닌가 하고 생각하는 사람들을 말하는 것이 된다. 이에 대해, 그러한 일을 당하지 않는다고 생각하는 것은 크고 좋은 운 속에 있는 사람, 그렇지 않으면 그렇게 꼭 믿는 사람들도 그렇고. 그러므로 오만한 사람이나 타인을 경멸하는 사람이나, 상대를 보지 않는 사람은 그렇게 되지 않으리라 생각한다. 그런데 그와 같은 인간을 만들어 내는 것은 부유·체력·다수의 친구·권력 등이다. 또, 지금까지 상당한 피해를 모두 경험해 왔다고 굳게 믿고 장래에 대해 온통 냉담해진 사람들, 예를 들면 얻어맞아 숨이 턱에 찬 사람들도 그렇다. 아니, 두려움을 느끼려면 고뇌의 씨앗이 되고 있는 것에 구원받는 희망이 어느 정도 남아 있을 필요가 있다. 이 점에 대해 증거가 있다. 즉, 두려움은 사람들을 신중하게 만들지만, 전혀 희망을 가질 수 없는 것에 대해 신중히 생각하고 과거를 회상하는 사람은 하나도 없다. 그러므로 청자가 두려움을 느끼는 편이 좋다고 하는 경우, 청자는 해를 당해도 이상할 것이 없는 상태에 있다. 왜냐하면 "그들 이상의 거물들도 해를 당했기 때문에" 하고 말해 그들에게 그와 같은 기분이 들게 해야 한다. 그리고 그때 그들과 비슷한 사람들이 전혀 생각도 못했던 사람들에 의해 생각지도 못했던 피해를 생각지도 못한 때 당하고 있다든가, 지금까지 당한 것을 나타내 보여야 한다.

대담성의 정의

그럼 두려움에 대해 그것이 무엇인지와 두려움의 대상에 대해, 또 각각의 마음이 어떤 상태에 놓일 때 두려움을 느끼게 되는지 하는 점이 분명해졌기 때문에, 이것들을 근본으로 한다면 대담하다는 것은 어떠한 경우고, 어떤 것에 대해 대담하게 행동하는가, 그리고 어떤 상태에 있을 때 대담해지는지 하는 것도 분명하다.

즉, 대담성은 두려움의 반대고, 대담성을 이끌어 내는 것은 두려움을 생기게 하는 것과 반대가 되므로, 따라서 대담성은 신체 안전을 지켜 주는 것이 바로 가까이 있고, 두려운 것은 전혀 없든가 또는 멀리 있다고 하는 표상이나 생각에 떠받쳐진 기대라고 할 수 있다.

대담성의 대상

또, 대담성을 이끌어 내는 것은 두려운 것이 멀리 있고, 더욱이 신체를 지켜 주는 것이 가까이 있을 때 그렇다. 또, 잘못이 있어도 바로잡아 고칠 수 있을 경우든가, 구원의 손길이 많이 있는가 또 큰가 또는 양쪽이 다 있는가 할 경우도, 또 부정을 당한 일도 저지른 일도 없는 경우, 또 경쟁 상대가 전혀 없는가 또 있는데 역부족인가, 그렇지 않으면 힘은 있어도 친한 친구든가, 지금까지 친절하게 해 준 일이 있다든가, 자기와 이익을 함께하는 자 쪽의 수가 많다든가 그렇지 않으면 힘이 우세하다든가 또는 그 양쪽이 다 갖추어졌다고 하면 사람들은 대담하게 행동한다.

어떤 상태일 때 대담할까

또, 대담하게 행동할 수 있는 것은 자기 자신이 다음과 같은 상태에 있을 때다. 즉, 지금까지 많은 성공을 거듭해 오고 좌절의 경험이 없다고 믿고 있는 경우, 혹은 지금까지 몇 차례 두려운 경험을 한 적이 있으나 그것을 잘 극복해 온 경우다. 그것은 인간이 공포감을 갖지 않으려면 두 가지 길이 있든가, 아니면 그와 같은 경우에 대비하는 대책이 서 있든가 그중의 하나이기 때문이다. 예를 들면 바다에서 겪는 해난의 경우 폭풍우의 경험이 전혀 없는 사람도, 경험을 통해 대책이 서 있는 사람도 함께 오고야 말 위난에 대해 태연하다는 것이 그렇다.

또 자기와 어슷비슷한 사람들에게도, 또 자기보다 열세에 놓인 사람이든 자기 쪽이 아직 우세하다고 생각하는 상대에게도 두렵지 않다고 하는 경우, 그러므로 자기 쪽이 우세하다고 생각하는 것은 자기가 상대방 또는 그보다 강한 자 또는 그와 같은 정도의 사람에게 승리한 적이 있는 경우다.

또 그것에 있어 따로 뽑아내면, 남이 두려워하는 자가 될 수 있는 것을 양이나 질 양면에서 남보다 많이 가지고 있는 경우 그와 같은 것은 재산이나 하인이나 친구나 토지나 군비 등 모든 것, 또는 그중에서 가장 중요한 것은 수량과 힘이다.

또, 지금까지 누구에게 부정을 저지른 일이 없는가, 있어도 다수의 사람은 아닌가, 혹은 자기들이 그 공포를 당하는 사람이 아닌 경우. 또 일반적으로 여러 신에 대한 자기의 관계 방법이, 특히 전조나 신탁에 의한 계시에 관례대로 적절한 경우에 두려움 없이 행동할 수 있다. 결국 성냄이나 화냄은 공포감을 불식시키고, 또 성냄의 원인은 부정을 저지르는 일이 아니고 부정을 당하는 데 있다. 그런데 신은 부정을 당하는 자들에게 구원의 손길을 뻗친다고 생각하고 있기 때문이다.

또 무엇인가를 시도하려고 할 때, 자기는 현재 불행한 경험을 할 것 같지 않고 장차도 결코 경험하게 되지 않을 것이라든가, 틀림없이 잘 진행될 것이라고 믿고 있을 경우에 그렇다.

두려움을 주는 것과 대담성을 이끌어 내는 것에 대해서는 이상 말한 그대로다.

CHAPTER 6
부끄러움이 있고, 없고

어떤 일을 사람들은 부끄럽게 생각하고, 부끄럽지 않게 생각하는가. 또 어떤 사람에 대해 마음이 어떤 상태일 때 그런 것인가. 이 점은 다음 논술에서 밝혀질 것이다.

부끄러움의 정의

부끄러움이란 현재·과거·미래를 불문하고 자기의 악행 가운데 연결되는 것, 마음이 느끼는 일종의 고통, 그렇지 않으면 마음의 혼란이다. 한편, 부끄러움이 없는 것은 동일한 악행을 가볍게 보는 일이고, 아무것도 느끼지 못하는 일이라 해 둔다. 만약 부끄러움이 지금 정의한 대로라면, 사람이 부끄럽게 생각하는 것은 필연적으로 악행 중에서 자기든가 자기가 마음 쓰는 자에게 부끄럽다고 생각하는 것이 된다. 대개 악덕에 기초를 둔 나쁜 소행이 그와 같은 악에 해당한다. 예를 들면 방패를 버리든가, 전장에서 도망가든가 하는 것이 그렇다. 왜냐하면 그와 같은 행위는 겁이 많다는 악덕에 기인하기 때문이다. 또, 남이 부탁한 것을 착복하는 것도 부끄러운 일이다. 왜냐하면 그것은 부정에 기인하기 때문에. 또, 해서 안 될 상대와 해서 안 될 장소에서 해서 안 될 때 성적 교섭을 가지는 것도. 왜냐하면 그것은 방탕에 기인하는 것이기 때문에. 또 천한 일 또는 부끄러운 일로, 혹은 곤궁한 자든가 죽은 자와 같이 망하는 힘 없는 자로부터 이익을 올리는 일. 이러한 데서 "주검에서 빼앗는다."는 속담이 나온 것이다. 왜냐하면 그와 같은 행위는 탐욕과 비열함에 기초를 두고 있기 때문이다.

또 그 힘이 있는데도 금전 면의 원조를 하지 않는 것, 혹은 역량 이하의 원조밖에 하지 않는 것, 또 자기보다 살림살이가 나쁜 사람으로부터 원조를 받는 것, 이것도 부끄러워할 일이다. 또, 상대가 자기에게 돈을 꾸어 달라고 부탁하려 할 때 그에게 돈을 빌리는 것, 상대가 자기에게 빌린 돈의 반제를 요구할 때 그에게 돈을 꾸어 달라고 부탁하는 일, 상대가 자기에게 돈을 꾸어 달라고 부탁할 때 빌린 돈의 반제를 요구하는 일. 또 상대가 대여를 부탁할 물품을 기리는 일, 또 부탁해 보았으나 별 진전이 없던 것을 부단히 부탁하는 일, 이것은 모두 부끄러운 일이다. 왜냐하면 어느 것이든 모두 인색한 징후이기 때문에.

상대가 눈앞에 있을 때 그를 상찬하는 일은 아첨의 징후이므로 부끄럽다. 또 장점은 필요 이상으로 칭찬하고 결점은 잘 덮어 주는 것도, 또 슬픔에 잠긴 사람 옆에서 일부러 비탄에 잠긴 듯이 하는 것도, 그 밖에 이와 유사한 것도 부끄러운 일이다. 왜냐하면 이것은 모두 아첨의 징후이기 때문에.

또, 자기들보다 연장의 사람이든가 사치스럽게 사는 사람이든 훨씬 높은 지위에 있는 사람들, 한마디로 말해 자기들보다 힘이 없는 사람들이 견디고 있는 노고에 견딜 수 없다고 하는 것도 부끄러운 일이다. 그것은 그러한 것이 모두 유약하다는 사실을 표현하는 것이기 때문에.

또 남의 친절한 대우를 받고, 그것도 몇 차례씩 받고 그 친절한 일을 나쁘게 말하는 것도 그렇다. 왜냐하면 이와 같은 일은 모두 정신의 협량과 비굴을 표현하는 것이기 때문에. 또 자기의 일쯤 되면 어떤 일이든 떠들어 퍼뜨리고, 타인의 일까지 자기의 것인 양 주장하는 것도 모두 마찬가지다. 왜냐하면 그것은 허세를 부리는 징후이기 때문에. 마찬가지로 품성에 보이는 그 밖의 악이 각각 원인이 되어 일어나는 행동, 그리고 그와 같은 악을 표현하는 징후와 이에 유사한 것도 역시 그렇다. 왜냐하면 그것들은 부끄러워할 일이요, 부끄러움을 기억하게 하는 일이기 때문에.

더욱 모든 사람이. 혹은 자기들과 유사한 사람들 모두가, 그렇지 않으면 그 대다수가 가지고 있는 훌륭한 것을 자기들만 가지고 있지 않다는 것도 부끄러운 일이다. 여기서 유사한 자라고 말한 것은 동일 종족의 사람, 동일 시민, 동년배의 자, 동일 가계의 자 등 한마디로 자기와 대등한 사람들을 가리킨다. 왜냐하면, 일례를 교육에서 들면 그와 같은 사람들과 동등 정도의 교육을 받지 않았다고 하는 것은 벌써 부끄러운 일이라 할 수밖에 없고, 그 밖의 경우에도 마찬가지기 때문에, 또 그러한 것들이 모두 자기 자신의 탓이라고 생각하는 경우에 특히 더 부끄러운 것이다. 그것은 그와 같은 경우에, 결국 과거에 있던 일 혹은 현재 있는 일 혹은 장차 있을 일의 원인이 자기 자신에게 있다고 하는 경우에, 벌써 그와 같은 일이 무엇보다 자기 자신의 나쁜 품성에 기인하고 있기 때문이다.

또 부끄러움을 느끼는 것은 불명예나 비난에 연결되어 있는 것처럼 남의 눈에 띄든가, 띄었든가, 띌 때의 일이다. 그와 같은 것으로 몸을 팔든가 부끄러운 행위를 통해 타인에게 봉사하는 일이 그런 것인데, 여기에 신체를 욕보이는 일도 물론 포함된다. 또, 음탕한 마음으로 일손을 빌리는 행위는 의도적이든 본의가 아니든 부끄러워할 일인데, 이 경우 '본의 아니게'는 강제된 행위를 가리킨다. 그것은 강권에 다만 참아야 하는, 그리고 몸을 지키려고 하지 않는 것은 남자다운 용기가 결여되어 있든가 겁이 많다는 사실에 기인하고 있기 때문에.

부끄럽게 생각하는 상대

그러면 사람들이 부끄럽게 생각하는 일이란, 앞에서 말한 것과 그리고 이와 유사한 일이지만, 그러나 부끄러움이란 자기의 불명예를 마음으로 상상하는 일이고, 더욱이 불명예에서 생기는 결과 때문이 아니고 불명예 그 자체 때문에 부끄럽게 생각하는 것이므로, 그리고 평판이 염려되는지 여부는 그 평판을 세우는 사람에 따르는 것이므로 부끄럽게 생각하는 것은 자기가 평판하고 있는 사람들에 대해서 하는 일이 된다. 그러나 사람들이 평하는 것은 자기를 찬미해 주는 사람들, 자기가 찬미하고 있는 사람들, 자기가 찬미받고 싶다고 바라는 상대, 자기가 명예를 다투고 있는 상대, 자기가 그의 의견을 경시하지 못하는 사람들이다. 그런데 찬미받고 싶다고 바라든가 찬미하든가 하는 상대란, 사람들에게 존중받는 좋은 것을 가지고 있는 자, 혹은 사랑하는 사람들의 경우처럼 그 자가 자유로 할 수 있는 무엇인가를 그 자로부터 손에 넣고 싶다고 강력히 바라고 있는 상대다. 한편, 명예를 다투는 상대란 자기들과 동등 정도의 사람들이다. 또, 사람들이 그의 의견에 주의를 쏟는 것은 사려 깊은 사람에 대해서이나, 그것은 그가 진실을 말한다고 생각하고 있기 때문이다. 연장자나 교양이 풍부한 사람들이 그와 같은 사람이다.

또, 같은 일이라도 남이 보는 앞에서 행하든가, 백주에 당당히 행하든가 하면 사람들은 한층 더 부끄러움을 느낀다. 이 같은 데서 "부끄러움은 눈에 머문다."고 하는 속담도 생겨나는 것이다. 그러므로 항상 옆에 있게 되는 사람들이나 자기들 일에 주목하고 있는 사람들에 대해 특히 부끄러움을 느끼게 되는 것이다. 즉, 어떠한 경우에도 그 사람들의 눈이 있기 때문이다.

또, 자기들과 똑같은 비난에 몰리고 있지 않은 사람들에게 대해서. 왜냐하면 이들 사람이 자기들과 정반대되는 생각을 갖는 일이 명백하기 때문에. 또, 과오를 범한 것으로 보이는 사람들을 용서하지 않는 사람들에 대해서. 왜냐하면 자기 자신도 할 것 같은 일로 이웃 사람에게 성을 낼 일은 없다고 하지만, 지금부터 하면 타인에게 화를 내는 것은 자기가 하지 않을 일에 대한 것임은 분명하기 때문에.

또, 타인의 일을 다수의 사람에게 말로 퍼트릴 사람들에 대해서. 왜냐하면 이와 같은 사람들의 경우 말을 퍼트리지 않는다는 것은 아무도 가늠해 보지 않는다는 것과 전혀 다름이 없기 때문이다. 그런데 사람들에게 말을 퍼트리는 것은 부정한 일을 만난 적이 있는 자, 왜냐하면 그는 복수하고자 기회를 엿보고 있기 때문에. 게다가 욕설을 좋아하는 자다. 즉, 욕설을 좋아하는 자는 과오를 범하지 않은 사람들 일까지도 나쁘게 말하기 때문에 과오를 범한 자의 일은 특히 말을 퍼트리고 돌아다니는 것이다. 또 이웃 사람의 흠을 들추어내며 살아가는 사람들에 대해서. 예를 들면 남을 놀리기 좋아하는 자든가, 희극 작가가 그와 같은 사람이다. 왜냐하면 이와 같은 사람들에게도 남을 욕하고, 말을 퍼트리고 돌아다니는 일이 있기 때문에.

또, 그 눈앞에서 지금까지 한 차례도 실패한 적이 없다고 하는 상대에 대해서. 그것은 자기들이 그들에 의해 소위 찬미받는 상태에 있기 때문에. 그러므로 처음 물건을 부탁하러 온 사람들에 대해서 부끄러움을 느낀다. 결국 자기들은 그들 사이에서 아직 나쁜 평판을 들은 일이 없다고 생각하기 때문이다. 그와 같은 사람들로서 자기들과 새롭게 친구가 되고 싶다고 바라는 사람들도 그렇고, 그와 같은 사람들은 자기들의 가장 좋은 점만을 계속 보아 왔기 때문에. 그러므로 에우리피데스의 시라쿠사 사람들에 대한 대답은 예상이 맞는 것이다.[151] 전부터 아는 사이에서도 자기들의 나쁜 점에 전혀 의식하지 않는 사람들이 그렇다.

그러나 부끄럽게 생각하는 것은 앞서 열거한 부끄러운 행위 그 자체만이 아니라 그와 같은 행위의 징후에 대해서도 동일하다. 예를 들면 실제 성적 교섭을 가질 때만이 아니라 그 행위를 나타내는 징후에까지 부끄러움을 느끼는 것이다. 또, 부끄러운 일을 실제 행한 때만이 아니라 그것을 말한 때 역시 그렇다. 같은 모양으로, 앞에 들어 보인 사람들만이 아니라 그들에게 자기들의 일을 말한 것이 틀림없는 사람들, 예를 들면 그들의 하인이든 친구에 대해서도 부끄럽게 생각한다. 일반적으로 말해, 진실이란 점에서 그 의견을 심하게 경시하는 상대에 대해서 사람들은 부끄러움을 느끼지 않고, 왜냐하면 미숙한 어린아이나 동물 같은 인간에 대해서 부끄럽게 생각하는 자는 한 사람도 없기 때문에. 또 지기에 대한 경우와 미지의 사람에 대한 경우는 부끄럽게 생각하는 것이 동일하지 않다. 아니, 지기에 대해 진실에 비추어 부끄럽게 생각하는 일을, 미지의 사람에게 법에 비추어 부끄럽다고 판단되는 일을 부끄럽게 생각하는 것이다.

부끄러움을 느끼는 경우

사람들이 부끄럽게 생각하게 되는 것은 자기 자신이 다음과 같은 상태에 있을 때다. 첫째, 사람들이 부끄러움을 느끼는 것은 여차여차한 성질의 사람에 대해서라고 했지만, 상대가 자기들에 대해 그것과 동일 상태에 있을 경우. 이와 같은 사람들은 자기들에게 찬미받는 사람, 혹은 자기들을 찬미하는 사람, 혹은 그 사람에 의해 찬미받기를 바라는 상대, 혹은 자기들이 평판을 떨어트리면 손에 넣는 일이 절망이 되게 도움을 청하는 상대라는 것인데, 그것도 이 사람들이 자기들의 행동을 직접 보고 있는가, 예를 들면 키디아스가 사모스의 토지 할당 식민의 건으로 연설한 경우가 그것이다.[152] 결국 그는 아테네 사람들에 대해 그리스인들이 그들의 주위를 에워싸고 그들의 투표 여부를 직접 그 눈으로 확인해 전해 듣는 것만으로 끝낼 수 없다고 생각할 일이라고 요구한 것이다. 혹은 그와 같은 사람들이 바로 가까이 있는가, 혹은 마침내 자기들이 하는 일을 의식하게 되는가 하는 경우를 가리킨다. 그러므로 사람들은 불운한 경우에 있을 때, 일찍이 경합한 상대에게 그의 모습을 보이려 하지 않으려는 것이다. 왜냐하면 경합 상대는 또 자기들의 찬미자이기 때문에.

또 자기 자신의 것이든 조상의 것이든, 또는 자기와 근친 관계에 있는 누군가의 것이든 자기들이 거기에 면목을 잃는 행위나 형적이 현재 있을 경우 사람은 부끄러운 생각을 한다. 또, 일반적으로 그 탓으로 자기까지 부끄러움을 느끼는 사람들이 부끄러워해야 할 일을 했을 경우. 그와 같은 사람들은 지금 들어 보인 사람들이나 그것의 증인으로 자기들이 끌어들인 상대, 즉 자기들이 그들의 교사든가 조언자인 사람들, 혹은 자기들과 유사한 자가 따로 있어 그 사람들과 명예를 다투고 있다고 하면 그 사람들도 그렇다. 왜냐하면 이와 같은 사람들의 탓으로 부끄러운 생각을 하는 고로, 무엇을 하든가 하지 않는다는 경우가 수없이 많이 있기 때문이다.

또, 자기가 부끄러워하는 나쁜 소행이 장차 남의 눈에 머물고, 그것을 잘 아는 사람들도 공공연하게 왕래하지 않으면 안 되는 경우 사람은 일층 강하게 부끄러움을 느낀다. 그러므로 시인 안티폰은 디오니시오스 1세의 손에 바로 살해당하려 할 때, 다함께 사형을 받자는 사람들이 성문 밖으로 나갈 때 얼굴을 가린 것을 보고 말했다. "무엇 때문에 그대들은 얼굴을 가리는가. 혹시 여기에 있는 누군가가 내일 그대들과 대면할 것이라고 생각하고 있는 것인가."[153)]

부끄러움에 대해서 모두 설명했다. 또 한편, 부끄러움을 모르는 것은 말할 것도 없이 앞서 말한 것과 반대되는 일부터 충분히 설명하면 될 것이다.

CHAPTER 7
친절과 불친절

친절의 정의

사람들은 누구에 대해 어떤 일이 계기가 되어, 또 자기 자신이 어떤 상태에 있을 때 친절한 마음을 갖는가 하는 문제인데, 이것은 친절을 정의하면 명백히 밝혀진다.

그렇다면 그것을 가지고 있는 자가 친절심이 있다고 하는 의미의 친절이지만, 그것은 곤란해하는 사람에 대해 어떤 것을 되돌려 받으려는 뜻도 아니고, 도와주는 사람 자신이 무엇인가 얻고자 함도 아니고, 그 자에게 어떤 도움을 주는 목적으로 손을 빌려주는 것이라고 해 두자. 그러나 그 도움도 필요한 정도가 매우 큰 자에 대해 행해지는 경우, 혹은 필요로 하는 것이 중요해 손에 넣는 것이 어렵든가 필요로 하는 것이 중요하고도 곤란한 시기라고 할 경우, 혹은 또 도움이 그 사람 혼자만인가 그가 최초인가 그의 도움이 특히 필요한 경우는 큰 것이 되리라.

그런데 여기서 말할 필요가 있다고 한다면 '욕구'에 관한 것이다. 그리고 욕구 중에서도 특히 손에 들어오지 않을 때 고통이 수반되는 욕구다. 그와 같은 욕구는, 예를 들면 연애와 같은 욕망이 그렇고, 또 신체가 훌닦일 때나 위험에 직면할 때 갖는 욕망도 그렇다. 왜냐하면 위험에 직면한 자나 고통 속에 있는 사람은 무엇인가를 탐내어 추구하기 때문이다. 그러므로 빈궁할 때나 국외 추방이 될 때 힘이 되어 준 사람들은, 가령 그것이 조그마한 도움이라 하더라도 그 필요가 심각한 것이든가 도움의 시기가 적절하다는 이유로 친절한 행동이 되는 것이다. 예를 들면 리케이움에서 멍석을 준 사람이 그렇다.[154] 그러므로 당연한 일이지만 도움을 줄 때 상대가 필요로 하는 것과 온전히 동일한 것을 주는 것이 최선이다. 만약 그것이 안 될 때 그것과 동등 정도든가 아니면 그보다 큰 도움을 주지 않으면 안 된다.

변론의 진행법

어떤 사람에 대해 어떤 일이 전기가 되어, 또 자신이 어떤 상태에 있을 때 친절을 베풀게 되는가가 분명해졌기 때문에, 따라서 변론에 당해서 이 점을 기본으로 해 한쪽 사람들에 대해서 그와 같은 고통과 곤궁 속에 현재 있는, 혹은 있었다고 하는 것이 다른 한쪽 사람들에 대해 그와 같은 핍박받는 상황에서 그와 같은 도움을 주어 왔다, 아니면 하고 있다는 일이 확실해지도록 만반의 준비를 갖춰야 할 것은 물론이다.

한편, 친절하게 행동하고 있는 사람들로부터 '친절'의 간판을 떼고 그들을 불친절한 인간으로 만드는 것은 어떠한 의론에 의해 가능한가 하는 것도 또 분명하다. 결국 그들은 자기 자신을 위해 도움을 주고 있다 혹은 도움을 준 것이라고 하는 일이, 정의에 의하면 이 일은 친절이 아니라고 했다. 혹은 때때로 그렇게 하는 운이 되었다든가, 강제되어 그렇게 하지 않을 수 없었다든가, 그들은 알았든가 알지 못했든가에 상관없이 도움을 되돌려준 것이지 친절을 베푼 것이 아니다 등으로 분명히 하면 좋을 것이다. 왜냐하면 최후의 경우, 알든 모르든 상관없이 그것은 사실상 담보한 것이다. 따라서 이 점으로 보아도 친절심이라 말할 수 없기 때문이다.

친절의 범주

또, 친절에 대해 모든 범주에서 고찰할 필요가 있다. 표시된 행위가 친절이냐 아니냐 여부는 그것이 구체적인 어떤 실체냐 이 정도의 양이라든가, 이와 같은 질이라든가, 언제 베풀어졌는가, 어디에서 베풀어졌는가 등이 이유로 결정되기 때문이다.[155)]

불친절

만약 필요로 하는 것보다 작은 도움마저도 주려 하지 않았다든가, 적수에 대해 한 것이 우리에게 대하는 것과 온전히 동일한가 또는 그것에 필적할 만한가, 또는 그보다 큰 도움을 베푼 것이라 해도 그것은 친절심이 결여된 징후다. 왜냐하면 그와 같은 원조가 우리를 위한 생각으로 한 것이 아니라는 게 분명하기 때문이다. 또, 도움이 되지 않을 것을 뻔히 알면서 베푼다는 경우도 그렇다. 왜냐하면 도움이 되지 않는 것을 청한다는 것 등은 누구 한 사람 동의하지 않기 때문에.

CHAPTER 8
동정심

동정심의 정의

남에게 친절히 하는 일과 불친절하게 행동하는 일에 대해 이미 모두 논의했으므로 다음에 동정심을 자아내는 일은 어떠한 것이고, 또 어떠한 자에 대해 사람들은 동정심을 갖게 되는가, 또 그것은 자기 자신이 어떤 상태에 있을 때인가 등을 설명하기로 한다.

그러면 동정심이란, 그럴 이유가 없는 사람이 파멸로 이어지는, 또는 고통이 가득한 불행으로 타격받는 것을 목격한 때에 느껴지는 일종의 고통으로, 단지 그 불행이 자기 자신의 가족 중 누군가도 어쩌다가 타격받을지 모른다고 예상되는 것, 그것도 가까운 가족에게 타격이 예상되는 것으로 한정된다고 정의해 둔다. 왜냐하면 동정심을 느끼게 되는 사람은 자기 및 가족 중에서 누군가가 불행에 타격받는다면 하고 생각하는 사람이고, 또 그 불행도 앞의 정의 가운데 서술된 것, 아니면 그것에 유사하든가 근접한 것이 아니면 안 된다는 것은 분명하기 때문에.

어떤 상태일 때 동정심을 갖는가

그러므로 온전히 파멸 상태에 있는 사람은 동정심을 느끼지 못한다. 그것은 앞으로 이 같은 경험은 두 번 다시 없을 것이라 생각하기 때문이다. 어쨌든 벌써 경험한 일이기 때문에. 또, 최고로 행복하다고 생각하는 사람 역시 동정심을 갖는 일이 없다. 아니, 이와 같은 사람은 오히려 오만하다. 그것은 좋은 것이 모두 자기 수중에 있다고 생각한다면 말할 것도 없고, 불행한 체험 등은 전혀 있을 수 없다고 생각하기 때문이다. 결국 불행한 체험도 좋은 일 가운데 포함돼 있기 때문이다.

그런데 불행으로 타격받을지 모른다고 믿는 사람은[156] 지금까지 그와 같은 체험을 해 그것을 극복해 온 일이 있는 사람들이 그렇고, 연장자도 또 그 깊은 사려와 경험에 의해 그렇다. 또 약한 사람도, 남보다 갑절이나 겁쟁이인 사람도, 그리고 교양 있는 사람도 그렇다. 왜냐하면 교양 있는 사람은 앞일을 추량할 수 있기 때문이다. 또 부모와 처자가 있는 사람. 왜냐하면 이 같은 사람들은 그의 분신인데, 그들은 지금 거론한 재난에 타격받기가 쉽기 때문이다. 또, 예를 들면 성냄과 두려움을 모르는 등 용기와 관계 있는 감정에 잡혀 있어도. 왜냐하면 이 같은 감정은 장래의 일에 대해 전망이 서지 않기 때문에. 오만한 상태에 있는 것도 아니고, 왜냐하면 그와 같은 자는 장래 어떤 일로 불행하게 타격받을 가능성까지 생각이 미치지 않기 때문에. 이같이 지나친 감정 중간에 있어 더구나 위와는 역으로 심히 두려워하는 일이 없는 사람들. 왜냐하면 두려워 전전긍긍하는 자는 자기 자신의 감정으로 힘에 부쳐 타인을 동정할 여지가 없기 때문이다.

또, 동정심이나 연민의 정을 느끼는 것은 세상에 좋은 인간도 있다고 생각하는 경우다. 왜냐하면 좋은 인간이 한 사람도 없다고 생각하는 자는, 인간은 누구라도 불행에 타격을 당하는 것이 당연하다고 생각하게 되기 때문이다.

일반적으로 말해, 지금 설명한 바와 같이 파멸적이고 고통에 가득 찬 불행이 자기 자신이나 가족 중의 누구에게 내리 덮쳤던 일을 상기하든가, 그와 같은 일이 자기 자신이나 가족 중의 누구에게 내리 덮칠 것이라 예상하는 상태의 때에 사람들은 연민의 정을 느끼는 것이다.

동점심을 부르는 것

어떤 상태에 있을 때 사람들은 동정심을 느끼는가에 대해 지금 설명했다. 다음은 무엇을 동정하는가인데, 이 점은 정의부터 분명하다. 왜냐하면 동정심을 갖게 하는 것은 고뇌와 고통을 가져오는 불행 가운데 파멸로 이어지는 모든 것, 즉 붕괴를 가져오는 것과 우연이 원인이 된 불행으로 중대한 것이기 때문에. 그런데 고통이 크고 파멸에 이어지는 것은 여러 가지 모양의 죽음, 신체를 고통스럽게 하고 상처를 끼쳐 주는 일, 노령·질병·식품의 결핍 등이다. 한편, 우연이 그 원인인 불행이란 친구가 없는 것, 친구 수가 적은 것, 그러므로 친구나 가까운 사람들로부터 갈라놓는 일도 동정심을 사게 된다. 추한 용모, 무기력한 신체와 신체 장애, 본래 좋은 결과가 있어야 할 것인데 불행한 결과가 나타나는 일, 또 그와 같은 불행으로 거듭거듭 타격을 받는 일이 그렇다.

또, 불행으로 타격을 받는 데 좋은 일이 찾아오는 것. 예를 들면 디오페이테스가 죽고 나서 그에게 대왕으로부터 선물이 왔다고 하는 것이 그렇다.[157] 또 좋은 일이 하나도 없었다든가, 있다 해도 이제 그것을 향수할 수 없게 되었다는 것도 그렇다.

동정심을 부르는 사람

사람들에게 동정심을 갖게 하는 전기는 앞에서 말한 것과 또 이와 유사한 것이다. 한편, 사람들이 동정심을 갖게 되는 상대에 관한 것인데, 그것은 자기가 잘 알고 있는 사람들이다. 다만, 그 친밀 관계가 그다지 가깝지 않은 경우에 한한다. 대단히 친밀한 사람들의 경우는 자기 자신이 그 불행으로 타격을 받게 될 때와 동일한 기분이 들기 때문이다. 그러므로 전해지는 바에 따르면, 아마시스는 처형당하기 위해 끌려가는 자식의 모습에 눈물을 흘리지 않았으나, 자기 친구가 영락해 구걸하는 모습엔 눈물을 흘렸다.[158] 왜냐하면 후자는 동정심을 부르지만, 전자는 두려움을 갖게 하기 때문이다. 결국 두려운 일은 동정심을 부르는 것과는 다른 것으로, 그것은 연민의 정을 몰아내고 이따금 연민과는 정반대의 감정인 의분을 불러일으키는 데 도움을 준다. 왜냐하면 두려운 일이 자기들 바로 옆에 다가온 때에 연민의 정을 갖는 일은 없기 때문이다.

또 연민의 정을 느끼는 것은 연령, 성격, 본디 지니고 있는 멋, 사회적 지위, 가풍 등에 있어 자기와 유사한 사람들에 대한 것이다. 그것은 이와 같은 사람들의 어떤 경우에도 그 불행은 자기에게 일어날지 모른다는 생각이 한층 더 강하기 때문이다. 왜냐하면 일반적으로 말하면 여기서도 또 내 몸에 좋지 않은 일이 일어나면 두렵다고 생각하는 것이 남에게 일어났을 때 사람들은 연민의 정을 느낀다고 말할 수 있기 때문에.

또, 사람의 재난도 몸 가까운 데서 일어날 때는 연민의 정을 부르지만, 만년 전에 일어났다든가 만년 후에 일어날 것이라는 경우에는 예상도 할 수 없고 기억도 할 수 없기 때문에 전혀 연민의 정을 느끼지 못하든가, 아니면 좀 가까운 경우와 같은 정도로밖에 느끼지 않을 것이다. 그러므로 몸짓이나 음성과 안색, 그리고 복장 등 한마디로 말해 연기적 요소를 보조적으로 사용함으로써 효과를 올리고자 하는 사람들은 필연적으로 한층 더 청중의 동정을 사게 되는 것이다. 왜냐하면 그렇게 함으로써 그 불행을 지금도 일어날 수 있다든가, 이제 막 일어난 것처럼 재현해 보여 신변의 일처럼 느끼게 하기 때문이다.

또, 방금 일어난 일이든가 곧 일어날 일 등은 일층 더 연민의 정을 끌어들인다. 그러므로, 예를 들면 재난으로 타격을 받은 사람들의 의복이든가 그와 유사한 것들처럼 불행의 징후가 되는 것도, 또 예를 들면 이미 임종 상태에 있는 사람처럼 현재 고통이 절정에 달한 사람들의 언동이나 그 밖의 것도 한층 더 연민의 정을 부르게 된다. 그중에서도 그와 같은 위기를 당해 더욱 훌륭하게 행동한다는 것은 특히 더 연민의 정을 부르게 된다. 왜냐하면 이 모든 사례는 불행이 신변의 일로 느껴지기에 일층 연민의 정을 불러일으키기 때문이다. 결국 그것은 그 재난이 본인에게 당치 않은 일이지만 눈앞에 확실하게 재현되고 있는 현상이 원인인 것이다.

CHAPTER 9

의분

의분과 동정

동정에 가장 반대로 대치되는 것이 의분이다. 왜냐하면 부당한 불행에 고통을 느끼는 일은 어떤 의미로 부당한 호운에 고통을 느끼는 일이 대치되고, 더욱이 이 감정도 같은 인품에서 생겨나기 때문이다. 결국 이들 두 감정은 똑같이 도덕적으로 훌륭한 인품의 표현인 것이다. 그것은 그럴 일이 아닌 데도 불행한 상태에 놓인 사람들을 보고 그들과 함께 탄식하고 이에 동정심을 느낀다. 이와 반대로, 그래서 안 되는데 호운의 혜택을 받는 사람들에게 의분을 느낀다는 것은 훌륭한 사람들에게 당연한 일이기 때문에. 왜냐하면 정당한 가치와는 반대로 이루어진 일은 부정하기 때문이다.[159] 바로 그렇기 때문에 우리는 여러 신에게까지도 의분의 감정을 귀속시키는 것이다.[160]

의분과 질투

한편, 질투심도 마찬가지로 동정심에 대치된다고 생각할지 모른다. 결국 그것은 의분과 동족이요, 동일한 것으로 생각하기 때문이다. 그러나 실제는 의분이 별개의 것이다. 왜냐하면 질투도 마음의 혼란이 수반되는 고통이요, 호운의 상태를 향하는 것이지만, 그러나 그 호운은 그것을 받을 만하지 않은 자의 운이 아니라 자기와 동등하고 유사한 자의 그것이기 때문이다. 그러나 의분과 질투는 "자기에게도 동일한 불행이 닥칠 수 있을 것이다." 하는 뜻이 아니라, 다만 "이웃 사람의 몸에 무엇인가 생겼기 때문에" 하는 뜻이 그 모든 경우에 공통적으로 보여지는 것이 아니면 안 된다. 그것은 만약 이웃 사람의 호운이 근본 원인이 되어 자기에게 어떤 좋지 않은 일이 일어나게 된다는 뜻으로, 마음에 고통과 혼란이 나타나는 경우에 어느 때는 질투가, 어느 때는 의분이 생기는 것이 아니라 다만 두려움이 있게 되기 때문에.

그런데 의분과 질투는 분명 상반되는 감정으로 뒤따라가게 된다. 왜냐하면 그럴 이유가 없는 자가 불행한 상태에 놓인 것을 보고 근심하고 걱정하는 사람은 그것과 반대로 가능한 한 불행한 상태에 처한 자에 대해 기쁨을 느끼든가, 또는 아픔을 느끼지 않든가 하기 때문이다. 예를 들면 아비를 죽인 자나 살인자의 경우, 그들이 그 앙갚음을 받더라도 훌륭한 사람으로 그에 대해 근심하고 걱정하는 자는 하나도 없을 것이다. 왜냐하면 그와 같은 처지에 기쁨을 느끼는 것이 당연하기 때문에. 이것은 당연히 행복하게 살아가는 사람들이 기쁨을 느끼는 것과 한 가지다. 왜냐하면 이들 두 가지 경우는 어떻든 정당한 일이고, 따라서 훌륭한 사람의 마음을 만족시켜 주기 때문이다. 결국 자기와 동류의 사람에게 일어난 일은 자기에게도 일어날 가능성이 있다고 생각하는 것이 당연하다.

또 이 같은 감정들은 모두 동류의 인품에 속한 것이고, 이것과 반대의 감정은 반대의 인품에 속한다. 그것은 타인의 불행을 기뻐하는 자도, 사람을 질투하기 쉬운 자도 똑같은 인간이기 때문이다. 왜냐하면 무엇인가 생겨나든가, 현재 있든가 하는 일에 마음의 고통이 있다면 당연한 일이지만, 그것이 없어지든가 하면 기쁨을 느끼기 때문이다. 그러므로 의분과 질투는 앞에서 든 이유에 의해 상호 다른 것이긴 하나 어떻든 연민의 정이 나타나는 것을 막는 작용을 한다. 따라서 그 모두가 동일하게 연민의 정을 끌어내지 않는 데 도움이 된다.

의분을 느끼는 대상

그러면 처음에 의분에 대해 사람들이 느끼는 것은 누구에 대해 어떤 일이 전기가 되어, 또 자기 자신이 어떤 상태에 있을 때인가. 이 점을 말해 보도록 한다. 그리고 그 다음에 다른 감정으로 옮겨 가려고 한다.

그러나 이 같은 점은 이미 설명된 바 있으므로 분명하다. 왜냐하면 만약 의분이 그것에 값할 만하지 않은데 혜택받는 상태에 있다고 생각되는 사람을 만나 마음의 고통을 느낀다고 하면, 먼저 어떤 종류의 좋은 것도 의분의 전기가 될 이유가 없다는 것이 분명하다. 왜냐하면 누군가가 정직하다든가 용기가 있다고 할 경우, 혹은 반드시 덕을 갖춰야 한다고 할 경우 그에 대해 의분을 느끼는 일은 우선 있을 수 없다. 결국 이것과 정반대의 것이 전기가 되어 연민의 정이 생긴다는 일도 없다. 부와 권력 그리고 이와 유사한 것, 즉 한마디로 말해 좋은 사람들, 예를 들면 가문이 좋다든가, 용모가 수려하다든가, 태어날 때부터 잘 타고 태어난 사람들이면 가지고 있어도 이상할 것이 없는 물건을 그것에 값할 만하지 않은 사람이 가질 경우, 그 물건이 전기가 되어 의분을 느끼게 되기 때문에.[161]

또 예전부터 가지고 있는 물건은 태어나면서부터 가지고 있는 것과 동류인 것처럼 생각되기 때문에 당연한 일이지만, 똑같은 좋은 물건을 가지고 있다 하더라도 이따금 최근 입수한 것으로 그 덕분에 상팔자가 된 사람에게 보다 강하게 의분을 느끼는 것이다. 그것은 최근 부자가 된 사람들은 예전부터 대대로 계속 부자인 사람들보다 일층 더 마음에 고통을 주기 때문이다. 관리, 권력자, 친구가 많은 자, 좋은 자녀를 둔 자, 그 밖에 이 같은 종류의 일로 혜택을 받은 자들의 경우도 이와 같다. 특히 이 같은 일이 원인으로 그 밖에도 좋은 물건이 그 손에 들어온 경우에 마음의 고통을 느낀다. 실제 이와 같은 경우를 보면, 최근에 졸부가 되어 그 부로써 공직을 가지게 된 자가 예전부터의 부자로 그렇게 된 자보다 더한 고통을 주는 것이다. 이 일은 기타의 경우에도 마찬가지다. 그 이유는 후자가 자기 본래의 물건을 가지고 있다고 생각하지만 다른 쪽은 그렇지 않은 것이 된다. 왜냐하면 항상 현재와 같은 모습을 보이는 것은 그 모습이 진실이라고 생각하기 때문에. 따라서 최근에 그렇게 된 사람들은 자기 본래의 물건을 가지고 있는 것은 아니라고 보이기 때문이다.

또, 좋은 것이 어떤 것이든 그것을 획득하는 자격이 누구에나 있다는 이유에서가 아니고, 좋은 물건과 그것을 획득하는 사람 사이에 일종의 유비 관계가 있어 거기에 균형이 성립되기 때문이다. 예를 들면 갑옷의 아름다움은 정직한 사람에게보다 용기 있는 사람에게 균형이 맞고, 또 격조 높은 결혼은 어제오늘의 졸부가 아니라 가문 좋은 사람에게 균형이 맞는다고 하는 것처럼. 그러므로 훌륭한 인간인데도 자기에게 균형이 맞는 물건을 손에 넣을 수가 없다는 경우에 그 일이 의분을 불러일으키는 것이다. 또, 열악한 자가 우수한 자와 싸우는 일도, 특히 그들이 같은 일에 종사하고 있을 때 의분이 생긴다. 그러므로 다음 말을 하게 되는 것이다.

그는 텔라몬의 아들 아약스와의 싸움을 피한다.
훌륭한 사람과 싸울 때 제우스 신,
항상 노여움을 내려 주신다면.[162]

그러나 같은 일에 종사하지 않는다 해도, 어떻든 열세한 자가 우세한 자와 싸울 경우에 역시 의분을 부른다. 예를 들면 음악가가 정의의 사람과 싸우는 경우가 그렇다. 왜냐하면 정의는 음악보다 훌륭한 것이기 때문에.[163]

어떤 사람에 대해 어떤 것이 이유가 되어 의분을 느끼게 되는 것인가는 이상의 설명에서 분명해졌다. 즉, 지금까지 드러내 보인 것, 그리고 이와 유사한 것이 그렇다.

의분을 느낄 때의 상태

자기 자신이 의분을 느끼는 것은 다음과 같은 경우다. 첫째로 자기는 최고로 좋은 물건을 갖는 데 상응하는 인간이고 더욱이 그것을 현재 가지고 있다는 경우. 왜냐하면 자기와 동등하지 않은 자가 자기가 가지고 있는 똑같이 좋은 것을 요구한다는 일은 정당하지 않기 때문이다. 둘째로, 자기가 우수하고 훌륭한 인물일 경우. 왜냐하면 그와 같은 사람은 사물을 정확하게 판단함과 동시에 부정을 미워하기 때문이다. 또, 자기가 야심가여서 무엇인가를 목표로 할 경우, 특히 그것으로 이름을 얻으려 노력하고 있는 것을 타인이 그 자격이 없음에도 불구하고 이따금 손에 넣고 있을 경우. 또, 일반적으로 다른 사람들은 그 자격이 없지만 자기만은 그것을 받을 자격이 있다고 자임하고 있는 경우 그는 그것을 손에 넣고 있는 사람들에 대해 그것이 이유가 되어 의분을 느낀다. 노예 근성이 있고, 저속하고, 야심도 없는 사람들이 의분을 느끼지 못하는 것은 그 때문이다. 왜냐하면 그와 같은 사람들은 자기야말로 그것을 가져야 할 것이라고 생각하는 자가 한 사람도 없기 때문이다.

마무리

앞에서 말한 바대로 어떤 사람이 불행을 만나 비참한 상태에 처했다든가, 일이 잘 진전되지 않았다든가 할 경우에 그것을 보고 기뻐하고 더욱이 아픔을 느끼지 않는 일이 있든가 하는 것은 이제 분명하다. 그것은 이상의 논술을 근본으로 할 때 그것과 정반대의 감정도 역시 분명하다. 그러므로 변론에 의해 재판관의 기분을 반대 방향으로 이끌고 가 동정을 받는 것이 당연하다고 요구하는 사람들에 대해, 그들이 동정을 받아야 한다는 근거를 포함해 "그들은 사실 동정을 받을 가치가 없는 자들이다. 아니 받아야 할 이유가 없다."는 사실을 분명히 지적하면 재판관도 동정을 할 수 없는 것이다.

CHAPTER 10
질투

질투의 정의

어떤 일로 어떤 자에 대해, 또 마음이 어떤 상태일 때 질투를 하게 되는가 하는 문제인데, 이 점은 질투가 지금까지 서술해 온 좋은 것에 의해 자기와 동일한 자가 혜택을 받는 상태에 있음을 직접 보고 마음에 생기는 일종의 고통이고, 더욱이 자기에게도 어떤 좋은 일이 있어야 할 텐데 하는 의도적인 일이 아니라 오로지 상대의 그 상태가 원인으로 생기는 경우라고 한다면 분명한 것이다.

질투를 느낄 때의 상태

질투를 느끼는 것은 자기와 동일하든가 동일하다고 생각되는 자를 가진 사람들이다. 그러므로 동일한 사람이라고 내가 말하는 것은 가계, 혈연 관계, 연배, 인품, 세평, 재산 등의 면에서 동일한 사람을 지적하는 것이다. 또, 좋은 것을 거의 모두 소유하고 있는 사람들도 그렇다. 그러므로 대사업을 이루어 내는 사람들이나 호운의 혜택을 받은 사람들은 다 질투가 많다. 왜냐하면 모든 사람이 자기의 물건을 가져갈 것으로 생각하기 때문이다. 또, 무엇인가로 예상 밖의 명성을 얻은 사람들, 특히 지혜와 행복에서 그러한 사람들. 또 이름을 탐내는 야심가도 야심이 없는 사람들보다 질투가 많다. 또 눈비음의 지자도 질투가 크다. 왜냐하면 그는 지혜에서 이름을 얻고자 하기 때문이다. 일반적으로 말해, 무엇에 대해 좋은 평판을 받고자 하는 자는 그 분야에서 질투가 크다. 또, 도량이 좁은 사람들도 그렇다. 왜냐하면 그들은 무엇이건 크게 보기 때문에.

질투의 대상이 되는 것

어떤 일로 사람들은 질투를 느끼는가 하는 점인데, 좋은 일은 이미 설명했다. 즉, 사람들이 그것으로 세상의 평판이나 명예에 집착을 북돋우고, 명성을 떨치는 일로 노력한 업적·소유물·호운 등은 그 모든 주변에 질투가 있다고 말해서 좋다. 특히 자기 자신이 간절히 바라든가, 자기는 당연 소유해야 한다고 생각하고 있는 것, 혹은 그것을 소유하면 조금이라도 남보다 뛰어나다든가, 늦기는 해도 얼마 늦지 않았다든가 하는 것이 그렇다.

질투의 대상인 사람

또, 사람들은 어떤 사람에 대해 질투를 느끼는가 하는 점도 이제 명백하다. 왜냐하면 다른 문제와 함께 벌써 말했기 때문이다. 즉, 때와 장소와 연배, 세상의 평판 등으로 자기 가까이 있는 자에게 질투를 느낀다. 그러므로 다음과 같은 말이 있다.

확실히 동족은 질투하는 것도 알고 있기 때문에.[164)]

또, 명예를 경합하고 있는 상대. 왜냐하면 사람들이 명예를 경합하는 것은 지금 거론한 사람에게 가까운 상대이므로 만년 전 사람이나 앞으로 태어날 사람들, 이미 세상을 떠난 사람을 상대로 누구 하나 경합하는 자는 없고, 또 멀리 헤라클레스의 기둥(Gibraltar, 해협 동쪽 끝에 있는 두 개의 바위)[165)] 주변에 사는 사람들과도 경합은 없기 때문이다. 또 자기들 눈으로 보아, 혹은 타인의 눈으로 보아도 자기들이 어느 정도 뒤떨어진다고 생각되는 상대나 자기들 쪽이 훨씬 낫다고 생각되는 상대, 이 같은 사람들을 상대로 그와 같은 일을 둘러싸고 동일하게 명예를 걸고 경합하지 않는다. 그러므로 사람들은 경쟁 상대와 연적, 일반적으로 동일한 것을 목표로 하는 자와 명예를 다투는 것이므로 그들에 대해 질투를 느끼는 것은 필연적 사실이다. 그러므로 다음 속담도 생긴 것이다.

도공은 도공을 질투한다.[166)]

또, 그들이 무엇인가를 손에 넣었다, 또는 성공을 거두었다는 이유로 자기에게 비난이 생기게 되는 상대도 사람들은 질투를 느낀다. 그러나 그 자들은 또 자기에 가깝고 똑같은 사람들이다. 왜냐하면 그 좋은 물건을 손에 넣을 수 없는 것은 자기 자신의 탓이라는 점을 분명히 하고, 그러므로 이 일이 마음에 고통을 주고 질투가 생기게 하는 것이다.

또, 원래 자기에게 속하는 물건, 혹은 일찍이 자기가 소유한 적이 있는 물건을 현재 가지고 있든가 손에 넣으려 하는 사람들에 대해서도. 그러므로 연로한 사람들은 젊은 사람들에 대해, 또 똑같은 일에 많이 써 버린 사람은 조금밖에 소비하지 않은 사람에 대해 질투심을 갖는다. 또 일이 진척되지 않아 고통을 겪은 끝에 마침내 손에 넣었다든가, 또는 손에 넣을 수 없었던 사람은 재빠르게 손에 넣은 사람에 대해 질투를 느낀다.

마무리

이처럼 질투를 느끼는 사람들이 어떤 일로 어떤 사람에 대해 마음이 어떤 상태일 때 기뻐하는가 하는 점도 이제 분명해졌다. 즉, 그들의 마음은 질투를 느낄 때 고통을 맛보지만, 이와 대응해 남을 질투하는 상태일 때 앞의 경우와 반대되는 일로[167] 쾌감을 느끼게 된다. 그러므로 판정자인 청자 자신의 마음이 질투를 느끼는 상태로 만들어지고, 한편 동정을 받든가 어떤 은전을 받는 것이 당연하다고 생각하는 자들이 앞에서 말한 사람들과 같이 질투를 받는 인간일 경우 이 같은 사람들이 재판관으로부터 동정을 살 수 없을 것이 명백하다.

CHAPTER 11

경쟁심

정의 및 경쟁심을 가질 때의 상태

자기 자신의 마음이 어떤 상태에 있을 때 어떤 일로, 또 어떤 사람에 대해 경쟁심을 갖는 것인가. 이 점은 다음 설명으로 명백해진다. 곧 경쟁심이 사람들에게 존중받고, 또 자기도 손에 넣을 수 있는 좋은 물건이 태어날 때부터 벌써 자기와 같은 자의 주위에 있음을 눈으로 본다. 그것도 다른 사람이 가지고 있다고 해서가 아니라 자기 자신이 가지고 있지 않다는 이유로 느끼는 일종의 마음의 고통이라고 하면, 그러므로 경쟁심은 도덕적으로 훌륭한 것이고, 훌륭한 사람들에게 보이는 감정이다. 이와 반대로 질투는 저속한 것으로, 저속한 사람들에게 보이는 것이다. 왜냐하면 전자는 경쟁심에 의해 훌륭하고 좋은 것을 자기도 손에 넣으려고 유의하지만, 후자는 질투 때문에 이웃 사람이 그것을 갖지 못하게 계획을 세우기 때문이다. 그렇다고 하면,

경쟁심이 풍부한 사람들은 당연 현재는 가지고 있지 않으나 자기에게도 소유가 가능한 좋은 물건에 대해 자기도 그것을 가질 만하다고 생각하는 사람들이 아니면 안 된다. 왜냐하면 명백하게 불가능한 일은 누구도 그것을 가져야 할 것이라고 생각하지 않기 때문이다. 이런 까닭에 젊은이나 도량이 큰 사람은 경쟁심이 풍부한 것이다.[168] 또, 세상의 존경을 모으고 있는 인물이 갖는 데 어울리는 좋은 것을 가지고 있는 사람들도 그렇다. 그와 같이 좋은 것은 부, 많은 친구를 갖는 것, 관리직, 그 밖에 이 같은 종류의 것이다. 왜냐하면 그와 같은 사람들은 자기 자신은 좋은 인물이 아니면 안 된다고 생각하기 때문에, 좋은 것 중에서도 도덕적으로 훌륭한 사람들이 가져야 할 것에 경쟁심을 불태우기 때문이다. 또, 다른 사람들이 그 좋은 것을 가지고 당연한 인물이라 생각하는 사람들도 그렇다. 또 자기의 선조든가, 동족의 사람이나 가까운 사람이든가, 국민이나 국가가 무엇인가로 세상의 명성을 넓게 퍼뜨린 자들도 그것들을 둘러싸고 경쟁심을 불태운다. 왜냐하면 그들은 그와 같은 일이 자기들에게 본래 어울리는 일이고, 따라서 자기들은 당연히 그것을 손에 넣어야 할 것이라고 생각하기 때문이다.[169]

경쟁심을 갖는 대상

만약 존중받는 좋은 것이 경쟁심을 북돋운다고 하면 당연한 일이지만 많은 덕도 또한 그러한 것이고, 다른 사람들에게 이익을 갖게 하고 은혜를 베풀 만한 것도 그렇지 않으면 안 된다. 왜냐하면 사람들이 존경을 표시하는 것은 은혜를 베풀어주는 사람이나 훌륭한 사람에게 하기 때문이다. 또, 이웃 사람들이 향수할 수 있는 좋은 것도 경쟁심을 부채질한다. 예를 들면 부와 미는 건강보다 더 경쟁심을 북돋운다.

경쟁심을 불태우는 상대

또, 사람의 경쟁심을 북돋우는 것은 어떤 사람들일까? 이 점 역시 분명한 사실이다. 즉, 다투는 대상이 되는 좋은 물건이나 그와 유사한 것을 소유한 사람들이 경쟁심을 북돋우는 것이다. 그와 같은 것은 지금까지 서술된 것, 예를 들면 용기·지혜·지배력 등이다. 그것은 지배할 능력이 있는 자, 결국 장군이나 변론가 그리고 이와 유사한 일로 능력을 가지고 있는 자 모두는 다수의 사람을 위해 진력할 수 있기 때문이다. 또, 많은 사람이 그와 똑같이 되고 싶어하는 상대, 혹은 많은 사람이 자기가 되고 싶다고 혹은 많은 사람이 친구가 되고 싶다고 바라는 사람들, 혹은 많은 사람이 찬미하고 있는 그렇지 않으면 자기들이 찬미하고 있는 사람들도 그렇다. 또, 그들을 향한 칭찬과 찬사가 시인들이나 산문가들에[170] 의해 받쳐지는 사람들도 마찬가지다.

그러나 이와 반대되는 사람들은 경시된다. 왜냐하면 경시와 경쟁심과 사람을 경시하는 일은 서로 경쟁심을 북돋우는 일과 반대이기 때문이다. 그러므로 당연한 일로서 누군가에 경쟁심을 갖든가, 누군가의 경쟁심을 북돋우든가 하는 사람들은 경쟁 대상이 되는 좋은 것과 반대인 악을 가진 사람들을 바로 그 악 때문에 경시하게 되는 것이다. 그러므로 존중받아야 할 좋은 것을 갖추지 못한 형편에 호운의 혜택만을 가졌을 경우 호운의 혜택을 받은 사람들이 경시된다는 사실도 이따금 보인다.

감정 전체의 마무리

여러 가지 감정이 어떤 것에 의해 생기고 사라져 가는가, 또 어떤 논점을 기초로 해 감정에 대한 설득이 이루어지는가 하는 것을 지금까지 설명했다.

CHAPTER 12
청년의 특성

고찰의 주제

그럼 다음에 성격,[171] 인품에 대해 사람들은 감정이나 그 밖의 독특한 맛·나이·운 등과의 관계로서 각각 성격적으로 어떤 특성을 갖는가를 설명하기로 한다.

그런데 내가 감정이라 말한 것은 성냄이나 욕망, 그리고 앞에서 드러내 보인 바의 사실이다. 또, 독특한 맛이란 것은 가지가지 덕이나 악덕에 관한 것으로, 이에 대해 그것에 각각의 독특한 맛을 가진 사람은 어떤 일을 선택하는가, 어떤 종류의 행동으로 나아가는가도 포함해 앞에서 이미 말했다. 또 나이란 청년, 장년, 노년 등을 이르는 말이다. 또 운이라 하는 것은 좋은 집안, 부, 권력 그리고 이와 반대되는 것, 일반적으로 호운과 불운의 일을 가리킨다.

청년

그럼 청년인데, 그들은 성격상 욕망으로 내달리기 쉽고, 바라는 것은 무엇이라도 실행에 옮기려는 경향이 있다. 또, 그들은 몸에 관계되는 욕망 중에서도 특히 성적인 욕망을 많이 추구하고, 이를 스스로 억제할 힘이 없다. 또, 욕망에 대해서도 정신이 딴 데로 쏠리기 쉽고, 싫증을 내기 쉽고, 격렬하게 요구한다고 생각하다가 휙 하고 멈춘다. 그것은 그들의 소망이 병자의 갈증이나 공복과 같아 격렬한 점은 인정되나 힘이 강하지 않기 때문이다. 또, 격하기 쉽고 성질이 급해 충동에 휘말릴 경향이 있고, 또 혈기를 억제하지 못한다. 즉, 제 자랑을 중요시하는 기분이 강하기 때문에 경시당하면 자제가 통하지 않고, 부당한 처사를 당했다고 생각하면 곧 분개하는 것이다. 또 자랑을 중요시하는 기분이 강한 한편, 그 이상으로 승리에 구애된다. 그것은 젊음이 다른 것을 빼내고자 하나 승리도 빼내는 것의 한 가지이므로 더욱이 이 두 가지 재산을 사랑 이상으로 사랑하고 요구한다. 그들은 또 결핍을 경험한 일이 없기 때문에 재산에 대한 애착이 대단히 적다. 이것은 피타코스가 암피아라오스에게 언급한 경구대로다.[172]

또, 그들은 세상의 추악한 면을 아직 보지 않았기 때문에 마음씨는 나쁘지 않고 오히려 남에게 호감을 준다. 또 여러 가지로 속은 일이 없기 때문에 남을 믿기가 쉽다.

또, 그들은 희망에 불타고 있다. 왜냐하면 청년들은 술에 취한 사람들과 마찬가지로 자연적으로 따뜻한 상태에 있다.[173] 동시에 또 많이 실의에 빠져본 경험이 없기도 하다. 또 그들은 대부분의 경우 희망에 따라 살아가고 있다. 희망은 미래로, 추억은 과거에 관계가 있지만, 청년에게 미래는 양양한 것이고, 이에 대해 지나간 시간은 매우 적기 때문이다. 즉, 인생 첫머리에 추억거리는 하나도 없고, 모든 것은 희망 속에 있는 것이다.

또, 그들은 앞에 말한 이유에 따라 남에게 속기가 쉽다. 왜냐하면 무엇에나 곧 기대감을 갖기 때문이다. 또, 그들은 다른 세대에 속하는 사람들보다 용감하다. 그것은 그들에게 기력이 충실하고 희망에 불타 있는데, 그 가운데 전자는 사물을 두려워하지 않으려 하고, 후자는 자신이 넘쳐 있기 때문이다. 왜냐하면 화를 낼 때 두려움을 느끼는 사람은 하나도 없고, 무엇인가 좋은 일에 희망을 갖는다는 것은 자신을 갖게 하기 때문이다.

또 그들은 부끄러움을 잘 탄다. 왜냐하면 다만 사회가 정한 법에 따라 교육을 받고 있는 것에 불과하므로 세상에는 훌륭한 일이 달리 얼마든지 있다는 사실을 아직 이해하지 못하기 때문이다.

또, 기분이 매우 크다. 그들은 또 생활 때문에 비굴해하지 않는다. 오히려 세상에서 피할 수 없는 약속 사항에 경험이 없기 때문이고, 그런데도 자기는 더 큰 일을 할 수 있다고 생각하는 것은 기분이 크다는 것에 다름 아니기 때문이다. 이것이야말로 희망에 불타고 있음을 뜻한다.

또, 그들은 이익이 되는 것보다 훌륭한 행위로 나아가는 쪽을 선호한다. 결국 그들은 득실의 계산보다 품성에 따라 살아가는데, 득실 계산은 이익이 되는 것을 대상으로 하는 데 대해 덕성은 훌륭한 일을 목표로 하기 때문이다. 또 그들은 다른 연배의 사람들에 비해 친구를 사랑하고, 동료를 사랑한다. 그것은 그들이 친구나 동료와 함께 세상을 살아가는 일에 기쁨을 느끼고, 또 어떤 일도 이해를 기준으로 판단하는 일이 없기 때문에 친구에 대해서도 이해타산으로 판단하지 않기 때문이다.

또, 그들은 킬론[174]의 잠언과 반대로 매사에 정도와 열성이 지나치므로 무슨 일에나 실패한다. 그것은 무슨 일에 대해서도 행동이 지나치기 때문이다. 즉, 사랑도 미움도 정도의 지나침이 있고, 한 가지 만 가지 모두 이와 같은 형편이다.

또, 그들은 무슨 일이든 다 알고 있다고 확신하는 나머지 그것을 끝까지 주장한다. 결국 이 사실은 그들이 모든 일에 정도가 지나치게 되는 원인을 이룬다. 또, 그들이 부정행위를 저지르는 것은 오만에 의한 것이지 협소한 악의에 의한 것은 아니다.

또, 누구나 훌륭한 인물이라든가, 실제보다 훌륭한 사람이라 보기 때문에 그들은 상대에게 동정심을 갖기 쉽다.[175] 그것은 자기에게 심통이 나쁜 데가 없음을 기준으로 해 이웃 사람을 헤아리기 때문에 이웃 사람들이 부당한 일을 만난 것으로 받아들이기 때문이다. 또, 그들은 웃기를 좋아한다. 그러므로 또 교묘하게 재담을 잘 구사한다. 결국 재담을 잘 구사한다는 것은 교양에 의해 알맞게 완화된 무례인 것이다.

청년들의 성격은 이상과 같은 것이다.

CHAPTER 13

노년의 특성

청년과의 비교

연로하면 거의 대부분 한창때를 지난 사람들인데, 그들의 성격도 대체로 청년의 경우와 반대의 성질로 바뀌었다고 말해도 좋다. 즉, 그들은 긴 세월을 살아오며 다른 사람보다 많이 속아도 보고, 실패도 수없이 하고, 게다가 세상일이 좋지 않은 결말로 끝나는 수가 많아 무엇 하나 확언할 수 있는 것이 없고, 확언을 해도 구해지기보다 훨씬 남의 눈에 띄지 않을 정도뿐이다. 또, 그들의 말버릇도 그들은 단지 그렇게 생각할 뿐이지 무엇 하나 확실하게 아는 것은 없다. 더욱이 이건가 저건가 망설이기 때문에 항상 '아마'든가 '대개'라는 말을 덧붙인다. 결국 만사가 이런 형편이라 무엇 하나 확실한 화법을 쓰지 않는다.

또, 곡해 근성이다. 왜냐하면 모든 것을 나쁜 쪽으로 왜곡되게 해석하는 것은 곡해하기 때문이다. 게다가 무엇이건 신용하지 않으므로 시의심이 강한데, 그들이 무엇이건 신용하지 않는 것은 그 체험에서 유래하는 것이다. 또, 지금 드러낸 이유로 인해 사람을 격렬하게 사랑하지도, 격렬하게 미워하지도 않는다. 오히려 비아스의[176] 종교에 따라 어쨌든 미워하게 될 것이라고 생각하고 사랑하며, 어쨌든 사랑하게 될 것이라 생각하고 미워하는 것이다.

또, 생활상 이유로 비굴한 형편이므로 마음이 좁다. 왜냐하면 그들은 큰일이나 예사롭지 않은 일은 무엇 하나 찾으려 하지 않고, 생활에 필요한 것만을 욕망의 대상으로 하기 때문이다. 또, 그들은 인색하다. 왜냐하면 재산은 살아가는 데 있어 빼놓을 수 없는 것 한 가지뿐이고, 동시에 지금까지의 경험에서 손에 넣는 것이 얼마나 큰일이고 잃는 것은 얼마나 간단한지 잘 알고 있기 때문이다.

또 겁이 많아 무슨 일이건 먼 장래에 대해 불안을 느낀다. 왜냐하면 그들은 청년과 반대의 상태에 있기 때문이다. 즉, 청년들이 뜨거운 데 비해 그들은 차가운 상태에 있다. 그러므로 노령은 겁이 많은 길을 준비하고 있기 때문이다. 결국 두려움이란 일종의 냉각인 것이다.

또 그들은 생에 대한 집착이 강하다. 인생의 말기쯤 되면 그것이 일층 더 강해진다. 그것은 욕망이 이제는 주위에 없는 것을 찾는다. 결국 자기에게 지금 결여돼 있는 것을 특히 구해 보고자 하기 때문에.

또, 그들은 필요 이상으로 자기 중심적이다. 즉, 이것도 마음이 좁다는 사실의 한 형태이기 때문이다. 또, 그들은 이익이 있는 일을 목표로 하지 훌륭한 일을 찾아 살아가지 않는다. 그것도 필요 이상으로 그렇다. 이것은 그들이 자기 중심적이기 때문이다. 그것은 이익이 있는 일은 자기에게 좋은 것이므로 이에 대해 훌륭한 일이라 하는 것은 무조건 하고, 누구에게도 좋은 것이기 때문에. 또 그들은 부끄러움을 느낀다고 하기보다 부끄러움을 느끼지 않는다. 그것은 훌륭한 일을 이익이 되는 일과 같은 정도로 마음 쓰는 일이 없기 때문에 남에게 어떻게 생각되는지 전혀 염려하지 않는 까닭이다.

그들은 간단하게 희망을 갖지 않는다. 이것은 경험에서 우러나온 일이고, 그것은 세상에 생겨나는 일이 태반은 좋지 않은 일이기 때문에. 결국 많은 일이 나쁜 결과로 나타나기 때문이다. 게다가 겁 많은 성질에 기인하는 일이기도 하다. 또, 희망보다 오히려 기억에 의지해 살아간다. 왜냐하면 그들의 인생은 남은 것이 얼마 안 되고 지나가 버린 부분이 많다. 희망이 관계를 갖는 것은 미래의 일이다. 이에 대해 기억은 지나가 버린 사항에 관계가 있기 때문이다. 그리고 이 일은 그들이 요설이게 한 원인을 이룬다. 결국 그들은 과거에 있던 일을 언제까지든 계속 말하게 된다. 그것은 과거 회상에서 기쁨을 찾아내기 때문이다.

또, 그들의 분개심은 불붙기가 쉬우나 힘이 없다. 또 욕망도 어떤 것은 소멸해버리고, 어떤 것은 약하디약해 욕망에 불붙는 일도, 욕망대로 행동하는 일도 없다. 아니, 행동의 동기가 되는 것은 오직 이익뿐이다. 그러므로 이와 같이 연배의 사람들은 절제 있는 것처럼 보이는 것이다. 그것은 욕망이 모두 풀어지고 다만 이득의 포로가 되어 있는 것에 지나지 않기 때문이다.

또, 그들은 품성보다 오히려 득실 계산으로 살아간다. 왜냐하면 득실 계산은 이익이 있는 것을 대상으로 하지만 품성은 덕, 우수성을 문제로 하기 때문이다. 또, 그들이 부정행위에 착수하는 것은 악의에 의한 것이지 오만함 때문은 아니다.

더욱이 노인도 동정심을 갖기 쉬우나 청년들과 같은 이유 때문은 아니다. 청년들의 경우는 인간애에 의한 것이나, 노인의 경우는 자기의 약점에 의한 것이기 때문이다. 결국 그들은 모든 불행을 자기 처지에 비춰 감각하는데, 이것이야말로 동정심을 갖게 하는 것이라 하겠다. 이 같은 이유에서 그들은 잘 투덜대고 익살을 부리는 일로 웃기를 좋아하는 일도 없다. 그것은 잘 투덜대는 일이 웃기를 좋아하는 일과 반대이기 때문에.

청년과 노인에게서 보이는 성격은 이상과 같은 것이다. 그러므로 사람은 누구나 자기 자신의 성격에 맞게 말하고, 그것을 본뜬 변론을 흔쾌히 수용하는 이상, 변론을 어떤 방식으로 이용하면 자기 자신도, 변론도 그와 같은 성격으로 보일 수 있는가가 이제 분명해졌다.

CHAPTER 14

장년의 특성

장년은 중간적 성격

장년기에 있는 사람들은 분명히 그 성격에 있어 청년과 노년 각각의 지나침을 제거하는 형태로, 양자의 중간에 위치해 대단히 대담하다는 일도 없고, 과도하게 두려워하지도 않고, 그 양쪽에 대해 적당한 상태를 유지한다. 또, 모든 사람을 믿는 것도 아니고, 누구에 대해서든 불신감을 갖는 것도 아니고, 어느 쪽이냐 하면 사물을 진실에 따라 판단한다. 또, 훌륭한 일만을 목표로 삼는 것도 아니고, 이익만을 지향하는 것도 아니다. 그 양쪽을 바라보며 살아간다. 또, 몹시 인색하게 사는 것도 낭비하며 사는 것도 아니고, 양자를 적당히 조화한 것을[177] 목표로 한다. 기개와 욕망에 대해서도 이 태도는 같다. 그들은 절제적이고 동시에 용기를 동반한다. 그들은 용기가 있고, 동시에 절제를 동반한다. 결국 청년이나 노년에게 이 두 가지 요소는 따로 나뉘어 있었다. 왜냐하면 청년은 용기가 있으나 방일하고, 한편 노년은 절제가 있으나 겁이 많기 때문이다. 한 마디로 말해 쓸모 있는 성질 가운데 청년과 노년이 나누어 가지고 있는 것을 그들은 양쪽을 모두 겸해 갖추고 있어 청년과 노년에게 지나치든가 부족한 부분을 적당한 형태, 조화를 갖춘 형태로 가지고 있다.

장년의 시기

그런데 전성기인 장년기란 신체로 말하면 30세에서 35세까지, 정신은 49세에 해당한다.[178]

그럼 청년·노년·장년에 대해 각각 어떤 성격을 가지고 있는가는 이상에서 설명한 대로다.

CHAPTER 15

명문가의 특성

다음은 운에 따라 생기는 좋은 점에[179] 대한 것인데, 그 가운데 인간의 성격이 어떤 성질의 원인이 되는지를 계속 말하고자 한다.

가문이 좋은 데에 따른 성격

그러면 가문이 좋은 점인데, 여기에 그 성격으로 그것을 갖춘 자는 남보다 갑절 명예를 찾는다는 특징이 인정된다. 그것은 누구나 자기에게 무엇인가 좋은 것이 갖추어져 있다면 거기에 더욱 쌓아 올리는 것이 보통이지만, 가문이 좋은 점이란 선조로부터 영예를 받아 이어 가는 일이기 때문에. 또, 가문이 좋은 사람은 자기 선조와 동등 정도로 명예 있는 동시대인을 경시하는 경향이 있다. 그것은 동일한 것이라도 주위에서 보이는 것보다 멀리 있는 것이 명예에 있어 일단 보다 더 낫게 보이고 자랑으로 생각되기 때문이다.

혈통이 바른 것과의 차이

그런데 가문이 좋다는 말은 가계로서 품성이 탁월하다는 의미로 사용되지만, 혈통이 바르다는 말은 그 가계에 보이는 본래의 성질에서 일탈하지 않는 것을 가리켜 말한다. 그러나 이 일은 대체로 좋은 사람들에게 인정되지 않는 것으로, 그들 대부분은 개인적으로 하찮은 자들이다. 그것은 농지에서 생육하는 작물과 같이 인간 가계 중에도 일종의 작황이 좋고 나쁘고가 있다. 가계가 훌륭한 경우에도 어느 시기에 이채를 띠는 사람들이 나타나는데, 그 후는 돌변해 불모의 상태가 이어지는 일이 간간이 보이기 때문이다.

그런데 일탈은 재기 넘치는 가계에서 남보다 갑절 광기에 젖은 성격을 향해 이루어진다. 예를 들면 알키비아데스의 자손이나 디오니시오스 1세의 자손이 그렇다.[180] 이에 대해 견실한 가계에서 우매와 둔중을 향해 일탈한다. 예를 들면 키몬이나 페리클레스나 소크라테스의 자손이 그렇다.[181]

CHAPTER 16
재산가의 특성

부자의 성격

다음은 부에 어떤 모양의 성격이 따라붙는가 하는 점인데, 이것은 누구나 쉽게 알 수 있는 일이다. 즉, 부자는 부의 획득에 조금 영향받아 오만하고 불손하다. 그것은 그들이 마치 좋은 것을 이것저것 소유한 기분이 들기 때문이다. 결국 그들에게 있어 부는, 말하자면 그 밖의 가치를 정하는 일종의 기준과 같으므로 부와 교환하면 살 수 없는 것은 아무것도 없다는 식으로 확신하고 있다.

또 그들은 사치를 좋아하고 방자하다. 사치를 좋아함은 평소에 사치 삼매에 빠져 생활하는 것과 자기가 혜택받은 삶을 과시하고 싶은 것이 원인이다. 한편, 방자하고 무례한 것은 그들의 누군가가 자기가 애호하고 찬미하는 것만을 중심으로 살아가는 데 익숙해 있다. 그래서 자기들이 손에 넣고자 바라는 것은 타인도 탐할 것이라 확신하기 때문이다. 동시에, 또 그들이 이 같은 기분을 가지는 것은 당연한 일이다. 그것은 부의 소유를 필요로 하는 사람들이 많기 때문이다. 그러므로 시모니테스의 말은 히에론의 아내를 향해 지자와 부자에 대해 다음과 같이 대답하고 있다.[182] 즉, 그녀가 부자가 되는 쪽이 좋을까, 지자가 되는 쪽이 좋을까 하고 물어본 데 대해 그는 "부자다." 하고 대답해 "지자들이 부잣집 문전에서 세월 보내는 것을 보고 있기 때문이다." 하고 말한 것이다.

또, 자기들은 관직을 가져야 할 인간이라고 생각하는 것도 부자의 특징이다. 그것은 자기들에게 관직을 가질 당연한 자격이 있다고 생각하기 때문에. 결국 한마디로 말하면, 호운의 혜택을 받은 바보 같은 자의 성격이 부를 가져오게 하는 것이다.

벼락부자와 예부터의 부자

그러나 최근에 부를 이룬 사람들과 예부터 가져온 사람들은 어떤 결점도 신흥의 벼락부자가 예부터의 부자보다 심히 나쁜 형식으로 가졌다는 점에서 성격상 차이가 보인다. 왜냐하면 최근 부자가 되었다는 경우는 부를 유지함에 있어 아직 마음가짐이 다소 결여돼 있다는 것을 의미하기 때문이다.

부자의 부정

또, 그들이 저지르는 부정행위는 악의에서 나오는 것이 아니다. 어떤 자는 오만이 원인이고, 어떤 자는 억제력이 없는 데에 기인한다. 예를 들면 폭행이나 간통의 경우가 그렇다.

CHAPTER 17
권력가의 특성

권력

다음은 권력이다. 다른 원인과 마찬가지로 이것에 대해서도 그 성격은 대부분이 이제 분명하다고 말해 좋을 것이다. 그것은 권력이 어떤 성격은 부와 같은 것을, 어떤 성격은 부보다 좋은 형태를 소유하고 있기 때문이다. 즉, 권력을 가진 사람들은 그 권력에 의해 실행의 권한이 주어진 일을 목표로 하기 때문에 성격상 부자보다 명예욕에 불붙어 남자다운 점이 있다. 또, 그들은 남보다 갑절 진지하다. 그것은 자기 권력에 관련 있는 일에 눈을 번득이지 않으면 안 되기 때문에 항상 낌새를 잊지 않는 것이다. 또, 그들은 남들과 같은 보통 상태 이상으로, 건방지다고 하기보다 오히려 위엄을 유지하려 한다. 왜냐하면 그 지위가 그들을 일단 눈에 띄게 해 주기 때문이다. 그러므로 그들은 무슨 일에든 적정선을 지킨다. 결국 위엄이란, 부드럽게 해 보기 흉한 점을 빼낸 건방짐이다. 또 그들은 부정을 일으킬 경우 인색한 부정을 일으키는 것이 아니고 큰 규모의 부정을 직접 다룬다.

호운

호운은 부분적으로 앞에 드러내[183] 보인 성격을 포함한다. 왜냐하면 최대 호운으로 생각되는 것은 결국 좋은 것에 관계돼 오기 때문이다. 동시에 또 호운은 좋은 자식으로 혜택을 받든가, 신체상 좋은 점 등에 관해 보다 유리하게 되도록 사전에 만반의 준비를 갖추어 준다. 이 같은 관점에서 볼 때, 호운의 혜택을 받은 사람들은 그 호운이 원인이 되어 남보다 갑절 불손하고 분별을 결하고 있으나, 다만 한 가지 매우 좋은 성격이 호운에 따라 형성되고 있다. 그것은 그들이 신을 사랑하고 신적인 것에 어떤 관계를 유지하고 있다는 사실이다. 결국 그들은 운에 따라 좋은 것을 신이 내려 주셨다는 것으로 신을 믿는 것이다.

그럼, 나이든가 운에 적응한 여러 성격에 대해서는 이상에서 말한 바 대로다. 앞에서 드러내 보인 것과 반대의 성격, 예를 들면 가난한 사람이나 불운한 사람, 권력이 없는 사람에게 보이는 성격은 앞서 말한 그것과 반대되는 점을 보면 명백하다.

CHAPTER 18

공통의 논점

지금까지의 요약

그런데 설득력 있는 언론을 사용하는 것은 청자의 판정에 목표를 두고 있기 때문에 그것은 잘 알려진 사실이나, 이미 판정이 내려진 사실에 대해서는 이제 언론의 필요가 아무것도 없기 때문이다.

또 예를 들면, 누구에게 충고하든가 설득을 시도하는 사람들이 실제로 행하는 것처럼, 한 개인 상대로 언론을 사용해 무엇인가를 이루도록 권한다. 그렇지 않으면, 하지 않도록 생각을 중지시키는 경우라 하더라도 그 목표는 판정이다. 왜냐하면 그 한 개인 역시 판정자임에 틀림없기 때문이다. 결국 설득하지 않으면 안 되는 상대, 이것이 일반적으로 말해 판정자이기 때문에, 또 논쟁 상대를 향해 즉각 반론할 경우라도[184] 제기된 설만을 상대에게 반론할 경우에도 이 점은 같다. 왜냐하면 반대 의론을 부정할 때도 언론을 사용하지 않으면 안 되지만, 그때 그 의론을 논쟁 상대로 보지 않고 상대에게 반론을 행하기 때문이다. 더욱이 이 점은 일반 변론에서도 마찬가지다. 왜냐하면 방청인을 판정자로 보고 이들을 향해 언론이 조립되기 때문이다. 그러나 일반적으로 국가의 공적 토론장에서 신문하는 문제에 판단을 내리는 자만이[185] 엄밀한 의미에서 판정자가 되는 것이다. 왜냐하면 그와 같은 점에서 계쟁 중인 문제와 심의 대상이 되고 있는 문제에 대해 그 진상이 어떠냐 하는 것이 판정되도록 질문하고 있기 때문이다. 거기에다, 또 국제의 종류에 적응하는 여러 가지 성격에 대해 이미 의회 변론의 항목에서 설명한 바가 있다. 따라서 변론을 품성의 반영으로 하기에 어떤 방식으로, 또 어떤 논점을 사용해야 좋을지는 이제 규정되었다고 보아 좋을 것이다.

3종의 변론에 공통되는 논점

변론의 종류를 하나씩 보면 그 목적은 각각 다르다. 한편 모든 종류의 변론에 대해 심의할 때도, 연설할 때도, 또 계쟁 중인 경우에도 각각 설득을 끌어내는 것이 기본이 된다는 세상의 견해와 명제가 이미 파악되고 있으므로, 그리고 또 변론에 앞의 성격을 반영시킬 수 있는 수단도 규정해 놓았으므로 우리에게 남은 일은 모든 종류의 변론에 공통되는 논점에 대해 설명할 차례다.

즉, 변론가는 모두 그의 변론 중에서 '가능한 것과 불가능한 것'이란 논점을 병용하지 않으면 안 되고, 또 경우에 따라 '장래에 있을 수 있을까?' 하는 것이나, '과거에 있었다.' 하는 사실을 발표하도록 노력할 필요가 있다.[186] 더욱이 '크기'의 논점도 모든 종류의 변론에 공통적이다. 왜냐하면 모든 변론가는 의회에서 심의할 경우, 누구를 칭찬 또는 비난할 경우, 고소 또는 변명할 경우 일을 작게 보이든가 과장해 보이든가 하는 방법을 사용하기 때문이다.

이와 같은 점을 규정한 것에, 우리는 설득 추론의 예증에 대해 말할 것이 있으면 일반적인 형태를 말하도록 해 보자. 그것은 남겨진 것이 첨가되어 모두에 보인 의도를 완수하기 위해서다.[187]

그런데 공통의 논점 중에 중대 과장하는 일은 앞에서도 말한 것처럼 일반 변론에 가장 상응한 것이다. 한편, 과거사는 법정 변론에서 논의한다는 사실은 판결이 과거 사실에 관계되기 때문이다. 또 가능한 일이나 미래의 일은 의회 변론에 가장 적합하다.

CHAPTER 19

공통의 논점(각론)

가능과 불가능

먼저, '가능한 것과 불가능한 것'에 대해 말하고자 한다.

만약 반대되는 한쪽이 있는데 생존할 수 있는 것이면 그것과 반대되는 것도 가능하다고 생각할 수 있을 것이다. 예를 들면 사람이 건강하게 될 수 있다면, 한편 질병이 발생할 수도 있다. 왜냐하면 상반하는 것은 그것이 상반하고 있는 한 그들이 갖는 가능성은 동일하기 때문에. 또 유사한 것의 한쪽이 가능하다면 다른 한쪽 또한 가능하다.

또, 만약 보다 곤란한 것이 가능하다면 보다 용이한 것도 가능하다. 또, 무엇인가가 우수하고 훌륭한 것으로 생존할 수 있다면 일반도 그 생존이 가능하다. 왜냐하면 훌륭한 집이 있다는 것은 단지 집이 있다는 사실보다 더 어려운 일이기 때문에.

또, 그 시작이 살 수 있다면 그 끝도 살 수 있다. 왜냐하면 불가능한 것은 무엇 하나 살지 못하고, 또 살기 시작하는 일도 없기 때문이다. 예를 들면 정방형의 대각선이 변과 통약되는 상태는 살기 시작하는 것도 아니고, 현재 살아 있는 것도 아니다. 또 그 끝이 가능하다면 그 시작도 가능하다. 왜냐하면 모든 것은 처음부터 살기 때문이다. 또, 실체 또는 생성 면에서 보다 뒤의 것이 산다면 보다 앞선 것도 살 수가 있다. 예를 들면 어른이 살아가는 일이 가능하면 어린이들도 살아가는 일이 가능하다. 왜냐하면 성장에서 어린이 쪽이 보다 앞서기 때문에. 만약 어린이의 생성이 가능하다면 어른도 또한 가능하다. 왜냐하면 어른은 어린이의 시작이기 때문에.

또, 연애나 욕망이 자연히 향해 가는 대상도 살아가는 것이 가능하다. 왜냐하면 대부분의 경우 불가능한 것을 사랑하든가 탐하는 자는 한 사람도 없기 때문이다.

또 지식이나 기술의 대상으로 하고 있는 것, 이것도 존재하는 일이, 살아가는 일이 가능하다. 또, 그 일의 시작이 우리가 강제로 가하고 설득할 수 있는 것의 수중에 있을 경우 그것도 가능하다. 그런데 강제나 설득이 가능한 것은 우리 쪽이 강하다든가, 우리 지배하에 있다든가, 우리의 친구와 같은 것이다.

또, 부분이 가능한 것은 그 전체도 가능하고, 전체가 가능한 것은 대체로 그 부분도 가능하다. 그것은 구두끈과 발싸개와 갑피가 살아 있다면 구두도 살 수가 있다. 구두가 살아 있다면 구두끈과 발싸개와 갑피도 살 수 있기 때문이다. 또, 만약 유(類) 전체가 살 수 있는 것에 포함된다면 종(種)도 또한 살 수 있는 것이고, 종이 가능하면 유도 또한 가능하다. 예를 들면 만약 선박이 생성 가능하다면 그의 종인 3단 상앗대의 병선도 생성 가능하고, 만약 3단 상앗대의 병선이 생성 가능하면 선박 또한 생성이 가능하다.

또, 본디부터 상관 관계에 있는 한쪽이 살 수 있다면 다른 한쪽도 살 수 있다. 예를 들면 만약 두 배가 가능하다면 그 반도 가능하고, 만약 반이 가능하면 그 두 배도 가능하다.

만약 기술이나 준비가 없이도 살 수가 있다면, 기술을 사용해 준비를 갖춘다면 보다 가능성이 높아진다. 그러므로 아가돈이 다음과 같이 말했다.

> 실제로 어떤 것은 기술에 의해 이룰 것을 이룬다. 하지만 어떤 것은 필연과 운에 의해 우리에게 살아서 온다.[188]

또 보다 열세한 자, 보다 약한 자, 보다 사려가 부족한 자에게 가능하다면 그와 반대되는 자에게 한층 더 가능하다. 이소크라테스가 "에우듀노스가 이해한 것을 바로 내가 생각을 떠올리지 못한다면 그것은 불가사의한 일이다."라고 말한 것이 이에 해당된다.

불가능한 것은 지금 말한 것과 반대되는 것부터 이해하면 된다.

과거와 미래

다음에 무엇인가가 과거에 살았느냐(있었다) 여부에 관한 점인데, 이것은 다음과 같은 데서 고찰해야 한다.

먼저, 만약 본디부터 살았을 가능성이 보다 적은 것이 살았다면, 살았을 가능성이 보다 큰 것은 살았다고 보아도 좋을 것이다. 또 통상, 보다 후에 살 것이 살았다면 보다 앞선 것도 살았을 것이다. 예를 들면, 만약 무엇인가 잊었다고 하면 그 사람은 일찍이 그것을 배운 일이 있었던 것이다.

또, 누군가가 무엇을 할 능력을 가지고 있고, 또 그것을 하고 싶다고 원하고 있었다면 그는 그것을 행했을 것이다. 왜냐하면 그것을 할 능력이 있고, 그렇게 하고 싶다고 바랄 경우 누구라도 그것을 행할 것이기 때문에. 어쨌든 그렇게 하는 것을 방해하는 것은 하나도 없기 때문에. 게다가 무엇인가 행하고 싶다고 희망하고 있고 더구나 외적인 조건에 이것을 방해하는 일이 하나도 없었다고 할 경우, 또 무엇인가 행할 능력이 있고 게다가 성이 나 있다고 할 경우,[189] 또 무엇인가 행할 능력이 있고 거기다 그것을 탐하고 있다고 할 경우 그는 그것을 행한 것이다. 왜냐하면 일반론으로서 사람들은 그 능력이 있을 경우에 자기가 간절히 바라는 일을 실행에 옮기는 것이기 때문에. 나쁜 품성을 가진 자는 그것을 억제할 힘이 없기 때문에. 한편, 품성이 훌륭한 자는 훌륭한 것을 탐내어 추구한다는 이유로.

또 무슨 일이 정말로 일어나려 한다든가 누군가가 정말로 하려고 한다면 그것은 발생한 것이고, 또 행해진 것이다. 왜냐하면 하려고 하는 사람이면 그것을 실행하는 일을 생각할 수 있기 때문에. 또 만약 본디부터 어떤 것보다 먼저인 것, 혹은 어떤 목적의 수단이 되는 것이 발생했다면 그 어떤 것은 발생한 것이다. 예를 들면 만약 번개가 있었다면 우레도 났을 것이다. 만약 무엇을 하려고 시도했다면 그는 그것을 실행으로 옮긴 것이다. 또 만약 본디부터 뒤에 발생한 것 혹은 무엇인가가 발생하는 목적이 되는 것이 발생했다면 앞의 것도, 그것을 목적으로 하는 것도 발생한 것이다. 예를 들면 만약 우렛소리가 들렸다면 번개도 쳤고, 무엇인가를 실행했다면 그 시도도 행해진 것이다.

그런데 이상의 사실은 모두 필연적으로 그와 같은 관계에 있는가, 일반적으로 보아 그와 같은 것인가 하는 것이다. 이에 대해 무엇인가가 발생하지 않았다고 하는 쪽에 대해 지금 말한 것과 반대되는 것에 기초를 두고 논해야 할 것은 말할 필요도 없다.

또 미래의 일에 대해서도 과거의 경우와 똑같은 논점에서 논해야 함은 물론이다. 즉, 그렇게 할 능력이 있고, 그것에의 희망이 있다고 하는 것은 발생할 것이다. 또 그것에의 욕망이나 노여움이나 계산이 있어 그렇게 할 능력도 갖추고 있다고 할 경우, 그 사람이 지금 바로 행동으로 옮기려 한다든가, 곧 행동할 것이라고 한다면 그것은 발생하는 것이 될 것이다. 왜냐하면 일반적으로 보아 바로 행하려 하는 것이 그 상태에 있지 않은 것보다 발생할 가능성이 높기 때문에. 또본래 보다 먼저 발생해야 할 것이 먼저 발생할 경우도 그렇다. 예를 들면 만약 구름이 하늘을 덮고 있다면 비가 올 것을 먼저 생각하게 되는 것이다. 또 어떤 목적의 수단이 되는 것이 발생했다면, 그 목적이 발생하는 것도 당연한 일이다. 예를 들면, 만약 토대가 잡혔다면 집이 지어질 것은 우선 틀림이 없는 일이다.

대와 소

다음에 사실의 대와 소, 보다 큰 것과 보다 작은 것, 일반적으로 큰일과 작은 일에 대해 앞에서 말한 데서부터 우리에게 이제 분명해졌다. 즉, 의회 변론 부분에서 여러 가지 좋은 것의 크기, 일반적으로 말해 그것이 보다 큰 것인가 보다 작은 것인가에 대해 설명한 바가 있다. 따라서 변론의 종류 각각에 세워진 목적은 좋은 것, 결국 각각의 이익·아름다움·정당성 등인 이상 변론가 모두는 말할 것도 없이 이 같은 좋은 것을 통해 효과를 증대시키는 방법을 파악해 놓지 않으면 안 된다. 그러나 그것과는 별도로 무조건적인 의미의 크기나 우수성에 대해 다시 탐구를 시도하는 일은 무용한 의론을 되풀이하는 것과 같다. 왜냐하면 실용성이란 점에서 보면 개개의 사실 쪽이 보편적 이론보다 결정적인 힘을 갖기 때문이다.

그렇다면 가능한 일과 불가능한 일에 대해, 또 무엇인가가 실제로 있었는가 아니면 없었는가, 장래 있을 수 있는가 아니면 없을 것인가 하는 점, 사실의 크기·작기에 대해서는 이상으로 충분할 것이다.

CHAPTER 20

실례를 통한 입증

변론 개개 종류의 고유한 설득 수단에 대해 이제 말했으므로 남은 일은 모든 종류에 공통되는 설득 수단에 대해 논해야 한다.

두 개의 공통 설득 수단

공통 설득 수단에 유(類)로서 두 개가 있다. 그것은 예증과 설득 추론이다. 그것은 설득에 격언도 인용되지만, 이것은 설득 추론의 일부분이기 때문에. 그러면 먼저 예증에 대해 말하도록 한다. 왜냐하면 예증은 귀납에 유사하지만, 귀납은 추론의 단초이기 때문에.[190)]

예증의 2종

예증은 2종이 있다. 즉, 예증의 종 중 하나는 과거에 있던 사실을 드러내는 일이고, 또 하나는 논자 자신이 예를 창출해 내는 일이다. 후자 가운데 하나는 비유이고, 하나는 예를 들면 아이소포스의 이야기나 리비아의 이야기[191] 같은 우화다.

역사적 사실에 의한 예증

사실을 드러내 보인다는 것은 다음과 같은 것을 가리킨다. 즉, 페르시아 왕의 침공에 대해 방비를 잘 갖추고 이집트 정복을 허락하지 않도록 하지 않으면 안 된다. 왜냐하면 먼저에도 다레이오스 왕은 이집트를 수중에 넣기까지 바다를 건너 그리스를 침공하지 않았으나 손에 넣은 즉시 바다로 건너오고, 크세르크세스 왕의 경우 역시 이집트를 손에 넣기까지 시도하지 않았으나 손에 넣게 되자 바다를 건너왔다. 따라서 현재의 왕도 이집트를 손에 넣게 된다면 반드시 바다를 건너올 것이다. 그러므로 그에게 그것을 허락하면 안 된다는 식으로 말하는 경우가 그것이다.

창출된 예증, 비유

비유란, 소크라테스의 논법이 그런 것이다.[192] 예를 들면, 다음과 같이 말할 경우가 이에 해당된다. 추첨으로 선출된 자가 행정 책임을 담당해서 안 된다. 왜냐하면 그것은 마치 경기자의 경우 경합 능력이 있는 자가 아니고 추첨에 당첨한 자를 경기자로 선출하든가, 혹은 또 뱃사람 중에서 키 잡을 사람을 뽑을 때 마치 키 잡기는 그 지식을 몸에 익힌 자가 아니라 추첨에 당첨된 자가 아니면 안 된다고 생각, 제비 뽑기로 뽑는 것과 똑같은 일이기 때문에.

창출된 예증, 우화

또 우화란, 예를 들면 스테시코로스가 팔라리스에 대해,[193] 또 아이소포스가 민중 지도자 변호를 위해 만든 이야기가 그것이다. 즉, 히메라의 사람들이 팔라리스를 독재 장군으로 뽑고 그에게 친위대 설치를 인정하려 할 때, 스테시코로스는 그 밖에도 여러 가지를 말한 후에 그들을 향해 다음과 같은 우화를 말해서 들려 주었다.

한 필의 말이 자기만의 방목지를 독점하고 있었으나 여기에 사슴이 끼어 들어 와 목초지를 못 쓰게 만들었으므로 이에 앙갚음을 하려고 생각, 어떤 인간에게 일손을 빌려 그 사슴에게 앙갚음을 해 줄 수 있는가 여부를 물어 보았다. 그러자 그 자는 말이 재갈을 물고, 자기가 창을 들고 말에 타는 조건이면 좋겠다고 대답했다. 말이 이에 동의하고 그 자는 말 등에 올라탔으나, 그때 말은 앙갚음을 하는 대신 자기부터 그 인간의 노예가 되고 말았다.

"이와 같은 일이 있으므로 제군도 역시……."

그는 말을 계속했다.

"적수에게 복수하려고 해 그 말과 똑같은 경험을 하지 않도록 주의하는 것이 좋다. 어쨌든 여러분은 그를 독재 장군으로 뽑은 일로 이제 재갈을 물린 것이므로, 만약 그에게 친위대를 인정해 주고 등에 올라타게 허락한다면 홀연 팔라리스의 노예가 될 것이기 때문에."

또, 아이소포스는 사모스에서 어느 민중 지도자가 살인죄로 문초당할 때 그것을 변호하는 변론 중에서 다음과 같이 말했다.

한 마리 여우가 내를 건너가려 할 때, 물살로 인해 밀려나 벼랑의 갈라진

틈으로 꼭 끼었다. 여기서 빠져나갈 수 없었는데 많은 개진드기를 만나 상당 시간 혼이 났다. 그러나 그 주위를 맴돌던 한 마리 고슴도치가 여우를 보고 그 모습에 동정을 느껴 개진드기를 잡아줄까 하고 물어보았다. 그러나 여우가 그것을 거절하자 왜냐고 물어보니, 이 진드기 떼가 내 피를 빨아 배가 잔뜩 불렀으니, 이 이상 더 피를 빨 일은 없을 것이다. 그러나 만약 이것들을 제거해 버리면 뱃속이 빈 다른 진드기 떼가 몰려와 내게서 남은 피를 모두 빨아 버리기 때문이라고 대답했다.

"좋겠습니까, 사모스의 여러분."

아이소포스는 계속했다.

"여러분의 경우도 그것과 마찬가지로, 이 남자는 이제 여러분에게 해 끼칠 일은 없을 것입니다(왜냐하면 지금 부자이기 때문에). 그러나 만약 이 남자를 죽인다면 다른 가난한 패들이 몰려와 그 자들이 나머지 돈을 훔쳐 여러분을 빈털터리로 만들어 버릴 것입니다."

우화와 역사적 사실의 비교

그런데 우화는 공적 집회의 변론에 적합하다. 거기에 또, 과거사에서 동일 사실을 찾아내기는 곤란하지만 우화를 만들어 내기는 용이하다는 이점이 있다. 그것은 우화를 만드는 데 유사성을 찾아내는 능력만 있으면 다음은 비유를 모방해 창작하면 되지만, 이 능력은 널리 지식을 구하려는 마음가짐만 있다면 용이하게 손에 넣을 수 있기 때문이다. 그러나 용이한 것으로 말하면 우화를 쓴 예증을 준비하는 편이 훨씬 편한데, 의회 심의에 도움이 된다고 할 때는 역사적 사실에 의한 예증 편이 한 단계 높다. 왜냐하면 장래 일은 대체로 과거사에 유사하기 때문이다.

예증을 쓰는 경우

논자가 설득 추론을 조립해 논하는 일이 되지 않을 경우에 예증을 논증처럼 써야 한다. 왜냐하면 증거를 세우는 설득은 이처럼 두 가지 추론을 통해 행해지기 때문이다. 한편, 설득 추론이 가능할 경우에 예증을 증언으로 써 설득 추론에 대한 보충으로 다루어야 할 것이다. 왜냐하면 실례가 앞에 놓이면 그것이 귀납에 유사한 것이 되지만, 귀납은 소수의 경우를 제외하고 변론법의 언론에 본래 적합하지 않은 데 대해 실례가 설득 추론의 뒤에 오면 그것은 증언에 유사한 것이 된다. 그런데도 증인이란 언제 어떤 경우에도 설득력이 있기 때문이다. 그러므로 실례를 앞에 놓을 경우 수많은 예를 포개놓지 않으면 안 되지만, 뒤에 놓을 경우 하나만 놓아도 족하다. 왜냐하면 신뢰되는 증인은 한 사람이라도 도움이 되기 때문이다.

예증에 어느 만큼의 종류가 있고, 또 그것을 어떤 식으로, 그리고 어떤 때 사용할 것인가를 이상에서 대충 논해 보았다.

CHAPTER 21
격언을 통한 입증

다음은 격언 사용에 대한 것인데, 격언의 어떤 것이 말해진다면 변론 중에서 격언을 사용하는 것은 어떤 내용을 어떤 때에, 그리고 어떤 사람의 수완으로 행해지는 것이 적합한가 하는 점도 매우 분명히 해야 할 일이다.

격언의 정의

격언이란 언명이다. 예를 들면, 이피크라테스는 어떤 인물인가와 같은 개별적인 사항에 관계되는 것이 아니라 보편적인 것을 다룬다. 또, 보편적인 것이라면 어떤 것이라도 다룬다는 뜻은 아니다. 예를 들면, 직선은 곡선과 반대다라는 사실은 다루지 않는다. 행위가 관련되어 있을 것, 결국 행위와의 관련으로 무엇을 선택해야 하고, 무엇을 피해야 할까를 다룬다. 그러므로 설득 추론은 이와 같은 일을 다루는 추론이라 말해 별다를 것이 없기 때문에 격언은 추론 부분이 제거되어 있을 때 설득 추론의 결론이나 전제가 됨을 뜻한다. 예를 들면 "양식을 가지고 태어난 자라면 결코 자식들을 특별한 현자에게 맡겨 교육시키지 않는다."(에우리피데스, 『메데이아』)고 하는 것이 그렇다. 이것은 격언인데 여기에 이유, 결국 어째서 그런가 하는 설명이 덧붙여지면 그 전체는 설득 추론이 된다. 예를 들면 다음과 같은 설명이 그런 것이다.

> 왜냐하면 그들에 대한 게으름뱅이라는 비난은 그만두더라도 동네 사람들로부터 악의에 찬 질투를 받게 되기 때문이다. -에우리피데스, 『메데이아』

또, "모든 것이 행복한 인간이란 없다."(에우리피데스, 『스테네보이아』)든가 "세상에 참으로 자유로운 자는 하나도 없다."(에우리피데스, 『헤카베』)는 격언이지만, 이어지는 어구와 함께 어울리면 그것은 설득 추론이 되는 것이다. "왜냐하면 세상의 인간은 금전 아니면 운의 노예이기 때문에."(같은책)

격언의 분류

격언이 지금 말한 대로라면 격언에 필연적으로 네 가지 종류가 있는 것이 된다. 즉, 격언은 (1) 이유의 보충을 수반하는 것인가 (2) 보충이 없는 것인가 그중 하나다. 보충으로써 어떤 증명을 필요로 하는 것은 세상 일반의 견해에 반대되는 것, 또는 이론(異論)이 많은 것을 말하는 격언이다. 이에 대해 세상의 의견에 반대되는 것을 전혀 말하지 않은 격언에 보충이 가해지지 않는다.

보충이 없는 격언의 어떤 것은 (2a) 개인의 의미가 벌써 잘 알려져 있다는 의미로, 당연한 일이지만 보충을 전혀 필요로 하지 않는다. 예를 들면 "인간에게 건강은 확실히 최고의 선이다. 적어도 나는 그렇게 생각한다."[194]라는 격언이 그런 것이다. 왜냐하면 대부분의 사람도 그렇게 생각하기 때문이다.

(2b) 또 어떤 것은 주의해 듣기만 하면 동시에 그 의미를 잘 안다는 이유로 필요로 하지 않는다. 예를 들면, "항상 사랑하고 있는 것이 아니면 그는 연인이 아니다."(에우리피데스, 『트로이아의 여인』)라는 것이 그런 것이다.

한편, 보충을 수반하는 격언 가운데 (1a) 어떤 것은 설득 추론의 일부가 된다. 다음의 말이 이에 해당한다. "양식을 갖추고 있을 만큼의 사람은 결코 …해야 한다가 아니다."

또, (1b) 어떤 것은 그것만으로 설득 추론의 구실을 하는 것으로, 설득 추론의 일부는 되지 않는다. 그리고 이 종류의 것이 가장 인기가 있다. 이 종류의 격언이란, 말하는 이유가 그 가운데 분명하게 표시되고 있음을 뜻한다. 예를 들면 다음의 격언이 그런 것이다. "언제인가 죽어야 할 사람인 이상, 죽음으로 끝나지 않을 것 같은 분노를 언제까지고 품고 있으면 안 된다.", 즉 '언제까지고 분노를 품고 있으면 안 된다.'고 하는 정언(定言)이 격언이고, '죽어야 할 사람인 이상'이라는 보충 부분은 어떤 이유로 그런가를 표시하는 셈이다. 다음의 말도 이것과 동일하다. "죽어야 할 사람은 죽어야 할 것을 여러모로 생각할 일이지 불사이기를 생각할 일은 아니다."[195)]

보충을 하는 경우

그럼 이상에서 말한 것으로 격언의 종류가 어느 정도이고, 또 어떤 내용을 각각의 종류에 대는 것이 적절한가는 이제 분명해졌다. 즉, 다른 이론의 여지가 많은 것이든가, 일반 견해에 반대되는 것은 보충 부분을 앞에 놓고 격언을 결론으로 사용하면 매우 적절하다. 예를 들면 "사람은 샘을 내도 안 되고 게으름뱅이가 되어도 안 되므로, 나는 자식들을 교육받게 할 수 없다고 주장한다."고 말할 경우, 혹은 뒤의 격언 부분을 먼저 말하고 앞의 보충 부분을 그 뒤에 덧붙여 말하는 것이 그런 것이다. 이에 대해, 일반의 견해와 반대되는 것은 아니나 의미를 잘 알지 못하는 일에 대해 그 이유를 되도록 간결하게 덧붙여 말하는 것이 좋다. 그와 같은 경우는 라코니아풍의 경구나[196] 수수께끼와 같은 표현이 꼭 맞는다. 예를 들면 이것은 스테시코로스가 로크리스 사람 사이에서 한 말인데,[197] "오만불손하면 안 된다. 매미가 땅 위에서 노래하는 것 같으면 안 되기 때문에." 하고 말하는 경우가 그것이다.

격언을 사용하는 경우

격언을 사용할 때는 연령의 정도가 제법 연배에 달한 사람에게 어울리고, 자기에게 그 경험이 있는 일에 대해 사용하는 것이 적절하다. 결국 어느 정도의 연배도 아닌데 격언을 사용해 말하는 것은 설화를 들려 주는 것과 마찬가지로 어울리지 않는다. 한편, 자기에게 경험이 없는 일에 대해 격언을 말하는 것은 어리석은 일이다. 자기의 무교양을 노출하는 것이기 때문이다. 여기에 충분한 증거가 있다. 즉, 시골 사람이 특히 격언을 짜내 가지고 곧장 아무에게나 들려 주려고 한다.

그런데 일반성이 없는 것이라 하더라도 그것을 일반적 형식으로 말하면 불평불만이나 공적 분노를 표출할 때 특히 적합하다. 그리고 그와 같은 때는 모두에서 그것을 하든가, 아니면 증명을 끝내고 하는 것이 좋다. 또, 사람들 입에 자주 오르는 주지의 격언도 만약 도움이 된다면 사용해 볼 일이다. 왜냐하면 그것들은 주지하는 것이므로, 말하자면 모든 사람이 지당한 일이라고 동의하는 것이다. 따라서 정당한 주장이라고 생각하기 때문이다. 예를 들면 길흉을 점치는 희생식을 끝내지 않았는데 위험 지역에 부임하도록 병사들을 격려하는 경우에 "유일 최대의 길조, 그것은 조국을 위해 방위하는 일"(호메로스,『일리아스』)이라고 말했고, 세력이 열악한 데도 단호하게 위험을 무릅쓰도록 격려할 때 "무운을 지키는 에뉴아리오스 신은 어느 쪽에도 자기편이 된다."[198]고 말했다. 또, 적의 자식들을 아무 죄가 없음에도 살해하도록 재촉하는 경우, "아버지를 죽였는데 자식을 남겨두는 일은 어리석은 자다."(호메로스,『일리아스』)라고 말했다.

속담 가운데 어떤 것은 격언이기도 하다. 예를 들면, "아티카의 이웃 사람"이란 속담이 바로 그것이다.[199]

정착된 격언과 반대인 경우

또, 유포되어 있는 격언이나 속담에 반대되는 경우도 격언을 사용해야 한다. 여기서 유포되어 있다고 하는 것은 예를 들면 "너 자신을 알라."든가, "정도를 지나치지 마라." 등을 가리킨다. 단지 그것은 그렇게 하는 것으로써 화자인 자기의 인품이 틀림없이 좀 더 좋게 나타나든가, 감정을 담아 말하고 있음이 상대에게 전달될 경우로 한정된다.

감정이 담겼다고 하는 것은, 예를 들면 누군가가 화를 내며 "자기 자신을 알지 못하면 안 된다는 것은 거짓말이다. 어쨌든 이 남자를 보면 알겠지만, 만약 그가 자기 자신을 알고 있다면 자기가 장군이 되어야 한다고 요구하는 일은 결코 없었을 것이다." 하고 말하는 경우가 그렇다.

한편, 인품이 좀 더 잘 나타난다는 것은 "세상에서 말하는 것처럼 어쨌든 미워하게 될 것이라 생각하고 사랑할 일이 아니라, 어쨌든 사랑하게 될 것이라 생각하고 미워할 일이다." 하고 말하는 경우가 그렇다.[200] 그러나 이 경우에 그 말하는 방법으로 자기 의도를 남김 없이 밝히지 않으면 안 된다. 그렇지 않으면 이유를 뒤에 덧붙일 필요가 있다. 예를 들면 다음과 같이 말하고 이유를 덧붙이는 경우가 그렇다. "세상에서 말하는 방식으로 친구를 사랑할 것이 아니라, 언제까지나 계속 사랑할 속셈으로 사랑하지 않으면 안 된다. 왜냐하면 다른 한쪽의 사랑 방식은 배반자가 하는 방식이기 때문에."혹은 "나는 세상에서 하는 말에 만족할 수 없다. 왜냐하면 참으로 친구다운 자는 언제까지나 계속 사랑할 속셈으로 사랑해야 하기 때문에." 또, "정도를 지나치지 말라 하는 속담에 불만이다. 왜냐하면 상대가 나쁜 인간이라 할 때 심할 정도로 미워해야 하기 때문에."

격언의 효용

또 격언은 변론에 충분히 큰 구원이 되는데, 그중 하나는 청중이 무교양일 때 필요하다. 왜냐하면 누군가가 일반적인 형식으로 논하고, 그것이 특정 사례에 대해 가지고 있는 견해와 우연히 일치되는 일이 있다면, 청중은 언제고 기쁨을 느끼기 때문에 내가 말하지 않으려 하는 일은 동시에 또 어떻게 해서 격언을 몰아내면 좋을까 하는 점도 다음과 같이 말하면 확실하게 하는 것이다. 즉, 앞에서 말한 것처럼 작은 일반적인 언명이지만, 그러나 청중은 자기들이 우연히 특정 사례에 관련해 가지고 있는 생각이 일반적인 형식으로 말해지면 나의 뜻이 옳다, 됐다고 기뻐한다. 예를 들면 운이 나빠 좋지 않은 이웃 사람이나 나쁜 자식을 가지고 있다면 "이웃 교제만큼 귀찮은 일은 없다."든가, "자식을 만드는 일처럼 매우 어리석은 일은 없다."라는 말을 하는 사람이 있으면 그 말을 기꺼이 받아들일 일이다. 그러므로 논자는 청중에 어떤 경험으로 어떤 생각을 가지고 있는지를 추찰하지 않으면 안 된다. 그 위에서, 그 생각에 맞닥뜨려 앞에 말한 것처럼 일반적인 형식으로 말해야 한다.

그럼 이상이 격언을 사용할 때의 한 가지 효용인데, 그 밖에도 보다 큰 효용이 있다. 즉, 격언은 변론과 인품을 잘 표시하는 것으로 만들어 준다. 인품을 잘 표시하는 변론은 그 가운데 혼자의 선택 의도가 분명히 나타나는 것이다. 격언은 모두 이와 같은 효과를 가지고 있다. 그것은 격언을 말하고 있는 사람은 자기의 선택 의도를 일반적인 형식으로 명시하고 있기 때문이다. 따라서 사용된 격언이 훌륭한 것일 때 논자를 훌륭한 인품의 소유자로 생각되게 하는 것이다.

마무리

그럼 격언에 대해 그것이 무엇이고 그것에 얼마 만큼의 종류가 있는가, 또 그것을 어떤 방식으로 사용해야 할까, 그것에 대한 이점이 있는가 등을 이상에서 충분히 말했다고 생각한다.

CHAPTER 22

설득 추론

다음은 설득 추론인데, 총론으로 어떤 방식에 따라 이것을 찾아가면 좋은가를 말하고, 그 후에 여러 논점으로 들어가도록 한다. 왜냐하면 이 같은 두 가지 점은 각각 종류가 다른 문제이기 때문에.

정의의 확인

설득 추론이 추론이어야 한다는 것, 또 어떤 의미에서 추론인가, 그리고 변증법의 추론이란 어떤 점에서 다른가는 앞서 말했다.[201] 결국 설득 추론에 있어 변증법의 경우처럼 멀리서부터 많은 의론을 거쳐 결론을 끌어낸다는 것이어서는 안 되고,[202] 의론의 단계를 모두 억누르고 끌어낸다는 것도 안 된다. 그것은 전자가 의론이 지나치게 길어 청중에게 분명히 하지 못하고, 후자는 이해할 수 있는 것까지 말하기 때문에 무용한 잡담이 되기 때문이다. 실로 이 일이 대중 앞에서 교양이 풍부한 변론가보다 교양이 부족한 변론가가 설득력을 갖는 이유가 되고 있다. 이 점은 대중 사이에 교양 없는 사람이 말하는 기술에서 우수하다고 시인들이 말하는 대로다.[203] 그것은 교양이 풍부한 사람들은 보편적으로 일반성 있는 사실을 말하지만, 교양이 없는 사람은 자기가 경험적으로 알고 있는 것에 기본을 두고 결국 청자에게 비근한 사실을 말하기 때문이다. 그러므로 의론을 끌어내는 것은 사람들이 가지고 있는 견해라면 어떤 것이든 좋다는 의미는 아니고 어떤 한정된 견해, 예를 들면 청자가 된 재판관이든가 그 재판관이 '그 사람이라면' 하고 인정하는 사람들의 견해에 기본을 둔 것이 아니면 안 된다. 더 나아가 그 견해는 모든 사람, 그렇지 않으면 대다수 사람도 그렇게 생각하고 있는 것이라는 사실이 명확하지 않으면 안 된다. 또, 필연적인 전제만 아니라 대체로 참이라 생각하는 전제를 기본으로 해 결론을 끌어내는 것이 필요하다.

문제 특유의 논점을 알 필요

그러면 첫째로, 우리가 무엇에 대해 논하고 추론하고 하지 않으면 안 되는 경우, 그 추론이 국가 공공사를 다루는 것이면 다른 어떤 사안을 다루는 것을 불문하고 문제가 되고 있는 사항에 대해 그 특유의 논점이 되는 것을 그 전체인가 부분인가는 어쨌든 잘 알아둘 필요가 있다는 것을 먼저 이해해 놓고 있지 않으면 안 된다. 왜냐하면 그런 것을 어느 것 하나 알고 있지 않으면 결론을 끌어내는 전제를 아무것도 가질 수 없기 때문이다.

내가 말하고 싶은 것은 이러한 것이다. 만약 아테네 사람들에게 싸울 것인가 싸우지 않을 것인가를 충고할 때, 그들의 군사력이 어느 정도인가, 그것은 해군 중심인가 혹은 육군 주체인가 혹은 그 양쪽인가, 또 그것은 어느 정도의 병력인가, 또 그들의 세입은 어떤 것인가, 아군은 어디이고 적군은 어디인가 거기에 지금까지 어떤 전투를 어떻게 경험한 일이 있는가 등을 마음에 파악하고 있지 않으면 어떻게 충고할 수 있을까 하는 일이 될 것이다. 혹은 또 칭찬할 경우에도 만약 살라미스 해전이든가, 마라톤의 육전이든가, 헤라클레스의 자손 때문에 행한 수많은 행위,[204] 그 밖의 이 종류의 일을 알지 못하고 어떻게 이것을 칭찬할 수 있을까. 왜냐하면 칭찬할 때는 누구라도 적중하는 사람에 실제 속하며, 또 속한다고 생각되는 훌륭한 행위에 기본을 두고 칭찬하기 때문이다. 동일하게 남을 비난할 경우에도 그것과 반대되는 것에 기본을 두고 그들이 반대의 어떤 것에 속하고, 또 속한다고 생각되는가를 조사하고 비난한다. 예를 들면 그들 아테네 사람들은 그리스 사람을 예속시켰다든가, 그들과 함께 외국과 싸워 훈공을 세운 아이기나의 사람들이나 포디따이아 사람들을 노예로 했다든가, 그 밖에 이와 같은 종류의 일이든, 그 밖에도 이와 유사한 과오가 실제로 그들에게 있다고 하면 그것까지도 조사한 뒤 비난하는 것이다. 타인을 고발한다든가 변명한다든가 하는 사람들도 마찬가지로 그 자가 인정하는 사실을 조사하고 나서 그것을 근본으로 해서 고발이나 변명을 한다.

그러나 동일 사실을 행한다는 점에서 대상이 아테네 사람이 되었건 라게따이몬 사람이 되었건, 혹은 인간이건 신이건 간에 아무런 차이가 없다. 왜냐하면 아킬레우스에게 충고하는 경우도, 그를 칭찬하든가 비난하든가 하는 경우도, 그를 고발하든가 그를 위해 변명하든가 하는 경우도 그에게 사실을 인정받는 일 혹은 그렇지 않으면 인정받는다고 생각되는 일을 파악하고, 그 토대 위에서 만약 아름다운 일인가 추한 일인가 인정되는 것이라면 칭찬 또는 비난의 변론을 시도하고, 만약 정당한가 부정당한가가 인정되면 고발 또는 변명의 변론을, 또 만약 이익이 나는 일인가 해가 되는 일인가가 인정되면 충고의 변론을 행하도록 하지 않으면 안 되기 때문이다.

또, 어떤 문제에 대해서도 이들의 예와 마찬가지로 하지 않으면 안 된다. 예를 들면 정의에 대해 그것이 좋은가 좋지 않은가는 정의와 선(善)에 실제 인정되는 것을 근본으로 해 이해하지 않으면 안 되는 것이다.

따라서 모든 논자는 그 추론이 엄밀한 것이든, 온건한 것이든 명백하게 이상과 같은 방식으로 증명을 하고 있는 것이다. 그것은 그들이 어떤 것으로부터도 의론의 전제를 가져온다는 의미가 아니라 각각의 문제에, 특히 관계 있는 사실에서 가져오는 것이기 때문에. 또, 변론에 의존하는 한 이 이상의 방식으로 설명하는 것이 불가능한 것도 분명하기 때문에. 『토피카』에서 논한 것처럼 가장 먼저 각각의 문제에 관해 가능한 논점이나 그 문제에 가장 적합한 사실에 대한 전제를 뽑아내야 한다는 것, 이어서 갑자기 나타난 새로운 사실에 대해서도 이와 동일한 방식으로 전제를 탐구해 개개 문제에 한정되지 않은 것이 아니라, 변론의 주제가 되고 있는 문제만으로 이에 속하는 일에 착안해 그 문제에 가장 관계가 깊은 사례를 되도록 많이 한데 모아 나가야 한다는 사실은 명백하다. 왜냐하면 그 문제만 인정되는 사례를 많이 가지면 가질수록 그만큼 설명도 용이해지고, 문제와의 관계가 깊어지면 깊어질수록 그 설명은 문제에 고유한 것이 되어 일반성이 감소하기 때문이다. 내가 일반적이라 말하는 것은 아킬레우스를 칭찬하는데 그는 인간이기 때문에 영웅의 한 사람이라든가, 이리온에 원정했다 등으로 말함으로써 칭찬하는 것이다. 그것은 이 같은 일이 다른 다수의 사람에 대해서도 할 수 있는 말이다. 따라서 이와 같은 칭찬은 디오메데스[205] 이상으로 아킬레우스를 칭찬하는 것은 되지 않기 때문이다. 이에 대해 고유한 것은 아킬레우스 이외 누구에게도 적합하지 않은 것으로, 예를 들면 트로이아군에서 가장 용감한 헥토르를 쓰러뜨렸다든가, 전체 그리스군의 상륙을 저지한 불사신의 용장 킥노스[206]를 살해했다 등으로 말하는 것, 또 최연소의 어린 소년으로 맹세를 한 처지도 아닌데[207] 원정에 참가했다는 것, 그 밖에 이와 같은 종류의 것이다.

설득 추론의 요소(논점)

그러면, 문제에 특유한 논점을 선택하는 지금 드러낸 방법은 설득 추론에서 전제 선택의 한 가지 방법으로서 가장 기본적인 것이지만, 다음에 설득 추론의 요소를 들어보이기로 한다. 여기서 요소라고 말하는 것은 설득 추론의 논점이라 하는 것과 같다. 그러나 그에 앞서, 먼저 최초에 말해 놓지 않으면 안 될 것에 대해 언급하기로 한다.

설득 추론에 두 가지 종류가 있다. 즉, 하나는 무엇이 있다 또는 없다는 것을 직접 증명하는 것이고, 또 하나는 논박을 주안으로 하는 것인데, 이 차이는 변증법에 논박과 추론의 차이가 있는 것과 대응한다. 증명을 주안으로 하는 설득 추론과는 일반적으로 인정되는 명제를 전제로 해 여기에서 결론을 끌어내는 것이고, 논박이 목표하는 그것은 논적에게 동의되지 않는 결론을 끌어내는 것이다.

마무리와 다음의 고찰

그럼, 변론의 종류 각각에 대해 우리는 그것에 도움이 되고, 필요한 논점을 대부분 수중에 거두었다고 말해 좋을 것이다. 그것은 각 종류에 관련 있는 명제는 이미 뽑아냈고, 따라서 좋은 것과 나쁜 것[208] 혹은 아름다운 것과 추한 것 혹은 정당한 것과 부정당한 것에 대해, 또 그것과 아울러 여러 가지 타입의 성격·감정·독특한 멋에 대해서도 설득 추론을 거기서 도출해야 할 여러 논점은 미리 뽑아내 우리의 주위에 있다는 의미이기 때문이다. 그래서 이번에 이에 덧붙여, 상기한 바와 별도의 방식으로 변론의 모든 종류에 적용되는 공통의 논점을 파악하도록 한다. 그리고 그것에 확인을 날인하는 의미로, 논박을 목적으로 하는 설득 추론과 증명이 주안인 설득 추론, 거기에 겉보기는 설득 추론이지만 실제는 설득 추론이 아닌 것, 어쨌든 그것은 추론조차도 아니기 때문에 그것의 논점을 말하도록 한다. 이것을 분명히 한 다음 반박과 이의(異議)에 대해 규정하고,[209] 설득 추론에 반대론을 전개하는 것은 어디서 그것을 가져오면 좋을까를 말하도록 하겠다.

CHAPTER 23

설득 추론의 논점

28개 항목의 논점

(1) 증명을 주안으로 하는 설득 추론의 한 가지 논점은 상반되는 것에 기초를 둔다. 즉, 무엇과 반대되는 것에 그 무엇이 가지고 있는 성질과 반대의 성질에 속하고 있는지 여부를 조사해, 만약 속하지 않으면 그 명제를 부정해 버리고, 속하면 시인하도록 하지 않으면 안 된다. 예를 들면, "절제하는 일은 좋은 것이다. 왜냐하면 방탕하면 해를 가져다주기 때문이다." 하는 명제가 그렇다.[210] 혹은 '메세니아 사람을 기리는 연설'의[211] 다음 말이 이에 해당한다. "만약 전쟁이 현재 모든 악의 원인이라면 평화의 힘으로 이것을 바로잡아 고치지 않으면 안 된다."

또, "왜냐하면 본의 아니게 나쁜 일에 손을 대고 만 자에 대해 분개하는 것이 정당한 것이면, 강제되어 남에게 선행을 베푼 경우에 그 자에게 감사의 느낌을 갖는 것도 적절하다고 할 수 없다……."(무명씨, 『Nauck and Snell』

단편 80)고 한 말도, "그러나 죽어야 할 인간에게 거짓을 말해도 그것이 신뢰된다고 하면, 그것과 반대되는 사실도 당신은 인정하지 않으면 안 된다. 죽어야 할 인간에게 진실이 신뢰되지 않는 일이 수없이 많다라고."(에우리피데스, 『듀에스데스』 단편 396) 하는 것도 그렇다.

(2) 다른 논점은, 동근(同根)의 굴절어에[212] 기초를 둔다. 그것은 어떤 말의 몇 개의 굴절형이 무엇에 대해 동일하게 술어(述語)가 되는가, 아니면 동일하게 술어가 되지 않는가 둘 중 하나이기 때문이다. 예를 들면 '옳다'는 것은 반드시 모든 것이 '좋다'는 것은 아니다. 왜냐하면 만약 그렇다고 하면, '옳다'의 굴절어인 '옳게'는 '좋게'가 되는데, 그러나 실제는 '옳게'(정당하게) 사형에 처해지는 것이 바람직하다고 할 수 없기 때문이라고 말하는 것이 그렇다.[213]

(3) 어떤 논점은 상관 관계에 기초를 둔다.[214] 즉, 이와 같은 관계에 있는 어느 한쪽의 것에 대해 훌륭하게, 또는 정당하게 '행하다'고 말할 수 있다면, 다른 한쪽에 대해 훌륭하게 또는 정당하게 '하다'고 할 수 있고, 또 어느 한쪽에 명령이 인정되면 다른 한쪽에 명령의 실행이 인정되는 것이다. 예를 들면 징세 청부인 디오메돈[215]이 세금에 대해 다음과 같이 말한 것이 그렇다. "왜냐하면 징세의 권리를 파는 것이 당신들에게 부끄러운 일이 아니라면, 우리에게도 그것을 사는 일이 부끄러운 행위가 아니기 때문이다."

또, 어떤 행위를 받고 있는 자에 대해 '훌륭하게'든가 '정당하게'가 적합하다면, 그 행위를 하는 자에 대해서도 그것이 적합하다. 단지 그 경우는 잘못된 추론의 가능성이 포함되어 있다. 그것은 개개의 경우는 누군가가 어떤 행위를 받은 것이 정당하다 해도 당신의 손으로 그렇게 되는 것은 아마 정당하지 않을지도 모르기 때문이다. 그러므로 어떤 행위를 받고 있는 사람은 그것을 받아야 할 사람인가, 또 그것을 하는 사람도 해야 할 사람인가를 각각 고찰한 다음, 어느 쪽도 적용되는 방향으로[216] 그 성과를 사용할 일이다. 왜냐하면 개별적 사례에서 정당성 같은 문제는 상관 관계에 있는 둘 사이에 때로 일치하지 않는 일이 있다. 테오덱테스의[217] 〈알크마이온〉의 경우와 마찬가지로 말하는 데는 어떤 지장도 없기 때문이다. 즉, 알크마이온은 아내가 "이 세상에 당신 어머니를 싫어한 자가 아무도 없었는가요?" 하고 묻자 이에 답해 말하기를, "아니오, 그것과 이것은 일을 나누어 생각하지 않으면 안 돼요." 하고 말했으나, 아내 알펜보이아가 "어떤 식으로 말이에요?" 하고 묻자 그는 다음과 같이 대답했다. "그들은 그녀가 죽어야 한다고 판단했으나, 그러나 이 나는 죽여야 한다고 판단하지 않았소."

또, 예를 들면 데모스테네스[218]와 니카노르 살해자들에 대한 재판도 그렇다. 그것은 그들이 살해한 것은 정당하다고 판단한 때문에 그가 죽는 것도 정당하다고 생각한 때문이다. 또, 데바이에서 살해된 사람의 경우도 그렇다.[219] 피고인은 재판관에게 그 자는 죽어 마땅했던가 어떤가를 판정하도록 요구했는데, 이것은 죽어 마땅한 자를 죽음으로 모는 것이 부당하지 않다는 생각에 입각한 것이다.

(4) 또 어떤 논점은 '보다 많다, 보다 적다'는 비교에 기초를 둔다. 예를 들면 "여러 신들도 모든 것을 다 알지 못하는데, 하물며 인간이 모든 것을 안다는 것은 거의 불가능하다."고 하는 것이 그렇다. 왜냐하면 이것은 "무엇인가가 속하고 있는 가능성이 보다 많은 것에 그 무엇인가가 속하지 않는다 하면, 그 가능성이 보다 적은 것에 속하지 않는 것은 명백하다."고 말하는 것과 같기 때문이다. 또, "아버지조차 때리기까지 하는 자는 이웃 사람을 때린다." 하는 의론은 "속하고 있는 일이 보다 적은 것이 무엇에 속하고 있으면, 속하고 있는 일이 보다 많은 것은 그것에 속하고 있다." 하는 사고에 기본을 두고 있는 것이다. 왜냐하면 사람들이 아버지를 때리는 일은 이웃 사람을

때리는 일보다 일어날 가능성이 적기 때문이다. 아니, 요컨대 이렇게 해 논하면 좋을 것이다. 즉, 무엇인가가 속한다고 하든 속하지 않는다고 하든, 그것을 긍정·부정 어떤 입장에서든 증명하지 않으면 안 될 경우는 그것에 따라, "만약 무엇인가가 보다 많이 속하는 것에 그 무엇인가가 속하지 않으면, 보다 적게 속하는 것은 속하고 있지 않다." 하고 논할 것인가, 혹은 "무엇인가가 보다 적게 속하는 것에 그 무엇인가가 속하고 있다면, 보다 많이 속하는 것에도 속하고 있다."고 논하는 것이다.

더군다나 이 종류의 비교는 보다 많지도, 보다 적지도 않다. 동일한 것에 대해서도 행해진다. 그러므로 다음과 같은 말이 있는 것이다. "확실히 당신 아버지는 자식들을 잃으면 불쌍하게 생각한다. 그렇다면 오이네우스도 유명한 자식들을 잃었으니 불쌍하게 생각할 것이 아닌가."[220]

또, "데세우스의 행위가 부정이 아니었다면 알렉산더의 행위도 부정은 아니다."[221]고 하는 것도, "틴다레오스의 아들들이[222] 부정을 저지른 것이 아니라면 알렉산더도 부정을 저지른 것이 아니다."고 하는 것도, "헥토르가 파트로클로스를 살해한 일이 용서된다면 알렉산더가 아킬레우스를 살해한 일도 용서된다."고 하는 것도 그 보기가 된다. 또 "다른 전문가들이 가치 없는 자가 아니라면 철학자도 가치 없는 존재가 아니다."든가, "장군이 종종 사형에 처해진다는 이유로 가치 없는 자라고 하지 않는 것이라면, 소피스트라고 해서 가치 없는 자가 아니다."든가, "한 개인이 당신들 아테네 사람의 평판을 염려한다고 하면, 당신들도 그리스 사람 전체의 평판을 염려할 일이다."고 하는 것도 그렇다.

(5) 또, 어떤 논점은 '때(시간)'를 고려에 넣게 된다.[223] 예를 들면 하르모디오스에 대한 재판에서 이피크라테스가 논하는 것이 이에 해당한다. 즉, 그는 이렇게 말하고 있다. "만약 내가 일이 있기 앞서 약속한 기일에 조각상

을 건립해 달라고 요구했다면 당신들은 이것을 인정해 주었을 것이다. 그러나 그것을 완수한 현재, 당신들은 이것을 인정하지 않을 작정인가. 그것은 무례한 일이다. 그러므로 무엇인가 기대를 가질 때는 약속하고 은혜를 받고 나면 이것을 폐기한다고 할 때, 그것은 곤란한 일이다."

다시 또, 아티카 공격을 위해 필리포스[224]가 디바이 영내 통과를 인정해 달라는 안건으로, 그의 사절이 다음과 같이 말한 것도 그렇다. "그의 요구가 만약 그들의 포커스 공격에 힘을 빌리기에 앞서 행해진 것이라면 그들도 그것을 약속했을 것이다. 그러므로 그는 그 약속을 성립시키지 않은 채 방치해, 단지 그들이 인정해 줄 것이라 믿었을 뿐이라는 이유로 영내를 통과시키지 않는다면 그것은 기이한 일이다."[225]

(6) 또 어떤 논점은, 자기에 대해 한 말을 발언자를 향해 되돌려주는 것이다. 이 논법은 여러 가지 형태를 취하고 있다. 예를 들면 '데우크로스'에 보이는 것도 그 한 가지다. 이 논법은 이피크라테스가 아리스토폰에 대해 사용한 것이다.[226] 즉, 이피크라테스는 아리스토폰을 향해 "당신은 금전을 받고 함대를 배신할 수 있는가?" 하고 질문했다. 아리스토폰이 부정으로 나오자, 그는 곧 되받아쳐서 말했다. "당신은 아리스토폰이므로 배신하는 일이 없지만, 그러나 나는 이피크라테스이므로 배신할 것이라고 하는가?"

그러나 이 논쟁은 상대편이 오히려 그 부정을 행할 것처럼 생각되는 것이 필요하다. 그렇지 않다고 하면, 예를 들어 정의의 사람 아리스데이데스가 고발하고 있는데, 그를 향해 다른 누군가가 이 고발자를 신용할 수 없는 인간이라고 생각하게 하기 위해 이 논법을 쓴다고 하면 그것은 익살로 보일 것이다. 결국 일반적으로 고발자는 고발당한 자보다 훌륭한 인물로 치장되는 것이다. 그래서 이 점을 찔러 반박하면 좋을 것이다. 그러나 일반적으로 말해, 자기 자신이 현재 행하고 있는, 그렇지 않으면 행할지도 모르는 것으로 남을 비난하든가 자기 자신은 행하지 않는다. 혹은 행할 가능성이 없는 일을 남에게 행하도록 권하는 경우 이 논법을 쓰는 사람은 익살스러운 모습으로 보인다.

(7) 또 어떤 논점은 예를 들면, "다이몬적인 것은 무엇인가."(신령적)와 같은 정의에 기초를 둔 것이다. 즉, "과연 그것은 신인가, 아니면 신의 행위인가? 그러나 신의 행위라 하더라도 그것이 있다고 생각하는 자는 당연 여러 신이 존재한다는 사실도 인정하고 있어야 할 것이다." 하고 논하는 것이다.[227]

또, 이피크라테스가 하르모디오스에 대해 가장 고귀하다고 하는 것은 가장 훌륭한 인물을 가리킨다.[228] 왜냐하면 하르모디오스와 아리스토게이톤도 그들이 고귀한 행위를 하기까지 고귀한 점은 조금도 없었기 때문에, 하고 정의를 표시한 데다, 자기 쪽이 그들 두 사람에게 보다 동족적인 사실을 다음과 같이 논하고 있는 것도 그렇다. "어쨌든 행위상으로 나의 행위 쪽이 당신보다 하르모디오스와 아리스토게이톤의 그것과 동족적이다." 또, 『알렉산더』[229] 가운데서 "절도가 결여된 자가 하나의 육체를 향수하는 데 만족하지 않는다는 것은 누구도 인정하는 부분이다."라고 말하는 것도 여기에 해당한다. 또, 소크라테스가 아르켈라오스의 궁정에 부임해 가는 것을 거절한 이유로서, "왜냐하면 좋은 대우를 받더라도 지독한 일을 당할 때의 앙갚음처럼 그것에 균형이 맞는 만큼의 답례가 없다면 무례이기 때문에."[230]라 말한 것도 그렇다. 결국 이상 모든 사람은 먼저 용어에 정의를 내리고 그것이 무엇인가를 파악한 토대 위에서 논제에 대한 추론을 도출하는 것이다.

(8) 또, 어떤 논점은 어(語)가 갖는 다의성(多義性)에 기초를 둔다. 『토피카』 중에서 어의 올바른 사용을 언급해 논하고 있는 것이 그 예다.[231]

(9) 또 어떤 논점은 분할에 의해 논한다. 예를 들면, 어떤 사람도 부정을

저지르는 것은 세 가지 동기에 의한다. 즉, 이러이러한 것이 동기인가 혹은 이러이러한 것이 그것인가 혹은 이러이러한 것이 그것이다고 할 경우, 그 가운데 이것과 이것의 두 가지 때문에 부정을 저지르는 일은 불가능하고 나머지 세 번째의 이유 때문이라고 하는 것은 해당되는 계쟁 상대조차 주장하지 않고 있다고 논하는 것이 그렇다.

(10) 또 어떤 논점은 귀납에 기초를 둔다. 페파레토스 부인의 경우에서 예를 찾으면, "어린이에 관한 것이면 어떤 경우도 진실한 것을 확정할 수 있는 것은 부인들이다. 왜냐하면 어린이가 누구의 자식이냐는 진상에 대해 아테네에서는 변론가 만디아스가 법정에서 싸울 때 자식의 어머니가 분명하게 밝혀 주었고,[232] 한편 데파이니에서 이스메니아스와 스틸폰이 어린이 문제로 다툴 때, 토토네의 부인이 그 아들을 이스메니아스의 자식임을 증명하고, 이에 따라 사람들은 데탈리스코스를 이스메니아스의 자식이라고 인정했기 때문이다."[233]고 논하는 것이 그렇다.

이제 또 하나, 테오덱테스의 변론 '법'에서 예를 찾아보면, "사람들은 남의 말에 대한 보살핌이 나쁜 인간에게 자기들의 말을 맡기지 않는다. 또 남의 선박을 전복시킨 사람에게 자기 선박을 맡기는 일도 없다. 만약 그렇다고 하면, 어떤 일에 대해서도 이것과 동일하다고 하면, 남의 안전을 잘 지켜 주지 못하는 사람을 자기 신변의 안전을 위해 채용할 일은 없을 것이다."라고 말하는 것도 그렇다.

또, 알키다마스의 말도 그 예가 된다. 즉, 그는 모든 사람은 지자(知者)를 존경한다고 주장하며 이렇게 논하고 있다. "어쨌든 파로스의 사람들은 알키로코스[234]를 독설가임에도 불구하고 존경해 왔고, 키오스의 사람들도 자국인이 아닌데도 호메로스를, 또 미티레네의 사람들은 여인임에도 불구하고 사포를 존경하고 있다. 또, 라케다이몬 사람은 학예에 전혀 소원한 사람들이었지만 키론을 원로원 의원의 한 사람으로 참가시켰다. 또, 이탈리아의 그리스인들은 피타고라스를 존경하고 있고, 람사코스의 사람들은 아낙사고라스를 타국인임에도 불구하고 그를 매장했으며, 지금도 여전히 경의를 표하고 있다."

또, 지자는 가장 훌륭한 지배자라 주장하고, "아테네 사람들은 솔론의 법을 사용하고, 또 라케다이몬 사람들은 리쿠르고스의 법을 사용해 행복한 국가 생활을 보냈고, 메바이에서도 지도자가 철학자가 되건 아니건 국가가 번성했다."고 논하는 것도 그 예다.

(11) 또 어떤 논점은 당면한 것과 동일한 문제 혹은 같은 종류의 또는 반대의 문제에 대해 이미 내려진 판단을 기초로 해 그 판단이 모든 사람이 어떤 경우에도 내리는 것이라면 최고지만, 그렇지 않더라도 최소한 대다수의 사람이 혹은 모든 식자가 혹은 그 대다수가 혹은 훌륭한 품성의 사람들이 내리는 것이라면, 혹은 또 재판관이 직접으로 또는 재판관이 '저 사람이면' 하고 인정하고 있는 사람들이 내린 것 혹은 또 그것과 반대의 판단을 하는 것이 허락되지 않는 사람들, 예를 들면 주인 혹은 또 그것과 반대되는 판단을 내리는 것이 적절치 않은 사람들, 예를 들면 여러 신·아버지·선생 등이 내린 것이라면 충분히 도움이 된다. 아우토클레스가 믹시데미데스를 문책해 한 말이 그렇다.[235)]

"황공스럽게도 에리뉴에스 여신들은 아레오파고스에서 재판을 받는 것이 납득되었으나 믹시데미데스에게 불만이었다고 하면, 그것은 신을 두려워하지 않는 것이다."

혹은 또 사포의 말, "죽는 일은 나쁜 일이다. 왜냐하면 신들이 그렇게 판단했기 때문이다. 그렇지 않았다면 신들은 죽음으로 끝났을 것이기 때문이다." 하는 것도 여기에 해당한다.

혹은 또, 아리스티포스[236)]가 플라톤의 화법이 지나치게 전문가답다고 생각되어 그를 향해 다음과 같이 말한 것도 그렇다. "그렇지만 우리의 친구는 결코 그와 같은 형식으로 말하지 않았다." 물론, 친구는 소크라테스를 가리킨다.

또, 아게시폴리스[237)]는 먼저 올림피아에서 신탁을 구하며 델포이에서 아폴론 신을 향해 그 신도 아버지 신 제우스와 동일한 의견인지 여부를 물어보았는데, 이것은 아버지 신과 반대의 사실을 말하는 것이 부끄러운 일이라는 생각에 입각한 것이다.

또, 이소크라테스가 헬레네에 대해 "헬레네는 훌륭한 여성이었다. 데세우스가 그와 같이 판단했기 때문에."(『헬레네』, 18~22행)와 알렉산더에 대해 "여신들이 특히 그를 선택했기 때문에."(『헬레네』, 41~48행)라고 써 있는 것도, 또 에바고라스에 대해 똑같이 이소크라테스가 "그는 훌륭한 인물이었다. 어쨌든 코논은 불운한 일을 당한 때 다른 사람들은 전혀 거들떠보지도 않고 에바고라스 곁으로 갔기 때문에."라고 써 있는 것도[238)] 그렇다.

(12) 또, 어떤 논점은 부분에 기초를 두고 전체를 논한다. 『토피카』 중에서 혼은 어떤 종류의 운동인가. 왜냐하면 혼이 운동이라고 하면 그것은 이러이러한 움직임인가 혹은 여차여차한 움직임이기 때문에, 하고 논하는 것이 거기에 해당한다.[239)] 보기를 테오덱테스의 『소크라테스』에서 찾아보면, 다음과 같은 논법이 그렇다. "어떤 신의 성(城)을 그가 모독했는가. 국가가 인정하는 어느 신에게 경의를 표하지 않았다고 하는가?"

(13) 또 대부분의 경우, 똑같은 한 가지 일에 좋은 결과와 나쁜 결과의 두 가지 현상이 따르기 때문에 한 개 논점은 그 결과에 기초를 두고 권유할 것인가 아니면 단념시킬 것인가, 고발할까 변명할까, 칭찬할까 비난할까 하는 것이다. 예를 들면, 교육에는 나쁜 결과가 질투하는 것이지만, 그러나 좋은

결과로 현명하게 된다는 것이 딸려 붙는다. 그러므로 "교육을 받아야 할 것은 아니다. 왜냐하면 남의 질투를 받으면 안 되기 때문이다." 혹은 반대로 "교육을 받아야 할 것이다. 왜냐하면 현명하게 되어야 하기 때문이다."고 논하는 것이다. 이 논점은 이에 앞서 드러내 보인 '가능' 그 밖의 논점을 덧붙이면 칼리포스의 '변론법'과 같아진다.[240]

(14) 또 어떤 논점은 두 가지 대립되고 있는 사실에 대해 권유할 것인가 포기시킬까 하지 않으면 안 될 경우로, 더욱이 그 두 가지 사실에 대해 앞에 드러내 놓은 논점을 원용하지 않으면 안 될 경우에 사용할 수 있다. 그러나 앞의 경우와 차이점이 있다. 그것은 거기서는 임의의 두 가지 사실이 대치되지만, 여기서는 상반하고 있는 것이 대치되기 때문이다. 예를 들면 어떤 여성 신관이 아들에게 공공 장소에서의 연설을 허락하지 않았다. "왜냐하면 만약 네가 정당한 사실을 말하면 사람들이 너를 미워하게 될 것이고, 만약 부정당한 사실을 말하면 신과 신의 미움을 사게 되기 때문이다."라고 말했다. 혹은 반대로 공공 장소에서 연설해야 한다고 해서, "왜냐하면 정당한 사실을 말하면 신과 신이 너를 사랑할 것이고, 만약 부정당한 사실을 말하면 사람들이 사랑하게 되기 때문에."라고 말한 것도 그렇다. 이것은 속담에도 나온다. "소금과 함께 늪지대를 산다."[241]와도 동일하다. 이와 같이 딜레마에 빠질 때, 상대에게 되받아 공격하는 방법은 이렇다. 즉, 상반하는 두 가지 사실에 각각 선악 두 개의 결과가 딸려 붙을 경우, 이처럼 상반하는 결과의 각각을 다른 한쪽의 상반하는 결과와 각각 교차적으로 조합한다.[242]

(15) 또, 사람들은 무엇인가를 칭찬할 때도 사람 앞에서 할 경우와 마음속으로 은근히 칭찬할 경우는 그 내용이 동일하지 않아 사람 앞에서는 오로지 정당한 점·아름다운 점을 칭찬하고 기리더라도, 한편 마음속으로 유익한 것을 오히려 희망하는 것이기 때문에 한 개의 논점은 이들 두 가지 가운데 한

쪽 입장에 서서 상대가 말한 것과 별개의 결과를 도출하도록 시도할 일이다. 왜냐하면 이 논점은 역설을 도출하는 의논 중에서도 가장 효과적인 것이기 때문에.

(16) 또 어떤 논점을 보면, 결론이 비례 관계에 의해 도출된다. 이피크라테스가 그의 아들은 소정 연령보다 젊은데 신체가 크다는 이유로 국가 봉사를 강요당했을 때, "어린이라도 신체가 큰 자는 어른으로, 어른이라도 신체가 작은 자는 어린이라고 표결하자."고 말한 것이 그 예가 된다. 또, 테오덱테스가 그의 '변론' 가운데서 "여러분은 예를 들면, 스트라박스든가 카리데모스[243]의 경우처럼 용병을 그 훈공 때문에 시민으로 하고 있다. 그렇다면 용병 중에서 돌이킬 수 없는 과오를 범한 자는 국외로 추방해야 할 것이 아닌가." 하고 말한 것도 그렇다.

(17) 또 어떤 논자는 결론이 같기 때문에 그것을 도출한 전제가 되는 것도 같다고 논한다. 예를 들면, 크세노파네스가 "신과 신들은 출생했다고 주장하는 자는 신과 신들은 죽는다고 말한 자와 마찬가지로 불경스럽다."고 말하는 것이 그렇다. 그것은 어떤 화법을 써도 언제인가 신과 신들은 존재하지 않는 때가 있다고 하는 결론이 되기 때문이다.[244] 이와 같은 논법을 쓰는 경우, 일반적으로 말해 각각의 전제에서 도출된 결론은 항상 같다고 풀이할 필요가 있다. 예를 들면, "당신들은 이소크라테스 그 사람에 대해서는 아니고 그의 평소 생활에 관련해 철학하는 편이 좋은가 어떤가를 판단하려고 한다."는 말이 그렇다.[245] 또, "땅과 물을 주는 일은 노예로 일을 시키려는 것이다."[246]든가 "공통의 평화를 주는 일은 명령한 대로 일을 실행하라는 뜻이다."[247]라고 말하는 것도 그렇다. 이 논점에 의해 논하는 경우는 두 가지 전제 가운데 어느 쪽도 자기의 변론에 도움되는 쪽을 채택하면 좋다.

(18) 또 어떤 논점은 동일인이라도 앞과 뒤에서 반드시 동일한 것을 선택

한다고 한정할 수 없다. 오히려 앞과 반대되는 선택을 한다는 사실에 기초를 둔다. 예를 들면 다음과 같은 설득 추론이 그렇다. "망명 중에 본국으로 돌아가려고 싸웠지만, 본국에 돌아온 현재 싸우지 않으므로 또 망명하려고 한다면 그것은 이상한 일이다."[248] 왜냐하면 어느 때 그 대가로써 싸웠다 해도 본국에 머무를 것을 선택하고, 어느 때 본국에 머무르지 않는다는 대가를 지불했어도 싸우지 않을 것을 선택했기 때문이다.

(19) 또 어떤 논점은 무엇인가가 있다, 혹은 살아 있는 것은 그 때문인지도 모른다고 하는 가능한 동기를 그것이 있다는 것, 혹은 살아 있는 것이 실제의 동기라고 주장한다. 예를 들면 뒤에서 그것을 탈취해 쓰라린 생각을 시킨다는 것이 목적으로, 누군가에게 준다는 경우가 그렇다.[249] 다음의 말은 그 취지로 말해진 것이다.

> 많은 사람에게 하늘이 크나큰 호운을 내려 주심은 호의에서 저절로 생긴 것이 아니다. 아니, 사람들의 재앙을 보다 두드러지지 않게 하기 위해.
>
> –무명씨, 비극 단편 82『Nauck and Snell』

또, 안티폰의『멜레아그로스』의 다음 말도 그렇다.

> 그들의 희망은 짐승을 쓰러트리는 데 있지 않다. 멜레아그로스가 용기를 전체 그리스에 알리는 증인이 되어야 하기 때문에.

또, 테오덱테스의『아이아스』에 나오는 말, 즉 디오메데스가 오디세우스를 동반자로 선택한 것은 그를 존경하고 있기 때문이 아니고 동반자가 자기보다 열세하니까 하는 의도에서다. 그것도 마찬가지다(『Nauck and Snell』, p.

801). 왜냐하면 디오메데스가 그와 같은 동기로 실행한 일은 생각할 수 있는 것이기 때문에.

(20) 또 어떤 논점은 계쟁 당사자에게 의회에서 조언하는 자들에게 공통적인 것이어서 무엇인가를 권유하든가 포기하게 하는 동기든가, 행위를 진전시키든가 행위를 피하든가 하는 의도 등을 조사하는 일이다. 동기나 의도가 그것이 현재 있을 때 항상 행위로 나아갈 수 있고, 없을 경우는 행위로 나아갈 수가 없다고 했기 때문이다.

예를 들면 어떤 일이 자기든 친구든 가능하다든가 용이하다든가 이익이 있다고 하든가 혹은 적에게 해가 있다고 할 때, 가령 그것이 처벌의 대상이 되든 그 처벌이 성취된 일에 비해 작은 것인 한, 이들 이점을 기초로 해 그것을 하도록 권유하고, 또 그것과 반대되는 것을 근거로 해 포기하게 하는 것이다.

또 고발하든가 변명하든가 하는 것도 꼭같이 이들 근거에 기초를 두고 행한, 즉 포기시키는 동기를 출발점으로 해 변명을 행하고, 권유하는 동기에 기초를 두고 고발하는 것이다. 이 논점은 팜필로스의 경우도, 칼리포스의 경우도[250] 그 '변론법'의 전체를 이루고 있다.

(21) 또 어떤 논점은 발생하면 일반적으로 생각하지만 그 자체는 믿을 수 없는 일을 기초로 하는 것으로, "그것이 실제 있었다든가 거의 있었던 것과 같다고 하는 것이 아니면 발생했다고 생각하는 일도 없었을 것이다." 하고 논하는 것이다. 그리고 "우선 그래야 할 것이다. 왜냐하면 사람들이 그것이 있음을 확신하는 것은 현실에 있는 것인가, 아니면 있을 법한 것인가 그중 어떤 것이기 때문이다. 그러므로 만약 문제의 사실이 믿어지지 않는 것, 결국 있을 법한 것이 아니라고 하면 그것은 현실에 있는 것이 될 것이다. 그것이 발생했다고 생각하는 것은 최소한 있을 법하다. 결국 믿을 수 있는 이유

에 의한 것이 아니기 때문에."라고 논하는 것이다. 예를 들면 피토스 구역의 안드로클레스[251]가 법을 비난해 한 말이 여기에 해당한다. 즉 "법은 그것을 바로잡기 위한 법을 필요로 한다."고 하는 그의 발언에 대해 사람들이 야유를 던질 때 그는 말했다. "왜냐하면 물고기도 소금을 필요로 하고 올리브를 짠 찌꺼기도 기름을 필요로 하기 때문에, 해수에서 살기 때문에 물고기가 소금을 필요로 하는 것은 있을 법한 일도, 믿을 수 있는 일도 아니다. 또 올리브유의 원료가 되는 것 자체가 기름을 필요로 한다는 것도 믿을 수 없는 일이기는 하지만."[252]

(22) 또 어떤 논점은 반론에 적합한 것으로, 시간·행동·발언 등의 모든 것이 가지런히 정리되어 있는가 어떤가, 상대가 말한 내용에 가지런하지 않은 점을 조사한다. 그때 계쟁 중인 상태에 대해 "그는 당신들 아테네 시민을 사랑한다고 말하면서 다른 한편으로 30인회와 공모했다."고 말했다. 또 자기 자신에 대해 "그는 나를 일러 소송 애호가라고 부풀려 말하지만, 내가 한 번이라도 누군가를 소송한 적이 있다고 증명해 보일 수가 없을 것이다." 하고, 이어서 자기 자신과 계쟁 상대의 양쪽에 대해 "이 사나이는 한 푼도 남의 돈을 빌린 일이 없지만, 나는 지금까지 남을 대신해 돈을 지불하고 당신들 여러 사람을 해방해왔다." 하고 각각 사안을 나누어 논했다.

(23) 또 어떤 논점은 인간이든 행동이든 선입견을 가지고 보는가, 또는 남이 그렇게 생각하게 하기 때문에 그 오해의 원인을 드러내 보인다고 하는 것은 그렇게 생각케 하는 원인이 있다는 뜻이다. 일례를 보이면, 지금까지 자기 아들을 남에게 억지로 떠맡긴 부인이 자기 자식을 거칠게 떠안겼기 때문에 그 젊은 사나이의 정부처럼 오해되었으나, 그 사정을 설명하자 오해는 즉시 풀리고 말더라는 것이 그렇다.

또, 다른 보기를 든다. 테오덱테스의 『아이아스』 중에서 오디세우스가 아이아스를 향해 자기는 아이아스보다 용감한데 그렇게 생각지 않는 것은 무엇 때문인가 하고 설명하고 있는 것 역시 그렇다.

(24) 또 어떤 논점은 원인에서 결과를 추론하는 것인데, 어떤 원인이 존재할 때는 그것은 존재하는데 원인이 존재하지 않는 경우 그것은 존재하지 않는다고 논한다. 왜냐하면 원인과 그 결과는 공존한다. 원인이 없이 어떤 것 하나 존재하지 않기 때문이다. 예를 들면 트라시불로스가 레오다마스를 비난해서[253] 아크로폴리스에 세워진 돌기둥에 그의 악명이 새겨졌으나 30인 모임의 시대에 와서 삭제되었다고 말했을 때, 그는 이것을 변명해 "삭제란 있을 수 없는 일이다. 그것은 민중에 대한 자기의 적의가 새겨진 것이라면, 30인 모임은 자기를 지금 이상으로 신뢰하는 일이 되기 때문에."라고 말한 것이 그렇다.

(25) 또 어떤 논점은 현재의 사람에게 권하는 일 혹은 현재 행동으로 옮기고 있는 일 혹은 벌써 행한 일이 그것과 별도의 방법을 썼다면 더 잘 행한 결과가 되었을까 여부, 혹은 할 수 있는가 여부 등을 조사한다. 그것은 보다 좋은 방법이 가능한데도 그 방법을 쓰지 않았다면, 그가 그 일을 행하지 않았음이 분명해지기 때문이다. 왜냐하면 누구 한 사람 자진해서 좋지 않은 일을 혹은 좋지 않음을 알면서 선택하는 자는 없기 때문이다. 그러나 이 논법에 잘못이 있다. 어떻게 행하는 것이 보다 좋은 방법이었다는 사실은 후에 가서 확실히 나타나므로 행하기 전에 그것을 알 수가 없다는 일이 흔히 있기 때문이다.

(26) 또, 어떤 논점은 지금까지 행해져 온 것과 반대의 것이 행해지려 할 때 그 양쪽을 함께 조사해 보는 것이다. 예를 들면 에레아의 사람들이 레우코데아[254]에게 희생을 바치고 그의 죽음을 슬퍼하는 노래를 하는 것이 어떤가고 물었을 때, 크세노파네스는 충고해 만약 레우코데아를 여신으로 간주

하면 슬퍼하는 노래를 할 일이 아니고, 만약 인간으로 본다면 희생을 바쳐서는 안 된다고 말한 것이 이에 해당한다.

(27) 또, 어떤 논점은 고발하든가 변명하든가 할 때 자기가 저지른 잘못을 실마리로 논한다. 예를 들면, 카르키노스[255]의 『메데이아』 중에서 메데이아의 고발자들이 그녀는 어린이들을 살해했다고 비난하여 "어쨌든 어린이들의 모습이 눈에 띄지 않는다."고 말하지만, 결국 메데이아는 어린이들을 멀리 송출한 일로 한 가지 잘못을 범한 것이다. 이에 대해 그녀는 "살해했다고 하면 어린이들이 아니라 이아손을 살해했을 것이다. 왜냐하면 어린이들은 살해하고, 한편 이아손은 살해하지 않았다면 그것이야말로 잘못을 범한 일이 될 것이기 때문에." 하고 변명하는 것이 그렇다. 설득 추론의 이 논점과 형식은 테오도로스[256] 이전에 행해졌던 변론법의 전체를 이루는 것이다.

(28) 또, 어떤 논점은 이름을 기초로 해 논하는 것이다. 예를 들면 소포클레스가 다음과 같이 노래한 것이 그렇다. "정말로 시데로, 그 이름에 부끄럽지 않다."[257] 또 신과 신에의 찬미 중에서 사람들이 잘 말하는 것도 그렇다.[258] 또 코논이 트라시불로스에 대해 "대담한 기획을 하는 자"(트라시불로스)라고 부르고 있는 것도, 헤로디코스가 트라시마코스[259]를 "그대는 언제나 대담한 전술을 쓰는 사나이이다."(트라시마코스)라고 말하고, 폴로스를 "그대는 언제나 젊은 망아지다."(폴로스)라고, 또 입법가 드라콘에 대해 그의 법은 인간의 법이 아니고 용(드라콘)의 것이라고 한 것은 좀 가혹한 것이지만, 그렇다. 또, 에우리피데스의 작품에서 헤카베가 아프로디테에 대해 언급하기를, "정당하게도 이 여신의 이름을 사려없음(아프로디테)과 같은 단초를 갖는다."(『트로이아의 여인』 990행)고 말한 것도 그렇고, 카이레몬이 "펜테우스는 닥쳐올 재앙과 연관되는 이름"[260]이라고 한 것도 그렇다.

유효한 설득 추론

그러므로 설득 추론 중에서 논박을 목적으로 하는 편이 증명을 위주로 하는 것보다 사람들의 인기가 좋다. 논박을 목적으로 하는 설득 추론은 한정된 작은 범위에서 상반된 의론을 함께 대조하지만, 상반된 의론이 대비되면 청중은 일층 더 알기 쉽게 되기 때문이다. 그러나 반박을 목적으로 하는 것도, 증명을 위주로 하는 것도 포함된 모든 추론 중에서 가장 많이 박수갈채를 받는 것은 논평하기 시작하자 곧 청중에게 그 결론이 보이지만 단지 그것이 의론의 천박성에 의한 것이 아닌 것(결국 그것은 청중 자신이 결론을 예견하는 것으로, 변론에 대한 것과 동시에 자기 자신에게도 만족감을 느낄 수 있기 때문이다.), 그리고 청중이 의론의 진행에 뒤떨어지는 일, 발언과 동시에 그것이 이해 가능한 정도밖에 안 되는 일은 문제가 된다.

CHAPTER 24

형식만의 설득 추론

그럼, 추론에 진정한 추론과 참된 추론은 아니지만 단지 그렇게 보일 뿐만의 것이 있기 때문에 필연적으로 설득 추론에도 진실스러운 것도 있고, 참된 설득 추론은 아니고 다만 그렇게 보일 뿐만의 것이 있다. 결국 설득 추론도 추론의 일종이기 때문이다. 형식만의 설득 추론에 다음과 같은 논점이 있다.

9개 항목의 논점

(1) 그 하나는 표현 방식에 의한 것이다.

(1a) 이 논점의 한 부분은, 변론법으로 말하면 최후의 언급은 추론에 의해 도출된 결론이 아닌데도 그것을 추론의 결론이 되는 것처럼 말한다.

"따라서 이러이러한 것이 아니다."든가 "따라서 이러이러한 것이 아니면 안 된다."고 언급하는 것과 똑같은 것으로, 설득 추론에서도 간결하고 대조적인 표현을 하는 것이 설득 추론으로 버젓이 통용되고 있다. 결국 이 같은 표현이야말로 설득 추론의 세력 범위인 것이다.

그러나 이 종류의 허위는 표현 형식에 기인하는 것처럼 생각된다. 표현 방식상 추론처럼 말하려면 많은 추론의 주요 부분을(결론) 드러내는 것이 도움이 된다. 즉, "그는 어떤 사람들을 도와 어떤 사람들의 원수 갚음을 했다. 그리고 그리스인을 자유롭게 했다."고 말하는 것이다. 왜냐하면 이들 주요 부분의 하나하나는 각각 다른 증거에 의해 증명된 것이지만, 그것들이 하나로 관련지어질 때 여기서도 무엇인가 새로운 결론이 나오는 것으로 생각되기 때문이다.

(1b) 현재 이 논점의 한 부분은 동음이의어에 의한 것이다. 즉, 생쥐(미스)는 귀중한 동물이다. 어쨌든 모든 종교 의식(데레데) 중에서 가장 귀중히 여기는 것이 그 이름에서 출발하기 때문에 성사(비의(祕儀), 미스테리아(mystēriā))는 모든 종교의식 중에서 가장 귀하게 여겨야 하기 때문이라고[261] 논하는 것이 그렇다.

혹은 개를 기릴 때, 하늘에 있는 개 시리우스를 증거로 삼든가, 목신 판을 핀타로스가 "오 다행한 일이여, 올림포스의 신들은 그대의 일을 위대한 모신 큐베레의 모습 많은 종이라 부른다."고 노래한 이유로 판을 증거로 삼든가,[262] 또는 개가 한 마리도 없는 것은 참으로 부끄러운 일이므로 개가 존중되는 것은 분명하다고[263] 말하는 것도 그렇다.

또, 헤르메스는 신과 신 중에서도 가장 활수한 기질이(코이노니코스) 좋다. 왜냐하면 이 신만이 호운을 나누어 주는(코이노스) 헤르메스로 부르기 때문이라고[264] 말하는 것도 마찬가지다. 또 말은(로고스) 가장 존중되어야 한다. 왜냐하면 좋은 사람들은 "금전에 값한다."가 아니라 "존중에 값한다."는 자이기 때문이라고 말하는 것이 그렇다. 즉 "로고스에 값한다"는 말은 일의적인 것이 아니다.[265]

(2) 또, 어떤 논점은 따로따로 나뉘어 있는 것을 하나로 묶어버리든가, 하나로 되어 있는 것을 따로따로 나누어 논하는 것이다. 즉, 이렇게 하면 실제 동일하지 않은 것이 동일한 것처럼 생각되는 일이 흔히 있기 때문에 어쨌든 자기에게 도움되는 쪽을 행하면 좋은 것이다.[266] 실은 에우티데모스의 의론이 이 방식이다. 예를 들면 "페이라이에우스에게 3단 상앗대의 병선이 있는 것을 알고 있다. 왜냐하면 '페이라이에우스에게'라 말하는 것과 '3단 상앗대의 병선' 중 어떤 것도 알고 있기 때문에."라고 하는 것이 그렇다.[267]

또, 알파벳을 아는 사람에 대해 "그는 어를 알고 있다. 왜냐하면 어와 알파벳은 똑같은 것이기 때문에."라고 말하는 것도 그렇다. 또, "어떤 양의 두 배가 몸에 유해하기 때문에 그 양의 한 배 분량은 건강에 좋다고 말할 수 없다."고 말하는 것도 그렇다. 왜냐하면 "두 개의 좋은 것이 전체로서 한 개의 나쁜 것을 한다면 불합리하기 때문에."라고 말하는 것이 그 이유이다. 그러므로 이와 같은 논쟁을 쓰면 논박에 적합한 표현이 되지만,[268] 그러나 다음과 같이 논하면 논증에 유사한 표현이 된다. "왜냐하면 1이면 좋은 것이 2이면 나쁜 것을 한다는 일은 없기 때문에." 그러나 이 논점은 어느 쪽 표현을 써도 전체로서 허위론이 된다.

다시 폴리크라테스[269]가 트라시불로스를 언급해 그는 30인의 가짜 임금들을 멸망시켰다고 말하는 것도 그렇다. 결국 30인 모임을 30인의 가짜 임금 한 사람 한 사람을 덧붙인 것으로 보고 있는 것이다.[270] 혹은 테오덱테스의 『오레스테스』 중에서 말하고 있는 것도 그렇다. 그것도 분할에 의한 형식만의 추론이기 때문에.

> 올바름은, 자신이 남편을 죽일 정도의 여자이고 보면.
>
> -단편 5, 『Nauck and Snell』

스스로도 죽임을 당하는 일, 그리고 아들에게 있어 아버지 원수를 갚는 일이다. 실제로 이 같은 일은 올바른 것으로서 따로따로 실행에 옮겨졌다. 그것들이 하나로 정리되면 벌써 올바른 일이 아니기 때문이다. 이 허위는 한정을 생략한 데 원인이 있다고 말할 수 있다. 여기서 '누구에 의해'라는 점이 제거되어 있기 때문이다.

(3) 또, 어떤 논점은 과장에 의해 주장을 조립하는 상대의 주장을 무효로 하는 것이다. 해당 사항을 실제로 행했다고 하는 사실은 증명하지 않고 그 사항만을 과대하게 강조하는 경우가 이에 해당된다. 왜냐하면 고발된 자가 이 점을 과대하게 강조할 경우 그는 실제로 그 사항을 행하지 않았다고 생각하게 하고, 고발한 자가 상대에게 성을 내고 있을 경우 상대가 실제로 행한 것이라고 생각하게 하기 때문이다. 그러므로 이 논법은 설득 추론이 아니다. 왜냐하면 어느 쪽도 증명되고 있지 않은데, 청자는 실제로 그것을 행했다든가 행하지 않았다고 잘못된 추리를 하고 있기 때문이다.

(4) 또, 어떤 논점은 징증(徵證)에 기초를 둔다.[271] 왜냐하면 이는 논법도 추론을 하지 않기 때문이다. 예를 들면, "사랑하고 있는 자는 나라를 위해 도움되는 일을 한다. 왜냐하면 하르모디오스와 아리스토게이톤의 사랑은 참주 히파르코스를 쓰러트렸기 때문이다."라고 말하는 경우가 그렇다. 혹은 "디오니시오스는 도적이다. 왜냐하면 그는 악인이기 때문이다." 라고 말하는 것도 그렇다. 그것은 이것도 추론을 하고 있지 않기 때문이다. 왜냐하면 도적은 모두 악인이지만, 그러나 악인 모두가 꼭 도적이라고 할 수 없다.

(5) 또, 어떤 논점은 부대적 결과에 의해 논하는 것이다. 예를 들면 폴리크라테스가 생쥐를 일러, "그들이 활시위를 갉아 끊어서 도와줬다."고 말하는 것이 그렇다.[272] 혹은 연회에 초대되는 일은 가장 명예스러운 일이다. 왜냐

하면 아킬레우스가 테네도스에서 아카이아 사람들에게 격노한 것은 초대받지 않은 일이 원인이기 때문이라고 말하는 것도 그렇다. 그러나 실제는 아킬레우스가 격노한 것은 모욕을 당했다고 생각한 것이므로 그렇게 생각한 원인이 이따금 초대받지 못했다는 사실에 있었을 뿐이다.

(6) 또, 어떤 논점은 귀결을 근본으로 논하는 것이다.[273] 예를 들면 『알렉산더(빠리스)』 중에서 "그는 기품이 높은 인간이었다. 왜냐하면 대중과의 교제를 경멸해 '이다' 산중에 혼자 살고 있었기 때문이다." 하고 말하는 것이 그렇다. 결국 자존심이 강한 사람이란 그와 같은 성향의 소유자이므로 그 역시 자존심이 강하다고 생각하게 된다. 또, 누군가에 대해 그는 멋쟁이 남자임을 뽐내고 매일 밤 헤매고 다니므로 간부다. 왜냐하면 간부란 그와 같은 부류의 인간이므로 하는 것도 그렇다.

또 걸인은 신사에서 노래하고 춤추고 한다든가, 망명자는 어디든 좋은 곳에서 살 수가 있는 것이라고 말하는 것도 마찬가지다. 결국 이 같은 일은 행복하다고 생각하는 사람들에게서 보이는 일이므로 이 같은 일을 하는 사람들은 행복하다고 생각하게 될 것이라고 말하는 이유다. 그러나 실제 그것들은 "어떤 모양으로 행하고 있는가?" 하는 점에서 차이가 있다.[274] 그러므로 이 점도 또 한정 결락(缺落)에 의한 허위에 포함된다.

(7) 또, 어떤 논점은 원인이 아닌 것을 원인으로 간주하는 것에 의한다. 예를 들면 어떤 일이 무엇과 동시에, 또는 그 후에 발생했다는 사실로 그와 같이 간주하는 것이다. 그 무엇 다음에 발생한 것은 그 무엇인가가 원인으로 발생한 것처럼 납득되기 때문이다. 이와 같은 납득 방법은 정치에 관여하는 사람들에게 특히 현저하다. 예를 들면 데마데스가 데모스테네스의 정책을 여러 악의 원인으로 보았다는 것이 그렇다. 그것은 이따금 그의 정책이 행해진 후에 전쟁이 일어났기 때문이다.[275]

(8) 또, 어떤 논점은 '언제'와 '어떻게'의 한정이 결락하고 있는 것에 의한다. 예를 들면 알렉산더가 헬레네를 빼앗은 것은 정당한 일이다. 왜냐하면 헬레네에게는 남편 선택권이 아버지한테서 주어지기 때문이라고 논하는 것이 그렇다. 이것이 잘못된 추론이란 이유는, 그 선택이 허락된 것은 아마 어느 경우에서든지가 아니라 최초 1회만으로 한정했기 때문이다. 왜냐하면 아버지의 힘이 미치는 것은 거기까지이므로.[276]

혹은 또, 자유인을 때리는 것은 폭행을 저지르는 일이라고 주장하는 경우도 여기에 해당한다. 그것은 어떤 경우라 하더라도 항상 폭행이 된다는 뜻이 아니고 자기가 손을 대서 상대에게 부정을 가하려 하는 경우로 한정되기 때문에.

(9) 또 형식만의 추론은 쟁론적인 의론에서 그런 것처럼 무엇인가를 무조건적으로 말하고, 무조건적이 아니고 어떤 식의 한정을 붙여서 말한다는 것에 기초를 두는 것이다. 예를 들면 변증법에 있어 터무니없는 것은 있다. 왜냐하면 터무니없는 것은 터무니없는 것이기 때문에라든가,[277] 알지 못하는 것은 알려진다. 왜냐하면 알지 못하는 것에 대해 그것이 알지 못하는 것이란 사실은 알려져 있기 때문이라고 논할 수 있지만, 이와 마찬가지로 변론법에 있어서도 형식만의 설득 추론은 무조건적으로 있을 법한 것에서가 아니라 어떤 점에 있어 있을 법한 것에 기초를 둔다. 그러나 어떤 점에 있어 있을 법한 것은 보편적으로 적합한 것은 아니다. 이것은 아가돈이 말한 대로다. "죽어야 할 인간에게 많은 있을 수 없는 일이 일어난다는 것, 확실히 이 일이야말로 아마 있을 수 있는 일이라고 말할 수 있을 것이다." 왜냐하면 있을 법한 일에 어긋나는 일이 실제로 일어나기 때문에. 따라서 있을 법한 일에 어긋나는 일도 있을 수 있다는 의미다. 만약 그렇다고 하면 있을 수 없는 일이 있을 수 있는 일이 되기 때문이다.

그러나 이 결론은 무조건 인정되는 것은 아니다. 아니, 쟁론에서 의론하는 경우에 "어떤 점으로"라든가 "어떤 일과의 관련으로"라든가 "어떻게 해서"라는 한정이 덧붙여지지 않으면 궤변을 만들어 내는 것과 똑같이, 변론법에 있어서도 있을 법한 일이라는 것은 무조건 그런 것은 아니고 어떤 점에서 그런 것이기 때문에 무조건 그렇다고 하면 잘못된 추론을 도출하는 것이 된다. 사실 코락스[278]의 변론법은 이 논점에 의해 구성되고 있는 것이다. 한 가지 보기를 보이면 다음과 같다.

고발당한 자가 죄상에 있는 행위를 한 것 같지 않은 경우, 예를 들면 힘이 없음에도 불구하고 폭행죄로 고발당한 것 같은 경우라면 "자신이 그런 일을 할 이유가 없다. 왜냐하면 그것은 있을 수 있는 일이 아니기 때문에."라고 변명하고, 또 했을 것 같은 경우에 예를 들면 그는 힘이 세다고 할 경우가 그런 것이지만, 그 경우에도 "자신이 그런 일을 할 이유가 없다. 왜냐하면 그것은 있을 법한 일이라고 사람들에게 생각하게 할 것이 틀림 없기 때문에 그와 같은 일에 손대는 것은 있을 수 없는 일이다." 하고 변명한다.

그 밖의 경우도 이와 한가지다. 즉, 어떤 경우라도, 그는 죄상에 있는 행위를 한 것 같은가, 한 것 같지 않은가 둘 중의 하나가 아니면 안 되기 때문이다.

그런데 이 두 가지 경우는 어떻든 있을 법한 일로 보이지만, 그러나 실제는 전자가 사실 있을 법한 일이라 해도, 후자는 무조건이 아니라 앞에서 말한 것처럼 한정된 의미로 있을 법한 것이다. 그리고 이와 같은 논법이 실은 "취약한 주장을 보다 강한 것으로 한다."고 하는 것이다. 이 같은 점에서 보아도 사람들이 프로타고라스의 공언(公言)[279]을 매우 불쾌하게 생각한 것은 정당하다. 왜냐하면 그와 같은 의론은 허위이고 진실한 것 같지 않고, 다만 형식상으로 있을 법한 일에 지나지 않으므로 이와 같은 의론은 변론법[280]이나 쟁론을 제외하고 어떤 기술 가운데도 보이지 않기 때문이다.

CHAPTER 25
설득 추론의 반박

설득 추론은 진실한 것이든 형식만의 것이든 이상에서 말한 대로다. 다음 반박에 대해 말하는 것이 앞의 논술에 이어지는 부분이 될 것이다.

반박의 두 가지 방법

반박[281]은 반대 추론을 조립하는 것으로 행할까 혹은 이론(異論)을 내는 것으로 행할까, 그중 한 가지 방식으로 행할 수 있다. 반대의 추론을 조합하는 일은 말할 것도 없이 상대의 추론과 동일 논점에 입각해 행하는 것이 가능하다. 왜냐하면 변론법의 경우 그 추론은 일반적으로 인정되는 의견을 전제로 행해지지만, 이들 의견은 대부분의 경우 상호 상반되는 것이기 때문에. 한편, 이론을 내는 쪽은 『토피카』 중에서 말한 것처럼[282] 네 종류의 방식이 있다. 즉, 상대가 보인 추론 그 자체를 근본으로 삼든가, 혹은 그것에 유사한 추론을 근본으로 하든가, 혹은 그것과 반대의 추론에 기초를 두든가,

아니면 이미 내려진 판단에 기초를 두든가 등이다.

네 종류의 이론(異論)

(1) 상대의 추론 그 자체에 기초를 두는 것은 예를 들면 다음과 같은 것이다. 사랑에 대해 이는 좋은 것이다 하는 설득 추론이 있다고 하면 여기에 두 종류의 이론이 가능하게 된다. 즉 사랑 전반에 걸쳐 "모든 결핍 상태는 나쁜 것이다."[283]라고 말하고, 혹은 특수한 경우를 드러내 "만약 사랑에 나쁜 것도 있다고 하지 않았다면, '카우노스의 사랑'이란[284] 것은 말할 수 없다는 뜻이다."라고 말해 이론을 내놓을 수 있다.

(2) 반대의 추론을 근본으로 이론이 나온다는 것은, 예를 들면 "좋은 사람은 모든 친구에게 잘한다."는 설득 추론이 있었다 하면, "그러나 나쁜 인간이라 해서 모든 친구에게 가혹한 처사를 한다는 의미는 아니다."라고 말하는 것이 그렇다.

(3) 유사한 추론에 기초를 두고 이론을 낸다는 것은, 예를 들면 "가혹한 대우를 당한 사람들은 항상 상대를 미워한다."고 하는 설득 추론이 있다고 하면, "그러나 대우를 잘 받았다는 사람들이라도 항상 그 상대를 사랑한다는 의미는 아니다."라고 하는 것이 그렇다.

(4) 다음은 저명인사들에 의해 이미 내려진 판단인데, 예를 들면 만약 "취해 있는 사람은 관대히 봐 줘야 한다. 왜냐하면 그들은 아무것도 모른 채 잘못을 저지르기 때문에."라는 설득 추론이 나오면, "그렇다면 피타코스도 칭찬받을 가치가 없는 사람이다. 그렇지 않다면 취해서 과오를 범한 경우에 대해 보통보다 무거운 벌을 결정하지 않았을 것이다."라고 논하는 것이 그것에 대한 이론이다.

네 종류의 반박

설득 추론은 네 종류의 논거에 기초를 두고 말해지지만, 그 네 종류는 있을 법한 일, 예증, 증거, 미증(微證)이다.[285] 그리고 설득 추론 가운데 (1) 대부분의 경우에 그런 것인가, 혹은 있을 법하게 보이는 것에서 도출된 것이 '있을 법한 일'에 기초를 둔 설득 추론, 또 (2) 하나 또는 그 이상의 유사한 사례에 기초를 둔 귀납의 방법을 취해 이같이 해서 보편 명제를 자기 손에 넣은 다음, 거기서 개별적 사례에 대한 추론을 도출하는 경우 이 같은 설득 추론이 '예증'에 의한 것, 또 (3) 필연적으로, 그리고 항상 그러한 것을 통해 하는 것이 '증거'를 통한 설득 추론, 또 (4) 그것이 참이든 참이 아니든 보편 명제 또는[286] 특수 명제를 통해 보이는 설득 추론이 '미증'에 의한 것이므로, 그리고 또 있을 법한 일이란 항상 그러한 것이 아니고 대부분의 경우 그러한 것이기 때문에 이것들로부터 한다면,

(A) 설득 추론 가운데 있을 법한 일에 기초를 둔 것은 항상 이론을 제시하는 것에 의해 반박할 수 있다는 것은 분명하다. 그러나 그 이론은 왕왕 형식만의 것이어서 항상 본래의 반박을 하고 있다고 할 수 없다. 왜냐하면 이론을 제시하는 사람은 상대가 말한 일은 있을 법한 일이 아니라고 말해 반박하는 것이 아니고, 반드시 그렇게 된다고 말할 수 없다고 반박할 뿐이기 때문에.[287]

그러므로 이 허위의 추론을 사용하는 것에 의해 고발할 경우보다 변명할 경우가 언제나 사안을 유리하게 진전시킬 수 있다. 그것은 고발하는 자는 있을 법한 일을 근거로 증명을 시도하는 것이기 때문에. 또 반박도, 그 주장은 있을 법한 일이 아니라고 말해 반박하는 것과 그것은 필연성이 있는 것이 아니라고 말해 반박하는 것과 동일한 것이 되지 않으므로, 또 대부분의 경우 그렇다고 하는 언급은 항상 이론의 여지를 남겨 놓고 있는 것이기 때문에.

왜냐하면 만약 이론의 여지가 없다고 하면 그것은 있을 법한 일이 아니고, 오히려 어느 경우에도 반드시 그러한 것으로 될 것이기 때문에 그와 같은 의미이므로, 반드시 그렇지 않다고 반박당하면 재판관은 지금 말한 것처럼 허위의 추론을 내리고 고발자가 제시한 결론은 있을 법한 일이 아니라고 꼭 믿든가, 이 건(件)은 자기가 판정할 일이 아니라고 생각하든가 하기 때문이다. 왜냐하면 판정할 경우에 그는 필연성 있는 일만 아니라 있을 법한 일에도 기초를 두고 행하지 않으면 안 되기 때문이다. 즉, 이 일이 "최선의 판단에 의해" 판정한다는 일이기 때문이다. 그러므로 그것은 필연성 있는 일이 아니라고 말해 반박하는 것으로 충분하지 않고, 있을 법한 일이 아니라고 말하는 일을 표시해 반박하지 않으면 안 된다. 그러나 이 반박이 성공하는 것은 대부분 이론이 그럴 가능성이 높을 경우다. 그런데 이론이 그런 것이 되는 일이 가능한 것은 두 가지 방식에 의해서다. 즉, 시간상 그 일이 거듭되어 나타나든가, 사실상 이와 유사한 일이 많이 나타나든가. 가장 효과적인 것은 그 양쪽에 의한 경우다. 왜냐하면 보다 많은 사례가 빈번히 그렇다고 할 때 그것은 보다 있을 법한 일이기 때문에.

(B) 또 미증과 미증을 근본으로 도출되는 설득 추론은, 가령 미증을 하는 것이 진실이라 해도 처음 부분에서 말한 것과 같이 반박될 여지를 포함하고 있다. 그것은 미증이 어느 것도 추론할 수 없는 일은『분석론』(2권 27장)의 논술에서도 우리에게 명백하기 때문에.

(C) 또 예증에 기초한 설득 추론에 대해서도 있을 법한 일에 대해서 동일한 반박이 가능하다. 왜냐하면 반대자가 드는 예증과는 다른 사실이 하나라도 있을 경우에, 만약 그 이상으로 많은 또는 빈번하게 보이는 사례가 반대자에게 유리하다 해도 "반드시 그렇다고 말할 수 없다."고 즉각 반박당하고 말기 때문이다. 또 보다 많은, 그리고 빈번하게 보이는 사례가 반대자 모임

일 경우라도 그가 현재 들고 있는 사례는 먼저 사례와 유사하지 않다든가, 먼저 것과 같은 의미로 그런 것은 아닌지 최소한 어떤 차이를 포함하고 있다는 등으로 말하고 도전할 것이기 때문에.

(D) 또 증거나 증거에 기초한 설득 추론에 대해 참된 추론을 하지 않는다는 이유에서 반박이 불가능하나, 이 점도『분석론』에 의해 우리에게 분명해졌다. 그러나 거기서 말한 것은 사실이 아니라는 점을 증명할 길이 아직 남아 있다. 그러나 그것이 사실과 증거라는 것이 명백하다면 이제 반박 불능의 상태가 된다. 왜냐하면 그 견해는 모두 이제 틀림없는 사실 논증이 되기 때문이다.

CHAPTER 26

설득 추론의 주의 사항

과장과 과소평가는 논점이 아니다

확대 과장과 과소평가는 설득 추론을 구성하는 요소가 아니다. 결국 나는 여기서 말하는 요소와 논점을 동일한 것으로 보고 있는 것이다. 왜냐하면 요소 또는 논점은 많은 설득 추론이 그 아래 순서대로 쌓아 넣는 항목의 일이므로. 그런데 확대 과장이나 과소평가는 어떤 것을 크다고, 또는 작다고 표시하는 것을 목적으로 한다. 사람이 무엇에 대해 좋은가 나쁜가라든가, 바른가 바르지 않은가라든가, 그 밖에 이 같은 종류의 것을 분명히 하려고 논하는 경우와 같은 것이다. 지금 드러낸 것 같은 점은 모두 추론이나 설득 추론이 다루어진 사항이기 때문에, 따라서 이 같은 것들이 어느 것도 설득 추론의 논점이 아니라고 하면,[288] 확대 과장이나 과소평가도 그렇지 않은 것이 된다.

반박을 위한 설득 추론

또 반박을 목적으로 하는 설득 추론은 설득 추론의 독립된 한 종류가 되는 것은 아니다.[289] 왜냐하면 반박은 분명히 논증을 시도하든가 혹은 이론을 들고 나오는 것으로 행해지는 것인데, 전자는 상대의 증명에 대항해 그것과 반대되는 명제를 논증에 의해 도출하기 때문이다. 예를 들면 상대가 무엇인가가 일어났다고 증명한 경우 이쪽은 그것이 일어나지 않았다고 증명하고, 만약 상대가 일어나지 않았다고 증명할 때 일어났다고 하는 것이다. 그러므로 이 점은 양자의 차이를 표시하는 일이 되지 않을 것이다. 양자가 사용하고 있는 의론의 형식과 내용은 똑같은 것이기 때문에. 즉 어쨌든 무엇이 있다 또는 없다는 사실을 표시하기 위해 설득 추론을 들고 나가는 것이다.

이론은 설득 추론이 아니다

또 이론은 설득 추론이 아니다. 『토피카』에서도 말한 것처럼 어떤 견해를 말하고 이 견해에 의해 상대의 결론이 올바른 추론에 의해 도출된 것이 아님을, 혹은 그 전제에 어떤 오류가 포함된 사실을 분명히 지적하는 것이다.

1·2권의 마무리

그럼 변론에 대해 고찰하지 않으면 안 될 일이 세 가지가 있다. 그중에서 예증·격언·설득 추론, 일반적으로 말해 사고 과정에 관계되는 사항에 대해 그것들을 어디에서 손에 넣을 수 있는지, 또 어떻게 반박할 수 있는가 하는 것은 이상으로 충분하다고 하겠다. 남은 작업은 표현 방식[290]과 주장과 견해의 배열에 대해 설명하는 일이다.

제3권

표현 방법과 배열

CHAPTER 1

제3권의 주제

변론의 세 가지 부분

변론에 관해 손대야 할 부분은 세 가지, 즉 첫째, 설득 수단은 어디에서 얻어지는가, 둘째, 표현 방법, 셋째, 변론의 여러 부분을 어떻게 배열하나 하는 것이다. 그런데 설득 수단은 어느 정도인가 하면 세 가지인데, 또 그 세 가지는 어떠한 것인가, 왜 세 가지뿐인가 하는 것은 이미 말했다. 즉 판정자들은 모두 자기 자신이 어떤 감정을 가짐으로써, 혹은 논자를 어떤 인품의 인물로 이해하느냐에 의해, 혹은 변론을 통한 증명에 의해 설득당하는 것이다. 또, 설득 추론에 대해서도 그것을 어디에서 도출해야 하는지 이미 말했다. 즉 설득 추론에 특정의 논점과 공통의 논점 등이 있다.

표현 방법의 고찰

여기에 이어지는 작업은 표현 방법에 대해 말하는 것이다. 그것은 말해야 할 것을 가지고 있기만 하면 충분하다고 할 수 없고, 어떻게 말해야 할까를 알아야 한다. 그렇게 하면 변론을 어떤 종류의 성격을 가진 것으로 보이는 데 크게 도움되기 때문이다.

그런데 지금까지의 논술에서 먼저 자연적 순서는 첫째로 해야 할 것, 즉 사항 그 자체는 어디에서 그 설득성을 손에 넣을까 하는 것이 고찰되었다. 둘째로, 사항을 표현상 어떤 상태로 준비해 나아갈까, 그리고 셋째로, 연기적 화법을 고찰하게 된다. 사실 셋째의 요점은 최대의 효과를 올리는 것이긴 하나, 지금까지 변론가 누구도 문제 삼지 않았던 것이다. 그것은 비극이나 서사시 음송의 세계에서도 연기적 요소가 들어온 것은 훨씬 후의 일이었으므로. 결국 처음에 작자 자신이 자기의 비극 작품을 연기한 것이다. 그러므로 변론법의 경우도 시의 경우와 마찬가지로 이 같은 요소가 관계를 갖는 것은 당연하다. 시에서 이 종류의 일을 직접 다룬 사람은 특히 테오스의 글라우콘[291]이었다.

연기적 요소, 음성

말할 때의 연기는 음성으로 한다. 즉 각각의 감정에 맞춰 어떤 방식으로 음성을 사용해야 할까. 예를 들면 어떤 때는 큰 목소리로, 어떤 때는 작은 목소리로, 또 어떤 때는 중간 정도의 목소리로 말할까 하는 것과 어떤 방식으로 음성의 고저를 사용하면 좋을까? 즉 높은 상태냐 낮은 상태냐, 아니면 그 중간 상태로 말해야 할까 하는 것. 그리고 이 같은 성량이나 상태에 맞추어 어떤 방식의 리듬을 사용해야 좋을까 하는 데 있는 것이다. 결국 고려할 요점은 세 가지, 즉 음성의 대소·고저·리듬이다. 그러므로 연극 경연에서 수상하는 자는 이 같은 세 가지 요점을 잘 이해하고 있는 사람이라고 말해도 좋을 것이다. 그리고 연극 경연에서 현재 연기자가 희곡 작가보다 큰 힘을 발휘하고 있는데, 국가 공공의 장에서의 경연에서도[292] 시민들이 능력을 갖추고 있지 않기 때문에 이와 똑같은 일이 인정되는 것이다.

연기법은 미조직

그러나 그와 같은 연기적 요소에 대한 기술은 아직 조직화되지 않았다. 아무튼 표현 문제조차 세상의 평판에 오른 것은 후에 생긴 일이기 때문에. 그런데 또 연기적 요소의 연구 등은 저속한 일이라고 생각하는데, 그와 같이 보는 것도 바르다고 본다. 그러나 변론법의 작업은 그 전체가 청자는 어떻게 생각하는가에 쏠리고 있기 때문에 그와 같은 표현 방법, 화법을 바른 일이라 하기보다 설득에 필요한 일로 생각하고 이에 관심을 집중시켜야 한다. 어떻든 변론에 관해서 참으로 바른 일은 청자에게 고통도 주지 않고 기쁘게 할 일도 없는 것처럼 말해 그 이상 요구하지 않는다는 것이기 때문에. 왜냐하면 바르다는 것은 사항 그 자체를 가지고 싸우는 것이고, 따라서 증명 이외의 일은 모두 여분이기 때문이다. 그렇기는 하지만, 앞에서도 말한 것처럼 청자가 능력을 결하고 있기 때문에 연기적 요소는 큰 효과를 발휘한다.

그러나 표현의 방식은 앞에서 말한 것 같은 사정이 있다고 해도, 어떤 것을 가르치는 경우라도 조금이나마 필요한 일이다. 그것은 어떻게 말할까 그 화법의 차이로 분명하게 표현한다는 점에서 격차가 생기기 때문이다. 그러나 그 차이도 예상만큼 중요하지 않고 그 모두가 형식만의 것으로, 결국 청자에 대한 효과상의 일에 지나지 않는다. 바로 그렇기 때문에 기하학을 가르칠 때 그와 같은 수단을 사용하는 자는 한 사람도 없는 것이다.

그럼 연기적 요소는 변론 중에 들어가는 경우 배우의 연기법과 같은 효과를 올릴 것이다. 그러나 지금까지 이것에 관해 말하려 한 사람들은 있었으나 그것은 불과 몇몇밖에 안 되었다. 예를 들면, 트라시마코스가 『연민』 중에서 시도한 것이 그 하나다.[293] 확실히 연기성이 있다는 것은 선천적인 재능이어서 기술과 관계가 없는 것이지만, 그러나 변론의 표현 방법에 관계시켜 보면 그것도 기술을 문제 삼게 된 것이다. 그러므로 화법으로 이 능력을 가지고 있다면, 이 사람도 또 연기를 넣어 말하는 변론가와 마찬가지로 경연상을 받게 된다. 왜냐하면 원고로 작성된 변론은 그 사상보다 표현 방식에 의해 그 효과를 증대시키기 때문이다.[294]

표현 방법의 역사

그런데 표현 문제에 선편을 친 것은 당연한 일이지만 시인들이었다. 그것은 '이름' 혹 '어'라고 하는 것이 사물의 모방물이고,[295] 우리는 또 모든 부분 중에서 가장 모방에 적합한 것으로 음성을 갖추고 있기 때문이다. 그러므로 서사시의 음송이라든가, 대사의 표현법, 그 밖에 많은 기술이 고안되었다. 그런데 시인들은 애타(愛他)가 없음을 말하고 있지만, 그 표현에 의해 명성을 떨치고 있다고 생각되었으므로 변론 중에 시적 표현이 최초로 받아들여졌다. 예를 들면 『고르기아스』의 경우가 그렇다.[296] 그리고 오늘도 여전히 배움이 없는 많은 사람은 이 부류의 변론가들이 가장 아름답게 말하고 있다고 믿고 있다. 그러나 그것은 사실이 아니다. 산문과 시에서의 표현 방법은 전혀 별개의 것이다. 이 점은 그 후 어떻게 되었나를 보면 분명하다. 즉, 비극을 만든 시인들일망정 벌써 이전의 시인과 같은 방식으로 표현하고 있지 않다. 그들은 이암보스조(調)의 시가 수많은 운율 중에서 가장 산문에 유사하다는 이유로 테트라메트론부터 거기에 운율을 바꾼 것과 병행해[297] 말도 일상 대화에서 사용하지 않고 있는 것을 제거했는데, 이 같은 말이야말로 초기의 극작 시인들이 작품을 화려하게 꾸밀 때 사용한 것이고, 현재도 여전히 헥사메트론[298]을 만드는 서사 시인들이 사용하고 있는 말이다. 그러므로 시인들을 흉내내어 시적 표현을 사용함은 익살스러운 이야기다. 시인들 사이에서조차 이제 그 종류의 표현은 사용되지 않고 있기 때문이다. 따라서 이제 밝혀진 바대로, 우리는 표현 방법에 대해 말할 수 있는 한 모두 극명하게 문제 삼을 필요 없이 우리가 취급하는 종류만을 말하면 좋을 것이다. 역시 다른 한쪽의 시적 표현은『시학』중에서 이미 논했다.

CHAPTER 2
좋은 문체의 특성

1. **명료성**: 그러면 시적 표현에 관한 문제는 충분히 고찰된 것으로 한다. 또 표현의 우수성이 명료성에 있음도 규정된 것으로 한다. 그 증거에 언론이 그 의미하는 바를 분명하게 표시하지 않는 경우 언론은 자기의 기능을 다한 것이 되지 않았기 때문이다.

2. **적절성**: 또 표현이 평판적일지라도 걸맞지 않게 과장된 것도 아니고, 그렇게 걸맞게 적합한 것이라 할 것도 아니다. 우수성이 있어야 한다. 즉, 시적 표현은 아마 평판적인 것은 아니지만 산문으로 적절한 것이라 말할 수 없다.

3. **듣기 거북한 표현**: 또 이름이라 하는 말 가운데 일상 사용되는 것은 표현을 알기 쉽게 하지만, 이에 대해 표현을 평판적이지 않고 화려하게 꾸미려 하는 것은 『시학』 가운데 들어 보인 그 외의 말이다.[299] 그것은 일상의 표현에 변형을 가하는 일은 문장을 일층 위엄 있는 것으로 보여 주기 때문이다.

왜냐하면 사람들은 타국인을 대할 때와 자국민을 대할 때와 차이를 느끼게 되는데, 이와 똑같은 차이를 표현에 관해서도 느끼는 것이기 때문에. 그러므로 언어를 듣기 거북한 것으로 꾸며야 한다는 것은 사람들이 멀리 떨어진 것에 감탄의 느낌을 갖게 되지만, 감탄의 느낌을 갖게 하는 것은 쾌감을 느끼게 하기 때문이다.

시적 표현의 주의

그런데 운문의 경우 이 효과를 가져다주는 수단이 많이 있고, 또 거기서 그것이 딱 알맞는다. 그것은 운문이 다루고 있는 사항이나 사람들은 일상적인 그것과 상당히 거리감이 있기 때문이다. 그러나 산문에서 그와 같은 방법이 딱 들어맞는 예는 훨씬 적어진다. 왜냐하면 주제로 되는 것이 운문의 경우보다 저속해 그렇게 하는 것이 적합하지 않기 때문이다. 어쨌든 운문의 경우에 있어서도 만약 노예든가 지나치게 젊은 자가, 또는 지나치게 하찮은 사항에 대해 미사여구로 화려하게 꾸민다면 그야말로 심한 불균형이다. 아니, 운문의 경우도 적절성은 주제에 맞추어 문체의 상태를 떨어트리든가, 높이든가 하는 것으로 획득하는 것이기 때문에. 그러므로 이와 같은 방법을 사용할 경우 그 꾸밈이 염려되면 안 된다. 즉 기교로 일관하지 않고, 극히 자연스러운 화법을 쓰고 있다고 생각되게 하지 않으면 안 된다. 그것은 후자가 설득력이 있으나, 전자는 그 반대이기 때문에. 왜냐하면 청자는 기교를 통하는 사람에 대해 마치 무엇인가 꾀하고 있는 사람을 대하는 것처럼 의혹의 눈으로 보기 때문이다. 그것은 꼭 혼주(混酒)를 대하는 경우와 같다.[300] 일례를 들면, 다른 배우들의 음성과 비교해 볼 때 테오도로스[301]의 음성이 그와 같은 상태였다. 결국 그의 음성은 배역 그 자체의 자연스러운 음성으로 들렸지만, 다른 자의 음성은 부자연스럽고 만들어진 것처럼 생각되었다. 그러나 일상 사용해 익숙한 언어에서 어(語)를 모아 문(文)을 만드는 경우 기교적인 부분이 교묘하게 감춰진다. 이것이야말로 틀림없이 에우리피데스의 수법이다. 그는 처음으로 이 종류의 방법을 보인 것이다.

신조어와 일상어

이름과 말하는 언어가 문장(변론)을 구성하는 요소다. 이름은 『시학』 가운데서 고찰된 정도의 종류가 인정되지만, 그 가운데 너무 일상적이지 않은 어나 합성어, 신조어의 사용은 근소한 횟수, 근소한 경우로만 한해야 한다. 어떠한 경우에 사용하는가는 후에 말하게 된다. 또 왜 사용하는가는 이미 말한 바 있다. 즉, 적절한 표현에서 크게 빗나가므로 주의할 필요가 있다는 것이 그 이유다. 이에 대해, 일상 사용되는 어나 사항에 고유어나 비유 등이 산문 표현에 도움이 된다. 그 증거로 이 같은 어만이 누구에게나 사용되는 것이다. 왜냐하면, 모든 사람이 일상 대화에서 사용하는 것은 비유와 사항에 고유어나 상용어이기 때문이다. 따라서 이상의 사실을 잘 이해하고 문장을 짓는 경우, 분명 그 문장은 참신한 느낌을 주면서 동시에 그 기교성도 우려할 것 없고, 더구나 의미도 명료해지게 된다. 사실 이 점이 변론가의 문장이 갖는 우수성이라 하는 것이다.

동음어와 동의어

이름 가운데 소피스트에게 도움되는 것은 동음이의어(다의어)다. 소피스트는 이 같은 어를 근본으로 해 청자를 속이기 때문이다. 이에 대해, 시인에게 도움되는 것은 동의어다. 일상 자주 사용되는 동의어란, 예를 들면 '나아간다'와 '걸어간다'가 그렇다. 그것은 이들 어가 둘 다 통상적으로 사용되는 것이고, 둘 다 동일한 의미를 표현하고 있기 때문이다.

비유(譬喩)

그런데 어에 따른 이런 종류가 각각 무엇인가 하는 것, 또 비유에 어느 정도의 종류가 있는가 하는 것, 그리고 비유가 시에서도 산문에서도 가장 효과적이라는 사실은 앞에서도 말한 것처럼 이미 『시학』 중에서 말했다. 그러나 산문은 운문에 비해 도움되는 수단이 적은데, 산문은 보다 일층 비유에 대해 세심한 주의를 아끼지 말아야 한다. 사실 비유는 무엇보다 특히 명료성·쾌적성·참신성을 문장에 주는 것이고, 더욱이 그것은 남에게서 배울 수 없는 것이기도 하다.[302)]

비유의 적절성

또 우리는 수식어와 함께 비유의 경우도 사항에 딱 들어맞는 것을 들지 않으면 안 된다. 그 적절성은 그것과 사항과의 대응 관계에 의해 정해질 것이다. 만약 그와 같은 대응이 보이지 않으면, 그 비유의 부적절성이 분명하게 나타나게 될 것이다. 그것은 상반되는 것의 대립 관계를 서로 배열해 놓았을 때 가장 또렷하게 보이기 때문이다. 아니, 젊은이에게 어울리는 검붉은색의 망토에 해당하는 것이 늙은이에게 무엇일까, 이 점을 조사할 필요가 있는 것이다. 왜냐하면 같은 복장이 양쪽에 모두 어울리는 일은 없기 때문에.

또 무엇인가를 아름답게 보이려고 생각할 경우 같은 종류에 속하는 것 가운데 보다 우수한 것을 비유로 가져오면 좋고, 비방하려 생각할 경우 보다 나쁜 것에서 비유를 찾지 않으면 안 된다. 내가 말하는 의미는 이러한 것이다. 예를 들면 서로 반대가 되는 것은 동일 종류에 속하고 있기 때문에 구걸하는 자에 대해 "그는 기원하고 있다."고 말하고, 한편 기원하는 자에 대해 "그는 구걸하고 있다."고 말하면, 지금 말한 것을 실현하고 있다고 할 수 있다. 그중 어떤 것도 '구하고 있다.'고 하는 일이기 때문에. 이피크라테스가 칼리아스의 일을 "메트라기르테스(대모신(大母神)을 음식으로 삼는 비렁뱅이)"라고 부르고 "다트코스(등불잡이)"라고 부르지 않았기 때문에 칼리아스는 그에게 "비밀 의식에 익숙지 않은 인간이다."라고 말하고, "만약 익숙하다면 자기를 메트라기르테스로 부르지 않고 코스로 불렀을 것이다."라고 말한 것이 그렇다.[303] 결국 어느 쪽 호칭도 여신의 제례에 관계되는 것이지만, 한쪽은 명예가 있는 호칭인 데 대해 또 한쪽은 불명예스러운 것이다.

또 혹자는 배우를 "디오니시오스의 아첨하는 자들"이라고 부르나, 배우 자신은 자기들을 '예술가'라고 일컫는 것도 그렇다. 이 같은 호칭은 똑같이 비유지만, 그중에서 전자는 비난하는 사람이 말하는 것인 데 비해, 후자는 그와 반대되는 호칭이다. 또 해적들도 오늘에 와서 자기들을 '조달 담당'이라고 호칭하고 있다. 이와 같은 사정이므로 죄를 범한 자를 '과실을 범했다.'고 말하는 한편, 과실을 범한 자를 '죄를 범했다.'고 말할 수 있고, 또 도적질을 한 자에 대해서도 '손에 넣었다.'든가 '훔쳤다'고도 말할 수 있다.

비유의 부적절성

그러나 에우리피데스의 텔레포스가 말한 언어, 즉 "노에 군림해 미시아에 상륙하다."고 하는 것은 부적절하다. 왜냐하면 군림한다는 말은 사항에 적합하지 않을 정도로 허풍을 떠는 일이다. 그러므로 기교를 응결시키는 것이 감춰지지 않는 것이다.

또 비유의 실패는 어의 표기 중에도 나온다. 그것은 표기가 상쾌한 음향을 표시하지 않는 경우다. 예를 들면 청동의 디오니시오스가 에레게이아 시 가운데서 시를 "가리오페의 거세하는 음성"이라 부르는 것이 그렇다.[304] 그것은 '거세하는 음성도, 시도 다 같은 음성'이라는 이유에 의한다. 그러나 이 비유는 세련된 음향을 가진 시를 아무 의미 없는 조잡한 음성으로 비유하고, 거기에 또 이름을 갖고 있지 않은 것에 대해 그것과 동떨어진 일이 아닌 동족, 동류의 것에서 그것이 말해지면 해당 사항과 동족임을 곧 알 수 있는 것을 가져다 줘, 그 이름을 드러내는 일로 비유를 하지 않으면 안 된다. 예를 들면 잘 알려진 수수께끼 "나는 사나이가 불을 사용해 청동을 인간에게 아교로 붙이는 것을 보았다."는 비유가 그렇다. 결국 이 상태에 별개의 이름은 없지만 비유하는 것도, 비유당하는 것도 다같이 일종의 '붙이다'는 행위이므로, 그래서 빨아내는 구슬에 꼭 붙이는 일을 '아교로 붙인다.'고 말한 것이다. 일반적으로 교묘하게 만들어진 수수께끼에서 훌륭한 비유를 얻을 수 있다. 왜냐하면 비유도 수수께끼처럼 무엇인가를 빗댄다. 따라서 수수께끼로 좋다면, 당연 교묘한 비유가 찾아지기 때문이다.

또 비유는 아름다운 것에서 찾아야 한다. 그러나 이름(명칭)의 경우, 그 아름다움은 리킴니오스[305]가 말한 것처럼 소리든가 의미 되고 있는 것 가운데 있다. 이것은 추한 경우도 마찬가지다.

또 제3의 조건이 있다.[306] 이 조건에 의해 소피스트식의 의론이 논파되는 것이다. 즉, 브리손[307]은 만약 이 말을 하는 대신 저 말을 해도 의미가 동일하면, 추악한 언어를 말하는 자는 한 사람도 존재하지 않는다고 말했는데, 이는 맞지 않는다. 왜냐하면 그것은 잘못이기 때문이다. 어쨌든 사물을 적확하게 표시하든가, 유사성을 가졌다든가, 사물을 안전에 방불케 하는 데 적합하다든가 하는 점에서 각각 차이가 보이기 때문이다. 그런데도 이 어와 저 어에서 그것이 의미하는 것을 반드시 동일 상태에 놓고 취한다는 의미는 아니다. 따라서 이 같은 부면에서도 어에 아름다움이나 추함이란 점에서 차이가 있다고 하지 않으면 안 된다. 왜냐하면 어느 어도 무엇에 대해 그 아름다움이나 추함을 표시하는 것이지만, 그러나 그것을 아름다움만으로 혹은 추함만으로 표시하고 있는 것은 아니다. 아니, 그와 같은 것이라 해도 보다 많이 그런 것인가, 보다 적게 그런 것인가 정도의 차이는 보인다.

이 같은 의미이므로 비유는 음성으로, 혹은 의미로, 혹은 눈으로, 혹은 다른 감각으로 어떻든 아름다운 것에서 가져오지 않으면 안 된다. 예를 들면 '장밋빛 손가락의 새벽'이라 말하는 편이 '짙은 빨강 손가락의'라고 말하는 것보다 낫다. '빨간 손가락의'라고 말한다면 한 단계 더 비속하다.

수식어

또 수식어의 경우에도, 예를 들면 '어머니 죽이기'처럼 비속한, 그렇지 않으면 추한 것을 가지고 수식하는 일도 있다. '아버지의 원수를 갚은 자'처럼 보다 좋게 할 수도 있다.[308] 또 시모니데스는 노새 경기의 승자가 그에게 약간의 보수밖에 주지 않았을 때, '반쪽 당나귀' 생물 때문에 시를 짓는 일은 불쾌하다는 구실로 시를 지으려 하지 않았으나 충분히 지불해 주자 "영광 있으라, 질풍의 다리 가진 망아지들이여." 하고 노래한 것이 이에 해당한다.[309] 그것들은 당나귀 새끼쯤 된 것이다.

축소사

또 축소사를 사용하는 것도 동일한 기능을 한다. 축소사(縮小詞)란, 나쁜 것도 좋은 것도 보다 작게 보이는 것이다. 아리스토파네스가『바빌로니아인』가운데서 돈 대신 '적은 돈'이라 말하고, '상의' 대신 '작은 상의', '욕설' 대신 '작은 욕설', 그리고 '질병' 대신 '작은 질병'이라 말해 야유하는 것이 그렇다.[310] 그러나 그와 같은 어에도, 그 축소사에도 주의를 기울여 적절한 한도를 지키도록 하지 않으면 안 된다.

CHAPTER 3
잘못한 어휘 선택

표현에 생채가 없음은 문체 표현에서 다음 네 가지 점이 원인이 되어 생긴다.

합성어

먼저 합성어에서 원인이 찾아진다. 리코프론이 "아주 높게 솟구친 대지의 많은 얼굴이 보이는 드넓은 하늘"이라든가, "좁은 길을 달리는 갑(岬)"이라 말하는 것이 그 보기다. 또 고르기아스가 명명한 "구걸하는 시인의 아첨하기"라든가, "거짓 다짐을 하고, 한편 장중하게 올바른 다짐을 하다."라는 표현도 이에 해당한다. 또 알키다마스가 "마음은 분개심으로 가득하고, 얼굴 표정은 불타는 빛을 띠고"라든가, "그들의 하려는 생각이 목적 달성을 가져다주는 것이 되리라고 그는 생각했다."든가, "언론에 의한 설득을 목적 달성을 가져다주는 것으로 끝손질을 했다."든가, "해저는 가라앉은 청색을 띠고"라 말하는 것도 그렇다.

이상이 원인의 하나다.

듣기 어려운 말

또 하나의 원인은 듣기 어려운 말을 사용하는 것이다. 예를 들면 리코프론이 크세르크세스를 "월등한 사나이"라 일컫고, 또 스키론을 "시니스류 파괴자"라고[311] 한 것도, 또 알키다마스가 "시 가운데 장난감"이라든가, "그 본성의 자부심"이든가, "마음을 누르기 어려운 분함에 잘 견디는" 등으로 말하는 것도 그렇다.

수식어

제3의 원인은 수식어구에 보이는 것으로, 진력나게 지루한 것이나 눈에 띄게 부적절한 것을 사용하든가, 더덕더덕 늘어놓은 것도 원인이 된다. '하얀 젖을'이라 표현하는 것은 시의 경우라면 조화가 되지만, 산문에 이 같은 표현은 경우에 따라 너무나 부조화를 이룬다. 또, 과도하게 사용하면 스스로 그 기교성을 드러내 보여 그것이 이제 시임을 노정하는 것이 된다. 확실히 수식어를 사용하는 일은 필요하다. 그것은 습관된 말의 분위기를 바꾸고, 표현에 신선감을 주기 때문이다. 그러나 그 사용에 있어서 적절성을 상실하는 일이 없도록 주의하지 않으면 안 된다. 과도한 사용은 표현에 무관심한 화법 이상으로 문장을 심하게 버릴 염려가 있기 때문이다. 왜냐하면 후자는 좋은 점이 없는 데 비해 전자는 결점을 가지고 있기 때문이다. 알키다마스의 문체 표현이 생채를 결한 것으로 보이는 이유는 바로 그 때문이다. 왜냐하면 그는 수식어를 조미료로서가 아니라 주된 먹을거리로, 결국 그만큼 더덕더덕 붙이든가, 지루하게 끌든가, 눈에 띄는 수식어를 사용하고 있기 때문이다. 예를 들면 '땀을'이라 말하지 않고 '젖은 땀을'이라 말하고, '이스트미아에'[312]가 아니고 '이스트미아의 제전(祭典)에'라 하고, '법을'이 아니고 '국가의 상징인 법을', '달려서'가 아니고 '조급한 마음에 사로잡혀서', '뮤즈의 저택을'이 아니고 '자연으로부터 뮤즈의 저택을 받고'라고[313] 말한다. 또 '걱정되는 생각에 눈살을 찌푸리고'라고 말하든가, 단지 '호의를 만드는 사람'이 아니고 '만인에게 미치는 호의를 만드는 사람, 청중의 기쁨을 감리하는 사람'이라 말하든가, '잔가지에서'가 아니고 '숲의 잔가지에서'로 덮어 숨긴다. '육체를 비밀히 하다'가 아니고 '육체의 수치심을 비밀히 하다'로 말하든가, 또 '마음의 욕망'을 '마음을 아주 비슷하게 베끼는 욕망'이라 말하든가, 다만 이것은 수식어인 동시에 합성어이기도 하기 때문에. 따라서 그것은 시가 된다. '지나친 악행의 파격도 상궤를 넘어'라고 말하든가 하는 것도 그것이다. 그러므로 이와 같이 시인을 닮은 화법을 쓰면 그 부적절성 때문에 문장에 익살스럽고 생채가 결여된 결점을 갖게 하고, 더욱이 요설이 지나치기 때문에 문장의 의미를 불명료하게 만든다. 왜냐하면 의미를 잘 인식하고 있는 자를 향해 뒤에서부터 차례대로 언어를 쌓아 올려 가면 그것이 그늘을 만들기 때문에 그 명료성을 감소시킨다.

합성어를 써서 좋은 것은 일반적으로 해당 사항에 명칭이 붙지 않고, 더욱이 그것을 말로 표현하는 언어가 쉽게 합성될 수 있는 경우다. 예를 들면 '시간을 소비하다'가 그것이다. 그러나 이것도 지나치면 전혀 시적 표현이 되고 만다. 바로 그러니까 합성어에 의한 표현은 디티람스 시인들에게 매우 유용한 것이다. 왜냐하면 그들은 홍성한 소리를 좋아하기 때문이다. 이에 대해 일상으로 사용하지 않는 어는 서사 시인들에게 가장 도움이 된다. 왜냐하면 그와 같은 어는 장중하고 고답적인 느낌을 띠기 때문이다. 또 비유는 이암보스 조율의 시에 도움이 된다. 사실 이 운율이야말로 앞에서 말한 것처럼 오늘날에도 비극 시인들에 의해 사용되고 있다.

비유

또 네 번째로, 표현이 생채를 결하고 있는 원인은 비유 중에서 보인다. 즉, 비유도 역시 그 어떤 것은 골계미가 있다는 이유에서 그 증거에 희극 작가도 비유를 사용하고 있다. 또 어떤 것은 지나치게 장중해 비극에 물든 것 같다는 이유로 적절성이 결여되는 일이 있기 때문이다. 또 비유는 지나치게 동떨어진 데서 가져오면 그 의미가 애매하게 된다. 예를 들면 고르기아스가 "사건은 두려우나 혈기가 끌린다.", "자네는 부끄러운 행위 가운데 그 종자를 모종 내고, 재앙의 형태로 그것을 거두어들인다."고 말하는 것이 그렇다. 그것들은 매우 시적인 표현이기 때문이다. 또 알키다마스가 철학을 "법을 제압하는 목책", 오디세이아를 "인생의 훌륭한 거울"이라고 부르고, "이러한 완구를 시 가운데로 가지고 들어오는 일 없이"라고 말한 것도 이 부류에 속한다. 왜냐하면 그것들 모두가 앞에서 말한 이유로 설득을 가져오는 일이 없기 때문이다.

그러나 제비가 날다가 고르기아스를 향해 똥을 떨어뜨릴 때, 그가 제비에게 던진 말은 비극이 물든 표현으로서 최고의 것이다. 즉 그는 "이것은 조심성이 없다, 필로메라여."라고[314] 말한 것이다. 결국 그것을 한 것이 새였다면 조심성이 없는 것은 아니지만 처녀였다면 부끄러워할 일이라는 의미다. 그러므로 그의 힐난이 적절하다는 것은 이전의 그녀를 향해 그렇게 말한 것이지 현재의 그녀에 대한 것이 아니기 때문이다.

CHAPTER 4

‘이를테면’, ‘가령’

‘이를테면’, ‘가령’의 정의

‘이를테면’, ‘가령(직유(直喩))’도 역시 비유(암유(暗喩))다. 그것은 양자의 차이가 정말 얼마 되지 않기 때문이다. 즉, 아킬레우스에 대해 ‘사자처럼 돌진했다.’고 말하면 ‘이를테면’이지만, ‘사자가 돌진했다.’고 말하면 비유가 된다. 결국 양자 어떤 쪽도 용기가 있기 때문에 비유에서는 아킬레우스를 사자로 바꿔놓고 그렇게 일컬은 것이다.

‘이를테면’, ‘가령’의 사용

이것은 산문에서도 도움이 되는데, 그러나 그 사용은 드물다. 그것은 시적 표현에 속하기 때문이다. 또 그 적용은 비유에 준해야 한다. 왜냐하면 그것도 비유이므로 앞에 드러낸 점에서 차이를 보이는 데 지나지 않기 때문에.

'이를테면', '가령'의 실례

그런데 이것은 다음과 같은 것이 있다. 예를 들면 안드로티온이 이드리에우스[315]에 대해 "족쇄가 풀린 불량배, 또는 개 같은 사나이다."라고 말한 것이 그렇다. 결국 불량배나 개는 누구에게나 달려들어 문다. 이드리에우스도 속박에서 해방되면 손을 댈 수 없는 자가 된다는 의미다. 또 테오다무스가 알키다모스를 비례 관계로, "기하학의 지식을 갖지 않은 에우크세노스"로 직유한 것도 이에 해당한다. 왜 비례 관계인가 하면, 에우크세노스도 "기하학의 지식을 가진 알키다모스"로 말하는 것이 되기 때문이다. 또 플라톤의 『국가』에서 "죽은 자에게서 박탈하는 자는 던져진 돌은 물고, 던진 장본인에게 덤비지 않는 들개와 같다."든가, 민중에 대해서 "민중은 힘이 있으나 약간 귀가 먼 선장과 같다."라는 직유, 또 시인들의 운문에 대해서 "그것은 아름다움을 균형 잡지 못한 한창 젊을 때의 젊은이와 같은 것"이라는 직유도 그렇다. 왜냐하면 청년들은 그 전성기가 지나면, 한편 운문은 운이 무너지면 곧 이전과 똑같은 것이라고 생각할 수 없기 때문이다. 또 페리클레스가 사모스 사람들에 대해 "그들은 빵조각을 받아 들고서도 여전히 울음소리를 멈출 줄 모르는 유아와 같다."고 말하고 있는 것도,[316] 또 보이오디아 사람을 "떡갈나무와 같다."고 말한 것도 그렇다. 결국 떡갈나무는 서로 쳐서 넘어뜨리는데,[317] 보이오디아 사람들도 동족끼리 싸운다는 것이 그 이유다. 또 데모스테네스가 민중에 대해 "배에 승선해 배 멀미를 하는 사람과 똑같은 것."이라고 말한 것도 그렇다.[318] 또 데모크라테스가 변론가들을, 빵조각을 입에 물고 부드럽게 만드는 사이 먹어버려 유아의 입 언저리에 침을 문질러 바르는 유모에 직유한 것도 그렇고, 안티스테네스가 깡마른 케피소도토스를 빗대어 여위어 가는 일을 가지고 사람에게 기쁨을 준다는 이유에서 향료에 직유한 것도 그렇다.[319]

이것은 모두 '이를테면', '가령' 비유로도 말할 수 있다. 따라서 비유로 말해 평판이 좋은 것은 틀림없이 '이를테면'·'가령'으로 말할 수 있고, 또 '이를테면'·'가령'도 설명이 붙지 않을 경우 비유가 된다.[320]

그러나 비례 관계에 기초를 둔 비유는 어느 경우에도 부류가 동일한 한쪽의 것에 비유로 응수하지 않으면 안 된다. 예를 들면, 잔이 디오니시오스의 방패라면 방패 쪽은 아레스의 잔이라고 하면 균형이 잡히는 것이다.[321]

CHAPTER 5

문법적 정확성

올바른 그리스어·문장·변론은 이상의 요소로 구성되는 것이지만, 표현의 기본은 올바른 그리스어로 말한다는 데 있다. 이것을 몇 개 요점으로 나누어 말한다.

접속어의 적절한 사용

첫째, 접속어[322]에 관한 것이다. 예를 들면 약간의 접속어가 요구하는 것처럼 상호 본래의 전후 관계를 지킨다는 경우가 그렇다. '한편'이나 '한편, 나는'이 '다른 한편'이나 '다른 한편 그는'보다 뒤에 오게 요구하는 것이 그렇다. 그러나 이들을 상호 대응시키는 것은 듣고 있는 자가 전자를 기억하는 동안에 해야 할 일이다.

또 양자를 지나치게 떼어 놓아도, 어떤 접속어를 거기에 대응하는 불가결한 접속어 앞에 끼어 넣어도 안 된다. 왜냐하면 그와 같은 구문이 적절한 경우는 매우 드물기 때문이다. 예를 들면 "한편 나는, 그가 나에게 말을 끝낸 뒤(왜냐하면 클레온이 와서 나에게 바라고 또 청원했기 때문에) 그들과 함께 외출했다."라는 문장이 그렇다. 그것은 이 예문에서 후문이 되어야 할 절 앞에 많은 접속에 이끌린 절이 삽입된 때문이다. 그러나 후문의 '외출했다'까지의 사이가 길어지면 문장은 희미해지고 만다.

그러므로 올바른 그리스어를 말하는 조건의 하나는 접속어의 사용이 올발라야 한다는 점이다.

고유의 명칭을 사용한다

그러나 둘째 조건은 무엇인가를 지칭할 때 그 사물 자체가 갖는 고유의 명칭을 사용하고 포괄적인 명칭에 의존하지 않는다는 점이다.

다의어(多義語)를 피한다

셋째, 애매한 다의어를 사용하지 않는 일이다. 다만 반대로, 그 애매한 다의어를 의도적으로 사용하는 경우는 별개다. 이 같은 일은 알맹이가 있는 것은 아무것도 말할 수 없을 때, 사람이 어떤 일을 말하는 척할 경우에 행해진다. 그와 같은 의도를 가진 사람들은 그 보람이 없는 일을 시의 형식으로 말하려 하는 것이다. 예를 들면 엠페도클레스가 그렇다. 결국 에두른 것 같은 지루하게 끄는 이야기 실마리가 사람을 어루꾄다. 때문에 듣고 있는 사람들은 마치 세상의 많은 사람이 예언자 곁에서 경험하는 것과 똑같은 기분을 갖게 된다. 왜냐하면 사람들은 예언자가 어떻게 하든 받아들일 수 있는 것을 말하면 "그렇군." 하고 고개를 끄덕이기 때문이다. "크로이소스는 하류스 강을 건너 큰 제국을 멸망시켜야 한다."고 말하는 것이 그 예가 된다.[323)]

또 일반적으로 그렇게 하면 과오도 적지 않다는 이유에서 예언자들은 해당 사항을 포함하는 일반적인 개념을 사용해 말한다. 왜냐하면 주사위 놀이에서도 쥐어진 돌의 수가 몇 개인가를 말해 맞추는 것보다 짝수냐 홀수냐를 말하는 편이 맞출 확률이 높다. 또 무엇인가에 대해 다만 "그것이 일어날 수 있다."고 말하는 편이 "언제 일어날까?" 하고 말하는 것보다 알아맞히기가 쉽기 때문이다. 그러므로 예언을 하는 사람들은 '언제'라고 특정의 시기를 한정하지 않는 것이다.

이처럼 이상의 표현은 명료성이 떨어진다는 점에서 모두가 같은 부류에 속한다. 따라서 그와 같은 의도가 있는 것이 아니라면 애매모호한 표현을 피하도록 하지 않으면 안 된다.

명칭의 성별

넷째, 프로타고라스가 명칭의 성을 분류한 바에 따르면, 남성·여성·사물로 구별을 한다.[324)] 결국 이 구별도 정확하게 하지 않으면 안 된다. "그녀는 와서 이야기를 나누고 돌아갔다."고 하는 것이 그 예다.

수의 차이

다섯째는, '다수'인가 '소수'인가 '단일'인가를 명칭상 정확하게 표시하는 것에 따른다. "그들이 찾아와서 나를 때렸다."가 그렇다.[325)]

구두점

일반적으로 쓰인 문장은 읽기 쉬운 것이다. 그리고 상대에게 쉽게 통하는 것이 아니면 안 된다. 이것들은 하나의 공통된 사실이다. 이 성질은 접속어가 많아지면 상실되는데, 헤라클레이토스[326]의 문장처럼 구두점으로 끊는 것이 쉽지 않은 것도 그렇다. 즉 헤라클레이토스의 문장은 구두점을 어느 말에 찍어야 좋을까? 뒷말에 찍을까, 아니면 앞말에 찍을까 확실하지 않기 때문에 이것을 단락짓는 일이 중요한 것이다. 예를 들면 그의 저작 허두가 이미 그렇다. 왜냐하면 그는 거기서 이렇게 말했기 때문이다. "항상 이것이 세상 살아가는 도리인데, 인간은 그것을 이해하지 못한 채 거래한다." 결국 '항상'이란 말을 어떻게 찍어서 단락지을 것인가가 불확실한 것이다.[327]

접속어는 공통적일 것

또 두 개의 어를 하나로 묶은 어가 앞쪽에 적합하지 못할 경우 적절한 어를 잘 맞추지 않는 것이 불균형의 표현을 하게 된다. 예를 들면, 음성과 색채의 경우 "그것들을 보고"라는 말은 양쪽에 공통되는 것이 아니지만, "그것들을 감득하고"라는 표현은 공통적인 어이다.

요점을 앞에 표시할 것

또 문장의 중간에 많은 어구를 삽입하려 할 때, 자기가 말하려 하지 않는 것을 미리 표시하지 않으려 할 경우도 문장을 애매하게 한다. 예를 들면, "왜냐하면 그와 이러이러하며 저러저러한 일이 여차여차해서 의논한 뒤에 출발하려고 생각했기 때문이다."고 말한다. 먼저, "왜냐하면 나는 그와 의논한 뒤 출발하려고 생각하고 있었기 때문이다."라고 말하고 나서 "이러이러하며 저러저러한 일이 여차여차하게 되었다."고 설명하는 화법을 쓰지 않는 것이 그렇다.

CHAPTER 6

표현의 중후함

표현을 엄숙하고 무게 있게 하려면 몇 가지 요점에 유념해야 힘이 실린다.

명칭 대신 설명구를 사용한다

명칭 대신 설명구를 사용한다. 예를 들면 '원'이라 말하지 않고, "중심에서 등거리로 퍼진 평면"이라고 말하는 것이 그렇다. 그러나 간결성 때문에 그 반대로 설명구 대신 명칭을 써야 한다.

또 추악한 일이든가, 적절성을 상실한 일 등을 말할 경우도 동일하게 해야 한다. 즉 추악한 것이 설명구 가운데 포함되는 경우에 명칭을 드러내고, 일반 명칭으로 그것이 인정될 경우 설명구로 말한다. 또 비유나 수식어를 사용, 사항을 구체적으로 표현할 일이다. 다만, 시적 표현에 빠지지 않도록 주의를 기울여야 한다.

복수형을 사용한다

단수로 좋은 것을 복수로 한다. 이것은 시인들의 수법인데, 그들은 항구가 하나밖에 없는데, "아카이아의 항구, 항구에"(무명씨 단편 83 『Nauck』, p. 855)라고 말하기도 하고, 또 "여기 서판을 겹겹이 포개 논 서간이 있다." 하고 노래하는 것이다.[328)]

분리 표현

또 두 개의 어를 하나의 관사로 묶어 놓지 말고 각각의 어에 관사를 붙인다. 예를 들면 "우리들 것인 그 아내의"라고 하는 것이다. 그러나 간결하게 말할 때는 그 반대로 "우리들 아내의"라고 말해야 한다.[329)]

접합 표현

또 접속어를 사용해 말한다. 그러나 간결하게 말할 경우 접속어 없이 다만 관련성을 손상시키지 않게끔 말해야 한다. 예를 들면 "외출했다. 그리고 의논했다."와 "외출해서 의논했다."가 그것이다.

표현의 확대

또 안티마코스의 수법도 도움이 된다. 즉, 무엇에 대해 말할 때 그것에 현재 없는 성상(性狀)을 기본으로 말하는 것이다. 그가 데우메쏘스 언덕에 대해 노래한 것이 바로 그렇다. "바람 잘 부는 약간 높은 언덕이 있다."[330)]

왜냐하면 이와 같은 방법에 의하면 표현을 무한히 확대해 나갈 수 있기 때문이다. 이 수법, 결국 해당 사물에 없는 성상을 기본으로 한 화법은 아름다운 점, 결점, 어떤 성상의 경우에도 논지에 도움되게 적용할 수가 있다. 시인들이 "'현(絃)이 없는 '가락"이라든가 "'리라가 없는 '가락" 등과 같은 말을 취하는 것은 이 종류의 표현 방법에 의한 것이다. 결국 그들은 결여돼 있는 성상에서 그와 같은 언어를 파생시키고 있는 것이다. 왜냐하면 이 방법은 비례 관계에 의한 비유 중에서 사용하면 대단히 평판이 좋기 때문이다. 예를 들면 "나팔의 울림은 리라 없는 가락"이라 하는 것이 그렇다.[331)]

CHAPTER 7

표현의 적절성

적절성의 정의

표현이 적절성을 갖는 것은 그것이 감정과 인품을 잘 표현하고 문제가 되는 사항에 잘 균형이 맞을 경우다.

균형

균형이 맞는다는 것은 장중한 일에 경경하듯 말하는 일도 없으려니와, 하찮은 일에 거드름 피우듯 말하는 일도 없고, 또 하찮은 명칭이 수식어로 화려하게 꾸며지는 일도 없는 경우를 말한다. 만약 그렇게 하면 그것이야말로 마치 희극과 같은 모양을 드러내는 일이 된다. 예를 들면, 클레오폰[332)]이 현재 행하고 있는 일이 그렇다. 즉, 그가 사용하는 명칭의 몇 가지는 마치 '무화과 영부인'과 같은 화법에 다름 아닌 익살스러운 표현이다.

감정을 표시한다

또 감정을 잘 표시한다는 것은, 문제 사항이 모욕일 경우 분격하는 사람들이 입에 담는 표현이 그렇고, 한편 불경스러운 행동이나 부끄러운 행위일 경우 불쾌감을 느끼는 말조차 피하려는 사람의 표현이, 또 찬미해야 할 경우 경의를 담은 표현, 그리고 연민의 정을 나타내는 경우 침통한 어조의 표현이 여기에 해당한다. 그 밖의 경우도 이와 똑같다.

사실 각각의 감정에 딱 들어맞는 표현은 해당 사항을 참인 것처럼 생각하게 하는 작용을 한다. 왜냐하면 청자의 마음은 논자의 언어가 사실인 것처럼 잘못된 추론을 내리기 때문이다.[333] 그것은 이와 같은 표현을 들려주면, 사실이 논자가 말하는 대로가 아닌 경우라도 사람들은 그가 말하는 대로라고 깊이 인식하게 된다. 그런데도 청자는 감정을 담아 말하면 알맹이는 어느 것도 말하지 않았는데, 항상 논자에게 공감을 표시하기 때문이다. 변론가들 대부분이 큰 소리로 외쳐대 청중을 깜짝 놀라게 하는 것도 그 때문이다.

인품을 표시한다

또, 이 표현이나 동작으로 나타내는 효과에 의해 마음속 감정을 분명하게 보이는 이 방법은 그의 인품을 잘 표현하는 것이 된다. 그것은 표현이 각각의 사람은 어떤 부류의 인물이고, 그 마음은 어떤 상태에 있는가에 상응하게 따라 돌기 때문이다. 여기서 부류라 말하는 것은 연령적으로 보아, 예를 들면 어린이인가 어른인가 노인인가 하는 구별이든가, 성별은 여성인가 남성인가, 국적은 라코니아인(스파르타인)인가 테싸리아인인가 등의 구별이고, 다른 한편, 마음의 상태란 그것에 따라 어떤 삶을 사는 인간인가가 결정되는 일이다. 그것은 사람의 생활을 어떤 성질의 것으로 하느냐는 상태라면 무엇이나 좋다는 의미는 아니기 때문이다. 그러므로 논자가 말하는 언어라 해도 그것이 마음 상태에 꼭 들어맞는 경우에 그는 그 인품을 표현하는 것이 된다. 왜냐하면 도시에 갓 나온 시골 사람과 교양이 풍부한 사람과는 같은 사실을 똑같이 말하는 일은 없기 때문이다.

또 청중은 변론 작가가 함부로 질질 끌며 사용하는[334) "그것을 알지 못하는 자가 있을까?"든가, "누구나 알고 있다."고 말하는 표현에 의해서도 어느 정도의 영향을 받는다. 그것은 청중이 알지 못하는 것은 부끄럽다고 하는 생각에서부터 다른 사람들이 모두 감지하는 일을 자신도 감지한다고 생각하고 싶어 거기에 동의하기 때문이다.

주의 사항

그런데 이상과 같은 여러 가지 관점에 대해 맞는 사용법을 쓰고 있는가, 그렇지 않으면 때를 상실한 사용법을 쓰는가 하는 차이는 한가지로, 어떤 종류의 변론에서도 공통적으로 발견된다. 그러나 어떤 지나친 정도가 있다 해도 그것을 바로잡는 방법은 변론가가 빈번하게 사용하고 있다. 즉, 논자는 사전에 자기가 자기를 책망해 둘 필요가 있다.[335) 왜냐하면 그렇게 하면 논자는 자기가 하고 있는 일에 신경 쓰지 않는다는 의미가 아니므로 그가 말하는 것에 잘못은 없다고 생각하기 때문이다.

또, 상호 대응하는 수단은 어떤 것이든 한 번 사용하는 것으로 안 된다. 이 점을 주의하면 청자는 기교성에 염려하지 않게 되기 때문이다. 내가 말하고 싶은 것은, 예를 들면 이러한 것이다. 사용하는 언어가 몹시 거칠 경우, 음성 상태든 얼굴 표정이든 그것에 대응해 몹시 거칠게 사용하면 안 된다는 점이다. 그렇지 않으면 각각 기교의 정체가 분명해지게 되기 때문이다. 이에 대해 어떤 것은 균형이 맞는 것을 사용하지만, 다른 면에서 그렇게 하지 않으면 나누어 사용할 경우 똑같은 기교를 한곳에 집중시켜도 염려할 것이 없다. 그러나 일반론으로서 온건한 것이 몹시 거칠게, 몹시 거친 것이 온건하게 말해질 경우 그 변론은 설득력을 상실하게 된다.[336]

또, 합성어든가 수없이 중첩된 수식어, 여기에 듣기 익숙지 않은 어 등은 감정을 넣어 말하는 데 가장 적합하다. 격분할 때, "하늘을 찌를 정도의 큰 악"이라고 말하든, "족쇄 풀린 극악"이라 부르든 그것은 크게 보아 수용하게 되기 때문이다.[337] 논자가 이미 청중의 마음을 잡았고, 칭찬이나 비난 또 격노나 애정으로 그들을 열광시킬 경우도 똑같다. 예를 들면 이소크라테스가 『제전 연설집』 끝부분에서 "명성과 큰 명성을" 하든가, "그것을 참고 견딘 자들"이라고 언표한 것이 그렇다.[338] 그것은 그와 같은 언어가 사람들이 열광할 때 발언되는 것이기 때문에 청자도 열광적인 상태에 놓일 때 분명히 그와 같은 언어를 수용하기 때문이다. 이 같은 종류의 표현이 시의에 적합한 것도 그 때문이다. 왜냐하면 시의에는 무엇인가 의지하는 데가 있기 때문이다. 그러므로 이 같은 언어는 앞에서 말한 방법으로 사용할까, 아니면 핀잔을 포함하는 경우에 사용할까 하지 않으면 안 된다. 이 일은 『고르기아스』와 『파이드로스』 가운데 언어가 실례를 표시하고 있는 그대로이다.[339]

CHAPTER 8

산문의 리듬

산문에 리듬이 필요

그런데 표현의 형식은 운을 다는 것이 되어도 안 되고, 또 전혀 리듬을 결여한 것이 되어도 안 된다. 왜냐하면 운을 달면 설득력이 결여된다. 결국 작위적인 것처럼 생각되기 때문이다. 동시에 또 청자의 주의를 옆으로 빠지게 하기 때문이다. 그것은 동일한 운이 언제 또 한번 나타날까 하고 그 점에 주의를 쏠리게 하기 때문이다. 이것은 마치 어린이들이 법정 직원의 "해방 노예인 저 사람은 누구를 후견인으로 선택할까?" 하는 질문에 선수를 쳐서 "클레온" 하고 대답하는 것에 흡사하다.[340] 이에 대해 리듬을 결여하는 것에는 한정이 없다. 그러나 표현 형식은 한정성을 가지고 있어야 한다. 다만 운에 의해서만이 아니다. 왜냐하면 한정을 갖지 않는 것은 유쾌히 받아들이기도, 분명히 포착할 수도 없기 때문이다. 그런데 한정이 주어지면 어떤 경우도 수에 의존한다. 표현 형식에서의 수란 리듬을 가리키는 것으로, 운 역시도 이 리듬의 부분이다. 그러므로 산문은 리듬을 갖지 않으면 안 되지만 그렇다고 운을 가지면 안 된다. 그것은 시로 되고 말기 때문이다. 그러나 리듬을 갖는다 해도 그것은 엄밀한 것이 아니면 안 된다. 어느 정도까지 리듬을 유지하면 그것으로 족한 것이다.

산문의 리듬

리듬 가운데 영웅시의 가락은 장중하기는 하지만 일상 대화에 보이는 상태를 결여하고 있다. 이에 대해 이암보스 가락은 다수 사람의 표현이 그대로의 상태를 이루고 있다. 그러므로 사람들은 일상 대화에서 모든 운 가운데 이암보스 가락을 사용한다. 그러나 변론에서는 장중함이 있어야 하고, 청자를 끌어들이지 않으면 안 된다.

또 트로카이오스 가락[341]은 어느 쪽이냐 하면, 쾌사 떠는 상태다. 이 점은 데트라메트론을 보면 잘 알게 된다. 왜냐하면 데트라메트론은 경쾌한 리듬을 가지고 있기 때문이다. 나머지는 파이안 가락[342]이다. 이것은 트라시마코스 때부터 변론가들에 의해 사용되기 시작한 것인데, 그들은 그것이 어떤 것이냐를 정의 짓지 않고 있다.

파이안 가락은 리듬의 세 번째 것으로, 앞에서 드러낸 리듬과 밀접한 관련을 가지고 있다. 왜냐하면 이 리듬은 3:2($1\frac{1}{2}$:1)의 관계에 있고, 다른 것은 그 하나가 1:1, 또 하나가 2:1의 관계를 유지하고 있지만,[343] $1\frac{1}{2}$:1의 비율은 이들 두 가지 비율에 대해 그 중간으로서의 관계를 유지하는 것이다. 이 비율이 파이안 가락의 리듬을 이루기 때문이다. 그러므로 다른 리듬은 이미 말한 이유와 그것들이 운을 친다고 하는 이유에서 산문에서 배제되지 않으면 안 되지만, 파이안 가락을 받아들이지 않으면 안 된다. 왜냐하면 드러낸 리듬 가운데 파이안 가락만이 거기서 운문을 만들 수 없다. 따라서 사용해도 그것이라고 마음 쓰는 일이 가장 적은 것이기 때문이다.

파이안 가락을 분별 있게 사용

그런데 오늘날 사람들은 문장의 첫머리든 끝머리든 동일 종류의 파이안 가락만을 사용하는데, 끝머리는 첫머리와 다르지 않으면 안 된다. 파이안 가락에 상호 대립하는 두 가지 종류가 있다. 그 하나는 현재 일반적으로 사용하는 것처럼 문장 첫머리에 오는 것이 어울린다. 이것은 긴 음절로 시작, 세 개의 짧은 음절로 마무리하는 것이다. 예를 들면 "데로스 출생의, 또는 류기아……."든가, "황금색 머리를 한 제우스 아들에의 식량……."이 그렇다.

또 한쪽은, 반대로 짧은 세 개의 음절로 시작해 긴 음절이 끝머리에 오는 것이다. 예를 들면[344] "대지와 물의 흔적, 해양도 밤에는 덮여서 가려졌다."가 그것이다. 문장의 마무리를 짓는 것은 이 종류다. 왜냐하면 짧은 음절은 그것만으로 완전하지 못하므로 중도에서 중단한 감을 주기 때문이다. 시구는 오히려 긴 음절에 의해 분단되어 종결부가 분명하지 않으면 안 된다. 그러나 이것은 필기자에 의해 행해지는 것으로, 덧붙여진 기호에 의하는 것이 아니고[345] 리듬에 의해 행해져야 한다.

그러면 표현이 좋은 리듬을 갖게 되므로 리듬을 빼는 일이 있어서는 안 된다는 것, 또 좋은 리듬 표현을 하려면 어떤 리듬이어야 하고 그것들은 어떤 것이어야 하나 하는 것, 이 같은 점은 앞에서 말한 그대로다.

CHAPTER 9

문체 표현의 구성

두 개의 표현 구성

문체 표현은 꼭 디티람스의 시에서 서가(序歌)처럼[346] 다만 연결되어 있다는 사실만의 것, 즉 접속사에 의해 일체를 이루는 것에 지나지 않는 것인가, 그렇지 않으면 회귀성을 가지고 옛 시인들이 채용한 안티스트로페에 유사한 것인가, 그중 하나가 아니면 안 된다.[347]

연결된 것만의 표현

다만 연결된 것만의 표현은 묵은 형식이다. 예를 들면 "이것이 도우리오이의 헤로도토스의 답사 연구의 기술(記述)이다."가 그것이다.[348] 이전에 모든 사람이 이 표현 형식을 사용했지만 현재 그 수가 많다고 말할 수 없기 때문이다. 내가 "다만 연결된 것만의"라고 말하는 것은 진술되고 있는 사항이 완결되는 것이 아닌 한 그 표현 자체에 결말이 없음을 의미한다. 이것은 한정이 없기 때문에 불쾌감을 준다. 왜냐하면 결말은 누구라도 끝까지 확인하고 싶어하기 때문이다. 육상의 주자가 피니시 라인에서 숨을 죽이며 맥없이 주저앉는 것도 그 때문이다. 결국 그때까지 종착점을 전방에서 보는 동안 지쳐버리는 일이 없기 때문이다.

주기적인 문장

연결되는 표현은 이상에서 말한 대로지만, 한쪽의 회귀성을 가진 표현은 주기적 문장을 가리킨다. 여기서 말하는 주기적 문장이란 그 자체 가운데서 첫머리와 끝머리를 가지고, 또 용이하게 전체를 멀리 바라다보는 길이의 표현을 가리킨다.

이 종류의 표현은 상쾌하고 이해가 용이하다. 표현이 상쾌하다는 것은 결말이 없는 것과 반대 상태에 있기 때문이다. 즉 그와 같은 경우 청자는 항상 자기는 무엇인가를 포착하고 어떤 결말에 이르고 있다고 생각하는 것이지만, 이와 반대로 앞이 전혀 보이지 않는 것도, 결말에 이르지 못한다는 것도 불유쾌하게 생각되기 때문이다. 또, 이해가 용이하다는 것은 이 표현이 기억하기에 용이하기 때문이다. 그 이유는 주기적 문장을 이루는 표현은 수에 의해 측정되는데,[349] 수가 모든 것 가운데 가장 기억하기가 쉽기 때문이다. 바로 그렇기 때문에 누구라도 흘러가는 대로 맡겨 놓은 산문보다 운문 쪽을 더 잘 기억하게 되는 것이다. 결국 운문은 그것을 측정하는 수단인 수를 가지고 있기 때문이다.

그러나 주기적 문장은 의미상으로도 결말을 붙여야 하므로 소포클레스의 다음 이암보스 시처럼 그것이 도중에서 중단되면 안 된다.

칼리돈, 벼랑은 이 땅이다. 펠롭스 토지의[350)]

왜냐하면 이렇게 분단하는 것에 의해서 사실을 정반대로 풀이할 가능성이 생기기 때문이다. 예를 앞의 인용에서 구한다면, 칼리돈을 펠로폰네소스의 일부라고 풀이하는 것이 그렇다.

주기적 문장 2종

주기적 문장에 몇 개의 절로 이루어지는 복문과 단순한 단문이 있다.

절에서 이루어지는 것은 전체가 문장으로 완결돼 있음과 동시에 그 부분도 확실하게 나뉘어 있어 한숨으로 말할 수 있는 표현이다. 다만 그것도 지금 예시한 주기적 문장처럼 자의적으로 단락지어지는 것이 아니라 그 표현 전체로서 그렇게 되는 것이다. 또, 절이란 주기적 문장의 두 부분 중 하나다. 또, 단순한 것이라고 말하는 것은 주기적 문장에서 한 개 절만으로 이루어지는 것을 가리킨다.

그러나 절이든 주기적 문장이든 어느 것도 바짝 줄이는 것이 되어도 안 되고, 지나치게 긴 것이 되어도 안 된다. 왜냐하면 절이 짧은 것은 때때로 청자가 발이 걸려 넘어지게 한다. 결국 청자가 아직 먼 앞의 자기 마음속에 그 단락을 그리고 있는 리듬의 끝까지 진행하려 하는데, 논자가 갑자기 멈추어 서는 바람에 그것을 굳이 멈추면 그 반발로 발이 걸려 넘어진다는 의미다. 이에 대해, 지나치게 긴 것은 청자를 처지게 하는 상태를 만들어 주기 때문이다. 그것은 인도의 경계선 밖까지 갔다가 되돌아오는 사람들의 경우와 같다. 그것은 그와 같은 사람들도 역시 함께 산책하는 사람들을 처지게 하기 때문이다. 이와 마찬가지로 주기적인 문장도

긴 것은 한 개 문장이라 하기보다 이제 변론체를 이루어 디티람스의 서가에 유사한 것이 된다. 그러므로 키오스의 데모크리토스[351]가 안디스트로페 대신 서가를 만든 멜라니피데스의 일을 조소한 다음과 같은 말도 생긴 것이다.

남에게 재화를 미치게 하지 않는 자는 나와 내 몸에 재화를 미친다. 그것이 전해져 긴 서가는 그것을 만든 작자에게 최대의 재앙이다.

결국 이와 같이 비판적인 말은 긴 절을 가진 것에도 적중한다. 그렇기 때문에 지나치게 짧은 절로 이루어진 문장은 주기적인 문장이 되지 않는다. 그러므로 그와 같은 문장은 청자를 먼저 음성 가락을 늦추는 상태로 끌어가게 된다.

절의 병치(倂置)와 대치

절로 이루어지는 표현 가운데 하나는 절로 나뉘어 병치되는 것, 또 하나는 절이 대치되는 것이다.

병치된다 함은 예를 들면, "나는 여러 가지 전체 그리스적인 집회를 조직하고, 여러 가지 체육 경기를 창설한 사람들에게 수없이 감탄하고 있다."[352]가 그렇다.

한편, 대치되고 있다 함은 그 절의 각각이 상호 대립되고 있는 것이 각각으로 조합하는 형태를 취하는가, 혹은 상호 대립하는 것으로 동일한 것이 결합하는 형태를 취하는가 하는 표현이다.

예를 들면, "그들은 양자 어느 쪽도 위하려고 했다. 즉, 뒤에 남은 자도 그들을 따라온 자도. 왜냐하면 후자를 위해 나라에 있을 때보다 더 많은 토지를 소유하게 했고, 전자를 위해 나라의 영지를 충분하리 만큼 남겨 놓고 왔기 때문이다."고 말하는 것이 그렇다. 이 문장은 '뒤에 남다'와 '따라가다', '충분하리 만큼'과 '더 많은'이 상호 대립한다.

또, "그러므로 돈이 부족한 사람들에게도, 소지한 돈을 향수하려고 희망하는 사람들에게도……." 역시 그렇다. 여기서 '향수한다'는 것이 '소지한다'는 것과 대립한다.

또, "운이 따르는 일은 때로 어진 사람들이 실패하고, 어리석은 사람들이 잘 따르는 일이 생긴다."든가, "그들은 그 장소에서 훈공상에 값하는 것이라고 인정받고, 그 후 이윽고 해상의 지배권을 장악한다."든가, "헤레스폰도스에 다리를 놓고, 아도스갑에는 운하를 파는 것으로 그는 육지를 횡단 항행하고, 바다를 횡단해 행군한다.", "또, 출생으로 보아 시민인데 법률로 보아 시민권을 탈취당했다.", "왜냐하면 그들 중 혹자는 뜻밖의 전성기를 피하고, 혹자는 동맹자의 다수가 노예로 돼 있는 것을 그대 간과하는 것은…….", "살아생전에 그 명예를 획득하게 되는가, 아니면 죽은 뒤에 명예를 남길 것인가……." 등등이 그렇다.

또, 혹자가 법정에서 페이트라오스와 리코프론을 언급해 한 말, "이 자들은 나라에서 그대들을 팔고 자네들 옆에 와서 제군들을 샀다."도 그렇다.[353] 결국 이 같은 인용은 모두 앞에서 말한 대치한 형태를 이루고 있다.

이 종류의 표현을 유쾌한 것이라고 함은, 대비적 언어는 매우 알기 쉬운데 나란히 놓아도 또 알기 쉽기 때문이다. 또, 그것은 추론에 유사하기 때문이다. 왜냐하면 반박적 추론은 대립하는 결론을 하나로 묶는 것이기 때문이다.

파리소시스, 파로모이오시스

대치라 함은 이상에서 말한 대로인데, 한편 절이 길이에서 동등한 경우 '파리소시스'고, 절의 각각이 말단의 음절에서 유사한 경우는 '파로모이오시스'다. 그런데 유사를 절의 첫머리에 놓아서 보일까 혹은 끝머리에 놓아서 보일까, 그중 하나가 아니면 안 된다.

즉, (1) 첫머리의 경우 항상 명칭(어)이 유사하고, (2) 끝머리의 경우 (a) 어의 최후 음절이 유사한가, 아니면 (b) 동일어의 어미 변화로 유사한가, 또는 (c) 어 그 자체가 동일한가 하는 것이다.

(1) 절의 첫머리에서 유사한 예로서, "왜냐하면 그들에게서 토지를 미개간의 상태로 받았기 때문이다."든가, "그들은 선물을 감수하고 감언에 의해 움직여지는 자였다."[354] 등이 그렇다.

또, (2) 끝머리가 유사한 예로서, "자네는 그를 어린이 부친이라고 생각지 않았을 것이다. 오히려 그 자신이 어린이였다고 생각했을 것이다."든가, "최대의 우려와 최소의 희망을 안고"가 그것이다.

또, (2b) 동일의 어미 변화로서, "그는 동상을 세워 줄 만큼 가치가 있는가, 동전 한 닢만큼도 가치가 없다는데."가 그렇다.

또, (2c) 동일어로서, "자네는 그의 일을 살아 있는 동안은 나쁜 양으로 말했는데, 그가 없는 지금도 욕을 쓰고 있다."가 그 예다.

또, (2a) 음절에 의한 유사는, 예를 들면 "만약 사람이 게으른 사실을 그 눈으로 보았다고 하면, 자네는 어떤 두려운 생각을 했을까."가 그렇다.

또, 같은 하나의 절이 이상의 모든 모양을 동시에 갖는 일도 가능하다. 결국 같은 절이 동시에 대치적이고, 길이가 같고(파리소시스), 같은 음절로 끝난다는 일도 있을 수 있다. 주기적 문장의 여러 가지 시작 방법은 『테오덱테아』[355] 가운데 거의 모두 나왔다고 말해도 좋을 것이다.

또, 대치에 속이는 것도 있다. 예를 들면, 에피카르모스가 노래한 다음 시도 그렇다.

> 어느 때 나는 그들의 집에 있었고,
> 어느 때 그들 곁에 내가 있었다.[356)]

CHAPTER 10
세련된 표현

이상의 여러 가지 점에 대해 규정하고 끝냈으므로 다음에 세련된 언론이나 평판이 높은 언론은 어디에서 획득되는지 이 점에 대해 말하지 않으면 안 된다. 그런데 이와 같은 언론을 실제로 만드는 일은 소질에 달린 것인가, 그렇지 않으면 충분히 훈련을 쌓은 사람들의 일인가. 그것이 어떻다고 설명하는 것이 이 연구에 속한다.

그러면 설명에 들어가기로 하고, 그것을 하나씩 열거하도록 한다. 그 시작은 여기서부터 하고자 한다.

이해할 수 있는 것

쉽게 이해할 수 있다는 것은 본래 누구에게나 기분 좋은 일이다. 어(語)는 무엇인가를 의미하고 있는 것이기 때문에, 따라서 어 가운데 우리에게 무엇인가를 이해시켜 주는 것이 가장 유쾌한 것이라 하겠다.

비유의 효용

그런데 우리는 그렇게 익숙지 않은 언어는 전혀 이해되지 않고, 현재 사용하는 언어는 벌써 알고 있는 것이다. 비유(암유)는 위와 같은 효과를 가장 잘 나타내 준다. 왜냐하면 호메로스가 노령을 '그루터기'라고 불렀을 때(『오디세이아』 14서 214행) 양자에게 공통의 특질을 통해 우리에게 이해와 인식을 가능하게 해 주기 때문이다. 즉, 양자 어느 것도 그 정도가 지나치기 때문이다.

비유(직유)

시인들이 사용하는 비유(직유)도 이것과 동일한 효과를 가지고 있다. 그러므로 비유가 적절할 경우 언론이 세련된 것처럼 생각되는 것이다. 왜냐하면 앞에서도 말한 것처럼 직유도 비유다. 다만 말하는 방법이 다를 뿐이다. 그러나 그 말하는 방법 때문에 직유가 유쾌한 정도에 다소 열악하다. 비유보다 길게 말하는 이유 때문이다. 그런데 직유는 '이것은 저것이다.' 하는 식으로 그치지 않는다. 때문에 청자의 마음은 왜 그럴까 하는 점을 알아보고자 하는 기분이 들지 않는다.[357] 따라서 당연한 일이지만 표현 방법도, 설득 추론도 우리에게 즉각적인 이해를 시켜주는 데 세련된 것이라 할 수 있다. 그러므로 설득 추론 중에서 평판이 좋은 것은 앞이 훤하게 들여다보이는 것이 아니면 된다. 왜냐하면 앞이 훤하게 들여다보인다 함은 누구나 충분히 알고 있는 것으로, 따라서 전혀 알아볼 필요가 없는 것을 말하기 때문에 말해도 이해할 수 없는 것이 아니고, 거기까지 그 지식이 없다 하더라도 말하면 동시에 그것이 이해되는가, 그렇지 않으면 그다지 늦지 않게 이해가 따르게 되는 것이 그렇다. 왜냐하면 이 같은 경우에, 말하자면 배우며 아는 행위가 행해지는 것이지만, 앞의 경우는 직접이든 간접이든 이 일이 불가능하기 때문이다.

대치되는 표현

말한 것의 의미 내용이라는 점에서 보면, 설득 추론 가운데 지금 말한 것이 평판이 좋지만, 또 표현상으로 말하면 문장의 구성이란 점에서 대치적으로 말하는 경우가 평판이 좋다. 예를 들면, "그들은 다른 사람들이 공통의 이익인 평화를 자기들의 개인적 이익에 대한 싸움이라고 간주해……."(이소크라테스, 『필리포스』 73)라는 것이 그렇다. 여기서는 전쟁이 평화와 대치되고 있다.

한편, 사용되고 있는 '어'라는 관점에서 그것에 비유가 포함된다. 더욱 그 비유는 멀리 동떨어진 것도 아니며, 왜냐하면 그 경우에 이해가 곤란하기 때문에 훤히 들여다보이는 것도 아니라고 하면, 왜냐하면 그런 것이라 하면 아무 인상도 남지 않기 때문에 그것은 평판이 좋다. 다시 또, 어가 말하는 사항을 눈앞에 떠올리게 하는 것이면 그것은 호평이다. 왜냐하면 청자는 해당 사항을 장차의 일이 아니라 현재 행하고 있는 일처럼 볼 필요가 있기 때문이다. 따라서 이상 세 가지, 즉 비유·대치·생생한 재현에 표적을 두지 않으면 안 된다.

비례 관계에 의한 비유

비유에 네 종류가 있는데,[358] 그중에서 가장 평판이 좋은 것은 비례 관계에 의한 비유다. 페리클레스가 전쟁에서 산화한 청춘을, "1년에서 봄이 배제되는 것처럼 나라에서 꺼져 갔다."고 말한 것이 여기에 해당한다.[359] 또 렙티네스가 스파르타 사람에 대해 언급하기를, "그리스가 외눈이 된다."는 것을 간과할 수 없다고 말한 것도 그렇다.[360] 또, 올린토스의 싸움에서 카레스가 스스로의 행동을 설명하기 위한 심사회를 열도록 열심히 요구할 때 케피소도토스가 역정을 내면서 그는 "숨을 쉴 수 없을 만큼 민중의 목을 죄어 대고" 심사회를 열라고 말한 것도,[361] 또 그가 어느 때 아테네 사람들을 독려하며 식량은 그 땅에서 조달하도록 하고, "밀티아데스의 포고령을 잘 부탁함." 하고 즉시 에우보이아를 향해 출진해야 한다고 말한 것도 같다.[362] 또, 이피크라테스가 아테네 사람이 에피다우루스 및 연안의 여러 도시와 평화조약을 체결할 때 성을 내면서 "그들은 스스로 자기들로부터 전투 보급로를 제거해 버렸다."고 말한 것도,[363] 또 페이톨라오스가 파랄로스를 "민중의 곤봉"이라고, 세스토스를 "페이라이에우스의 곡물상"이라고 호칭한 것도, 페리클레스가 페이라이에우스의 '눈곱' 아에기나를 제거하도록 명령한 것도,[364] 모이로클레스가 어떤 훌륭한 인물의 이름을 들먹이면 자기는 어떻게 보아도 그 사람 이상의 악당은 아니다. 왜냐하면 "그 남자의 악행은 이율이 33퍼센트지만 자기는 10퍼센트밖에 안 되기 때문에."라고 말한 것도 그렇다.[365]

또, 혼기를 놓친 처녀를 노래한 아낙산드리데스의 이암보스 시, "우리 처녀들은 결혼의 지불 기한이 마감되었다."고[366] 한 것도, 폴리에욱토스가 스페우시포스라는 중풍에 걸린 남자에 대해 한 말, "그는 운명에 의해 '5구멍 별 쬐는 받침대'라는 질병에 묶여 있어 꼼짝할 수가 없다."[367]도 그렇다. 또, 케피소도토스는 병선을 "채색이 풍부한 맷돌"이라 불렀고,[368] 저 키니코스파의 사람은 선술집을 "아티카의 공동 식당"이라 불렀다.[369] 또, 아에온은 그들 아테네 사람은 나라를 시칠리아에 "전부 쏟아부었다."고 말했다.[370] 결국 이것은 비유이고, 정경을 확실하게 그려내고 있다. 그의 "그래서 그리스는 외치는 소리를 지른 것이다."라는 말도 어떤 의미에서 비유다. 생생한 재현을 하고 있다.

또, 케피소도토스가 '군중의 모임'[371]이 많아지지 않게 주의할 것을 명령한 것도 마찬가지다. 이소크라테스가 "모든 그리스의 제전에 떼를 지어 모인 자에게"(『필리포스』 12) 하고 말한 것도 그렇다. 또, 예를 들면 추도 연설 가운데, "살라미스에서 전사한 사람들의 묘지 앞에서 그리스는 머리를 잘라내야 했다. 그들의 용기와 함께 그리스의 자유도 장사지낸 것이라 생각하고."라 말하는 것도 똑같다. 왜냐하면 만약 그곳에서 "그들과 함께 용기를 장사지낸 것이므로 눈물을 흘려 꾸짖어야 한다."고 말했다고 해도 그것은 비유이고 눈앞에 생생하게 그려낸 것이지만, 그러나 "용기와 함께 그리스의 자유가"로 말함으로써 그것은 일종의 대치를 표현하고 있기 때문이다.[372]

또, 이피크라테스가 "왜냐하면 나의 변론의 길은 카레스에 의해 행해진 행위의 한가운데를 빠져나가는 것이기 때문에."[373]라고 말한 것도 그렇다. 이것은 비례에 의한 비유로 말한 것이다.

"한가운데를 빠져 나가는 것"이라는 표현은 눈짐작을 방불케 하는 작용이 있다. 또, "위험에서 구출해 내고자 해 위험을 부른다."는 말도 눈짐작을 방불케 하는 비유다. 또, 리콜레온이 가브리아스를 위해 변론했다. "그들은 그가 탄원하는 표징인 동상을 앞에 하고, 신을 두려워하지도 않고…….."로 말한 것도 그렇다.[374] 왜냐하면 이 말은 이와 같은 상황하에서 비유로 통용된다는 것이 항상 비유가 된다고 할 수 없으나, 그러나 눈앞에 방불케 하는 것이 있기 때문이다. 즉, 그의 몸에 위험이 닥쳤을 때, 그 동상이 결국 '마음 있고 목숨이 없는 것', 국가를 위해 그가 이룩한 공적의 기념비가 그를 대신해 탄원한다는 의미다.

또, "모든 형식으로 정신을 왜소하게 만드는 수련을 쌓아……."[375]라고 말하는 것도 비유다. 왜냐하면 어떤 수련을 쌓는다는 일은 그것을 증대시키는 일의 일종이기 때문이다. 또, "신은 이성의 빛을 마음 속에 비추인다."고 하는 말도 그렇다. 왜냐하면 이성도, 빛도 무엇인가를 밝혀 주기 때문이다.

"왜냐하면 강화에 의해 우리가 전쟁을 종결시키는 것이 아니고, 다만 앞서 보내는 것일 뿐이기 때문이다."(이소크라테스, 『파네기리코스』 72)도 그렇다. 왜냐하면 양자 어느 쪽도, 즉 앞서 보내는 것도, 이 종류의 강화도 어쨌든 일어날 것이기 때문이다. 또, "평화 조약은 여러 전쟁 시에 세워진 것보다 훨씬 빛나는 전승 기념비다. 왜냐하면 후자는 작은 전과나 한 가지 호운 때문에 세워진 것이지만, 평화 조약은 전쟁 전체 때문에 세워지기 때문이다."(이소크라테스, 『파네기리코스』 180)라고 말하는 것도 그렇다. 결국 평화 조약과 전승 기념비 가운데 어느 것도 승리의 표징이다. 또, "국가도 역시 사람들의 비난에 대해 크나큰 집무 심사를 받는다."고 하는 것도 그렇다. 왜냐하면 집무 심사는 일종의 법에 버금가는 가해이기 때문이다.[376]

CHAPTER 11

생생한 표현과 신선한 어휘

세련된 표현은 비례 관계에 의한 비유와 눈에 떠오르는 것처럼 그려내는 것 등에 의해 가능해진다는 것은 앞에서 말한 대로인데, 이번에는 눈에 떠오르는 것처럼 그려낸다는 것은 어떤 것일까, 또 어떻게 하면 그 효과가 획득되는가를 말하지 않으면 안 된다.

생생한 표현의 정의와 실례

나의 생각을 보인다면, '눈에 떠오르도록 그려낸다.'함은 표현을 사항이 생생하게 활동하는 형태로 재현하는 것으로 만드는 일이다. 예를 들면, "좋은 사람은 정방형"(시모니데스 단편)이란 말은 비유다. 왜냐하면 양자가 다 같이 완전한 것이기 때문이다. 그렇지만 이것은 활동을 표현하고 있지 않다. 그런데 "한창 일할 때는 만개의 상태에 있는 사람의……."(이소크라테스, 『필리포스』 101) 하고 말하는 것은 활동이다. "너를 마치 방사하는 것처럼……."[377] 하는 것도 그렇다. 또 다음 시구도 마찬가지다.

그래서 그리스 사람들은 재빠른 발걸음으로

화살처럼 돌진해…….[378)]

'화살처럼 돌진해'는 활동이며, 동시에 또 비유가 된다. 왜냐하면 그것은 신속한 움직임을 언표하고 있기 때문이다.

또, 호메로스가 여러 군데서 사용하는 것처럼 비유에 의해 무생물을 생명이 있는 것처럼 노래하는 수법 역시 그렇다. 그것들 모든 부분에서 그는 활동을 재현해 보이고 호평을 독차지하고 있다. 예를 들면, 다음 같은 시구 중에서 그것을 볼 수 있다.

무정한 바위는 또다시 평지로 굴러떨어지고 -『오디세이아』 11서 598행

화살은 비상했다. -『일리아스』 13서 587행

(화살은) 표적을 향해 비행하지 않고 -같은 책, 4서 126행

(방치한 창은) 살점을 도려내려 하지 않고, 대지를 푹 찌른다.

-같은 책, 5서 542행

결국 이들 모든 시구에서 생명을 불어넣어 줌으로써 생명이 없는 것이 생생하게 활동하는 것처럼 보인다. 왜냐하면 '정을 모른다'든가 '기를 쓴다'든가, 그밖의 표현은 활동을 표현하고 있기 때문이다.

이와 같은 표현을 호메로스는 비례에 의한 비유에 의하여 사물에 적용했다. 바위의 시시포스[379)]에 대한 관계는 인정을 모르는 자의 인정사정없게 다루어지고 있는 사람에 대한 관계에 대응하기 때문이다. 그러나 호메로스는 그 평판이 높은 비유 중에도 무생물에 대하여 이와 똑같은 일을 하고 있다.

부풀어 오른다. 하얀 거품이 이는 물마루, 앞에서 일어나고 뒤로 이어진다. –『일리아스』, 13서 799행

왜냐하면 이 같은 언어는 파도 전부를 약동시켜 살아 있는 것처럼 표현하고 있는데, 활동이란 움직임에 다름 아니기 때문이다.

비유는 통찰을 요한다

그러나 비유에 의한 치환은 앞에서도 말한 것처럼 해당 사항의 고유하고도, 한눈으로 그것을 알 수 없는 것에 의하지 않으면 안 된다. 예를 들면 철학의 경우, 크게 동떨어진 것 가운데서조차 유사를 알아채는 것이 사물을 적확하게 파악하는 사람의 본성인 것이다.[380] 아르키타스가[381] "조정자와 제단은 똑같다. 왜냐하면 부정을 당한 자는 내용이야 어떻든 도움을 청하기 때문이다."라고 말한 것이 바로 그 예가 된다. 혹은 또, "닻과 갈고리의 로프는 똑같다. 왜냐하면 어느 쪽도 동류의 것으로, 단지 위에서 잡아당기는가 아래에서 잡아당기는가 하는 점만 다를 뿐이기 때문이다."라고 하는 말이 있다고 하면, 이것 역시 마찬가지다. 또, "국가는 모두 균등하다."는 말도 크게 동떨어지는 것에 같은 표현을, 즉 토지의 표면과 권력의 양쪽에 균등성을 적용하고 있는 것이다.

다른 예상을 주다

맛있는 표현의 태반은 비유를 사용하는 것에 의해 얻어지지만, 또 청자에게 다른 예상을 준다는 방법에 의해 얻어진다. 왜냐하면 그 마음이 전과는

다른 반대 상태로 바뀌는 것에 의해 청자에게 자기가 실제 안 것은 무엇일까가 일층 분명해지고, 그의 마음은 "아무래도 그대로다. 바로 내가 틀린 것이다." 하고 말하는 것처럼 생각하기 때문이다.

경구

경구의 경우에도 맛이 있는 것은 주장하려고 생각한 것을 즉각 말하지 않는 방법에 의해 얻어진다. 예를 들면, 스테시코로스의 "매미들은 지면에서 노래자랑을 하게 될 것이다."라고 하는 것이 이에 해당한다.

교묘한 수수께끼

또, 교묘하게 수수께끼에 포함된 것도 같은 이유로 유쾌하다. 왜냐하면 그 수수께끼가 풀어지면 배워서 알게 되고, 또 그것은 비유의 형태로 표현되기 때문이다.

예기치 못한 말과 고쳐 만든 말

또, 테오도로스가 말한 것이지만 '참신한 표현'을 하는 것도 같다. 이와 같은 종류의 표현은 결과를 생각조차 해 보지 못한 것으로, 그의 말을 빌린다면 전부터의 예상은 일치하지 않고 어디까지나 익살맞은 사람들로 보이는 패러디(parody)와 같은 경우에 발생한다. 이 효과는 문자의 치환에 의한 농담에 의해서도 거두어진다. 왜냐하면 그것도 청자에게 감쪽같이 속일 수 있기 때문이다. 이것은 운문에서도 마찬가지다. 예를 들면, 다음 시는 청자가 예상한 대로 끝맺지 못한다.

그는 정벌한다. 그의 발에 밟히는 것은—그것은 동창(凍瘡).

청자는 '샌들'일 것이라고밖에 생각지 않았다. 그러나 이 종류의 농담은 말하자마자 곧 아는 것이 아니면 안 된다. 또, 문자를 치환하는 농담은 그 말의 통상적 의미를 그대로 말하지 않고 그 말에 한 바퀴 돌린 말씨를 덧붙여 말할 때 생긴다. 예를 들면, 테오도로스가 현악기 연주자인 니콘을 향해 한 말, "그것은 자네 고민의 씨앗이다."라고 한 것이 그것이다. 왜냐하면 "자네는 트라키아인이다."고 말하는 것으로 생각하게 하고, 청자를 감쪽같이 속이기 때문이다. 그는 청자의 예상과 다른 것을 말하고 있는 것이다.[382] 그러므로 이 점을 이해할 수 있다면 그것은 유쾌함을 기억하게 하는 경우다. 왜냐하면 청자는 그가 트라키아인임을 이해하지 못하면 이 말을 맛있는 것이라고 생각하지 않기 때문이다. 또, "자네는 그를 죽이려 하고 있다."도 그렇다.[383] 그러나 이 두 개의 경우는 어쨌든 적절한 방식[384]으로 말하지 않으면 안 된다.

맛이 있는 말

맛이 있는 말도 이와 똑같다. 예를 들면, "아테네 사람들에게 바다의 지배가 재앙의 시작은 아니었다. 왜냐하면 그것에 의해 그들은 이익을 얻었기 때문이다."라고 하는 말, 혹은 이소크라테스가 한 말인데, "지배는 국가에 있어 재앙의 시작"(『필리포스』 61)이라는 말이 그것이다. 어느 쪽 화법을 보아도 말할 것이라 생각도 하지 않던 일이 실제는 말한 것이 되고, 실제 그대로라고 인정되었기 때문이다. 왜냐하면 후자의 경우를 말하면, "지배는 … 지배다."라고 말했다면 재기(才氣)의 흔적도 보이지 않으나, 그가 한 말은 그와 같은 의미가 아니고 다른 의미인 것이다. 또 전자의 예로 말하면, 그는 먼저 말한 지배를 부정하는 것이 아니고 그것과 다른 의미로 부정하고 있는 것이다.

적절한 동음이의어

이처럼 모든 농담에 있어 어의 동음이의를 이용하려고, 혹은 비유의 형태를 취하려고 그 어의 적용을 적절히 할 경우 가장 좋은 효과를 얻을 수 있다. 예를 들면, "아나스케토스(Anáschetus, 사람 이름)는 아나스게토스(anaskhetós)가 아니다(자제가 안 되다.)."라고 한 말은 동음이의를 이용해 한 편의 의미를 부정하고 있는데, 만약 아나스케토스가 실제 불쾌한 남자라고 하면 이 표현은 적절하다고 할 수 있다. 또, "당신은 필요 이상으로 서먹서먹한 행동을 하지 않으시도록"(무명씨, 단편 209) 하는 것도 그렇다. 왜냐하면 "필요 이상으로 서먹서먹한 행동을 하지 않는다."와 "손님은(xenos) 항상 서먹서먹한 행동을(xenos) 해야 한다고 한정할 수 없다."는 똑같기 때문이다. 결국 후자의 'xenos'라는 말도 역시 다른 의미로 사용하고 있는 것이다.

또, 사람들에게 인기가 있는 아낙산드리데스의 시, "사실 죽음에 값하는 일을 하지 않는 가운데 죽는 것이 좋은 일이다."(단편 64)도 역시 앞의 예와 동류의 것이다. 왜냐하면 그것은 "사실 죽는 일이 어울리지 않는 자(axion)가 되지 않는 가운데 죽는 일이 가치 있는 것(axion)." 혹은 "죽음에 처해 이에 상당한 일을 치르지 않는 가운데"와 똑같은 것을 표현하고 있기 때문이다.

그런데 이들 표현은 그 종류는 같지만 보다 간결하게, 더욱이 대치시켜 말하면 그만큼 사람들의 수용도 좋아진다. 그 이유는 대치되는 것에 의해 말한 내용을 쉽게 이해하게 되고, 간단하게 말하는 것으로 이해가 보다 빨라지게 되기 때문이다. 그러나 말하는 내용이 진실하고 평범한 것이 되지 않게 하려면, 그 말이 상대방에게 정확하게 향하고 있다든가, 어의 정확한 사용법에 따라서 말한다는 성질이 항상 덧붙여지지 않으면 안 된다. 왜냐하면 이와 같은 성질은 따로따로 가질 수가 있기 때문이다. 예를 들면, "어느 것 하나 잘못을 저지르지 않는 사이에 죽어야 한다."든가, "적합한 남성은 적합한 여성을 맞이해야 한다."가 그렇다. 이것은 진실하기는 하나 익살스러운 신소리의 맛은 나지 않는다. 그러나 두 개의 성질을 동시에 갖추고 있는 경우에 그것이 가능해진다. 예를 들면, "사실 죽는 것이 어울리는 자가 되지 않는 가운데 죽는 것은 가치 있는 일."이 그렇다. 그리고 이 같은 성질을 많이 갖출수록 그만큼 점차 익살스러운 깊은 맛의 표현이 이루어진다. 예를 들면 사용하는 어가 비유가 되고, 더욱이 그 비유도 특정의 조건을 갖춘 것이며, 또 대치든 파리소시스(parisosis)를 이루고 활동을 표현하는 경우에 그렇게 되는 것이다.

직유

또, 앞에서도 말한 바 있지만 직유도 역시 평판이 좋은 것은 어느 의미에서 비유가 된다. 왜냐하면 직유는 그 표현이 항상 두 개의 항으로 이루어지는데, 이 점은 "방패는 아레스(Ares)의 술잔이다."라든가, "활은 현이 없는 하프" 등의 예에서 보이는 것처럼 비례에 의한 비유와 같기 때문이다.

그런데 비유는 이와 같이 비례 관계로 표현하면 단순한 것이 되지 않지만, 활을 다만 '하프'라고 말하든가, 방패를 다만 '술잔'이라 말하는 것은 단순 화법이 된다. 그러나 직유는 이와 같은 단순 화법도 행해지고 있다. 예를 들면, 피리 불기를 '원숭이'로,[385] 근시안의 사람이 눈을 가늘게 뜨고 보는 것을 '물방울이 떨어진 램프'에 직유하는 것이 그렇다. 왜냐하면 후자의 경우 어쨌든 빛이 조여들기 때문이다.

그러나 직유의 교묘함은 그것이 비례에 의한 비유가 될 경우에 이루어진다. 방패를 '아레스의 술잔', 폐허를 '집의 자투리'로 직유할 수 있기 때문이다. 또, 니케라토스가 음송 시 콘테스트에서 음송 시인 프라티스에게 패해 머리는 제멋대로 흐트러진 채 깨끗지 못한 모습을 보고 트라시마코스가 그를 직유해 한 말인데, 니케라토스를 '프라티스에게 물린 필록테테스[386]'라고 한 것이 그렇다. 그리고 무엇보다 이 종류의 직유에서 시인들은 그것이 잘 나가지 않으면 실각하고, 그것이 교묘하면 명성을 떨치는 것이다. 교묘하다고 내가 말하는 것은 대응 관계를 분명히 한 경우를 뜻한다. 예를 들면, "그가 몸에 붙여 옮기는 다리는 미나리처럼 뒤틀린 것. 볼로 다투는 선수석의 필라몬처럼."[387]이 그렇다.

이 종류의 것은 모두 직유다. 그러나 직유가 일종의 비유인 것은 지금껏 여러 차례 말해 온 바가 있다.

속담

속담 역시 종(種)에서 종으로 미치는 비유다. 예를 들면, 좋은 일이 있으리라 기대하고 일부러 집에 불러들였는데 그것이 나중에 해를 끼치게 된 경우, 세상에서 "카르파토스 섬사람이 들토끼를 불러들인 것처럼."이라고 말한다.[388] 왜냐하면 어느 쪽도 말한 것처럼 피해를 경험했기 때문이다.

과장 표현

익살맞은 표현은 어디에서 얻어질까? 또, 왜 익살맞는가. 그 원인이 되는 것은 앞에서 말한 대로다. 이에 대해 과장된 표현인데, 이것 역시 평판을 얻을 만큼 좋은 것은 비유다. 예를 들면, 눈 밑에 반점이 있는 사람에 대해 "자네들은 그에 관한 일을 뽕나무 열매로 가득한 과일 바구니라고 생각했나 보네." 하고 말하는 것이 그렇다. 즉, 눈 밑의 반점은 뽕나무 열매와 마찬가지로 빨간빛을 띠고 있지만, 다만 그 양에서 볼 때 과장이 있다.

'이러이러한 것과 같은'이란 표현도 방법이 다른 과장이다. 예를 들면, "볼로 다투는 선수석의 필라몬처럼."은 "자네는 그를 볼로 다투는 필라몬이라고 생각했을 것이다."와 또, "그가 몸에 붙여 옮기는 다리는 미나리처럼 뒤틀린 것."은 "자네는 그가 다리가 아닌 미나리를 가지고 있다고 생각했을 것이다. 그만큼 다리가 뒤틀려 있어서."와 같은 것이다.

또, 과장 표현은 젊은이에게 걸맞는 것이다. 왜냐하면 그것이 과격성을 나타내기 때문이다. 그러므로 사람들은 성을 낼 때, 특히 이 같은 화법을 쓴다.

> 세상의 먼지와 바닷가 모래알보다 더 많은 뇌물을 주고 또 주어도, 아트리데스 말은 이끌어 가지 못하리라. 걸맞지 않은 배우자 아킬레스 침대로 그녀가 비록 황금 비너스처럼 매혹적이라도, 미술 작업장에서 또 팰러스 걸작과 다투게 되리라. –호메로스,『일리아스』 9서 385행, 388~390행

그러므로 나이가 든 사람이 이 같은 화법을 쓰는 것이 적절하다고 말할 수 없다. 그러나 아티카의 변론가들은 이 과장 표현을 특히 더 잘 사용한다.

CHAPTER 12

표현 방법의 종류

변론에 따르는 표현 방법

그런데 잊어서 안 될 것이 변론의 종류에 각각 다른 표현 방법이 조화하고 있다는 사실이다. 그것은 낭독용과 토론용이 표현 방법상 동일하지 않고, 토론용이라 해도 의회용과 법정용이 역시 같지 않기 때문이다. 그러나 변론가는 그 양쪽을 이해하고 있지 않으면 안 된다. 왜냐하면 토론의 표현 방법을 이해한다 함은 올바른 그리스어로 표현할 수 있다는 것과 한편, 쓴 것은 자기가 생각한 바를 남에게 전하고 싶을 때 부득이 잠자코 있을 수 없기 때문이다. 사실 후의 상태는 낭독용 언론을 쓰는 데 이해가 없는 사람들이 빠지는 것이다.

쓴 변론과 토론용 변론

표현 방법은 쓴 것이 가장 정확하고, 토론용은 연기할 때 특히 어울린다.[389] 또 토론용에 두 가지 종류가 있다. 즉, 하나는 논자의 성격을 나타내는 것, 또 하나는 감정을 표현하는 것이다. 그러므로 배우들도 많은 극 중에서 그것들을 잘 표현한 작품을 추구하고, 극작가 역시 그것들을 표현할 수 있는 배우를 찾아본다. 그러나 낭독용 작품을 쓰는 시인들도 폭넓은 지지를 받고 있다. 예를 들면, 카이레몬이나(왜냐하면 그는 변론 작가와 같이 매우 정성을 들여 쓰기 때문이다.) 디티람스 시인의 한 사람 리킴니오스가 그렇다.

또, 이 같은 두 종류의 변론을 나란히 놓고 보면, 문장 작가(변론 작가)의 언론은 공공 토론의 장에서 곰상스럽게 보이고, 변론가의 언론을 말하면 훌륭하지만 문장으로 읽어보면 비전문의 풋내기로 보인다. 그 이유는 연기를 동반하는 화법이 공공 토론장에서 꼭 들어맞는다는 점이다. 그러므로 연기를 빼앗긴다면 그 자체의 본령을 발휘할 수 없기 때문에 가장 긴한 것이 빠진 것으로 보인다. 한 예를 든다면, 접속사가 생략된 문장이나 같은 어구를 빈번하게 반복하는 것 등은 당연한 것이지만 문장으로 쓴 표현에서 물러서나 토론용 표현에서 그런 일은 없다. 아니, 현재 변론가들은 이 종류의 표현을 사용하고 있다. 왜냐하면 이 같은 표현은 연기적 효과를 올리는 데 적합하기 때문이다.

반복

동일한 내용을 말할 때 표현에 변화를 주지 않으면 안 된다. 이것이 연기 행위를 위해, 말하자면 길을 개척해 주는 것이다. 예를 들면 "이 자가 여러분의 물건을 빼앗은 도둑이다. 이 자가 여러분을 속인 남자다. 그리고 이 자가 결국은 여러분을 팔려고 한 남자다."라고 하는 것이 그렇다. 또 배우의 필레몬이 아낙산드리데스의 『노인의 망상』 중에서 "라다만투스와 팔라메데스"라고 말할 때 항상 행한 것도 그 예가 되고, 또『신을 공경하는 사람들』의 서막에서 '나'라는 말을 반복할 때 한 것도 마찬가지다. 왜냐하면 이 같은 반복에 연기조의 변화를 주지 않을 경우 속담에서 말한 "들보를 나르는 사나이"[390]가 되기 때문이다.

접속사 생략

이 일은 접속사 생략문에 있어서도 마찬가지다. 예를 들면, "나는 찾아갔다, 나는 만났다, 나는 계속 부탁했다."가 그것이다. 왜냐하면 이 경우 연기(演技)로 양념 맛을 내고, 같은 사실을 같은 성격과 같은 상태로 말하지 않는 것이 필요하기 때문이다.

다시, 접속사 생략문은 독특한 성질을 가지고 있다. 즉, 같은 시간 내에 많은 사실이 말해진 것으로 생각된다. 왜냐하면 접속사는 많은 사실을 연결해 하나로 만드는 것이기 때문에. 따라서 접속사가 제거되면 먼저와 역으로, 명백히 한 개 사실이 많은 사실로 되기 때문이다. 그러므로 이 수법에 사실을 크게 보이는 효과가 있다. 예를 들면, "나는 찾아갔다. 나는 얘기를 나누었다. 나는 간절히 부탁했다(청자에게 이것은 많은 사실처럼 생각된다.). 그는 내가 하는 말을 듣고 흘렸다."가 그것이다. 호메로스가 다음의 시구 가운데 행하려고 목표한 것도 기실 이 같은 확대 효과인 것이다.

> 한편, 네레우스가 시메에서부터… 아글라이아의 아들 네레우스가… 예사롭지 않은 미남자 네레우스가……. ―『일리아스』 2서 671~673행

즉, 어떤 사람에 대해 많은 사실을 말하면 그 사람의 이름이 반복해 여러

차례 들먹여지는 것은 당연하다. 그러므로 또 이름이 여러 차례 들먹여지면 그 사람에 대해 많은 사실을 말한 것처럼 생각되어, 그 결과 이처럼 잘못된 추론 때문에 그의 이름은 이 한 군데서 언급된 것뿐인데 이 인물의 중요성을 확대시키는 결과가 되고, 그 뒤 어디에서도 그에 대한 기술이 없음에도 불구하고 그에 대한 기억이 언제까지도 마음에 남는 효과를 올리는 것이다.

토론용 표현

그런데 의회용 표현 방법은 완전히 음영에 의한 원경화에 아주 흡사하다. 즉, 군중의 수가 많을수록 그것을 바라보는 시점은 멀리 떨어진 것이기 때문에 양쪽의 경우 어떤 것도 세부에 뻗치는 정확도는 우수리일 뿐 도리어 품질이 떨어지는 것으로 보이는 것이다. 이와 반대로 법정용 표현은 그것보다 정확하다. 재판관이 한 사람일 경우의 표현쯤 되면 특히 더하다. 그것은 변론법의 기교가 들어갈 여지가 극히 적기 때문이다. 즉 그럴 경우, 사항에 직접 관계가 있는 것과 없는 것을 보다 잘 바라볼 수 있고, 또 언론의 승패를 다투는 일이 없기 때문에 판결이 순수하게 행해진다. 그러므로 같은 변론가가 이 모든 종류의 변론으로 호평을 받는다고 한정할 수 없다. 아니, 연기적 기교가 가장 세력이 미치는 데서 정확성을 거의 찾아볼 수 없다. 그런 데서 변론가의 음성 기교가, 그리고 특히 큰 목소리가 요구되는 장면이다.

연설용 표현

연설용 표현은 문장으로 작성된 것이 가장 적합하다. 왜냐하면 그 자체 본래의 기능은 낭독에 있기 때문이다. 두 번째로 어울리는 것은 법정용 표현이다.

표현 분류의 한계

그러나 그 이상으로 분류를 진전시켜 표현을 유지하고 상대하게 하지 않으면 안 된다고 하는 것은 나머지 일이다.[391] 왜냐하면 무엇 때문에 이와 같은 것이, 특히 절도·관용·그 밖에 품성의 우수성이 이상으로 드러내지 않으면 안 되는가, 그 이유가 발견되지 않기 때문이다. 실제에 있어 표현의 유쾌성이라 함은 적어도 우수성은 어떻게 해야 얻어지는가가 정확히 규정되어 있다고 하면, 명백하게 지금까지 드러낸 성질에 의해서도 가져올 수 있을 것이다. 그럴 것이다. 표현이 명료하고, 또 평판적이지 않고, 적절성을 유지하지 않으면 안 된다는 것은 무엇 때문이라고 말하는가. 왜냐하면 장황하게 지나치도록 길어도, 그렇다고 해서 지나치게 밀어 넣어도 표현이 명료해지지 않는다. 아니, 그 중간이 꼭 들어맞는 것은 말할 필요도 없기 때문이다. 또 표현의 유쾌함은 앞에서 드러낸 여러 성질, 즉 어가 친숙해야 할 것, 참신할 것, 리듬, 적절성에서 생기는 설득성 등등이 잘 혼합될 경우에 초래되는 것이다.

그럼 표현의 문제에 관해 일반적 관점에서 변론의 종류 전체에 대해서도, 또 개별적으로 각각의 종류에 대해서도 이미 말을 다했다. 남은 문제는 언론의 각 부분을 어떻게 배열할 것인가 하는 문제다.

CHAPTER 13

언론의 부분

불가결한 두 부분

언론에 두 부분이 있다. 즉, 언론에서 불가결한 일은 대상이 되는 사항이 무엇인가를 말하는 것과 그것을 토론하는 일이다. 때문에 사항을 말하고 논증을 하지 않든가, 미리 사항을 거론하지 않고 논증한다는 것은 불가능하다. 왜냐하면 논증하는 사람은 무엇에 대해 논증하는 것이고, 무엇인가를 서론으로 말하는 사람은 그것을 논증할 목적으로 서론을 말하는 것이기 때문이다. 이 같은 두 가지 부분 중에서 하나는 주제 제기이고, 또 하나는 증거를 내세우는 설득이다. 이것은 변증법의 부분이 하나는 문제 제기, 또 하나는 논증으로 나뉘는 바에 대응하고 있다.

종래 분류에 대한 비판

그런데 실제는, 오늘날 행해지고 있는 분류가 기묘한 것이다. 왜냐하면 진술이지만 이것은 법정 변론에서만 인정된다. 그러나 일반 변론이나 의회 변론이 그들이 말하는 '진술'이나 계쟁 상대에 대한 '반론'을 갖는 일이 어째서 존재하는가, 혹은 또 논증하는 변론에 '결론'이 붙는 일 등은 어째서 존재하는가, 그럴 필요가 없기 때문이다.[392] 또, '서론', '반대 의견에 대한 대치', '요약' 등이 의회 변론에 나타나는 것은 의견 대립이 생긴 경우만이다. 왜냐하면 의회 변론 중에도 때때로 고발이나 변명이 등장하는 일이 있기 때문이다. 그러나 그것은 심의 변론으로 행해지는 이유는 아니다. 또, 법정 변론이라고 해서 그 모두가 항상 '결론'을 가지고 있다고 한정할 수 없다. 예를 들면 변론이 짧다든가, 사건의 내용이 기억하기 쉬울 경우가 그렇다. 왜냐하면 '결론'이 가져오는 것은 요약에 의해 변론에서 길이를 제거하기 때문이다. 따라서 언론의 부분으로서 불가결한 것은 주제 제기와 설득이다.

일반적으로 언론에 고유하다고 하는 부분은 이들 두 가지이고, 가능한 한 인정했다고 해도 서론·주제 제기·설득·결론의 4단계다. 왜냐하면 계쟁 상대에 대한 반론은 증거를 대는 설득에 포함되고, 또 반대 의견에 대한 장치도 자기 견해를 강조하는 것이므로, 따라서 설득의 일부가 되는 것이기 때문이다. 결국 대치 비교를 하는 사람은 무엇인가를 증명하려고 하는 것이다. 그러나 서론에 그와 같은 기능이 없다. 결론에도 그것은 인정되지 않는다. 아니 그것은 이미 말한 내용을 상기시키는 것뿐이다. 그러므로 만약 앞에서 드러낸 것까지 분류한다고 하면, 그것이야말로 테오도로스 일파가 행한 것이지만, 본래의 진술 이외에도 보충 진술이나 예비 진술이, 또 반론 이외에도 보충 반론이 별도로 나뉘어질 수 있게 될 것이다.[393] 그러나 새롭게 명칭을 붙인다면, 그 이름이 종과 종이 갖는 특유의 성질을 언표하는 것이 아니면 안 된다. 그렇지 않으면 명칭은 공허해 사려분별 없는 것이 되고 만다. 예를 들면, 리킴니오스가 그의 『변론법』 가운데 조어해서 설득의 보충을 '뒤 밀기', '탈선', '가지 나누기' 등으로 명칭을 붙인 것이 그렇다.

CHAPTER 14
서론에 대하여

정의

서론은 본론의 시작이므로 이것은 비극으로 말하면 '서사', 피리 연주로 말하면 '서곡'에 해당한다. 왜냐하면 이것은 모두 시작이고, 뒤로 이어지는 선도의 역할이기 때문이다.

피리의 '서곡'과 유사하다

피리의 '서곡'은 일반 변론의 서론과 유사하다. 그것은 피리 연주가 무엇이든 자기가 솜씨 있게 불 수 있는 곡을 먼저 연주한 뒤에 이것을 가창부 본곡의 주음에 연계시켜 나가는데, 일반 변론의 경우 역시 시와 똑같은 구성으로 문장을 작성해 먼저 자기가 좋아하는 내용을 말한 다음 즉각 본론의 주제를 들려주고, 이에 연계시켜 나가지 않으면 안 된다.

이것은 변론가들 모두가 현재 행하고 있는 바다. 그 실례는 이소크라테스의『헬레네』의 서론이다.[394] 즉, 쟁론가들과 헬레네 사이에 어떤 공통점은 없다. 그러나 그와 동시에 서론이 이와 같이 본론을 떨어져 나가 낯선 타향으로 옮겨 간 경우에도 그것은 본론과 잘 맞물려 변론의 전체를 단조롭지 않게 만들어 준다.

칭찬 또는 비난의 서론

일반 변론의 서론은 칭찬 또는 비난을 자료로 해서 행해진다. 예를 들면, 고르기아스가 '올림픽 연설' 중에서 "그리스인 여러분! 여러분은 많은 사람으로부터 찬미받아야 할 분들입니다." 하고 말한 것이 그렇다. 결국 그는 민족적인 제전을 조직한 사람들을 칭찬한 것이다. 이에 대해 이소크라테스의 경우 그들을 비난해 "선물을 주어 신체의 우수성을 기리었지만, 정신이 우수한 사람들에게 무엇 하나 포상을 준비하지 않았다."고 말했다.

충고에 의함

또, 일반 변론의 서론은 충고에 기초를 두고 행해진다. 예를 들면, "훌륭한 사람들에게 경의를 표하지 않으면 안 된다. 바로 그렇기 때문에 나 자신도 아리스티데스에게 경의를 표하는 것이다."든가, "인기는 없지만, 그렇다고 해서 나쁜 인간도 아닌, 오히려 프리아모스의 아들 알렉산더처럼 좋은 인간이지만 눈에 띄지 않는 사람들을 존경해야 할 것이다."라고 하는 것이 그렇다.

결국 이 같은 서론에서 충고가 이루어지고 있는 것이다.

법정 변론의 원용

다시 또 법정 변론의 서론에서 가져오는 일도 있다. 결국 변론이 문제 삼은 내용이 모순을 포함하는 것이든가, 난삽하든가, 세간에서 귀에 익어 새로운 맛이 없는 것 등의 경우에 관대한 처분을 받기 위해 재판관인 청자 마음에 호소할 때의 말을 가지고 와서 그것을 말하는 것이다. 예를 들면, 코이릴로스[395]가 다음처럼 강조한 것이 그렇다.

그렇기는 하나, 지금 모두 분배가 끝났다고 하면…….

그럼, 일반 변론의 서론은 이상과 같은 것, 즉 칭찬·비난·사람에 권하든가 그만두게 하든가 하는 것, 청자에 대한 호소 등을 자료로 만드는 것이지만, 그러나 이 같은 서론 부분은 본론의 주제에 대해 내용상으로 직접 관계가 없는 것이든가, 아니면 깊은 관계를 가지고 있든가 둘 중의 하나가 되어야 한다.

법정 변론의 서론

한편 법정 변론의 서론인데, 이에 대해 이해하지 않으면 안 될 것은 그것이 극에서의 서사나 서사시의 서가와 같은 작용을 한다는 사실이다. 즉, 디티람스 시의 서가의 경우는, 예를 들면 "그대 때문에, 그리고 그대의 선물과 적에게서 빼앗은 전리품 때문에."와 같이 일반 변론의 서론에 비슷하지만,[396] 그것에 대해 법정 변론과 서사시의 경우 서론에서 본론의 내용 견본이 미리 등장한다. 이것은 청자가 본론의 주제를 사전에 이해하고 있어 그 마음이 불안한 상태에 놓이지 않게 하기 위해서다. 왜냐하면 분명히 정해져 있지 않은 것은 마음을 망설이게 하기 때문이다. 그러므로 본론으로의 실마리를 청자의 손아귀에 쥐어 주는 사람은 청자를 본론으로 따라갈 수 있게 만드는 의미다. 그러므로 다음의 서가(序歌)도 노래하게 되는 것이다.

> 꾸짖음을 노래해 주시오, 여신이여–『일리아스』 허두
>
> 그 자에 관해 말해 주시오, 무사의 여신이여–『오디세이아』 허두
>
> 당신의 인도하심으로 제발 저에게 특별한 이야기를 들려주시오.
>
> 어찌해 아시아의 땅에서 유럽으로 대전이 옮겨 왔는지를.[397)]

또 비극 시인들도 극의 주제가 되는 것을 서사 중에 명시하고 있다. 에우리피데스처럼 즉각 허두까지 가지 않아도 어쨌든 서사 중 어디에선가 그것을 분명히 하고 있다. 예를 들면, 소포클레스가 "나의 아버지는 폴리보스였다……." 하고 노래하고 있는 것이 그렇다.[398)] 또 희극 역시 이와 똑같다.

서론의 목적

이와 같이 서론에서 가장 필요불가결한, 그리고 그 고유의 작용은 이상에서 말한 것, 즉 변론이 목적으로 하는 주제가 무엇인가를 분명히 밝히는 데 있다. 그러므로 문제의 사항이 이미 분명하게 밝혀지든가, 그다지 중요하지 않을 경우 서론을 사용할 필요가 없다.

또 서론은 그 밖에도 현재 사용하고 있는 몇 가지 종류의 표현이 있다. 즉, 그것은 청자의 결점에[399)] 대한 치료이고, 변론의 어느 부분에서도 공통으로 꼭 들어맞는 것이다.

고발·변명의 서론

이 종류의 것은 변명자인 화자, 재판관인 청자, 계쟁 내용인 사항, 고발인인 반대자 어느 입장에서도 말할 수 있다.

화자와 반대자의 경우에서 말한다면, 그것은 편견을 없애버리든가 심어주기 위해 고발당해 말하는 것이다. 그러나 이들 두 가지는 전혀 동일하게 행해지는 것이 아니다. 변명하는 쪽은 편견을 풀기 위한 말을 허두에서 하지만, 고발하는 쪽은 편견을 심어주는 말을 결론 중에서 하기 때문이다. 왜 그렇게 하는가는 모를 일이 아니다. 그것은 변명하는 자가 법정에서 자신의 입장을 설명할 때, 그 장애가 되는 것을 제거하지 않으면 안 된다. 그러므로 먼저 편견을 풀어 줄 필요가 있기 때문이고, 이에 대해 편견을 심어 줄 자는 사람들이 잘 기억해 유념하게끔 결론 중에서 편견을 심어 줄 필요가 있기 때문이다.

청자에게 있어서의 치료 효과

다른 한편, 청자와의 관계에서 말한다면 치료는 청자에게 자신에 대한 호의를 안겨 줌과 동시에 자기 반대자에게 분개심을 안겨 줌으로써 행해진다. 또 때로는 청자의 주의를 끄는 것이나 이와 반대되는 것도 같은 작용을 한다. 결국 주의를 끄는 쪽으로 하는 것이 항상 유리하게 간다고 보장할 수 없기 때문이다. 대다수 변론가가 청자를 웃음 속으로 끌어들이려 의도하는 것도 모두 그 때문이다.

또 청자에게 잘 이해되려면 바람직한 것은, 화자는 있을 법한 모든 수단을 이쪽으로 돌려야 할 것이다. 훌륭한 인물이라 생각되는 것도 그 하나다. 그것은 청자가 그와 같은 인물에게 보다 일층 주목하기 때문이다. 청자는 또 중요한 일, 자기에게 깊이 관계되는 일, 경탄할 일, 유쾌한 일에 주목하게 된다. 그러므로 변론이 이 같은 일에 관계가 있는 듯이 인상을 심어 나가지 않으면 안 된다. 그러나 그다지 주목하려 하지 않을 경우 그것은 하찮다든가, 청자에게 어떤 관계도 없다든가, 무척 괴로운 일이라고 말해야 한다. 그러나 잊어서 안 될 것은 이상과 같은 수단은 모두 변론의 내용과 직접 관계가 없는 일이란 점이다. 그것은 모두 저속하고 사건과 직접 관계가 없는 일에 귀를 기울이게 하는 청중을 향해 하는 말이기 때문이다. 만약 청중이 그 정도의 사람이 아니라면 서론은 전혀 필요하지 않고, 신체와 마찬가지로 변론도 머리를 갖도록 사건의 요점만을 말하면 끝나기 때문이다.

또 청자의 주목을 받고자 하면, 그럴 필요가 없다고 하지 않는 한 변론의 어떤 부분에서도 공통적으로 유념해야 할 점이다. 그것은 듣기 시작할 때보다 오히려 다른 데서 청자가 주의를 소홀히 하기가 쉬운 때문이다. 그러므로 누구나 가장 주의를 기울여 듣고자 하는 허두에서만으로 그 시간을 고정하는 것은 이상한 이야기다. 따라서 기회가 된다면 어느 때고 간에 이렇게 말하지 않으면 안 된다. "아무래도 깊이 명심해서 들어 주시기를 바랍니다. 이것은 저 한 사람만의 문제가 아니고, 여러분의 문제이기도 하기 때문입니다."

또, "지금부터 여러분에게 말씀드리려고 하는 것은, 지금까지 여러분이 들어 보시지 못한 기이한 일, 그렇지 않으면 그만큼 놀라운 일입니다."

프로디코스가 청중에게 졸음기가 있을 때 50드라크마(돈의 단위) 상당 강연의[400] 일부를 끼어 넣는다고 말한 것은 바로 이를 두고 한 말이다.

긴 서론의 효용

그러나 이 같은 말이 향하는 청중이 있어야 할 본래의 청자가 아닌 것은 분명하다. 왜냐하면 변론가들 누구라도 서론 중에서 행하고 있는 것은 청자의 약점을 이용해 계쟁 상대에게 편견을 심어 나가든가, 자기에 대한 고발의 불안을 해소시킨다고 한 것이기 때문이다. 예를 들면, 다음 말이 그렇다. "임금님, 저는 급하게 서둘렀다고 말씀드릴 속셈은 없습니다." 그것은 어떤 이유의 서론일까?[401]

또, 자기 입장이 불리하든가, 불리한 것처럼 생각하는 사람들도 이 같은 서론을 사용한다. 사건 이외의 것이라면 어떤 것으로 시간을 메우더라도 그것이 형편이 좋기 때문이다. 그러므로 노예는 과실을 책망당해도 질문 받은 사항에는 대답하지 않고 그 주변 사항을 반복, 이렇게 해서 질질 장황하게 서론만 늘어놓는 것이다.

그런데 청자에 대해 어떻게 해야 자기에게 호의를 갖게 할 것인가. 또, 그 밖에 이 같은 종류의 감정을 각각 어떻게 갖게 하는가는 이미 말한 바 있다. 사실, 다음 시구는 목표가 분명하므로 우리는 사랑과 동정 두 가지를 지향하지 않으면 안 된다.

> 내가 바이엑스 사람 밑에 들어가도 사랑과 연민의 정을 얻을 수 있도록.
>
> −호메로스, 『오디세이아』 6서 327행

일반 변론의 서론

또, 일반 변론의 서론에서 청자에게 청자 자신이, 혹은 그 가족이, 혹은 그 사업이, 혹은 그 밖의, 어쨌든 그 자신에게 관계가 있는 어떤 것이 함께 칭찬을 받고 있는 것이라고 믿어 버리도록 노력하지 않으면 안 된다. 왜냐하면 소크라테스가 추도 연설 가운데서 하는 말, 즉 아테네 사람 사이에서 아테네 사람을 기리는 일은 어렵지 않으나, 스파르타 사람 사이에서 기리는 일은 어렵다고[402] 하는 말은 진실이기 때문이다.

의회 변론의 서론

또, 의회 변론의 서론은 법정 변론의 서론이 적용될 수 있다. 그러나 변론의 성격상 그것이 행하는 역할은 극히 적다. 왜냐하면 거기서 다루어지는 것은 청자가 잘 알고 있는 일이므로 사항에 대한 서론은 전혀 필요가 없기 때문이다. 다만, 논자가 자기의 증거 때문에, 그렇지 않으면 반대론자의 비난에 대항하기 위해 말할 경우든가, 청자가 사항을 그대가 바라는 정도의 것이라고 생각지 않고 그것보다 과대하게, 아니면 과소하게 평가하고 있는 경우는 별도다. 이 같은 경우가 있기 때문에 아무래도 편견을 심어 주든가 편견을 풀어 주든가 하는 일을 피할 수 없고, 또 사항을 크게 해서 보이든가 작게 해서 보이든가 할 필요도 있는 것이다. 이상이 서론을 필요로 하는 이유다.

혹은 또, 그것이 하나의 장식 때문에 필요할 때도 있다. 변론이 계제에 맞는다는 인상을 주기 때문이다. 고르기아스의 엘리스 사람에 대한 찬사가 그런 것이었다. 왜냐하면 사전 연습도, 청중의 기분을 미리 띄워 올리는 일도 없이 즉각 이렇게 말을 꺼내고 있기 때문이다.

"엘리스여, 행복해질 나라여."

CHAPTER 15
중상 또는 모함

중상을 해소하는 논점

(1) 중상에 대해 말한다면, 그것을 제거하기 위한 논점의 한 가지는 자기에 대한 불쾌한 의혹 해소를 가능하게 해 주는 것이다. 결국 변론 중에 실제로 말하든 말하지 않든 중상이 있는 것에 변화가 없기 때문에. 따라서 이 논점은 일반성을 가지고 있다.

(2) 다른 논점은 쟁점에 관한 상대의 반론에 대응하기 위한 것이다. 그와 같은 사실이 없다고 끝까지 주장하든가, 사실은 인정하더라도 그것이 해를 미치는 일은 없다든가, 해를 미치는 일이 설령 있다 해도 상대에 대해서가 아니라든가, 상대에게 해를 미치더라도 말하는 것처럼 큰 해가 없다는 등으로 말하든가, 혹은 법적으로 보아 그것은 부정한 일이 아니라든가, 부정한 일이라 해도 규모가 큰 것이 아니라고 말하든가, 도덕적으로 보아 파렴치한 일이 아니라든가, 파렴치하다고 해도 그렇게 중대한 것이 아니라는 등으로

주장할 일이다. 왜냐하면 계쟁은 지금 드러내 보인 점을 둘러싸고 행해지는 것이기 때문이다. 이피크라테스가 나우시크라테스를 향해 한 말이 그것이다. 즉, 그는 "나우시크라테스가 말하고 있는 것을 자기는 행했고, 그것으로 상대에게 해를 끼치기는 했어도, 그러나 부정행위에 해당하지 않는다."고 주장한 것이다.

혹은 부정을 저질러도 그 부정을 다른 일로 탕치는 것이다. 즉, "그 행위는 그에게 해를 끼치는 일이라 해도, 그러나 도덕적으로 훌륭한 행위인 것이다."든가, "그에게 고통을 주는 일이지만, 그러나 도움이 되는 것이다."든가, 그 밖에 이와 유사한 사실을 주장할 일이다.

(3) 다른 논점은 자기 행위가 잘못이었다든가, 운이 나빴다든가, 부득이했다는 등으로 말하는 것이다. 일례를 들면, 소포클레스가 "자기가 부들부들 흔들리는 것은 비방자가 말하는 것처럼 가련한 노인으로 봐 달라고 하는 뜻이 아니다. 이것만은 어쩔 수가 없는 일이다. 80이란 나이는 자기가 좋아서 먹은 나이가 아니기 때문이다."라고 말한 것이 그렇다.

또, 동기를 다른 동기로 떠맡김

자기가 바라던 바는 해를 끼치려는 것이 아니었다. 아니, 이러이러한 일을 하려고 생각한 것뿐인데, 중상하는 일을 하려고는 하지 않았다. 그런데 그것이 이따금 해를 끼치는 결과가 된 것이다. "만약 이같이 하려고 의도적으로 행한 것이었다면, 나에게 증오심을 갖는 것은 당연한 일이다."라고 말하는 것이다.

(4) 다른 논점은 자기를 중상하는 상대에게 현재 혹은 지금까지 본인 자신 또는 주위의 누군가가 똑같은 중상으로 휘말린 사실이 있다면, 그 점을 되받

아치는 것이다.

(5) 또 다른 논점은 그 밖에도 똑같은 중상으로 휘말린 자가 있지만, 그들은 그 중상에 해당하지 않는다고 일반적으로 인정되면 그 점을 드러내는 것이다. 예를 들면, "아무개는 몸단장이 잘된 것으로 보아 샛서방이다." 하고 비난받을 경우에, "그러면 아무개도 샛서방이다." 하고 말하는 것이다.

(6) 다른 논점은 자기를 중상하는 자가 직접이든 또는 타인을 매개로 해 다른 사람들을 중상했다든가, 중상을 하지 않을 때까지도 자기가 지금 받고 있는 것과 똑같은 의심을 다른 사람들에게 걸쳐지는 일이 있지만, 그러나 그와 같은 사람들에게 그런 사실이 없는 것으로 판명된 경우 그 점을 드러낼 일이다.

(7) 그 밖의 것은 자기를 중상하는 자에게 중상으로 되돌려 주는 것에 의존한다. 왜냐하면 중상하고 있는 본인이 신용할 수 없는 인간이라 하면, 그의 말이 신용되는 것으로 되는 것 등은 장소에 어울리지 않는 일이기 때문이다.

(8) 그 밖의 것은 그에 대한 판정이 이미 내려진 것이라면 그것을 드러내는 것이다. 에우리피데스가 재산 교환의 신립에서 사건의[403] 시기, 히기아이논에 대해 대답한 것이 그렇다. 히기아이논은 어쨌든 에우리피데스는 거짓 서약을 권해 다음처럼 노래한 탓에 불경하다고 해서 고발한 것이다.

> 혀는 서약을 해도, 마음이 서약한 것은 아니다. –『히폴리토스』 612행

이에 대해 에우리피데스는 "디오니시아제(祭)의 비극 경연의 판정을 법정으로까지 비화시켜 그는 부정을 저지르고 있다. 왜냐하면 자기는 경연장에서 이들 시구의 해석을 끝마쳤기 때문이다. 아니, 그가 아무래도 고발하고 싶

다고 하는 것이라면, 나에게 재차 해석할 용의가 있다."고 말한 것이다.

(9) 다른 것은, 중상 행위 그 자체에 대해 그것이 어느 만큼 유해한 것인가를 비난하고, 그 이유로서 중상은 차례차례 다른 소송을 야기하든가, 사실 그 자체를 신뢰할 수 없다는 등으로 말하는 일에 의하는 것이다.

(10) 또, 중상에 관계되는 논점에서 쌍방 어느 쪽에도 공통적인 것은 징증이 되는 사실을 드러내는 일이다. 예를 들면, 소포클레스의 '테우크로스' 가운데서 오디세우스가 "테우크로스는 프리아모스의 가족이다. 왜냐하면 그의 어머니 헤시오네는 프리아모스의 자매이기 때문이다."라고 말해 이에 대해 테우크로스가 "나의 아버지 데라몬은 프리아모스와 적대하고 있다."든가, "나는 그리스의 스파이들을 적에게 통보는 하지 않았다."고 답하고 있는 것이 그렇다.[404)]

중상 측의 논점

그 밖의 중상 측의 논점이 있는데, 그것은 사소한 일로 상대를 장황하게 격찬하고 중대사는 간결하게 비난을 가하고, 혹은 먼저 상대의 장점을 많이 드러내 보이고 나서 사건에 유리하게 작용하는 것을 한 가지 비난하는 일이다. 이와 같은 논점은 가장 교묘하고도, 또 가장 악질적인 것이다. 왜냐하면 장점은 많이 있는데, 그것들을 한 가지 결점과 혼합하는 것으로 많은 장점을 이용해 상대를 중상하려고 시도하는 이유 때문이다.

양자에 공통되는 논점

그 밖에 중상하는 자와 그것을 부정하려 해명하는 자의 양자에 공통되는 논점이 있다. 똑같은 한 가지 사실이라도 수많은 동기에 기초해 행해지는 일이 있기 때문에 중상하는 자는 상대의 행위를 나쁜 쪽으로 몰아 비방하고, 해명하는 자는 좋은 쪽으로 몰아 해석하고 해명하지 않으면 안 된다. 예를 들면, 디오메데스가 오디세우스를 선발한 일에 대해[405] 한쪽은 "오디세우스를 최선이라 생각한 때문이다."라고 해명하고, 다른 한쪽은 "그런 것이 아니다. 그는 무용이 열세이므로 그 사람만이 라이벌이 될 우려가 없기 때문이다."고 부정해야 한다.

중상에 대해 이상의 설명이면 충분할 것이다.

CHAPTER 16
진술 화법

일반 변론의 진술

다음은 진술인데, 일반 변론에서 진술은 계속 행해지는 것이 아니고 부분마다 잘라서 말한다. 그것은 칭찬 또는 비난 등 변론 주제의 바탕이 되는 여러 가지 행위를 모두 드러내지 않으면 안 되기 때문이다. 즉, 변론에는 변론 기술에 관여하지 않는 부분, 결국 행위 그 자체와 논자가 갖가지 행위의 원인이 되는 의미가 아니기 때문에 기술에 의한 부분이 있어 여기서 변론이 구성되는 것이다.

그중에서 후자는 붙임성 있는 행위가 있었다는 것이 믿어지지 않는 경우 그것이 실재한다는 것, 혹은 그 행위가 어떤 모양의 것인가 등 어느 정도의 크기인가, 혹은 또 그와 같은 점 모두를 증거로 입증하는 일이 과업이다. 기실 일반 변론의 이 같은 성격 때문에 때로 모든 것을 계속 말하면 안 된다는 것이 된다. 그것은 연이어 증거가 제시된다면 그것을 기억하는 일이 곤란하기 때문이다. 그래서 '이러이러한 행위로 보아 판단하면 그는 용기 있는 인물이다.', 또 '여차여차한 행위로 본다면, 현명한 사람 또는 정의의 사람이다.'라는 식으로 나누어 설명하는 것이다.

이 같은 화법을 쓰는 변론은 단순 명쾌하지만, 앞에 말한 화법은 복잡하게 얽혀 평명성을 결하고 있는 것이다.

행위에 대한 진술

또, 잘 알려진 행위는 그것을 상기시키면 충분하다. 그러므로 그와 같은 행위에 대해 다수의 사람은 진술을 필요로 하지 않는다. 예를 들면, 아킬레우스를 상찬하려 한 경우가 그렇다. 왜냐하면 그가 한 행위의 내용에 대해 누구나 알고 있기 때문에 그 사실만을 사용하면 좋다. 이에 대해 크리티아스를 칭찬하려고 생각할 경우 행위에 대한 진술이 필요하다.[406] 왜냐하면 다수의 사람이 그것을 알고 있는 형편이 아니기 때문에.[407]

법정 변론의 진술, 고발의 경우

그러나 오늘날 이상한 일은, 진술은 빠르게 그치는 것이 아니면 안 된다고 말하고 있는 점이다. 그러나 이 점은 생빵을 딱딱하게 반죽한 것인가, 아니면 부드럽게 반죽한 것인가 하고 빵제과 기술자에게 물었을 때, "에, 뭐라구요? 좋은 상태로 반죽할 수 없는가구요?" 하는 대답이 돌아왔다는 이야기와 똑같은 것이다. 즉, 서론을 장황하게 늘어놓아도 안 되고, 증거 입증 설득을 장황하게 말해도 안 되는 것처럼 진술 역시 장황하게 이어 가지 않는 것이 중요하다. 결국 이 경우에도 '좋은 상태로'라는 것이 단지 '빠르게' 든가 '간단하게'로 말할 것이 아니라 '알맞게'로 말할 일이다. 이것은 문제의 사항을 분명히 한다는 범위만을 말하는 것에 다름 아니다. 바꿔 말하면, 그 사항이 사실 있었다 하는 것이든, 그것이 해를 끼쳤다든가, 아니면 부정행위에 해당한다든가, 논자가 기대하는 만큼 중대사라든가 등을 재판관에게 이해시킬 수 있는 범위에서 말하고, 또 계쟁 상대 쪽도 그것과 반대되는 것을 똑같게 말한다는 것이 된다.

또 진술 도중에 그대의 미점을 보이는 데 도움이 되는 일, 예를 들면 "나로서 그에게 항상 바른 일을 계속 말했고, 어린이들을 내버려두는 일이 있어서 안 된다고 훈계했다."고 말한 일을, 혹은 상대의 결점을 보이는 일을 끼워 넣어야 한다. 후자의 예로서, "그랬더니 그는 나에게 이렇게 대답했다. 자기가 있는 곳이면 어디에서든 새 어린이가 생길걸." 하는 것이 그렇다. 이 말은 헤로도토스에 의하면 배반한 이집트 사람이 대답한 것이다.[408] 혹은 또, 재판관들이 기꺼이 듣고자 하는 일을 끼어 넣어야 한다.

법정 변론의 진술, 변명의 경우

변명할 경우는 사실의 진술이 훨씬 짧아진다. 왜냐하면 변명 측이 다투는 점은 해당 사실이 없었다든가, 그것은 해를 끼치는 것이 아니라든가, 부정한 일이 아니라든가, 말할 만큼 중대사가 아니라는 등으로 한정된다. 따라서 이미 인정된 사실의 경과에 대해 앞의 쟁점, 예를 들면 그 행위는 했으나, 그러나 부정한 일은 아니다와 같은 주장에 기여하는 것이 아닌 한 그것으로 시간을 소비할 일이 아니기 때문이다.

진술은 간결히 해야 한다

또 문제의 행위는 현재 행해지고 있는 것처럼 말하면 동정, 그렇지 않으면 공분을 환기하는 것이 아닌 한 과거의 일로써 간결하게 말해야 한다. '알키노오스의 이야기'가 그 실례다. 이 이야기는 페넬로페에 대해 말할 때 60행의 시로 요약해 노래한 것이다.[409] 또 파일로스가 서사시군을 요약한 것도 이에 해당하고, 에우리피데스의 오이네우스의 서사 역시 마찬가지다.[410]

진술에 성격을 표한다

또 진술은 성격이 삼출되는 것이 아니면 안 된다. 그것이 가능해지는 것은 성격을 표한다는 것이 어떤 모양인가를 우리가 알고 있는 경우다. 성격을 표하는 것의 하나는 도덕적 의도를 분명히 표시하는 것으로, 그 의도가 어느 정도냐에 의해 성격이 어떤가도 알게 되는 것이다. 그러나 의도가 어떤 것인가는 목적 여하에 의해 결정된다. 수학의 논문이 도덕적 성격을 갖지 않는 것은 그 때문이다. 즉, 거기에 도덕적 의도가 없는 것이다. 왜냐하면 행위의 목적을 갖고 있지 않기 때문이다. 그러나 소크라테스 대화편에 그것이 있다. 그것은 대화편이 도덕적 행위에 관계가 있음을 논하고 있기 때문이다.

그 밖에 성격을 표하는 것으로, 개개의 성격에 부수하는 여러 가지 특징이 있다. 예를 들면, "그는 이야기를 하면서 걷기를 계속했다."고 하는 것이 그렇다. 결국 이것은 성격이 방자하고 품위가 없음을 표시하고 있기 때문이다. 또, 최근의 변론가들처럼 이해의 고려에 서지 않고 도덕적 의도에 기초하는 방식으로 말하지 않으면 안 된다. 예를 들면, "나로서 그것을 희망했다. 결국 나의 의도는 그 일에 있었다. 실제로 나는 그 일로 이익을 얻지 못했으나, 그래도 그 일 쪽이 훌륭한 것이었다."고 말하는 것이 그렇다. 왜냐하면 한쪽의 말은 현명한 사람의 것이지만, 다른 한쪽은 훌륭한 사람이 입에 올리는 것이기 때문이다. 즉, 현명한 사람의 특징은 이익이 있는 일을 추구하는 데 있고, 훌륭한 사람의 특징은 훌륭한 행위를 구하는 데 있기 때문이다.

또 그러한 성격이므로 사람에게 신뢰되지 않을 경우, 소포클레스가 행한 것 같이 그 이유의 설명을 보충하지 않으면 안 된다. 『안티고네』로부터의 1절이 그 실례다. 그것은 안티고네가 남편이나 어린이들보다 형을 더 염려한다는 대문인데, 그 이유로서 남편이나 어린이들이라면 그들이 죽는 일이 있어도 새로 손에 들일 수 있으나, "하지만 아버지나 어머니가 명부에 간 지금에 이르러 언제인가 형제가 출생되기를 바라는 일은 절대로 없다."고 말하고 있는 것이다. 그러나 이유가 발견되지 않으면, 어쨌든 자기가 말하고 있는 것이 신뢰되지 않음은 모르는 바가 아니다. 그러나 그렇다 해도 그렇게 할 수 없는 것이 가지고 태어난 성격이라고 말하면 좋다. 왜냐하면 세상 사람에게 자기 이익 이외의 것을 진행하는 것 등은 믿어지지 않기 때문이다.

감정적 요소

또 진술에 당해서 감정을 잘 나타내는 표현을 사용해 논하고, 감정에 수반하는 외적 표현을 일반에게 잘 알려진 것도, 자기 자신 혹은 반대자만의 특유한 것도 드러내 가야 한다. 예를 들면, "그는 나를 힐끗 흘겨보고 물러갔다."고 말하는 것처럼. 또 아이스키네스가 크라틸로스에 대해 말한 것인데,[411] "그는 입을 벌려 '휴' 하고 소리내고 두 주먹을 거칠게 흔들면서……."

하고 말하는 것도 그렇다. 즉, 이 같은 표현에 설득력이 있는 것이다. 왜냐하면 잘 알려져 있는 이 같은 표현은 사람들에게 알 수 없는 사이에 감정의 증거가 되기 때문이다. 이 같은 실례는 호메로스로부터 가장 많이 가져올 수가 있다.

> 이렇게 이야기를 들려주자, 노파는 얼굴을 양손으로 덮는다. —『오디세이아』 19서 361행

결국 울기 시작할 때, 사람들은 양 눈을 지그시 누르게 되는 것이다.

진술의 주의 사항

또 허두에서 그대 자신이 어떤 성질의 인간이란 사실을 알려야 한다. 그것은 청자에게 자기가 그와 같은 인간으로 보이게 하기 위함이다. 똑같은 일은 계쟁 상대에 대해서도 해야 한다. 다만 눈치채지 않게 행하지 않으면 안 된다.

그것이 어렵지 않음은 사신의 경우를 보면 좋을 것이다. 왜냐하면 사신이 전하는 내용은 우리에게 전혀 미지의 것이지만, 그들의 태도에서 어느 정도 이해할 수 있기 때문이다.

진술 장소

또 진술은 변론의 여러 부분에서 행해져야 한다. 이따금 처음 행하지 않을 경우도 있다.

의회 변론의 진술

그러나 의회 변론에서는 진술 기회가 가장 적다. 장래 일에 대해서 그것을 진술하는 사람은 없기 때문이다. 그러나 진술할 기회가 있다고 하면 그것은 과거 사실에 대한 진술이 될 것이다. 결국 과거사를 상기함으로써 향후 사실에 대한 심의가 보다 적절하게 행해지기 위해서다.

이와 같은 진술은 과거사를 비판하든가, 또는 상찬하는 형식으로 행해진다. 그러나 그 경우에 논자는 의원으로서의 본래 임무를 다한다는 의미는 아니다.[412] 또 그 진술 내용에 신뢰되지 않는 부분이 있을 경우 그에 대한 이유를 설명할 것이라 약속하고 즉각 실행으로 옮기고, 청자가 희망하는 형식으로 진술을 정리하지 않으면 안 된다. 카르키노스가 지은『오이디푸스』가운데서, 그가 그리는 이오카스테가 그녀의 아들을 찾아온 자가 물을 적마다 약속하고 있는 것도, 소포클레스의 하이몬 경우도 그 실례가 된다(『안티고네』635행 이하, 701행 이하).

CHAPTER 17

주장의 입증(증거 제시)

법정 변론의 설득

설득은 증거를 동반하는 것이 아니면 안 된다. 그러나 증거를 제시할 경우 계쟁 중심점은 네 가지이므로 그 시점에서 문제되는 쟁점에 대해 증거를 제시해야 한다. 예를 들어, 문제 행위가 없었다는 점이 쟁점이라고 하면 재판 시에 특히 그 점에 대한 증거를 가지고 나가고, 피해를 주지 않았다는 점이 쟁점이라면 그 점의 증거를 가지고 나간다. 또 피해는 그 정도가 아니었다든가, 그 행위는 법적으로 정당했다고 하는 것이 쟁점이 되는 경우도 문제 사실의 유무에 쟁점이 있을 경우에 따라서 대처하지 않으면 안 된다. 그러나 쟁점이 사실 유무에 있는 논쟁만은 반드시 한쪽이 악인(惡人)이 된다는 것을 잊으면 안 된다. 이 경우에는 법적으로 정당한가 여부를 둘러싸고 논쟁이 행해지는 경우처럼 무지가 구실이 될 수 없기 때문이다. 따라서 이 같은 경우 거기에 충분한 시간을 소비해야 하지만, 그 밖의 경우에 그럴 필요는 없다.

일반 변론의 설득

일반 변론은 많은 경우 어떤 행위가 아름답다, 또는 유익하다는 사실을 표시하기 위해 과장 방법이 사용되어야 한다. 어쨌든 그와 같은 행위가 있었다는 사실이 믿어지지 않으면 안 되기 때문이다. 왜냐하면 이 같은 사실에 대해 증거를 가지고 나가는 일은 극히 드물다. 그 사실이 믿어지기 어렵다든가, 그 행위의 동기가 타인에게 돌아가는 경우로 한정되기 때문이다.

의회 변론의 설득

의회 변론에서 상대가 제안하고 있는 것은 실현 불가능한 것이라고 말하고, 혹은 실현될 것이지만 정당한 일이 아니라든가, 거기에 어떤 이익도 없다든가, 상대가 생각하는 만큼 중요한 일이 아니라는 등으로 말하고 대립할 수가 있다. 또 해당 사항과 다른 데서도 상대에게 어딘가 과오는 없는가 잘 보아 둘 필요가 있다. 이 같은 과오는 그 밖의 장소에서도 범할 수 있다는 증거로 받아들여지기 때문이다.

실례

또 실례를 드는 일은 특히 의회 변론에 적합하고, 설득 추론은 어느 쪽인가 하면 법정 변론에 적합하다. 그것은 의회 변론이 장래 일에 관계 있기 때문에 힘 있는 과거사에서 실례를 가지고 와 말할 도리밖에 없지만, 법정 변론은 해당 행위가 사실이냐 또는 사실이 아니냐 하는 점이 문제가 된다. 이 점은 논증과 필연성 쪽이 힘을 발휘한다. 왜냐하면 이미 일어난 사실은 필연성을 가지고 있기 때문이다.

설득 추론

설득 추론은 그것만 계속 전개할 일이 아니라 다른 의론과도 혼합하지 않으면 안 된다. 그렇지 않으면 추론이 상호적인 효과를 깎아내리기 때문이다. 결국 거기에 수량의 한도도 있기 때문이다. 즉, 이 경우 "벗이여, 그대의 말하기가 분별 있는 남자의 입에 담을 만큼 되려면………."(호메로스, 『오디세이아』 4서 204행) 하는 것이므로 '입에 담을 만한 일'이란 의미가 아닌 것이다. 또, 설득 추론은 어떤 문제에 대해서도 요구되는 것이 아니다. 어떤 무엇에 대해서도 찾는다고 하면 일부 철학자들의 방식을 답습하는 일이 될 것이다. 즉, 그들은 추론의 전제가 되는 것 이상으로 잘 알려진 일이나 보다 신뢰할 수 있는 일을 추론에 의해 도출하고 있는 것이다.

감정

청자의 감정에 호소하려고 할 경우 설득 추론을 사용하면 안 된다. 그렇지 않으면 감정을 몰아내든가, 설득 추론이 무익한 의론으로 그치든가 하기 때문이다. 왜냐하면 동시에 발생한 운동은 상쇄되어 상호 소멸되든가, 혹은 힘이 감소해지든가 하기 때문이다.

도덕적 성격

또, 변론에 도덕적 성격을 갖게 하려는 경우도 그와 동시에 설득 추론을 찾으면 안 된다. 왜냐하면 논증에 도덕적 성격도, 의도도 없기 때문이다. 그러나 격언은 진술 중에도, 설득 중에도 사용하지 않으면 안 된다. 그것이 도덕적 성격을 표시하고 있기 때문이다. 예를 들면, "그래서 나도 주었다. 그것도 '간단히 사람을 믿어서 안 된다.'는 사실을 알면서."라는 것이 그렇다. 또 감정에 호소하는 것처럼 말할 경우, "나는 부정한 일을 당했지만 후회는 하지 않는다. 그에게 이익이 남았지만, 나에게는 정당성이 남아 있기 때문에."처럼 말해야 한다.

각종 변론의 비교

의회 변론은 법정 변론보다 어려운데, 이것은 당연한 일이다. 왜냐하면 의회 변론은 미래사에 관계를 갖는 데 대해 법정 변론은 과거사가 취급되는데, 과거사는 크레테의 에피메니데스가 말한 것처럼 예언자들에게 잘 알려진 일이기 때문이다.[413] 즉, 그는 미래사에 대해 예언을 하려 하지 않고, 과거사이기는 하지만 분명하지 않은 일에 대해서만 예언하고 있는 것이다.

거기에 또, 법정 변론은 법이 변론의 기초를 이루고 있다. 그러나 출발점이 주어졌다면 거기서부터의 논증을 찾아내는 것은 비교적 용이한 일이다. 또 의회 변론은, 예를 들면 법정 변론처럼 계쟁 상대를 공격하든가, 자기 사람이 되는 데 대해 말하든가, 재판관의 감정에 호소하는 것 같은 시간 메우기의 기회가 많이 허용되지 않는다. 아니, 논자가 멋대로 본제를 일탈해서 안 되는 한 그 기회는 다른 어떤 변론과 비교해도 드문 일이다. 때문에, 화제로 앞이 막힌 경우에 아테네의 변론가들, 특히 이소크라테스의 방식을 실천해야 한다. 즉, 그는 의회에서 조언을 줄 때, 그 가운데 어떤 누구에 대한 고발을 가지고 들어간다. 예를 들면 『파네기리코스』 가운데서 스파르타 사람을 '동맹군에 대한 변론' 중에서 카레스를 고발하고 있는 것이 그렇다.

또, 일반 변론에 있어 삽입하는 이야기의 형식으로 찬사를 변론에 도입해야 한다. 이소크라테스가 행한 것이 그 보기가 된다. 그는 어떤 경우에도 이 목적을 위해 누군가를 등장시키고 있는 것이다. 또 고르기아스는 자기에게 변론이 밀려 일부를 떼어 놓는 일은 없다고 말한 것도 이와 똑같은 의미다. 왜냐하면 아킬레우스를 말할 때 펠레우스를 칭찬하고, 이어 아이아코스를, 그리고 제우스 신을 찬양했다. 마찬가지로 용기의 덕에 대해서도 그것은 이러이러한 일을 이루어냈다든가, 여차여차한 것이다 등등으로 상찬하고 있기 때문이다.[414]

그런데 증명의 수단이 있을 때, 변론을 도덕적 성격을 띤 것과 합쳐서 논증적이기도 한 것처럼 하지 않으면 안 된다. 그러나 설득 추론이 불가능할 경우에 도덕적 성격만으로 해야 한다. 결국 훌륭한 인물에 그 언론이 정확하다고 생각되기보다, 인간이 훌륭하다고 생각되는 쪽이 어울린다.

설득 추론 중에는 논박을 목적으로 하는 쪽이 증명을 위한 것보다 더 받아들이기가 좋다. 반박이 가해질 경우에 벌써 결론이 도출되고 있다는 사실은 무엇보다 명백하기 때문이다.[415] 결국 반대해 합치는 것은 비교해 보면 그 대립을 잘 알 수 있기 때문에 받아들이기가 좋은 것이다.

반대자에 대한 설득

계쟁 상대에 대한 변론은 그만큼 다른 종류를 이루는 것이 아니다. 아니, 또는 이의를 신립하고, 혹은 또 대립 추론을 전개하든가 해서 상대의 주장에 반론을 가하는 일은 증거 제시의 설득에 속하는 것이다. 그래서 심의장이든, 재판에서든 자기가 도화선에 불을 댕기어 말하는 것이면 먼저 자기 자신의 설득을 전개하고, 그 후에 반대 주장을 반박하든가 미리 그 효과를 깎아내리는 등으로 해서 이와 대결하지 않으면 안 된다. 그러나 상대의 반대 의견이 다기다양하게 뻗칠 경우에, 예를 들면 칼리스트라토스가 메세니아의 민회에서 행한 것처럼[416] 먼저 그와 같은 반대 의견을 들어올리지 않으면 안 된다. 즉, 그는 예상되는 반대 의견을 미리 반박하고 나서 그 위에 처음으로 자기 자신의 주장을 말한 것이다.

이에 대해 자기가 뒤에 말할 경우 최초로 반대론에 대해 반론을 시도, 반박하든가 대립 추론을 전개하든가 해야 한다. 상대의 주장이 평판이 좋을 경우는 특별하다. 왜냐하면 인간의 경우에도 자기가 미리 편견을 가지고 보고 있는 자를 마음은 받아들이려 하지 않지만, 변론의 경우도 이와 똑같아서 반대론의 주장이 지당하다고 생각될 때 이쪽의 주장은 받아들여지지 않기 때문이다. 그러므로 청자의 심중에 지금부터 행해질 자기의 변론이 들어갈 여지를 준비해 주지 않으면 안 된다. 이 사실은 반대론이 미리 제거될 경우에 가능해질 것이다. 따라서 상대의 반대 의견 전부에 대해, 또는 그중에서 가장 중요한 것, 또는 평판이 좋은 것, 또는 반박이 용이한 것에 대해 대립을 피한다. 이렇게 함으로써 자기 주장을 신뢰할 수 있는 것으로 하지 않으면 안 된다. 예를 들면, "나는 무엇보다 여신들의 편이 되어지이다. …왜냐하면 나로서는 헤라가……." 하는 것처럼. 이 같은 시구에서 시인은 의론의 가장 약한 취약점을 공격한 것이다.[417]

설득에 대해서는 이상 말한 대로다.

자기를 표현하지 않는다

다음은 도덕적 성격인데, 이에 대한 언급은 때로 자기 자신에 대해 그것을 말하면 질투를 사든가 몹시 싫증 낼 만큼 길다고 생각하게 하든가 반론을 환기하게 하든가 하고, 남에 관해 말하면 남을 험담한다든가 예의를 모른다고 하는 등으로 비난을 자초하기 쉬우므로 그와 같은 것에 대해서 남을 화자로 내세울 필요가 있다. 이것은 이소크라테스가 『필리포스』와 『안티도시스』 중에서 행하고 있는 수법이다.[418] 또, 아르킬로코스가 비난을 입에 담을 때의 수법도 이에 해당한다.[419] 결국 그는 상대의 부친을 화자로 만들고, 이암보스 시의 형식으로 그의 딸에 대해 다음과 같이 말하게 하고 있다. "세상 일은, 앞이 아주 캄캄한 것도 맥이 전혀 없다고 판단하고 관계할 일도 아닐 것이다……."

또, 다음의 이암보스 시에서 목수인 카론을 화자로 삼고 있는 것이다. 그 말의 허두는 이렇다. "나에게 기게스의 부유 같은 것은 안중에도 없다……."[420]

또, 소포클레스의 작품 중에서 하이몬이 자기 부친을 향해 전해 들은 형식으로 안티고네를 위해 말하고 있는 것도 마찬가지다.[421]

설득 추론의 변형

또, 때로는 설득 추론을 변형시켜 이것을 격언으로 대신하는 일도 있다. 예를 들면, "마음에 있다면 만사가 순조로울 때 화해할 일이다. 그렇게 하면 가장 많은 것을 얻을 수 있으므로." 하고 말하는 것이 그렇다. 그러나 이것을 설득 추론의 형식으로 말한다면, "화해는 그것이 가장 많은 이익을 가져다주고, 가장 많은 것을 얻는 결과가 될 경우에 해야 할 일이라면 만사 순조로울 때 화해할 일이다."라고 말하게 된다.

CHAPTER 18

질문·대답·농담

질문하는 시기

다음은 질문에 대한 것인데, 질문하는 데 가장 적당한 시기는 (1) 상대가 이미 전혀 다른 것을 대답해, 따라서 또 하나의 질문이 행해지면 그 불합리성이 속속들이 드러낸다고 할 경우다. 예를 들면, 페리클레스가 예언자 람폰에게[422] 구원의 여신 데메테르의 비밀 의식에 대해 질문한 때의 일이 그렇다. 람폰이 비밀 의식에 참여하지 않은 자는 말이 되지 않는다고 대답하자, 페리클레스가 그 자신은 그것을 알고 있었는가 하고 물었다. 그리고 람폰이 "그렇다."고 대답하자, 그는 이렇게 질문했다. "당신은 어떻게 해서 그것을 알 수가 있었는가, 비밀 의식에 참여하지 않았는데도."

(2) 질문의 두 번째 시기는 한쪽의 전제가 지정한 일이고, 다른 쪽 전제도 질문한 상대가 동의할 것이라고 알고 있을 경우다. 왜냐하면 하나의 전제에 대해 질문을 했다면 그 이상 자명할 때까지 질문할 필요가 없다. 그 뒤에 결

론을 말하면 좋기 때문이다. 예를 들면, 소크라테스의 경우가 그렇다. 고발자 멜레토스가 소크라테스는 여러 신들을 믿지 않고 있다고 강경하게 주장하면서 소크라테스는 일종 신령적 존재의 일을 말하고 있다고 말할 때, 소크라테스가 신령은 여러 신들의 자식인가 혹은 신성을 가진 것의 하나는 아닌가 하고 질문하니, 그가 "그대로이다." 하고 대답하자, 소크라테스는 다음과 같이 질문한 것이다. "여러 신들의 자식 존재는 믿으면서 여러 신들의 존재를 믿지 않는 자 등이 있겠는가?"[423)]

(3) 또, 상대가 말하고 있는 것이 자기 모순, 또는 이치에 반하는 것을 속속들이 드러낼 수가 있을 경우다.

(4) 네 번째는 상대가 질문에 대답할 때, 소피스트식의 대답 방식으로 곤경에서 벗어날 수밖에 없을 경우다. 왜냐하면 상대가 "그대로라고도 말하고, 그대로가 아니라고도 말한다."든가, "어떤 것은 그렇지만, 어떤 것은 그렇지가 않다."든가, "어떤 의미에서 그렇지만, 어떤 의미에서 그렇지가 않다."고 하는 대답 방식을 쓰면, 옆에서 듣고 있는 사람들은 그가 대답에 궁하다고 생각할 뿐 아니라 몹시 떠들기 좋아하는 것으로 생각하기 때문이다.

그러나 이 같은 경우가 아니라면 질문하려고 해서는 안 된다. 그것은 상대가 여기에 반론해 올 경우는 그대가 타력이 약한 것처럼 생각되기 때문에. 왜냐하면 청자의 이해력이 약하므로 질문을 많이 거듭하는 일이 허락되지 않기 때문이다. 이 이유에서 설득 추론에 대해서도 가능한 대로 이것을 압축하지 않으면 안 된다.

어떻게 대답할까

다음은 대답에 관해서인데, 애매한 다의성(多義性)을 포함한 질문에 대해서 논리적으로 분명하게 사항을 분별하고, 간략화하는 일 없이 대답해야 한다. 한편, 그대를 자기 모순으로 이끄는 질문에 대해서 지체없이 대답하고, 상대가 질문에 두 개의 화살을 가지고 공격하든가 자기의 결론을 내든가 하기 전에 이것을 해방할 수 있는 답변 형식을 취하지 않으면 안 된다. 왜냐하면 상대방 주장의 의도가 어디에 있는가를 미리 간파하기가 어렵지 않기 때문이다. 이 점도, 또 그에 대한 해답 방식도 『토피카』의 논술에 충분히 밝혀졌다.

또 상대에 의해 결론이 나올 경우, 그 결론이 질문의 형식을 취하고 있으면 그대는 자기 행동에 대해 그 이유를 말해야 한다. 예를 들면, 소포클레스[424]는 피산드로스에게 다른 선의위원(先議委員)들과 마찬가지로 400인회 설치의 의결에 찬성했는가 하고 질문받고, 그렇다고 대답했다. 피산드로스가 "뭐, 어째서. 그것이 나쁜 일이라고 그대는 생각지 않았는가?" 하고 질문하자, 그는 나쁜 일이라고 인정했다.

"그러면 그대는 그 나쁜 일을 행한 것이 아닌가?"

"그대로이다." 하고 대답했다.

"왜냐하면 그 이상의 방법이 달리 없었기 때문이다."

또, 감독관의 직무에 대해 해명하고 있는 스파르타 사람이 다른 동료가 사형에 처해진 일을 당연하다고 생각하는가 하는 질문을 받고 그렇다고 대답해 상대로부터 다시 또, "그러나 그대 역시 그들과 같이 그 법안의 제정에 가담한 것이 아닌가?" 하고 질문을 받고, 그는 그대로라고 대답했다. 상대가 "그렇다면 그대도 사형에 처해져야 할 것이다."라고 말하니까 "아니, 그럴 리는 없다. 그들은 뇌물을 받아 그렇게 된 것이지만, 나의 경우는 그것과 달라서 자기 자신의 견식으로 행한 것뿐이다."고 대답한 것도 똑같은 일이다.

이와 같은 의미이므로 결론이 난 뒤에 다시 질문을 거듭해도 되고, 결론을 질문 형식으로 해도 안 되는 것이다. 진실의 태반이 자기 쪽에 있다고 하면 그것은 다르다.

농담

또 농담에 관해서인데, 논전을 펼 때 그 효용이 인정되는 것처럼 생각된다. 고르기아스가 상대의 성실성은 농담으로, 또 농담은 성실성으로 중지해야 한다고 말한 것도 적중하는 것이므로 우리는 농담에 얼마나 많은 종류가 있는가 하는 점을 이미 『시학』 가운데서 논해 놓았다.[425] 그와 같은 종류 가운데 어떤 것은 자유인에 알맞지만, 어떤 것은 어울리지 않는다. 그러므로 자기에게 알맞은 종류를 가려내도록 주의하지 않으면 안 된다. 또, 야유나 빈정거림은 광대보다 오히려 자유인에 알맞다. 왜냐하면 야유를 말하는 사람은 자신의 즐거움 때문에 웃음을 자아내는 것이지만, 광대는 남을 웃기려 하기 때문이다.

CHAPTER 19

결론에 대하여

결론의 구성

변론의 마무리는 다음 네 가지로 성립된다. 즉, (1) 청자에게 화자에 호의적 기분을 갖게 하고, 대립되는 상대에게 악의를 갖게 하는 것, (2) 변론의 요점을 과장해 보이든가 지나치게 축소시켜 보이는 것, (3) 청자가 특정의 감정을 갖도록 작용하는 것, (4) 기억을 정리하는 것 등의 네 가지다. 왜냐하면 자기는 진실한 사람이고, 반대자는 거짓을 말하고 있다고 하는 사실을 증명한 후에 (1) 자기를 치켜세우고 상대를 비난해 마무리의 일격을 가하는 것이 자연스러운 순서라고 말할 수 있기 때문이다. 그러나 목표로 해야 할 것은 다음 두 가지 중 어떤 쪽이다. 즉, 자기는 청자로부터 볼 때 무조건적으로 좋은 인간이란 사실, 또는 상대는 청자로부터 볼 때 무조건적으로 나쁜 인간이란 사실이든가 그중 하나일 것이다. 이 효과를 올리기 위해 근거해야 할 논점, 즉 어떤 모양으로 논해서 훌륭한 인간, 또는 나쁜 인간으로 만들어야 좋

을까는 앞에서 이미 설명한 바가 있다.[426)]

그 다음에, (2) 사항에 대한 입증이 이미 행해진 이상은 그 결과를 강조하고, 또는 과소평가해 보이는 것이 자연스러운 것이다. 그것은 그 사항이 어느 만큼 중요한가를 말하고자 하면, 행위 그 자체가 먼저 인정되어야 할 필요가 있기 때문이다. 왜냐하면 물체가 크게 되는 것은 본디부터 있는 것을 출발점으로 하기 때문이다. 그러면 어떤 모양으로 논해서 강조하든가 과소평가해 보이든가, 그 점은 앞에서 보인 바대로다.

다음, (3) 사항이 어떤 성질의 것이고 어느 만큼 중요한가가 분명해졌다고 하면, 이번에 청자에게 어떤 감정을 갖도록 이끌어 가는 것이 자연스러운 순서다. 여기서 말하는 감정은 연민의 정, 공분, 성냄, 증오심, 질투심, 경쟁심, 적대감 같은 것이다. 이에 관해서도 그 논점은 앞에서 말한 바가 있다.

그러므로 남는 것은, (4) 지금까지 논해진 개요를 드러내 나가는 작업이다. 이 작업을 어떤 사람은 잘못해 가지고 서론 중에서 행해야 한다고 주장하고 있는데, 그들이 말하는 것은 이 단계에서 행하는 것이 적절하다고 본다. 그들도 청자가 충분히 이해하기 위해 요점을 몇 번이고 반복해 말하도록 권하고 있기 때문이다. 따라서 서론에서는 판단을 내려야 할 주제를 모르는 일이 없도록 문제의 사항이 어떤 것인가를 말한다. 그리고 결론에서 그 증명에 사용된 의론이 요약되어 말해져야 한다.

결론의 허두에서 변론 초에 약속한 일 모두가 달성된 것을 언급한다. 따라서 지금까지 무엇을 논하고, 또 무엇 때문에 논해 왔는가를 논하지 않으면 안 된다.

또, 정리에서 대립하는 의론과의 대치를 사용해 서술한다. 그런데 그 대치는 동일한 사실에 대해 쌍방이 어떻게 말했는가를 모두 맞대 놓은 것이지만, 그때 직접 대비시키는 형식으로 행하는가? 예를 들면, "그러나 이 남자는 이 점에 대해서 이러이러한 일을 말했지만, 그러나 나는 이러이러한 일을 여사여한 이유로 말한 것이다." 하는 것처럼, 혹은 야유를 포함해서 행하는가? 예를 들면, "저 남자가 말한 것은 이러이러한 사실이고, 내가 말한 것은 여사여사한 사실이었다. 만약 저 남자가 여사여사해서 이러이러하지 않은 사실을 증명했다고 하면 그의 행위는 얼마나 훌륭했겠는가?"와 같이, 혹은 또 질문에 의해 행해지는가? 예를 들면, "또 무엇이 증명되지 않았다고 말하는가?"든가, "이 남자는 무엇을 증명했다고 말하는가?"처럼 하지 않으면 안 된다.

그러므로 정리는 지금 말한 것처럼 대치에 의해 행해지는가, 그렇지 않으면 본론에서 말한 순서대로 먼저 자기 주장을 드러내고, 그 다음에 만약 희망하면 반대론의 사실을 별도로 취급하든가 하면 좋을 것이다.

변론의 결론은 접속사가 없는 문체가 알맞는다. 그것이 마무리 말이 되고, 본론의 일부로 되지 않기 때문이다. 예를 들면, "나는 말을 끝낸다. 여러분은 확실하게 들었다. 사실은 여러분의 수중에 있다. 자, 판정을 내려 주시오." 하고 말이다.

역자 주해

제1권

chapter 1

1) dialektikē, '변증법'은 추론을 중심으로 하지만 그 추론은 모든 사람 또는 대다수의 사람, 또는 저명한 지자(知者)가 가지고 있는 견해, 일반적으로 통념(endoxa)에 기초하고 있고, 그 한도에서 그 자체에 믿음이 놓인다. 참〔眞〕을 첫째 원리로 삼는 논증과 구별된다. 이와 같이 출발점이 되는 자료가 개연적이라는 점에서 어떤 문제에 대해서도 그 양쪽에 의문을 일으켜 긍정과 부정 양쪽 결론을 도출할 수 있다. 이 점으로 볼 때 유일한 결론에 이르는 논증과는 다르다. 따라서 변증법과 변론법은 어떻든 개연성에 입각해 의론한다는 점, 또 '변론법'은 어떤 주제를 말하는 경우라도 의론 방법을 고찰한다. 이른바 논술의 방법론인 데 대해 변증법은 주어진 문제에 대해 그 진상을 탐구하는 경우 의론 기술을 다룬다. 이른바 논리적 탐구의 방법이므로 양자를 유비적으로 파악할 수 있다는 점에서 동류인 것처럼 보인다. 그러나 양자에 몇 가지 점에서 차이가 있다. 즉, 변증법은 (1) 이론적이든 실제적이든 모든 종류의 문제를 다룬다. (2) 문제에 의해 의론을 전개한다. (3) 의론은 일반적이고 보편적 성격이다. 이에 대해 변론법은 (1) 이론적으로 문제를 선택하지 않지만, 실제로 정치적 영역이 대부분이다. (2) 연속적인 의론법을 채택한다. (3) 결론은 일반 원리와 보편 법칙이 아니고 개별적인 사례에 대해 내리게 된다.
이 책에서 양자의 관계를 'antistrophos'라고 말하는데, 이 표현은 원래 합창·무용단 상연 시의 움직임에 대해 말하는 것으로, 처음 오른쪽에서 왼쪽으로 돌면서 노래하는 것(strophē)에 대해, 그 후 이에 대응하는 똑같은 움직임을 왼쪽에서 오른쪽으로 동작하는 것을 가리킨다. 여기에서 똑같은 동작이 정확하게 대응하며 반복하는 것을 표현하는 말로 사용하게 되었다. 논리학에서 변환 가능한 용어와 명제를 이같이 부르는 것도 마찬가지다.
그러나 변론법과 변증법 사이에 그와 같은 정확한 대응이 인정된다고 말하지 않는 것은 다른 데서 변증법의 파생물이라든가 그 일부분이라 표현하는 것을 보면 분명해진다. 아마도 전기한 바와 같이 차이를 인정하되, 양자에 어떤 유비적 관계가 인정된다는 의미로 이 표현을 한 것이다. 이와 같은 의미로 사용한 예는 플라톤의 『고르기아스』에서 찾아볼 수 있다.

『고르기아스』에서 의술과 사법(司法) 또는 변론법과 요리법을 antistrophē의 예로 들고 있지만, 거기에 합창·무용단의 동작에서 보는 정확한 대응은 없다. 그러나 똑같은 용어가 사용되고 있는데, 『고르기아스』에서 보는 변론법의 평가와 아리스토텔레스의 그것이 똑같다는 의미는 물론 아니다. 아리스토텔레스는 여기서 변론법에 대해 정당한 기술(technē)로서의 지위를 확인하려 하고 있다. 다만 'antistrophē'라고 하는 동일 표현을 변증법과의 관계로 돌리는 것은 『고르기아스』에서 철학과의 대비가 강조된 나머지 변론법이 부당하게 폄하되는 사실을 의식하고 있기 때문인지 모른다.

2) 플라톤 이전부터 '기술'이란 명칭으로 변론의 기술을 설명한 서책이 나온 것은 파이드로스의 말에서 짐작된다. 아리스토텔레스는 『궤변 논박론』에서 이 같은 책을 지은 사람들로서 티시아스, 드라시마코스, 테오도로스의 이름을 들고 있다. 그들은 그 기술을 가르친 것이 아니라 그 기술의 성과를 알려 주는 것으로써 교육하고 있다고 믿고 있음을 말했다. 그 기술의 성과는 플라톤에 의하면 진실처럼 보이는 것을 진실보다 중시해 언론의 힘으로 작은 것을 크게, 큰 것을 작게 보이도록 했다.

3) 원어에는 pistis. 이 말은 이 책에서 다의적으로 사용하고 있는데, 원래는 'peithein(설득하다)'에 따르는 말이다. '설득하다(능동)-설득되다(수동)·믿는다(중동)-확신(설득의 성과)'의 관계로 생각해야 한다. 그러므로 (1) 일반적인 의미로서 이치에 맞는 진술에 의해 청자의 정신 속에 만들어진 상태, 즉 믿음·확신. (2) 의론의 자료를 조직적으로 정리해 논리적 판단의 형태로 해 이에 따라 청자에게 확신을 낳게 하는 기술적 방법, 구체적으로 enthymēma(믿음 pistis 설득을 위한 논술이고, 더욱이 변증법과 마찬가지로 추론 형식을 취하기 위해 '설득 추론'이라 옮겼다.)로, 예시(paradeigma)를 의미한다(각각 변론법의 연역과 귀납에 해당함.). (3) 주제를 논함에 있어 설득의 증거가 되는 자료를 가리킨다. 이때의 자료로서 인품(ēthos), 감정(Pathos), 언론(Logos)을 들 수 있다. 이 책에서 pistis의 원래 의미를 살려 설득(그 과정과 성과인 믿음을 포함)으로 하고, 경우에 따라 설득 수단, 설득 방법(증거 제시)으로 문맥에 넣도록 했다.

4) 이 표현은 많은 데서 나온다. 주제와 직접 관계가 없음을 가리킨다. 뒤의 예를 보면 분명하지만, 여기서 '법정 변론'의 경우가 고려되고 있다. 법정 변론

의 문제점은 계쟁 중심이 되는 사실의 유무가 위주다. 이에 덧붙여 그것이 상대에게 피해가 되는지 여부, 또 해를 끼친다 해도 법적으로 부정인지 여부가 관건이다. 이에 대해 어떻든 재판관의 인정에 호소한다는 것은 변론의 주제를 이미 떠난 것이 된다. 현실로 재판에서 이 같은 호소가 있었던 일은 플라톤『소크라테스의 변명』에서 알 수 있다. 그러나 아리스토텔레스도 감정에의 호소를 적절한 방법으로 채택하는 일을 부정하지 않는다. 오히려 감정을 유효한 논점으로 하고, 여기에 많은 설명을 가했다. 여기서 변론의 본체에 해당하는 추론(推論)을 한층 더 감정에 호소하는 것만으로 전념하는 점을 비판한 것이다.

5) 아레이오스 파고스는 아테네 아크로폴리스 북서쪽에 인접한 작은 바위산이다. 바로 앞에 아고라가 있다.

6) 변증법은 여기서 한정된 의미로 사용된다. 논리학과 동일시한 것으로 풀이해도 좋다.

chapter 2

7) 여기서 드러난 세 가지 종류는 제3권에서 각각 청자가 논자에게 어떤 인상을 가지고(Ethos), 청자의 감정이 움직이며(Pathos), 증명에 의한 설득(Logos) 등 세 가지 요소로 설명하고 있다.

8) '방법론'이란 논리학적 작품으로 생각한다.

9) 추리는 일반 명제에서 결론을 도출한다. 이 점 변론법의 추리도 마찬가지다. 이 경우 출발점이 되는 명제는 다른 추리에서 도출된 결론이다.

10) '영관이 걸린 경기'란 승리의 명예와 찬가 위주로, 상품은 금품이 아니고 화관(花冠)뿐이란 의미다.

11) 부분의 전체에 대한 관계는 일련의 개개 실례에서 보편 명제를 도출하는 경우를 가리킨다.

12) 아리스토텔레스는『정치학』중에서 국제의 변혁을 말할 때 역시 이 세 사람을 참주제의 대표로 들었다.

13) 엄밀한 의미의 논증은 아니다. 형식적 논증이므로 일반적으로 보아 논증적이라 생각되는 설득이다. 여기서 설득 추론과 예증을 가리킨다.

14) 논점은 변증법이나 변론법이 추론을 조립할 때 거기에 자료를 구하는 장을 뜻한다. 대부분 개개 학문 지식에 특유한, 또는 거기에 공통하는 명제가 된다.

chapter 3

15) 아킬레우스(Achilleus)는 트로이 전쟁 시 트로이아를 공격한 그리스군의 용장이다.

16) 가능-불가능, 과거-미래, 대-소의 3개 요소는 2권 19장에서 다루어지는데, 이것은 세 종류의 변론이 각각 그 목적을 달성하기 위한 전제 조건이 되는 공통 요소다.

chapter 4

17) dynamis, 2장 서두에서 변론법은 설득 수단을 감정하는 능력이라고 규정했다. 또 대상이 어떠해야 하는가를 명백히 하는 지식과 대비, 변론을 만들어 내는 능력이라고 말한다.

18) 리라 악기의 현을 조이고 푼다는 비유는 플라톤이나 아리스토텔레스가 즐겨 사용한 것인데 '조이다', '푼다'의 이해는 해석자에 따라 다르다. 결국 '푼다'는 민주제에서 평등 원리의 제한을 푼다. 즉, 무제한 원리를 추진하는 것으로 풀이한다. 이것은 민중 지배가 무정부 상태로까지 나가 참주제의 탄생을 불러온다는 과정을 밟는다.

19) 아리스토텔레스의 리케이온 학교는 몇 개의 프로젝트하에 광범한 조사 연구를 행한다는 성격도 갖추었다. 테오프라스토스를 책임자로 하는 식물 조사 연구도 그 하나다. 프로젝트 하나에 158에 미치는 국제(國制) 조사가 있었다고 알려진다.

chapter 5

20) 행복은 첨가에 의해 증대하는 일은 없다. 그와 같이 증대하는 것은 행복의 부분뿐이다(『니코마코스 윤리학』).

21) 『니코마코스 윤리학』에서 작은 신체는 기품이 있으나 균형이 맞지 않아 아름답지 않다. 아름다움은 크기 가운데 있다고 말하고 있다.

22) 자유인의 부인다움을 잃지 않는다는 것은 똑같은 일꾼이라도 다른 일은 일절 마음 쓰지 않고 다만 하는 일에 몰두할 뿐이든가, 아니면 물욕에 매달려 일에 전심전력하는 일이 없다는 뜻이다.

23) 이것은 아리스토텔레스의 기본적 사상을 표현하고 있다. 앞에서 드러낸 부(富)의 구성 요소는 이른바 부의 가능 형태에 지나지 않으므로, 단지 가지고 있는 것만으로 부라고 말하지 않는다. 실제 사용함으로써 그것이 현실 형태로 이루어지고 부를 실현하는 것이 된다.

24) 헤로디코스(Hērodikos)는 메가라 출신으로, 후에 드라기아의 세린브리아 시민이 된 의사다. 의술과 체육을 연결지어 운동과 식이 요법에 의한 치료를 행한 최초의 사람이다. 플라톤은 『국가』 중에서 "죽음을 오래 끈다."고 핀잔을 주었다.

25) 육상 경기·도약·투원반·투창·레슬링의 종목을 겨루는 경기로, 올림피아 축제 등 큰 경기 대회의 종목이었다.

26) pankration은 말 그대로 모든 힘이 하나가 된 격투기다. 권투와 레슬링이 조합된 형식이다.

27) 기형 등 이상한 것을 생각하고 있다.

chapter 6

28) 작은 어린이가 성장해 지성이 충분히 갖추어져 가는 것을 생각하고 있는 것이다.

29) 『니코마코스 윤리학』에서 '만들어 낸다'를 두 가지 뜻으로 나눈다. 건강이 건강을 만드는 경우와 의술이 건강을 만드는 경우를 예로 든다. 전자는 건강에 고유한 본래적 원인, 후자는 외래의 원인으로 풀이한다. 이것을 이 책과 대비하면, 이 책에서는 후자가 다시 두 개로 구분되고, 외래 원인도 식품처럼 건강에 있어 필요 불가결한 것과 체육처럼 불가결한 것은 아니지만 보조적으로 건강에 이바지하는 것으로 나누고 있다. 한편, 『토피카』에서 '건강'이란 의미가 세 가지로 구별된다. 건강을 만들어 내는 것, 건강을 유지하는 것, 건강을 표시하는 것. 식품은 건강을 만들어 내는 것, 체육은 건강을 유지하는 것이 된다.

30) 이것은 동어 반복이 아니고, 악이 없다는 현실성과 좋은 것을 갖는다는 현실성이 설명되고 있다.

31) 여기서 아름다운 것이 두 개로 나누어지는데, 그 하나는 예를 들면 신체의 아름다움이 그렇고, 이것은 그 자체로서 바람직한 것이 아니고 유쾌하기 때문에 그 쾌락에 의해 바람직한 것이다. 이에 대해 또 하나는 도덕적 우수성으로, 이것은 그 자체가 바람직하다.

32) 이것은 데로스 신전 비명에도 명문화되어 있다. 역시 건강과 함께 드러낸 '아름다움'에 대해 앞에서 이미 말한 바가 있다.

33) '부'는 단지 소유하는 것이 아니고 사용하는 데 그 본질이 있다고 이미 정의한 바가 있다. 이 부분, 부의 정의는 그것과 양립하지 않는 것으로 보인다. 또 '부'가 목적인 것처럼 다루어지는 것도 부를 수단으로 한다는 주장에 반한다. 여기서는 아마 그 이유에 보이는 것처럼 부가 많은 선을 만들어 내는 근거이기 때문에 만약 직접적 목적이 되는 일이 있어도 그것은 보다 큰 목적을 위한 수단으로 보이기 때문이다. 이 일은 '부의 사용'과도 일치한다.

34) 호메로스 『일리아스』 1서 255행. 이것은 그리스 진영에서 아킬레우스와 아가멤논이 싸울 때 네스토르가 두 사람을 향해 한 말이다. 프리아모스는 적국 트로이의 왕이다.

35) 『정치학』에는 민주제하의 고스·헤라클레이아·메가라 등 민중 지도자가 재산 소유자를 함부로 고발하고 추방에 처한 때문에, 이들 부정으로 추방된 사람들이 결속해 민주제를 전복시키는 원인을 만든 예를 많이 드러내고 있다.

36) 두 개의 인용 가운데 전자는 『일리아스』 2서 176행. 이것은 아테나가 오디세우스를 향해 "자네들은 프리아모스에게 자랑해야 할 거리로 아르고스의 헬레네를 남겨 놓게 될 것이다."라고 한 말의 일부다. 이것은 헬레네를 남겨 놓고 그리스군이 귀환하는 것은 9년의 세월과 많은 노력을 기울여 싸워 온 목적을 버리고 간 것이고, 적에게 긍지가 되는 것을 남겨 놓고 가는 것이 된다는 의미다.

37) 이 속담의 정확한 출처와 그 유래 역시 분명하지 않다. 문맥으로 보면 샘터에서 물을 길어 와 집까지 나르는 도중 이제 거의 다 왔다고 할 때 목적을 이루지 못한 분함과 헛수고를 말한 것이다. 이를 뒤집어 보면 목적한 것이 좋았음을 의미한다.

38) 코린토스인은 그리스군을 지원, 트로이 공격에 가세했으나 트로이를 지원한 리키아군의 장군 그라우코스는 그 증조부가 코린토스인이었던 까닭에 이와 같은 평을 받았다. 이리온은 그들의 적인 코린토스인을 비난하는 것이 당

연하다. 그러므로 이를 비난하지 않았다고 평함으로써 시모니데스는 자기들을 어둡게 비난하고 있다고 코린토스인은 풀이한 것이다. 역시 시모니데스는 기원전 6세기 말부터 5세기 전반에 걸쳐 활약한 케오스 섬 출신의 서정 시인이다.

39) 아테나에 대해 오디세우스의 수호신으로 그 가족을 지원, 그가 자기 집으로 들어갈 때도 여기에 일손을 빌린 것을 말한다. 데세우스에 대해 헬레네와 결혼해야 한다고 유괴한 일을 가리킨다. 알렉산더는 파리스의 별명이다. 여기서 말하는 여신들은 자기들 미의 심판으로 파리스를 뽑은 헤라, 아테나, 아프로디테를 말한다. 또 호메로스가 아킬레우스를 뽑았다는 것은 『일리아스』의 주인공으로서 뽑은 것을 말함이다.

chapter 7

40) 여기서의 덧붙임은 단순히 부·명예·체력·아름다움 등 제2의적인 선의 양(量)으로, 선의 보다 큰, 보다 작은 것을 말하는 것은 아니다. 이것들은 아무리 많아도 제1의적인 선(정의와 절제 등)의 하나 또는 약간의 것보다 못하므로 그것들이 참으로 큰 선이기 위해 하나 또는 소수의 제1의적 선이 그 가운데 수를 세어서 넣을 필요가 있다는 뜻이다.

41) 이 명제에서 '전체로서'라는 표현을 그 클래스의 평균인 것처럼 풀이한다면 이 명제는 오류가 된다. 남성 클래스의 최대 멤버가 여성 클래스의 최대 멤버보다 작다는 것도 있을 수 있기 때문이다. 그러나 아리스토텔레스의 취지는 남성 클래스, 여성 클래스의 전체가 각각 본연의 상태에서 크냐 작으냐를 말하는 것이고, 남성 클래스에서 이 성질을 가진 최대의 자, 바꿔 말하면 남성의 이 성질을 가장 잘 구현하고 있는 자는 당연히 보다 크다는 것이다.

42) 이 장에서 '좋은 것을 가져오게 하고, 유지하게 하는 것'이 좋은 것의 정의가 되고 있지만, 이 정의에 의하면 '보다 큰 선을 가져오는 것'이 당연 '보다 큰 선'이 되지 않으면 안 된다.

43) 지금까지 명제가 제시되면 그 뒤에 이유를 드러내는 형식으로 논술돼 왔다.

44) 지금까지 '보다 큰 선'이 테마였는데, 이 다음의 의론은 단순히 '보다 큰'으로 옮겨 가든가, 또 '보다 큰 선'으로 되돌아온다. '보다 큰'이 논점인 것은 이미 말한 바 있고, 원인 결과의 관계 등은 '보다 큰(보다 중요한 영향력을 갖는

다.)’ 것으로 생각하는 편이 적절하기 때문일 것이다.

45) 레오다마스(Leōdamās)는 아카르나이 출신의 정치가로 변론가이기도 하다. 이소크라테스의 제자로, 데모스테네스에 필적하는 웅변가를 일컫는다. 그는 장군 카브리아스를 두 차례나 고발했다. 한 번은 기원전 376년 카브리아스가 낙소스에서 승리했을 때, 두 번째는 기원전 366년 이때는 칼리스트라토스(Kallistratos)도 함께 탄핵의 대상이 되었다. 칼리스트라토스는 변설에 능해서 젊은 데모스테네스의 마음에 변론법에의 정열을 불붙인 사람이라고 일러 온다. 행정에도 수완을 발휘했다. 데바이와 스파르타의 세력 균형을 기도했으나 데바이 조정에 실패해 고발당하자 그의 변설로 살아났다. 카브리아스(Chabriās)는 직업 군인으로 기원전 390년 이후 아테네뿐만 아니라 키프라스와 이집트를 위해 싸웠다고 전해져 온다. 아테네 동맹에도 큰 힘이 있었다. 여기서 언급하고 있는 것은 기원전 366년, 오로포스가 데바이에 점령당할 때 칼리스트라토스가 타협안을 생각하고, 카브리아스가 이를 실행했다고 하는 사실이다. 그러나 데바이가 약속을 위반, 기한없이 철수하지 않은 까닭에 이 계획이 실패로 돌아가자, 그 죄로 두 사람은 레오다마스에 의해 탄핵되었다.

46) 예를 들어 부와 건강을 비교할 경우, 각각의 반대 또는 결핍된 상태인 빈핍과 질병을 비교해 질병이 빈핍보다 큰 영향력을 갖는다면 건강이 부보다 크다고 말하게 된다.

47) 이 문장은 악덕을 목적으로 하는 점에 문제가 있지만 완전 또는 불완전의 대립으로 치환해서 생각한다. 악덕을 목적처럼 표현하는 부적당한 점도 있지만, 주지는 완전 또는 불완전의 대비에 있으므로 완전한 형태가 보다 크다고 말하는 것이 당연하다.

48) 이것이 소크라테스의 주장을 염두에 두고 있는 것은 말할 것도 없다.

49) 등위어(等位語)는 공통의 어근을 가진 어떤 말에서 파생해 그 말 본래의 의미를 공통으로 가지고 있는 말을 뜻한다. ‘정의’에서 파생된 ‘올바른’, ‘올바르게’가 그렇다. 굴절어는 어근에서 어미의 굴절(변화)에 의해 만들어진 파생어를 말한다. 예를 들면 ‘정의’에 대해 ‘올바르게’는 굴절어이다. 등위어와 굴절어의 차이는 파생어를 상호 관계로 보는가, 어근과의 관계로 보는가에 의한다.

50) 여기서도 재판만이 아니라 의회 심의까지도 생각에 넣고 있다. 따라서 ‘판정자’라고 번역한다.

51) 여기서 ‘보다 큰 선’에서부터 다시 화제는 더 일반적으로 보다 큰, 또는 보다

중요한 것의 고찰로 옮겨지고 있다.

52) 멜레아그로스(Meleāgros)는 가류돈왕 오이네우스의 아들로, 무용에 뛰어난 무적의 영웅이다. 그의 어머니가 그를 저주해 황천의 신에게 그의 죽음을 원했다는 사실을 알고 실망한 나머지 전장을 떠나 집에 파묻혀 있었다. 그러자 전황이 급변해 적군이 치열하게 공격을 전개해 아군이 열세에 몰린 탓으로 아버지, 자매, 장로, 신관 등이 번갈아 그에게 출진을 간절히 요구했으나 전혀 귀를 기울이지 않았다. 그러나 최후에 아내가 어린 자식을 데리고 와서 적병의 시민 살육과 부녀자들의 처참한 정경을 들려주자, 그는 자기가 해야 할 책무를 깨달아 전장으로 달려나가 적군을 물리쳤다. 이 이야기는 트로이 전쟁에서의 아킬레우스의 경우와 매우 흡사해『일리아스』중에서 포이닉스가 아킬레우스의 출진을 설득하기 위해 증인으로 인용하고 있다. 이 책에서 전체를 한 마디로 '참화의 정도'로 말하면 끝나는 것인데, 그 내용을 상세히 설명함으로써 그 중대성을 잘 표현한 실례로 드러낸 것이다.

53) 에피카르모스(Epicharmos)는 기원전 5세기 초에 활약한 시실리 작가다. 그의 '겹쳐 쌓기'에 대해서는『동물 발생론』에서도 언급하고 있다. 이에 따르면, '험구에서 모욕이 발생하고, 모욕에서 분쟁이 발생한다.'는 예가 보인다.

54) 이피크라테스(Ihpikrates)는 기원전 4세기 전반에 활약한 아테네의 장군이다. 플루타르코스는 그가 제화공의 자식으로 경멸받았다고 말한 바 있다. 비천한 가정의 출신임에도 불구하고 수많은 훈공과 엄격한 훈련, 탁월한 전술로 이름을 날렸다. 레가이온에서 스파르타의 중무장 군단을 궤멸시킨 공적으로 그의 조각상이 건립되었다.

55)『오디세이아』22서 347행. 이것은 페미오스가 오디세우스에게 애원할 때의 말로, 그는 시를 독학했다고 말한 것이다.

56) 추도 연설은 기원전 431년경 펠로폰네소스 전쟁 1년차 때 아테네에서 행한 유명한 것인데, 여기서 인용된 구는 투키디데스가 기록한 연설 중에 포함돼 있지 않다. 인용된 구에 매우 흡사한 것이 헤로도토스의『역사』(7권 162)에 보이는데 그것은 게론의 말이다. 이 인용문의 취지는 국가에게 청년을 빼앗기는 일을 국가보다 큰 1년 중에서 그 최대의 중요 부분인 봄을 빼앗기는 일로 비유해 그 의미를 보다 크고 중대하게 표현하고 있다는 데 있다.

57) 이것은 플라톤의『고르기아스』나『국가』에 보이는 것처럼 가리그래스나 드라시마코스가 말한 강자 정의론에 통하는 사고방식이다. 결국 정의는 강자의

이익에 다름 아니다. 이것이 올바르다고 생각하게 하는 식으로 정의가 통용되기 때문이다. 이 입장에서 보면, 세상에서 말하는 정의는 무의미한 것이 되고 만다. 그러나 아테네처럼 재판이 배심제 성격을 가진 데서는 재판을 이기기 위해서 진실 바르게 보이기보다 다수 재판관에게 올바르다고 생각케 하는 것이 필요하다. 이와 같이 공리적 사고방식이 일반의 마음을 지배한다는 사실은 피할 길이 없다.

chapter 8

58) 교육은 그 국제(國制)에 고유한 성격을 만들어 내는 것으로 공공연하게 행해져야 한다. 입법자가 특별하게 유의하지 않으면 안 되는 문제로 다루어진다.

59) 이 문장에 독재제의 한 타입인 황제의 목적이 결락되어 있지만 『정치학』에서 '공공연한 이익'이 바로 그것이라고 지적하고 있다. 참주제의 경우 그 경호는 왕제의 그것과 달라 자국민에 대한 경호이고, 대부분의 경우 외국인 용병의 손으로 행해졌다. 참주가 전횡으로 치우치는 것은 민중에게 친위대를 요구하고 그것이 인정되고부터다.

chapter 9

60) 두 번째 설득 수단이라 말해도 수단에 순서가 있을 까닭은 없다. 설득 수단이라고 하면 Ethos, Pathos, Logos의 세 가지 요소를 들고 있는데, 그 순서는 일정하지 않다.

61) 덕을 능력이라고 정의하는 것은 다른 데서 아리스토텔레스가 한 주장과 일치하지 않는 것처럼 생각되지만(『니코마코스 윤리학』에서 덕은 천성이고 능력이 아니라고 정의하고 있다.), 여기서도 덕을 천성이라 한 정의가 무너진 형편은 아니다. 여기서는 기능 면에 중점을 두기 때문에 능력이라 한 것이다.

62) 여기서 말한 위난은 '법이 명하는 방식'이란 한정으로 치면 전쟁과 같이 법의 제약하에 있는 것을 의미하는 것 같다.

63) 용기 있는 행위는 용기에서 나타나는 것이지만, 그와 같은 행위가 또 용기의 덕을 강화하는 측면도 부정할 수 없다.

64) 정당하게 처벌된다는 것은 어느 의미에서 정의에 의해 자기 내부에 어떤 변용을 받아들이는 것이고, 그 한도에서 처벌당하는 사람도 정의를 내주는 것이

되므로 그 Pathos, 즉 그 처벌의 내면적 수용도 아름답다고 말하게 된다. 그러나 처벌을 당하고 있다는 외면적 사실만으로 한정하면, 그 처벌이 정의에 바탕을 둔 정당한 것이라면 그만큼 그 사람의 덕성 결여의 크기를 나타내 보이는 것이 되고, 이와 같은 의미에서 처벌당하는 일은 추하다고 말하게 된다.

65) 조국, 부모, 가족 등을 생각하고 있는 것이다.

66) 알카이오스(Alkaios)는 사포(Sappho)와 같은 시대에 활약한 레스포스 섬의 서정 시인이다. 사포는 기원전 612년경 레스포스에서 출생한 여류 서정 시인이다. 정열적 서정시로 알려져 있다.

67) 일반적으로 이익을 내는 것을 부정하고 있는 것이 아니라 이익을 내고 남에게도 도움되는 일로 소유물 그 자체의 아름다움이 결정되는 것은 아니라고 말하고 있는 것이다. 결국 남에게 도움된다 함은 목적에 봉사하는 것으로, 자유에 반하기 때문이다.

68) 이것은 생활의 필요상 남을 위해(사회가 필요로 하는 것 때문에) 일하는 것을 가리킨다. 임금 노동의 경우와 마찬가지로 그 자유가 제한되고 있어 스스로의 덕에 기여하는 바 없기 때문에 자유인답지 않다는 사실로써 피하게 되는 것이다.

69) 이론적으로 정도에 지나치거나 부족한 것을 피해야 하니 중간으로 적당한 것만이 바람직하지만, 일반적으로 중간에 대립하는 것은 무모한 짓이 아니고 용기로 치면(겁이 있어) 부족한 것으로 생각된다. 여기서 이 점을 말하고 있는 것이다.

70) 플라톤의 『메네크세노스』에 "펠로폰네소스 사람들 사이에서 아테네 사람을 좋게 말하든가, 아테네 사람들 사이에서 펠로폰네소스 사람을 좋게 말하든가 하지 않으면 안 된다고 할 때, 상대를 잘 설득해 호평을 넓혀 나갈 수 있는 좋은 변론가가 필요하지만, 칭찬하는 상대편 사이에서 하는 것이라면 따로 어려울 것이 없다."고 하는 말이 있는데, 바로 이 말을 가리키고 있는 것이다.

71) 스키타이 사람은 용맹스러운 수렵 민족이고, 라코니아(스파르타) 사람은 강건하고 용기가 있어 장광설을 좋아하지 않는 성질이 있고, 철학자는 지식을 사랑하는 자다. 여기서 각각 다른 타입의 청중을 예시하고 있다.

72) 이 시는 아테네의 참주 히피아스의 딸 아르게디케에 대해 구가한 것이다. 그녀의 아버지, 남편, 형제, 그리고 아들 모두가 참주로서 절대적 권력을 누리

고 싶은 대로 누렸으나 그녀는 전혀 사치스러운 데가 없었다고 하는 의미다.

73) 칭찬이 덕 그 자체에 관계가 있고, 찬사가 덕의 조짐이 되는 일에 관계가 있음은『니코마코스 윤리학』을 참조할 필요가 있다.

74) 문장은 (특히 반대가 된다는 표현이) 그렇게 명확하지 않지만 여기서 매우 간단한 수용 방법을 써서 조언이 긍정(…해야 한다, 권장)이냐 부정(…해서 안 된다, 금지)이냐에 따라 화법을 바꿔 온 칭찬도 긍정, 부정의 형식을 취해 상호 반대가 된다고 풀이한다. 이것이면 당연 그렇게 된다고 말해도 전혀 문제가 생기지 않는다.
국가의 위난에 즈음해 몸을 던져 이에 대응해야 한다(권장 긍정).
그는 국가의 위난에 즈음해 몸을 던져 이에 대응했다(칭찬 긍정).
국가의 위난에 즈음해 자기 몸의 안전을 도모하면 안 된다(금지 부정).
그는 국가의 위기에 즈음해 자기 몸의 안전을 도모하지 않았다(칭찬 부정).

75) 증대 과장은 변론의 효과를 증대시키는 의미로 사용하고 있다. 그러나 이것은 효과 면 이외로 과장한 논법도 의미하기 때문에 효과와 방법 양쪽을 포함, 또 공동 과장과 구별하기 위해 다소 망설여지지만 이와 같이 번역했다.

76) 이것은 당연하게 생각되는 행위, 즉 그 사람에게 또는 그 상황에 알맞다고 생각되는 행위에 일탈한 경우를 가리킨다. 그 경우에 그 행위가 제때를 만난(못 만난) 것인가를 논하는 일이 칭찬(비난)에 있어 효과적이다.

77) 히폴로코스(Hippolochos)에 관해서 여기서 언급된 일 외에는 분명치가 않다.

78) 하르모디오스(Harmodios)는 아테네의 참주 히피아스의 아우 히파르코스에게 공공 장소에서 모욕을 주었기 때문에 앙갚음을 위해 아리스토게이톤의 조력을 얻어 히파르코스를 살해했다. 이를 계기로 해 참주제는 붕괴되지만 참주제의 타도에 두 사람의 공적이 인정을 받게 된 것이다.

79) 이소크라테스(Isocrates)는 플라톤과 동시대의 저명한 변론가로, 플라톤의 아카데메이아에 대해 변론법 학교를 아테네에 창설했다. 그는 성격적으로 공공 집회에서의 연설이 불가능했던 것으로 전해진다.

chapter 10

80) 특유한 법을 '씌어진 것'으로 정해버린 것은 13장의 분류와 일치하지 않는다. 거기에서 특유한 법에도 '씌어지지 않은 것'이 인정되고 있다. 아마 여기

서 특유한 법 내부의 구분보다도 공통한 법과의 차이를 특징적으로 표시하는 데 주안점을 두기 때문에 이와 같이 말한 것이다.

81) 원망(願望)은 욕구 가운데 생각하여 헤아림을 수반하는 합리적인 것을 말한다.

82) 동기에 기초한 행위 분류를 정리하면,

- 행위
  - 자력이 아님
    - 운에 의함
    - 필연에 의함
      - 강제
      - 자연
  - 자력에 의함
    - 습관
    - 욕구
      - 합리적(생각하여 헤아림)
      - 비합리적
        - 노여움
        - 욕망

분류 가지의 말단에 오는 동기(밑줄 친 부분)가 본문에서 드러낸 동기가 된다.

83) 그 성질, 상태에 따른 견해·욕망·행위 등

84) 아리스토텔레스의 자연적인 것에 대한 정의는 운동·정지(靜止)의 원인을 내부에 갖고 있는 것을 가리킨다. 따라서 이때의 원인은 확정적이다.

chapter 11

85) 아리스토텔레스에 의하면 쾌락은 활동을 완성시키는 것으로 활동에 따라오는 것이고, 쾌락도 활동으로 이해되고 운동과 구별된다. 따라서 이 책의 정의는 이와 일치하지 않는 것처럼 생각되지만, 여기서는 일종의 '운동'이라는 표현으로 활동을 가리키는 것이라 생각할 수 있다.

86) 『기억에 관하여』 가운데도 습관은 사실상 자연 본성과 같은 것이란 설명이 나온다. 역시 1권 10장에서 습관에 의한 행위는 자력에 의한 행위로서 의도적 행위의 하나로 보았지만, 여기서의 기술은 얼핏 보아 그것과 서로 양립하지 않는 것으로 보인다. 그러나 앞에서 습관은 내적 원인인가 외적인 것인가 하는 관점에서 구별된 데 대해 여기서는 행위의 형태라는 입장에서 보았고, 그러므로 동일 사실의 반복이 항상 동일한 자연과 흡사하다고 하는 것이다.

87) 필연적인 것은 강제 이외로 자연을 포함하는데, 자연은 고통을 가져오지 않는다. 따라서 여기서는 한정된 의미, 즉 강제와 같은 뜻으로 사용하고 있다고

보아야 한다.

88) 파로스 출신의 소피스트·변론가로, 비가 시인 에우에노스로 돌아가게 한 시다.

89) 여기서의 이해력은 상대의 주장을 받아들이고, 해석하고, 이에 따라 의견을 형성하는 기능을 포함하는 확대된 의미로, 따라서 그것이 없는 욕망은 저절로 생긴 것이 된다.

90) 표상은 감각 그 자체는 아니지만 감각 없이는 생기지 않는 일종의 운동으로, 실제의 지각 활동에 의해 만들어 내는 감각의 대상을 표적으로 삼는다.

91) 『일리아스』 18서 109행. 이것은 파트로클로스의 복수를 하고 분노를 지워버릴 것을 기대할 때의 유쾌함을 강조한 것이다.

92) 이것은 변화 일반에 대해 말한 것이 아니고 일상적으로 보이는 극히 당연한 활동 양식, 단조성에서 탈출하는 것이 자기 본래의 정상 상태를 회복시키고 거기서 유쾌함을 느끼게 한다는 사실을 말하는 것이다.

93) 배운다는 일이 본래 상태를 회복시킨다는 것은, 인간이 태어나면서부터 앎을 구한다는 아리스토텔레스의 유명한 명제에 입각한 것이다. 또 본래 상태를 회복함이 유쾌하다는 사실은 앞에서도 말한 바 있다.

94) 『시학』에서도 모방을 기뻐하는 것은 인간 본성으로, 실물은 추악해도 그것을 정확하게 부본으로 뜬 모방을 보는 것은 기쁨이라고 하는데, 이 경우도 기쁨의 원인은 배워 아는 데서 찾아진다.

95) 급전(急轉)은 드라마의 줄거리가 반전하든가 완전히 역전되는 것을 보여 주는 일.

96) 명예는 자기 덕의 조짐이고, 자기만이 완수한 일에 대해 특별히 큰 명예가 주어지는 것이므로 그것은 유쾌하다. 또 엉터리없는 말을 하는 자도 형식적이지만 친구라는 이유로 유쾌한 일이라 생각한다.

97) 이 문장은 앞에 나온 문장의 반복으로 보이는데(실제 자구는 똑같다.), 거기서는 타인을 위해 한다는 관점에서 말한 것이지만 여기서는 자기의 작업·작품의 완성이라는 관점에서 그 유쾌함을 말하고 있다.

98) 이 설명 부분은 지자(知者)를 실천지(實踐知)와 이론지(理論知)의 경우로 나누고, 각각의 경우에 지자라는 것이 유쾌함을 도출하고 있다. 그 줄거리는

이렇다.
(실천지의 경우)
지혜는 지배자의 힘–지배는 유쾌함–지자로 알려지는 일은 유쾌하다.
(이론지의 경우)
경탄할 만한 지식–경탄할 일은 유쾌함–지자로 알려지는 일은 유쾌하다.

99) 에우리피데스『안티오페』에서의 인용이다. 이것은 플라톤『고르기아스』,『알키비아데스』에서도 인용되고 있다.

100) 이와 똑같은 언급은 3권 18장에서도 보이지만, 현존하는『시학』가운데는 이 부분이 포함되어 있지 않다. 아마 희극이 다루어지지 않은 부분을 가리킨 것일 게다.

chapter 12

101) 제논(Zēnōn)이란 인물, 그리고 여기서 언급된 행위의 구체적 사실에 대해서 여러 가지 추측이 가지만 특별하게 지적할 수는 없다.

102) 의미하는 바는, 개인의 실리와 칭찬(명예)이라는 두 가지 동기에 입각하고, 또 타인으로부터 비난을 받는 불명예보다 개인적 이익을 우선하려 하는가, 또는 처벌의 고통이나 불이익보다 명예를 우선하려 하는가, 각각 다른 정신 상태하에서라고 하는 것이다.

103) 강한 의지와 사려 깊은 사람은 가령 현재는 부정이요, 이에 대한 고통이나 처벌이 수반되는 행위라 해도 장래의 지속적 이익을 확신할 때 그 벌은 작은 것이라 인정하고 이를 행한다는 뜻이다.

104) 직역하면, '미시아 사람을 먹이로'라 하게 된다. 미시아 사람은 싸움을 혐오하고, 대신 울어주는 남자로 채용된 정도밖에 도움이 되지 않기 때문에 자위 능력도 없어 쉽게 이웃나라의 먹이가 되었다. 플라톤도 동일한 문맥으로 미시아 사람을 예로 인용하고 있다.

105) 디온(Diōn)은 시라쿠사의 참주 디오니시오스 1세의 의제다. 플라톤에 심열성복(心悅誠服)해 그 가르침을 따르고, 참주를 설득해 시라쿠사의 개혁을 시도했지만 성공하지 못했다. 후에 병력을 동원해 무력으로 이를 해방시켰다. 칼리포스(Kalippos)는 아카데메이아에서 디온의 친구다. 디온의 시라쿠사 해방에 협력했다. 그러나 시라쿠사를 수중에 넣으려고 음모를 기도하다가

기원전 354년 디온을 속이고 죽음을 맞았다. 여기서 보기로 드러낸 것은 칼리포스의 계획이 탄로 나 자기 신상이 위험해지자 생명을 지키기 위해 디온 살해를 부정이라 생각지 않고 이를 실행으로 옮겼다고 하는 문맥이 있다.

106) 아이네시데모스(Ainesidēmos)는 레온티니의 참주다. 겔론(Gelon)은 시라쿠사를 최강의 도시로 만든 참주다. 아이네시데모스가 자기보다 먼저 이웃 나라를 복종시켰다는 이유로 교묘하게 작전을 폈다는 찬사와 함께 상품을 겔론에게 증정했다는 일화를 가리킨다. 또 '코따보스'라는 것은 시칠리아에서 생긴 게임으로, 연회 자리에서 대화가 만족스럽지 않을 때 행해진 손끝의 경기를 말한다. 요컨대 잔 밑에 남은 와인을 표적으로 삼고 이를 날려버리는 놀이인데, 승자에게 계란이나 케이크가 상품으로 주어진다.

107) 이아손(Iasōn)은 데살리아의 도시 페라이의 참주다. 플루타르코스에 의하면 남에게 부당한 폭력을 가할 때 항상 "중대사에 있어 정당하게 행하지 않은 자는 작은 일에 있어 부정하지 않으면 안 된다."고 했다는 사실이다.

108) 훔친 물건을 변형하든가, 염색이나 새롭게 칠을 하든가, 구성을 바꾸든가 하는 것을 가리킨다.

chapter 13

109) 소포클레스『안티고네』(456~457행). 아르고스가 데바이 원정군을 보내 격전을 전개할 때, 데바이 왕 클레온은 아군 측 사자를 후하게 장사지내는 한편, 적병의 시체는 매장을 금지해 방치된 상태에서 새와 짐승의 먹이가 되게 했다. 안티고네는 오빠의 시신이 방치된 것을 보고 울분을 참지 못해 남모르게 이를 매장하다가 탄로 나 동굴에 감금되었다. 그러나 그녀는 최후까지 자연의 정당성, 인륜의 도를 지키며 크레온의 금제(禁制)에 의연하게 항거했다.

110) 알키다마스(Alkidamās)는 기원전 4세기의 변론가다. 예전 주해(註解)에 의하면, 그 연설 가운데서 "신은 모든 자를 자유스러운 몸으로 세상에 내보냈다. 자연은 한 사람도 노예로 만들지 않는다."고 말한 것인데, 이것은 스파르타에의 예속을 거부한 메세니아 사람을 기리는 연설의 일부다. 또 이 부분의 텍스트에 대해 다수의 교정자는 탈락을 예상, 로스(Ross)는 슈펭겔(Spengel)에 따라 앞의 예전 주해를 보충하고 있으나, 문맥상으로 볼 때 자연의 정당성을 인정하면 끝나는 것이므로 구태여 보충할 필요는 없을 것이다.

111) 좋은 행위와 나쁜 행위에 대해 1권의 여러 부분에서 말하고 있는데, 굳이 한 군데를 가리키면 6장일 것이다.

112) 분노가 등장하는 것은 당돌한 감이 없지 않으나, 앞의 10장에서 행위의 일곱 가지 동기가 분류될 때 의도적 행위 가운데 생각하여 헤아림에 기초를 둔 선택적 행위(합리적 욕구)에 대해 비합리적 욕구(분노와 욕망)가 대비되고 있기 때문에 여기서 숙려 선택을 언급한 데 따라 비합리적 욕구 가운데 분노에 대해서도 언급한 것이다.

113) 『니코마코스 윤리학』에 의하면 공정은 정당성이지만 법에 의한 정당성이 아니고 오히려 법의 정당성을 보완하는 쪽이다. 공정이 필요한 이유도 이 책과 마찬가지로 법을 일반적 형식으로 규정하지만, 그 가운데에 일반 명제로서 규정할 수 없는 것도 있기 때문이다. 즉, 공정은 해당 입법자가 그 장면에 있다면 말할 수 있는 것, 안다면 규정에 함께 포함시킬 수 있는 일이다. 이것으로 법의 종류와 거기에 대응하는 정당성 분류는 다 나왔다. 이것을 정리하면 다음과 같다.

자연의 정당성－덕
⋮
(보편적)
법 { 공통법(불문법·자연의 법)
정해진 정당성(규정되고)
⋮
(개별적)
특유법 { 성문법(실정법) / 불문법(관습법) }
법의 결락 부분 … 공정 }

chapter 14

114) '신전 감독관'이란, 말 그대로 신사 건축을 담당하는 직책인데 실제의 직무는 훨씬 폭이 넓다. 델포이의 예를 보아도 신전 재건축 기금 모집은 물론 신사 건축을 담당했다. 또 오볼로스는 표준 단위인 드라크메의 6분의 1에 해당한다. 금으로 환산하면 액수는 0.1그램에 불과하다.

115) 이는 비극 작가인 소포클레스와 다른 사람이다. 아마 아테네 정치가로 법

안을 제출하기 전에 그것을 심리하는 상급 위원회의 멤버일 것이다.

116) 아리스토텔레스는 『니코마코스 윤리학』에서 신·인간·야수의 각각에 대해 덕과 악덕을 비교했는데, 이에 따르면 야수 같다는 것은 지성과 덕성이 떨어진 상태를 지적하는 것으로 알려진다.

117) 보다 작은 부정행위는 직접 논하지 않았다. 보다 큰 부정행위에서 유추될 수 있다는 것일 게다.

chapter 15

118) 권고하든가 단념시키는 것이 의회 변론의 기능이므로 법정 변론의 설득 방법을 다루는 이 부분에서는 부적절하다고 해서 이 구절의 삭제를 고려하는 수정자도 없지 않다.

119) 재판관은 통상 '법에 따라서'라고 다짐하나 근거가 될 법령이 없을 때는 '가장 정당한 판단에 따라' 재결한다고 다짐했다.

120) 간략한 표현이어야 한다는 해석이 여러 가지다. 그 차이는 (1) 성문법과 자연법의 대비로 고려하는가, (2) 조문의 형식적 제약 면에서 고려하는가에 따르는 것이다. 즉 (1)에서는 성문법이 그 나라를 위해 좋은 것을 규정한 특유의 법이므로 공통법(자연법)의 무조건하고 정당하다(좋다)는 것을 거기에서 구하면 안 된다. 또 (2)에서는 법조문이 일반 명제의 형식으로 표현되기 때문에 그 사회에서 무조건하고 좋다는 것을 표시하게 된다. 따라서 개개의 사례에서 각자가 구하는 좋음과 일치하지 않는 일도 있을 수 있다는 변호론이 나오게 된다.

121) 이 문장의 주지는 클레온이 미디레네인 처벌 결의를 철회코자 하는 민회를 향해 행한 연설에서 이해할 수 있다. 이 연설에서 국가 최대의 위기는 내려진 결의를 움직여 법을 소홀히 하는 데 있는 것이다. 나라가 반석 위에 놓이려면 누구도 따르지 않는 양법보다 부동의 악법이 좋고, 우둔할망정 분별할 줄 아는 자가 재주는 있으나 법을 두려워하지 않는 자보다 국익에 공헌한다고 말했다.

122) 아테네가 살라미스의 귀속을 둘러싸고 메가라와 장기간 분쟁을 반복하고 있을 때, 솔론이 호메로스의 『일리아스』 중 1절을 인용해 귀속시켜야 한다고 판단했다.

123) 페리안드로스(Periandros)는 코린토스의 참주로, 시게이온을 둘러싸고 아

테네와 미디레네 간의 분쟁을 조정한 일이 있다. 그러나 여기에 드러낸 최근 사건은 불명확하다.

124) 클레오폰(Kleophōn)은 아테네 민주당의 지도자로, 청렴으로 알려진 사람이다. 과두 정치에 의해 고소되어 처형당했다. 크리티아스(Kritiās)는 플라톤의 숙부로, 솔론의 유파에 속한다. 후에 악명 높던 30인회 과두제의 일원이 되었다.

125) 이 시는 솔론의 형제에 해당하는 드로피데스를 기리는 것으로, 이 가운데 언급되는 크리티아스는 클레오폰이 비난하고 있는 크리티아스의 조부에 해당한다. 클레오폰은 자손인 크리티아스를 몰아대느라 그 시를 이용한 것이다.

126) 아테네 해군의 제독 데미스토클레스는 "나무 성벽에 의지하면 파멸을 면할 수 없다."는 신탁을 군선에 의지해 싸울 일이라고 풀이해 사라미스의 해협에서 페르시아 함대를 맞아 싸워 이를 쳐부쉈다. 해전론의 증인으로 신탁이 이용된 것이다.

127) 속담을 증언으로 하는 언급은 어디에도 없다. 아마 1권 11장에서 일종의 증언으로 다루어진 것을 가리키는지 모르겠다.

128) 이 의미는 "모래밭에 씨앗 뿌리기"라든가 "뿌리가 마른 식물에 물 주기"라는 속담과 동종으로, 자기 이익을 생각하면 무익한 일이라고 하는 말이고, 인도적 의미는 없다.

129) 에우불로스(Eubūlos)는 아테네의 저명한 정치가다. 카레스(Charēs)는 많은 훈공을 세운 아테네의 장군이다. 또 그 말이 증언으로서 인용되는 플라톤은 아마 아리스토파네스와 동시대의 희극 작가일 것이다.

130) 호르코스(Horkos)는 본래 "…을 걸고 맹세한다."고 한다. 예를 들면 제우스를 걸고, 헤라를 걸고, 개를 걸고 하는 경우의 맹세를 말한다. 아테네에서는 계쟁을 이에 의해 결착시키는 것이 합법적 수단으로 인정되었다. 즉 다짐을 하고 나서 각각의 주장이 진실하다는 것을 증명해 이로써 사건의 결착을 주장한다. 이것은 증인에 의한 재판에 대신하는 방식으로, 오래된 신명 재판의 형식이라고 말한다. 이 주장(도전)에 관해 쌍방이 취할 태도에 네 가지 경우가 고려된다(본문 참조). 'horkon didonai'란 상대가 맹세한 바를 인정하는 것이고, 'horkon lambanein'이란 자기가 맹세한 바를 받아들인다와 똑같은 것이다. 선서한다는 행위만으로 보면 전자는 상대에게 선서를 요구하는 일, 후자는 상대의 요구를 받아들이고 자기가 선서한다는 뜻이 된다.

131) 선서는 사적인 소송에 적용되었지만, 사적인 소송은 금전 문제가 얽힌 경우가 많아 신성한 맹세를 천박한 금전과 같은 가치로 폄하하는 것이라고 주장하는 것이다.

132) 크세노파네스(Xenophanēs)는 고로폰 출신의 시인이요, 사상가다. 종교 비판, 문명 비판으로 알려졌다. 인용문은 불경하게 간단히 거짓 맹세하는 인간과 맹세 자체를 신성한 일로 생각하는 인간을 대등하게 다루는 것은 공평성을 결한 일이라는 주지다.

제2권

chapter 1

133) 우애(philiā)는 2권 4장에서 다루어지지만, 호의(eunoiā)는 특별히 다루고 있지 않다. 우애는 상대의 좋은 점을 상호 기리는 데 대해 호의는 일방적이라는 차이가 있지만, 호의가 우애의 단초라는 데서 우애와 밀접한 관계에 있다는 것도 사실이다. 따라서 특별히 항목을 두고 논할 필요를 느끼지 않았을 것이다.

134) 여기서 명제라고 말하는 것은 특정의 논점을 가리킨다. 내용적으로 1권 전체에 걸친 논점의 분류와 기술을 가리키고 있는데, 특히 명제에 직접 언급하고 있는 부분은 2장과 3장 등에서다.

chapter 2

135) 이 이야기는 멜레아그로스의 백부 프레그시포스가 자기 수렵의 기념품인 멧돼지 가죽을 멜레아그로스가 연인 아다란따에게 준 것을 항의했다는 것이다. 결국 멜레아그로스는 백부의 정당한 요구에 신경을 쓰지 못한 때문에 그의 노여움을 사게 된 것이다. 안티폰(Antiphon)은 디오니시오스 1세의 궁정에 출입한 비극 작가로, 참주의 비극을 비판해 죽임을 당했다. 이 사실은 6장에서 언급된다.

136) 이 설명 부분은 친구의 결점을 자기 자신의 결점으로 받아들이는 것을 말하고 있는 것으로서 명백히 "친구는 또 다른 자기", "친구는 또 한 사람의 자기"라는 주장에 바탕을 두고 있다.

chapter 3

137) 쾌락에 이 한정이 가해진 것은 hybris, 즉 남에게 상처를 주고 폭력을 휘두르는 목적도 유쾌하다고 하므로 이것을 제외하기 위함이다.

138) 필로크라테스(Philokratēs)는 변론가요, 정치가다. 마케도니아와 강화조약을 체결했는데, 이 일과 관련해 후에 고발되었다.

139) 에르고필로스(Ergophilos)는 기원전 4세기 아테네의 장군이다. 트라키아 왕 코듀스와 싸워 패한 까닭으로 해임되고 재판에 회부되었다. 또, 칼리스테네스(Kallisthenēs)도 아테네의 장군인데 에르고필로스와 함께 고소당했다.

140) 이 경우의 노여움은 앙갚음의 형식을 취하지만 상대에게 전혀 죄의식이 없고, 어째서 심한 앙갚음을 받는지 깨닫지 못하는 경우 상대에게 그 행위는 단순한 가해이고 앙갚음이 되지 않는다. 주관적으로 앙갚음을 하는 특정의 상대가 없기 때문에 당연히 노여움도 성립되지 않는 것이다.

141) 호메로스 『오디세이아』 9서 504행이다. 거인들이 사는 키클롭스 섬에 상륙한 때 오디세우스 일행이 체포되고 선원 중 몇 사람은 죽임을 당했다. 처음 이름이 무엇이냐고 물어왔을 때, "별 사람이 아니오. 이름 없는 촌사람이오."라고 대답한 오디세우스가 거인의 눈을 멀게 하고 섬에서 탈출할 때, 거인을 향해 부르짖은 말이 이것이다. 결국 자기 이름을 알려줌으로써 이 행위가 오디세우스에 의해 행해진 앙갚음이란 사실을 표현한 것이다.

142) 호메로스 『일리아스』 24서 54행이다. 친구가 죽임을 당한 한으로 적장 헥토르의 시신을 노여움에 맡겨 욕을 보이려 한 아킬레우스에 대해 아폴로 신이 한 말이다.

chapter 4

143) 이것은 친구를 또 한 사람의 자기로 생각하는 일이다. 이 주장은 키티온의 제논에게도 볼 수가 있다.

144) 이것은 단순히 친구의 벗은 친구라는 형식적 관계에서 말한 것은 아니고, 우애의 본질인 의식적 욕망의 공통성·유사성에 기초를 두고 있다.

145) 노동으로 생계를 꾸려가는 자가 정당하다고 하는 것은 노동에 대한 정당한 보수만을 받고 영업하는 사람처럼 조금이라도 많이 받으려 하지 않기 때문이다. 자작 농부의 경우는 이 점이 매우 분명하다.

146) 이 점에서 친구와 호의적인 사람과의 차이가 찾아진다.

147) 적의가 생기게 되는 세 가지 동기 가운데 노여움만이 설명되고, 두 가지는 설명되지 않았다는 이유로 이 다음의 결락을 예상하는 자도 있다.

148) 예를 들면 노여워하고 있는 자는 노여움을 점점 불타게 하기도 하고, 반대로 달래는 쪽으로 이끌기도 한다는 의미다.

chapter 5

149) 모욕을 당하면 그 앙갚음을 하는 것이 정당한 일이고 당한 대로 있지 않는 것이 용기라 하지만, 이 앙갚음은 노여움의 감정으로 나타나나 전제에 따라 그 능력이 있는 것이므로 앙갚음은 임박한 것으로써 두려움의 대상이 된다.

150) 내용적으로 앞의 문장과 동일하다. 굳이 차이를 찾는다면 앞의 문장은 대상의 측면에서 설명한 데 비해 뒤의 문장은 주관의 측면에서 보고 있다고 할 수 있다. 후자에는 해를 가할 가능성이 있는 잠재적 가해자도 포함될지 모른다.

chapter 6

151) 비극 시인 에우리피데스에 관한 것인데, 설명 내용은 그것을 뒷받침하는 사실은 아무것도 전해지고 있지 않다. 단지 예전의 주해에 따르면, 에우리피데스가 사절로서 시라쿠사에 도착해 강화와 우호를 요구한 데 대해 시라쿠사 사람들이 이를 거부할 때 새로 친구가 된다는 그 이유로 거절하는 것이라면, 시라쿠사의 미점을 찬미하는 자의 요구를 거절하는 일이 되므로 우리에 대해 부끄러움을 느낄 일이라고 대답한 것이 된다.

152) 키디아스(Kydiās)는 아리스토텔레스의 이 부분이 제일 자료로 되고 있는 아테네의 변론가다. 이것은 기원전 365년의 일로 생각된다. 또 토지 할당 식민은 정확한 토지를 분할해서 식민에게 할당하는 아테네 독자의 제도다.

153) 이 이야기는 플루타르코스『10인의 변론가에 대해서』에 보인다.

chapter 7

154) 이 예가 특정의 어떤 사실을 가리키는가, 또 리케이움이 무엇을 가리키는

가는 불분명하다. 취지는 아마 잠자리가 없어서 곤란해하는 사람에게 침상으로 대자리를 주었다는 사실이다.

155) 아리스토텔레스의 카테고리는 통상 열 개라고 알려져 있다. 모든 카테고리라고 말했지만 여기서는 '친절'을 다룬 변론으로 중요하다고 생각되는 다섯 개만이 드러나 있다.

chapter 8

156) 연민의 조건은, 사람의 불행이 우리 몸에도 덮칠 가능성을 인정하고 있기 때문에 그 가능성을 인정하는 사람은 연민의 정을 가지고 있는 사람이 된다.

157) 디오페이테스(Diopeithēs)는 아마 기원전 342년 할당 식민의 부대를 인솔하고 마케도니아 필리포스의 침입을 막은 장군일 것이다. 대왕은 페르시아 왕 크세르크세스 3세다.

158) 이 이야기는 헤로도토스『역사』3권 14에 보인다. 페르시아의 간비세스는 멘피스 점령 후 이집트왕 푸산메니토스(아리스토텔레스는 부주의로 부친의 이름 아마시스를 들고 있다.)의 정신력을 시험해 보고자 그의 눈앞에서 딸에게 노예가 하는 일을 시키고, 하는 김에 아들이 형장으로 끌려가는 모습을 보였지만, 다른 사람들처럼 눈물을 흘리는 일이 없었다. 그러나 친구가 동냥을 하는 모습에는 대성통곡을 했으므로 그 까닭을 들어보니, 가족의 불행은 울기에는 너무나 크기 때문이라고 대답했다.

chapter 9

159) 부정(adikon)은 법을 위반하는 일(paranomon)과 불평등(anison)이지만, 정당 행위에 있어서는 그 자체의 가치에 균형이 맞는 동등성이 제일의적으로 생각된다. 그러므로 정당한 가치에 반하는 일은 부정이라 하게 된다.

160) 의분(nemesis)은 여신이라 하고 있다.『에우데모스 윤리학』

161) 이 부분은 해석상의 문제와 얽혀 텍스트에 대해서 의견이 구구하다. 문자대로 받아들이면 타고난 선을 갖추고 있는 일이 다른 선을 가질 자격이 되는 인상을 주기 때문이다. 여기서 말하는 것은 다른 선을 받을 만한 사람이 이따금 아름답다든가 출생이 좋았다는 경우가 되어 양자에게 인과 관계를 인정하고 있다는 의미는 아니다. 또 말할 것도 없이, 여기서 의분의 대상이 되는 선

은 의지 선택에 기초한 도덕 행위의 목표인 선과는 구별되는 일반적 의미의 선이다. 그러므로 이 같은 의지에 기초한 악도 연민의 대상이 되지 않는다고 말한 것이다.

162) 호메로스 『일리아스』 11서 542행이다. 다만, 인용한 2행째는 호메로스의 어떤 사본에도 없지만 플루타르코스 『젊은이는 어떻게 시를 배워야 할까』에서 이 행만이 인용되고 있다.

163) 이 주장은 1권 7장의 보다 큰 선을 가져오는 것, 그 자체가 바람직한 것, 목적이 되는 것, 그 탁월한 점이 바람직한 것은 보다 큰 선이라는 사상에 기초하고 있다.

chapter 10

164) 아이스키러스의 말로 보고 있다(단편 305 『Nauck and Snell』).

165) 당시 세계의 서쪽 끝이라 했다. 아리스토텔레스는 이것을 지중해의 최서단이라고 했기 때문에 현재의 지브랄탈 해협에 해당한다. 플라톤은 이 서쪽에 아틀라스해가 있고, 예전에는 항행이 가능했고, 거기에 아틀란티스 대륙이 있었다고 말하고 있다.

166) 헤시오도스의 말이다. 제4장에도 인용되고 있다.

167) 사람들 선망의 대상이 되는 것을 상대가 잃든가 부서진 경우다.

chapter 11

168) 도량이 넓은 사람은 남에게 크나큰 선을 베풀 수가 있고, 또 젊은이는 생활에 물들지 않기 때문에 이익보다 훌륭한 일을 선택할 수가 있고, 동시에 도덕적으로 훌륭한 것을 행위의 목표로 삼는 것이 이유가 되어 경쟁심이 강하다고 본다.

169) 건강도, 아름다움도 신체의 우수성이다. 그중에서 건강은 최선으로 꼽는다. 그러나 건강은 자기 자신에게 좋은 것이고 타인에게도 좋은 것이라고 딱히 말할 수가 없다. 그러므로 경쟁심을 북돋는 일이 적다고 하는 것이다.

170) '산문가'라고 옮긴 것은 시인과의 대비에서 한 것이고, 원어인 logographos는 다의어다. 이 말은 초기의 산문 작가, 역사가 등을 가리키는 데 사용되다가

마침내 보수를 받고 주로 법정 변론을 대표하는 사람, 집회에서 발표하는 연설(추도 연설, 칭찬 연설)의 작자를 가리키게 되었다. 여기서는 최후의 의미로 사용되고 있다.

chapter 12

171) Ēthos에는 지금까지 개인적 성격으로서 '인품', 여기에 가치적 의미를 포함할 때 '품성'이란 번역어를 써 왔다. 그런데 여기서부터 '타입'으로 사용하고 있으므로 '성격'이라고 번역한다.

172) 피타코스(Pittakos)는 미티레네의 정치가로서 7천인 중 한 사람이다(기원전 650~570). 암피아라오스(Amphiaraos)는 그리스의 전설적 영웅이다.

173) 아리스토텔레스는 마음의 열은 기력을 충실히 하고 희망을 갖게 한다고 말하고, 술 취한 사람이나 청년을 예로 들고 있다.

174) 킬론(Chillōn)은 스파르타의 정치가로, 많은 사람의 존경을 받은 7현인 중 한 사람이다. 그의 잠언 "무슨 일이든 도를 지나치지 말라."는 유명하다.

175) 연인의 조건으로서 세상에는 좋은 인간이 있다고 생각하는 일이 지적되고 있다.

chapter 13

176) 비아스(Bias)는 기원전 6세기 프리에네의 정치가로, 7현인의 한 사람이다.

chapter 14

177) 이것은 아리스토텔레스의 '중(中)', mesotēs를 의미한다. '중'은 문자대로 양극론의 중간이지만, 보편적 무조건적으로 결정되는 것이 아니고 자기와의 관계로 결정되는 것이므로, '조화'라는 것도 당연히 자기와 관계되는 모든 조건과 잘 조화한다는 의미다.

178) 플라톤은 남자의 한창 때를 육체적으로는 25세부터 55세까지의 30년간을, 정신적으로는 50세라고 해 아리스토텔레스와는 차이가 보인다. 아리스토텔레스의 숫자는 현실적 기초에 입각한 것으로, 이상적 상태의 국가를 전제로 한 플라톤의 숫자와 엇갈림이 생기는 것은 부득이한 일이다.

chapter 15

179) 이에 대해서 2권 12장에서 가문의 좋음, 부유, 권력 등의 외적 선이 거론되고 있다.

180) 알키비아데스(Alkibiadēs)는 기원전 5세기 아테네 정치가요, 장군이다. 한때 소크라테스를 사사했지만 정계에 들어가 활약했다. 그의 정열적 성격은 플라톤의 『향연』에서 볼 수가 있다. 디오니시오스(Dionysios) 1세는 시라쿠사의 참주로 권세를 뽐내기도 했다. 그의 아들 디오니시오스 2세의 언동에 대해서 플라톤의 서간, 특히 제7 서간에서 규지할 수가 있다.

181) 키몬(kimōn)은 아테네의 정치가다. 살라미스 해전에서 용맹을 떨쳤다. 페리클레스(Periklēs)는 아테네를 명실공히 그리스 맹주로 자리매김한 명지도자다. 그의 아들들이 어리석었음은 플라톤 『알키비아데스』에서 논의하고 있다. 또, 플루타르코스가 소크라테스에 대해서 그는 기질이 강한 아내와 우둔한 아들을 두었다고 전하고 있다.

chapter 16

182) 히에론 1세(Hierōn)는 게라의 지배자였으나 형 게론의 뒤를 이어 기원전 478년 시라쿠사로 이주했다. 이 이야기는 그 조금 뒤에 시모니데스가 시라쿠사에 체재할 때의 일이다.

chapter 17

183) 좋은 가문, 부유, 권력 등 운에 의해 받은 혜택을 가리킨다.

chapter 18

184) 여기서 변론의 세 가지 타입(의회, 법정, 일반)을 염두에 두고 말하고 있다. 그러나 논쟁 상대를 법정 변론에 한해 계쟁 상대라고 풀이할 필요는 없다. 일반적으로 의회 변론의 경우를 포함해도 별지장은 없다.

185) 의회의 심의와 재판 장면을 생각하고 있다.

186) 앞에서 장차의 미래사는 의회 변론, 과거 사실은 법정 변론, 현재 사실은 일반 변론이 문제로 다룬다고 말했다. 따라서 여기서는 일반 변론이 떨어지는

것처럼 생각되지만, 그러나 일반 변론도 때때로 과거사와 미래사를 병용하므로 좁혀서 생각할 필요가 없다.

187) 그 부분을 어디라고 풀이하는가에 의견이 갈리는데, 1권 2장에서 설득 추론과 예증의 차이는 후술한다고 말해, 이것이 2권 20~24장에서 이루어지고 있으므로 모두의 부분은 1권 1~3장의 총론적 부분을 가리킨다고 보아 좋다.

chapter 19

188) 아가돈(Agathōn)은 아테네의 비극 작가다. 플라톤의 『향연』은 그의 비극 콘테스트 우승을 축하하는 연회석을 무대로 하고 있다. 또 이 시의 텍스트에 대해서 다른 의견이 보이는데, 여기서는 스넬의 텍스트에 의한다(단편 8 『Nauck and Senell』, p. 705).

189) 노여움은 부당한 처사에 대해 앙갚음을 하려는 욕망이다. 그러나 앙갚음이 불가능한 상대에게 노여움을 줄 수 없으므로 성을 낼 뿐 아니라, 또 앙갚음이 가능해지면 당연히 앙갚음을 하게 된다.

chapter 20

190) 우리가 지식을 획득하는 것은 보편적 파악에 의존하는데, 보통은 귀납에 의해 개별적 사례를 통해 파악되므로 이같이 말한 것이다.

191) 아이스키로스에게 그것에 대한 언급이 있고 우화의 기원이라 보고 있지만, 상세한 내용은 모른다.

192) 『정치학』에서는 플라톤이 『국가』에서 남자와 여자를 파수 보는 개로 비유한 일을 언급했는데, 이것을 '소크라테스 방법'이라고 말하는 것이다. 일반적으로 초기 대화편에서 비유가 자주 사용되고 있는데, 『향연』 중에서 소크라테스가 한 말로 나오는 것은 짐을 나르는 당나귀이고, 대장장이이고, 신기료장수, 가죽장이 일이라고 말한 그가 비유를 쓴 것을 가리킨다.

193) 스테시코로스(Stēsichoros)는 기원전 5세기 전반에 활약한 마다우로스 출신의 서정 시인이다. 팔라리스(Phalaris)는 아그라가스의 참주로, 폭군이라 알려져 있다.

chapter 21

194) 이 말은 시모니테스의 것이라 하기도 하고, 에피카르모스의 것이라 하기도 한다. 예전 주해도 의견이 갈리고 있다. 아테네오스는 시모니테스의 것이라 한다.

195) 아마도 에피카르모스의 말일 것이다. 디르스는 에피카르모스에게 돌아갔다.

196) 플라톤의 『플루타르코스』 가운데서 소크라테스는 라코니아(스파르타) 교육받은 사람의 간결하고 과녁을 잘 맞춘 화법에 대해 언급하고 있다. 플루타르코스도 『도덕론』 가운데 이와 같은 스파르타의 경구를 모아놓고 있다.

197) 로크리스는 남부 이탈리아의 도시다. 스테시코로스의 이 경구는 오만한 행동(침공을 가리킴)으로 토지가 황폐화하고 수목이 쓰러지면 매미가 지상에서 노래하게 된다는 것이다. 즉 이 어구는, 매미는 나무 위에서 우는 것이란 설명이 고려되면 처음 의미가 통한다.

198) 『일리아스』 18서 309행이다. 또, 에뉴아리오스는 군신 아레스와 동일시되는 신이다.

199) 코린토스의 대표가 이웃 사람 아테네의 성격에 대해 말하기를, 잠시 한때도 가만히 있지 않고 무엇인가를 기획해 새로운 것을 추구하기 때문에 이웃으로서 귀찮은 존재일 뿐 아니라 위험이 크다고 말했다는 것인데, 이 일을 가리킨 것이다. 이것이 명제의 형식을 취해 "아티카의 이웃 사람은 가만히 있지 않는 이웃 사람이다."라고 말한다면 격언이 된다.

200) 이것은 피아스의 말로, 2권 13장에서도 인용되었는데, 그 전반은 여기서 부정의 형태로 드러나고 있다.

chapter 22

201) 설득 추론이 추론인 점은 제1장에서, 또 변증법과의 추리 관계는 제2장에서 설명된 바가 있다.

202) 1권 2장에서, 청중은 멀리 있는 전제에서 긴 추론을 더듬을 수가 없다고 설명하고 있다.

203) '시인들'이라고 복수형을 쓴 것은 일반화해서 말한 듯하다.

204) 헤라클레스의 아들 히로스가 아르고스의 대군에게 쫓기어 아티카로 피해 왔을 때, 테세우스의 아들 대모폰이 이를 구원하느라 아르고스군을 쳐부순 행위를 가리킨다. 이것은 그 이전의 살라미스 해전, 마라톤 전투를 포함해 플라톤의 『메넥세노스』 가운데 언급되어 있다. 이것들은 수도 연설 중에서 표시된 칭찬의 변론이므로 일반 변론에 해당한다(이에 대해 또 한쪽의 군사력, 세입 등을 다룬 것은 의회 변론이다.).

205) 트로이 원정군의 장군으로, 지략과 사려가 깊어 수많은 공적을 쌓았다.

206) 트로이 용장이다. 포세이돈의 아들로, 철과 청동으로는 상처를 입지 않았다고 알려져 있다.

207) 헬레네의 구혼자들이 그녀의 아버지 딘다레우스에게 맹세한 일로, 헬레네가 남편으로 뽑은 자를 침략으로부터 지킨다는 것. 아킬레우스는 맹세한 일이 없지만, 맹세한 말에 구애되지 않음에도 불구하고 원정에 참가한 것이다.

208) 이익이 있는 것, 해가 있는 것 대신에 좋다, 나쁘다고 말하고 있다. '좋다(agathon)'를 '이익이 된다(도움이 된다)'와 바꿔 놓아도 그리스어에서 부자연스러운 일이 아니다.

209) 반박(lysis)은 반대론자의 입장을 반론하는 것으로, 여기에 두 종류가 있다. 하나는 상대의 추론에 대항하는 추론에 의해 논적과 반대되는 결론을 이끌어 내는 것, 결국 '논박(elenchos)'이다. 또 하나는 '이의(異議)'다. 이의(enstasis)는 동사 'enstēnai(가로막다, 방해하다)'에서 파생된 말로, 상대가 추론하기 전에 그 전제에 반대하고 추론이 성립되지 않게 하는 것이다. 즉, 상대의 추론이 성립되지 않는 전제를 세우고, 이에 의해 상대의 전제를 무너뜨린다는 반박 방식이다.

chapter 23

210) 이 예에서 절제와 방탕이 상반되는 것이고 좋다와 유해가 반대의 성질로, 각각 절제와 방탕에 속한다. 그 경우에 만약 방탕에 유해가 속한다면 반대인 절제에 반대인 '좋다'가 속한다고 결론짓고, 속하지 않을 때 절제에도 '좋다'는 속하지 않는다고 추론한다.

211) 이 예에서 전쟁과 평화, 악과 선의 대립에서 전쟁이 악이면 평화는 선을 이끄는 일이 된다.

212) 이 추론은 "만약 X가 Y를 포함하면, X를 포함하는 것은 모두 Y를 포함한다."고 말하는 형식이 된다.

213) '좋다'를 의미하는 것은 '바르다'의 굴절어 전체에 술어를 붙일 수 없다. 또, '좋다'와 '바람직하다'의 관계는 1권 6장을 참조하라.

214) 이것은 한쪽이 다른 쪽을 필연적으로 포함하는 (또는 배제하는) 관계로, X가 Y를 포함한다면 X를 세우는 일은 Y를 세우는 일이 된다는 형식을 취한다.

215) 이 인물에 대해서는 아무것도 전해지는 것이 없다.

216) 조사 결과 두 가지 사실 사이에 상관성이 인정되어 한쪽에 적합한 것이 다른 쪽에도 적합하면 이에 기초를 두고 추론을 조립하고, 만약 인정되지 않으면 그 허위성을 지적한다는 두 가지 중 하나의 방식을 가리킨다.

217) 기원전 4세기의 변론가로, 비극 작가다. 플라톤과 아리스토텔레스의 가르침을 받았다. 키케로는 그에게 칭찬의 말을 바쳤다. 그러나 작품은 단편 외에 아무것도 남아 있지 않다. 알크마이온(Alkmaiōn)은 암피아라오스와 에리필레의 아들이다. 7인 장군의 데바이 원정 후 유언에 따라 어머니를 죽이고 아버지의 복수를 했다.

218) 변론가 데모스테네스와 다른 사람이다. 인물에 대해 상세하게 전하지 않는다.

219) 기원전 366년에 데바이에서 죽은 에우프론에 관한 일이다.

220) 작자 불명이다. 안티폰과의 설도 있다. 또, 오이네우스(Oineus)는 무용에서 비견할 수 없는 영웅 멜레아그로스의 아버지다. 멜레아그로스가 어머니의 노여움을 받고 저주로 죽자, 오이네우스는 비탄에 빠졌다.

221) 파리스(Paris)가 헬레네를 빼앗은 일이 트로이 전쟁의 발단이 되었는데, 아테네의 전설적 영웅 테세우스(Thēseus)도 소녀 시절의 헬레네를 빼앗은 일이 있다.

222) 틴다레오스(Tyndarēos)는 라게다이몬의 왕으로, 레다와의 사이에 쌍둥이 형제 카스트르와 폴릭스를 얻었는데, 그들은 레우키포스의 딸 포이베와 히라이라를 끌어갔다.

223) 단순한 과거의 시점이 아니고, 문제가 되고 있는 사건을 포함한 어떤 전체를 구성한다는 불가분의 부분으로 간주되고 있다.

224) 필리포스(Philippos)는 마케도니아를 강국으로 구축한 필리포스 2세로, 알렉산더 대왕의 아버지다.

225) 기원전 347년, 아테네에 대립하는 데바이는 대포기스전의 지원군을 필리포스 2세에게 요청했다. 그래서 필리포스 2세는 원군을 내어 포기스를 향해 싸움을 종결시키리라고 결정했다. 마케도니아군은 그리스에 들어갔는데, 이때는 영내 통과를 요구하면 데바이스인이 저지하지 않을 때였다. 그러나 필리포스 2세는 포기스를 함락하자 그대로 귀국했다. 그 뒤 기원전 339년에 필리포스 2세는 재차 그리스를 침공했다. 그러자 데바이도 아테네와 연결 선상에 있는 에라데아에 군을 주류시켜 데바이에 사절을 보내 아테네 공략을 지원할 것인가, 중립을 지킬 것인가를 선택하도록 요구했는데, 이때 아테네도 데모스테네스가 인솔하는 사절단을 보내 데바이와 동맹을 맺는 데 성공했다. 그래서 본문에 '사절'의 말이 있다.

226) 이피크라테스가 함대 사령관이던 때 배신 행위가 있다고 해서 아리스토폰(Aristophōn) 등에 의해 공격을 받았는데, 이때 그의 변론을 가리킨다. 또, 아리스토폰은 기원전 4세기 중반에 아테네 정치가의 지도적 역할을 다한 인물이다.

227) 다이몬적인 것으로부터 신의 존재를 이끌어 내는 일은 재판석상에서 소크라테스가 시도한 것이다. 다이몬에 관계되는 것을 인정하는 것은 다이몬의 존재를 인정하는 것이다. 그러나 다이몬은 여러 신, 혹은 여러 신의 아들이다. 따라서 다이몬적인 것을 인정하는 일은 여러 신의 존재를 인정하는 것이 된다.

228) '고귀(gennaios)'가 단지 가문이 좋다는 사실과 구별됨은 2권 15장에서 설명하고 있다. 이 말은 선조 하르모디오스의 가계라는 사실로 하층 신분 출신인 이피크라테스를 비난하는 하르모디오스를 향한 것이다.

229) 파리스에 관한 변론집을 가리키는 것이다.

230) 크세노폰 『소크라테스의 변명』을 참조하라. 아르켈라오스(Archelaus)는 마케도니아 왕으로, 소크라테스는 그를 경시했다.

231) 이 짧은 문장은 여러 가지 해석을 낳고 있다. 그것은 tu orthōs의 표현에 대한 해석에 원인이 있다. 즉, 『토피카』 중에는 orthōs 자체를 다룬 논의가 보이지 않기 때문이다. 그러므로, '토피카'를 책 이름이 아닌 토피카를 다루는 논의 일반으로 확대해서 생각하는 해석도 있다. 그러나 이 orthōs를 바른말 사

용처럼 해석하면, 현존하는 『토피카』 중에서도 해당 부분이 보이므로 여기서 그 의미로 번역했다.

232) 만디아스에게는 정식 아테네 시민으로서 등록된 '만디데오스'라는 아들이 있었지만, 그는 또 다른 부인과의 사이에서 두 자식을 얻었다. 이 법정은 그 자식의 인지에 관한 것이라 생각된다. 데모스테네스에 의하면, 만디데오스가 자기와 같은 이름을 대고 등록하려던 이복 동생 보이오도스를 고소한 것이라고 알려진다.

233) 이스메니아스(Ismeniās)와 스틸본(Stilbōn)은 다 같이 데바이의 정치가다. 토토네는 아마도 아이들 어머니의 출생지로, 그렇기에 토토네의 부인은 진상을 알고 있었던 것이다.

234) 알키로코스(Alchirochos)는 기원전 8세기 파로스의 시인으로 다작의 작가인데, 그의 신랄한 말이 널리 알려졌다.

235) 믹시데미데스(Mixidēmidēs)는 아테네 사람이란 것 외에 알려진 것이 없다. 아우토클레스(Autoklēs)는 기원전 391년 스파르타에서 사절로 근무한 사람이다.

236) 아리스티포스(Aristippos)는 키레네 출신으로, 소크라테스의 제자다. 키레네파를 창설했다. 그의 말은 스승 소크라테스의 권위에 기초한 것이다.

237) 이 이야기는 크세노폰 『헬레니카』 4권 7장 2절이 전하고 있다. 아게시폴리스는 아르고스에 침입하기 전에(기원전 387년) 두 곳의 신전을 방문하고 신탁을 구했다. 이것은 아르고스의 사람들이 스파르타의 침입을 두려워한 나머지 제사로 인한 '휴전 기간'이란 구실을 붙였기 때문에 그 거짓을 폭로하기 위해 부자 관계인 올림피아의 제우스와 델포이의 아폴론에게 각각 신탁을 구한 것이다.

238) 이소크라테스 『에우아고라스』에 나온다. 코논(Konōn)은 아테네 명문 출신으로, 해군 사령관이다. 아이고스포타모이에서 부서져 패했기 때문에 에우아고라스 쪽으로 피신했다.

239) 어떤 유(類)가 무엇인가에 대해 말해지면 그 유를 구성하는 부분(종)의 어떤 것도 그것에 대해 술어를 붙일 수 있다. 만약 혼에 대해서 운동(전체·유(類))이 술어로 붙일 수 있다면, 부분(종)인 생성 소멸·증대 감소·질적 변화 등의 어떤 것을 술어로 붙일 수 있다면, 이들 개개 운동의 어떤 것이 혼에 대

해서 술어를 붙일 수 있는가 여부를 확인하는 일이 '혼이 운동한다'고 말할 수 있는가 여부를 아는 관건이 된다.

240) 칼리포스(Kalippos)는 이소크라테스의 제자다. 앞에서 드러낸 논점이란, 2권 19장에서 '가능과 불가능', '과거와 미래', '보다 큰 것과 보다 작은 것'을 가리킨다.

241) 출처 불명의 속담이다. 어떤 일에도 좋은 결과와 나쁜 결과가 따라오므로 선악 어느 것도 말할 수 있다는 뜻이다.

242) 딜레마에 빠질 때 되받아친다는 것은 일종의 X형의 기호다. 본문의 예에 따르면, "정당한 일을 말한다."와 "부정당한 일을 말한다."가 상반되는 두 가지 사실이다. '시샘을 당하다.'와 '영리하다.'는 임의로 대치된 것에 불과하다. 이 두 가지는 각각 보다 좋은 결과와 나쁜 결과가 따르기 마련이다. 의론의 가능한 전제는 정당한 일을 말할까, 부정당한 일을 말할까 그중의 하나다. 이들 두 개의 상반되는 경우는 각각 선악 두 개의 결과가 따르지만, 각각 좋은 결과만을 조합하면 "정당한 일을 말하면 신에게 사랑받고, 부정당한 일을 말하면 사람들에게 사랑받는다. 따라서 모든 경우에 사랑받는다(그러므로 해야 한다, 긍정)."가 되고, 각각 나쁜 결과만 조합하면 "정당한 일을 말하면 사람들에게 미움을 사고, 부정당한 일을 말하면 신에게 미움을 산다. 따라서 어느 경우에도 미움을 산다(그러므로 해서는 안 된다, 부정)."가 되어 상반되는 두 경우에서 긍정·부정 어떤 결론을 끌어내는 일도 가능하다. 물론 이것은 매 개념 애매의 허위론으로 딜레마를 가져온다. 이것을 되받아침으로써 딜레마를 해소하려면, 각각 선악의 두 가지 결과를 교차적으로 조합해 "정당한 일을 말한다.—신에게 사랑받는다, 부정당한 일을 말한다.—신에게 미움을 산다", "정당한 일을 말한다.—사람들에게 미움을 산다, 부정당한 일을 말한다.—사람들에게 사랑받는다."고 논하면 좋은 것이다.

243) 스트라박스(Strabax)에 대해서 상세한 내용이 불명확하다. 카리데모스(Charidēmos)는 예우보이아 출신의 용병 대장이다. 훈공에 의해 시민권을 받고, 금관을 받았다.

244) 이 예의 전제 "신이 태어나다."와 "신이 죽다."는 상반되는 주장처럼 생각되지만, 전자는 결론으로 "신은 그때까지 존재하지 않았다."가, 또 후자는 "신은 그때부터 존재하지 않게 된다."가 도출된다. 이것들은 모두 '신이 존재하지 않은 때'를 인정하는 것으로 결론이 동일하기 때문에 두 개의 전제도 동일

하다고 논하게 된다. 이 예에서 전제와 결론 사이에 필연적 관계가 인정되지만, 이하의 세 가지 예에 그것이 없다. 그러므로 다음 코멘트가 있는 것이다.

245) 이소크라테스는 자신을 비판하는 것도, 이소크라테스의 생활 방식을 비판하는 것도 동일하게 철학의 가치를 비판하는 일이 되므로 어떻든 부당한 일이라는 취지의 뜻이다. 즉, 어떤 것에서도 철학 비판이라는 동일한 결론이 나오게 된다는 논법이다.

246) 페르시아 왕은 정복한 나라에 대해 복종의 표시로서 땅과 물을 차출하도록 명령했다. 이것은 그 나라의 절대적 지배를 의미한다. 이 예는 헤로도토스 『역사』 4권, 5권에도 보인다.

247) 마케도니아의 필리포스 2세는 그리스의 여러 도시와 동맹을 맺었는데, 그의 사후에 알렉산더의 주도로 또다시 동맹이 맺어졌다. 공통의 평화란 이것을 가리킨다(기원전 336년). 결국 평화 동맹에 가입하는 일은 마케도니아의 명령에 복종하는 일이 된다.

248) 류시아스의 말이다.

249) 준 것을 후에 빼앗는 일이 실제로 고통을 주는 것인가 여부는 확실성이 없지만(가능성이 있을 뿐), 그것을 실제 있을 수 있는 것처럼 말하는 것이다.

250) 칼리포스는 앞에 나왔다. 판피로스에 대해서 상세한 것을 알 수 없다.

251) 안드로클레스(Androklēs)는 민중 지도자로, 민주파의 주요 멤버다. 알키비아데스의 정적이기도 하다.

252) 안드로클레스가 비유를 써서 실제 대답한 것에 아리스토텔레스가 첨가한 코멘트로 간주된다. 또, 물고기가 소금을, 올리브의 찌꺼기가 기름을 필요로 한다는 것은 각각 저장과 과자를 만들기 위함이다.

253) 트라시불로스(Trasybūlos)는 400인회의 과두 정치에 반대한 민주파 정치가다. 레오다마스(Leōdāmas)는 과두제의 지지자다. 돌기둥이란, 오랜 이름을 남기기 위해 아크로폴리스에 세워진 것으로, 여기에는 공적이 있는 경우든 국가를 배신한 경우든 그 이름이 새겨져 있다.

254) 레우코테아(Leukotheā)는 가드모스와 아다마스의 딸이다. 디오니시오스에게 맡겨 키운 일이 헤라의 미움을 사서 광기에 매달려 자기 자식을 죽이고, 그 시신을 안고 바다에 몸을 던졌다. 이를 가련히 여긴 여러 신은 그녀를 바다 지키는 신으로 삼았다.

255) 카르키노스(Karkinos)는 기원전 4세기의 비극 시인이다. 다작으로 우승 횟수도 많다. 디오니시오스 2세의 궁정에 출입했다.

256) 테오도로스(Theodōros)는 비잔티온 출신의 변론가다. 그는 이론가로서 변론법 발전에 공헌했다. 그의 변론법은 다채로운 내용을 체계화한 것으로, 아리스토텔레스는 드라시마코스, 티시아스와 함께 그를 높이 평가하고 있다.

257) 시데로는 디로의 계모로, 디로를 학대했다. 이름 '시데로'가 철과 통하기 때문에 이와 같이 말했다(Sidērō/Sidēros).

258) 이것만으로 내용도, legein이라는 부정법도 설명이 부족하다. 실례를 든 부분의 결락을 생각한 편이 좋을지 모른다. 사람들이 잘 말하는 예로서, 옛 주해에서 "제우스의 이름은 우리들 생(zōē)의 원인이라는 데서 취한 것이다."는 말을 인용하는 경우도 있다.

259) 트라시마코스(Thrasymachos)는 갈게돈 출신의 소피스트다. 플라톤의 『국가』에서 강자의 정의를 주창하고 있다. 헤로디코스는 앞에 나온 바 있다.

260) 카이레몬(Chairēmōn)은 기원전 4세기 초 아테네의 비극 시인이다. 그의 작품은 낭독에 적합하다고 일러 온다. 펜테우스(Pentheus)는 데바이의 전설적 왕이다. 이 말은 그의 이름이 pentheō(한탄하다)에 유사하다는 데 이유가 있을 것이다.

chapter 24

261) 비의(祕儀, mystēriā)는 myein(눈이나 귀를 가리고 막다.)에서 나온 말이라 하지만, 이것을 음의 동일 또는 유사만으로 mys(20일 쥐)에서 파생했다고 설명한 것이다.

262) 개(Kyōn)란 말은 신의 시종자, 파수꾼의 의미로 사용되었으므로 판(Pān) 역시 키벨레의 개(시종자)로 말한 것이 된다. 이것은 동음이의어로 쓴 논의다. 또 판은 두 개의 뿔을 가지고 털이 텁수룩하고, 다리는 산양 같은 모습이다. 생활력의 상징과 같은 목신이다. 모습이 다채롭다는 표현은 여기서 온 것일 게다.

263) 이 문장은 의미가 분명치 않다. 동음이의라고 하면 개와 다른 의미가 보이지 않으면 안 된다. 생각할 수 있는 한 가지는 키니코스파라는 점이다. 안티스테네스가 '개'로 별명이 붙여진 것은 유명하다.

264) 헤르메스는 호운의 신이라 불리고, 걸어가다가 동전을 주으면 '헤르마이온(헤르메스의 선물)'이라고 표현했다. 그때 동반자는 "호운은 절반씩 나눈다."고 해서 반 정도를 요구할 수가 있다. 여기서 "활수한 기질이 좋다."는 말이 나온 것일 게다.

265) 로고스에 값한다는 것은 '말한 만큼의 가치가 있다.', '제구실'의 뜻을 가진다.

266) 이것은 일견 궤변을 권하는 것으로 보인다. 그러나 아리스토텔레스가 허위론을 취급한 것은 그 고찰에 의해서 잘못된 의론을 반박하는 일이 목적으로, 자기가 이것을 써서 의론하기 위한 것은 아니다.

267) 에우티데모스(Euthydēmos)는 소크라테스와 동시대인으로, 키오스 출신의 소피스트다. 플라톤에게 그의 이름을 딴 작품이 있다. 『에우티데모스』에 이 의론은 없지만, 아리스토텔레스 『궤변 논박론』에 이와 유사한 것이 있다. 이 의론은 A－P, A－Q이면 A－P·Q라는 형식을 취하는 것으로, 별개의 지식이 하나로 연결된 허위론이다. 예를 들면 "그는 좋은 인간이다."와 "그는 제화공이다."에서 "그는 좋은 제화공이다."라고 결론을 내리는 것이다. 여기서 인용된 예는 『궤변 논박론』에 의하면, "그대는 지금 시게리아에 있는 베이라이에우스에 3단 상앗대 병선이 있다는 것을 알고 있는가?"라는 형식으로 말해, '지금'이 '시게리아에 있다.'와 '베이라이에우스에 있다.'의 둘 중에서 어디에 걸리는지가 애매한 점을 이용한 허위론이 되고 있다. 알고 있는 것은 베이라이에우스에 있어도 알고 있는 것이므로 어떤 의미로는 알고 있는 것은 베이라이에우스에도 있다고 말할 수 있다. 한편, 3단 상앗대 병선이 있는 것은 알고 있다. 이 두 가지 사실에서 "베이라이에우스에 3단 상앗대 병선이 있음을 알고 있다."고 결론을 짓는 것이다. 이것은 '알고 있다는 것'이 알고 있는 내용과 알고 있는 사실의 어느 것도 의미하므로 그 애매성을 이용한 허위론이다.

268) 논박은 대립하는 명제의 하나를 또 한쪽과 대치시키는 것으로 행해진다. 이 예는 약이나 먹을거리의 양을 지정받고, "지정량은 몸에 좋지만, 두 배의 양은 유해하다."고 말한 데 대해, "각각이면 좋지만, 하나가 되면 나쁜 것이 됨은 불합리하다."고 반대의 명제를 대치시키고 있다.

269) 폴리크라테스(Polykratēs)는 기원전 4세기의 변론가로, 『변론 소크라테스의 고발』이 있다.

270) 30인회를 쓰러트렸다면 단 한 번의 공적이 되지만, 30인의 참주를 쓰러트

렸다고 하면 30차례나 참주제를 쓰러트린 것이 되어 30인회의 공적이 되므로 공적을 강조하기 위해 분할해서 의론한 것이다. 이것은 남편 아가멤논을 죽인 크리타임네스트라와 아들 오레스데스의 이야기를 가리키고 있다. 즉, 크리타임네스트라에게는 남편을 죽였기 때문에 죽이는 것이 정당하고, 오레스데스는 아버지 원수를 치는 것이 정당하다. 그러나 이 둘을 하나로 해서 "오레스데스가 어머니를 죽이는 일은 정당하다."고 논하는 것은 허위가 된다(결합의 허위).

271) 미증(微證, sēmeion)에는 증거(證據, tekmērion)라고 하는 필연적인 것과 필연적이지 않은 무명의 것이 있다. 여기서 후자를 받아들이고 있다.

272) 적군의 활줄을 물어 끊음으로써 그 공격을 불가능하게 했다는 것이다. 구체적인 사실은 불명확하지만, 헤로도토스의 『역사』에도 이와 유사한 이야기가 나온다. 이집트 침입자들의 활줄이나 화살통, 방패의 손잡이를 들쥐들의 무리가 물어 끊음으로써 이집트를 구원했다는 것이다.

273) 이것은 가언적(假言的) 판단의 후건(後件)을 긍정하는 의론을 말한다. 즉, "A라면 B이다. B이다. 따라서 A이다."고 논한다. 이것은 후건 긍정의 허위이다. 본문의 예에 대해서 말하면, "기품이 높은 사람은 대중과의 교제를 피한다. 그는(파리스) 교제를 피해 산중에서 살았다. 따라서 그는 기품이 높다."라는 의론이 된다.

274) 걸인이 노래하고 춤추는 것은 구걸 때문이지 즐기려고 노래하고 춤추는 것이 아니다. 또 망명자는 본국에서 나간다는 일 이외에 목적이 정해진 것은 아니므로 그런 의미에서 자유로이 좋은 곳을 찾아간다고 할 수도 있지만, 그러나 자유인처럼 자유 선택이 허락된다는 뜻은 아니다. 따라서 '어떤 모양으로'라는 한정을 무시하고 생각하면 모든 것을 동일시하는 허위론에 빠지게 된다.

275) 데마데스(Dēmadēs)는 기원전 4세기 후반에 살던 아테네의 정치가다. 마케도니아와의 중개 역할을 수행했다. 마케도니아 침공 당시 아테네의 자유를 유지하기 위해 취한 데모스테네스의 정책을 가리킨다.

276) 헬레네(Helenē)는 스파르타 왕 틴다레오스의 딸이다. 미녀로 알려지자 그리스 전국에서 다수의 구혼자가 몰려들었다. 부왕은 그 선택을 헬레네에게 맡겨 그녀는 스파르타의 메네라오스를 남편으로 선택했지만, 후에 아프로디테의 유혹으로 파리스가 저택을 방문, 헬레네에게 마음이 끌려 트로이에 데려가기에 이르렀다. 이것이 트로이 전쟁의 발단이 된다. 여기서 파리스에 끌리어

트로이에 간 것은 아버지가 인정한 선택 외의 일로, 이것까지도 함께하는 것에 허위가 있다고 하는 것이다.

277) 이것은 '있다'는 동사가 무조건이든, 한정이 붙든 사용하는 용법에 기초한 의론이다. 즉, 무조건이면, "A는 있다(A가 있다.)"고 A 그 자체의 존재를 표시하지만, '있다'에는 계사로서의 용법도 있다. 예를 들면, "A는 P이다."라고 말하는 경우 A는 P라는 속성에 대해서 '이다'라고 말한 것이므로 A 그 자체의 존재를 무조건으로 말하는 것과 구별된다. 본문은 "비존재는 비존재이다."라고 하는 화법을 무조건하고 존재를 표시하는 '있다'와 구별해서 말하고 있는 것이다. 영어 'be' 동사의 두 가지 용법과 같다. 국어 '이다'는 종결형 서술격 조사요 '있다'는 형용사로, 각각 문법적으로 구별된다.

278) 코락스(Corax)는 기원전 5세기 시라쿠사의 변론가로, 티시아스의 스승이다. 변론법의 기초를 만든 일로 유명하다.

279)프로타고라스(Protagorās)는 아브데라 출신의 소피스트로, 인간 척도설에 의해 상대주의를 주창한 일로 알려졌다. 여기서 말한 공언은 아마 앞에 나온 예로 보아 그가 어떤 일에 대해서도 반대하는 어느 쪽에서나 평등하게 논했다고 하는 구전과도 관련돼 있다.

280) 여기서 말하는 변론법은 소피스트류의 변론법이다. 결국 궤변을 가리킨다. 아리스토텔레스도 허위론을 취급하지만, 앞에서도 말한 바와 같이 그것은 허위의 추론을 논파하기 위한 것이다.

chapter 25

281) '반박(lysis)'의 원뜻은 상대 주장을 분해하고 공허하게 만드는 일이다. 넓은 뜻으로 말하면 '반론'이다. 상대의 추론 또는 결론과 반대의 의론을 이끌어 내는 것이 통상의 논박(elenchos)이지만, 그 밖에 상대 추론을 반대의 전제를 세워 방해하는 일도 포함된다.

282) 현존하는 『토피카』에 해당하는 네 개의 구분이 발견되지 않는다. 『분석론 전서』에 이와 유사한 분류가 있으므로, 아마도 변론법 전체를 염두에 두고 말하고 있는 것일 게다.

283) 사랑은 욕구요, 욕구는 자기에게 결핍돼 있는 것을 구하는 것이므로 사랑은 결핍 상태인 것이다. 따라서 사랑은 좋은 것 또는 아름다운 것이 아니라는

추론이 대항론으로 성립된다.

284) 금지된 사랑에 대한 속담적 표현이다. 카우노스가 여동생 비브리스를 사랑했다는 구전에 의한 것이다.

285) 1권 2장에서 이에 대해 다룬 바 있다. 더욱이 거기서 설득 추론과 예증이 구별되고, 이 구별은 2권 20장에서도 지켜지고 있으므로 여기서의 설명과 차이를 보이고 있다. 이것은 예증이 설득 추론에 포함된다는 것이 아니라, 반박될 가능성이 있는 설득 추론을 말하고 있다는 것으로 풀이해야 한다.

286) 1권 2장에서, 미증에 개별에서 보편을 추론하는 경우와 보편에서 개별을 도출하는 경우의 2종이 인정되고 있으므로 여기서의 ē를 살리는 편이 좋다.

287) 변론법의 추론(설득 추론)은 증거(필연적 미증)를 빼고 있을 법한 일(개연성)에 기초를 둔 것이다. 그것이 전제와 귀결의 필연적 관계를 표시하지 않는 것은 당연한 일이고, 따라서 또 예외도 인정되고 어떤 경우에도 이의를 제시할 수 있다. 그러므로 이 같은 추론에 대해서 필연성이 없다는 이유로 반론하는 것은 항시 가능하지만, 그것은 오히려 당연한 일을 말하는 것뿐이고 반론으로서의 효과는 없다(외관만의 반박에 지나지 않는다). 왜냐하면 필연성의 유무는 논증적 추론의 일이고 변론법 본래의 영역에 속하지 않기 때문이다. 따라서 변론법에는 상대의 주장이 있을 것 같지 않는(주(主)와 술의 관계가 있을 것 같지 않는) 일을 표시하는 것이 실효성 있는 반박이 될 것이다.

chapter 26

288) 문제로 되고 있는 것이 좋다, 나쁘다, 정당하다, 정당하지 않다 등의 속성을 띠는가 여부는 설득 추론과 별도의 방법(예를 들면 예증)에 의해서도 증명될 수 있다. 따라서 설득 추론으로 한정될 이유는 없다.

289) 2권 22장에서 설득 추론에 두 개의 종류가 있다고 해 그 하나를 논박 목적의 것이라고 말했다. 이것은 이 부분의 설명과 서로 용납되지 않을 것 같으나, 앞의 경우는 같은 설득 추론이 그 적용에서 두 개의 형태를 이룬다고 말하고 있을 뿐, 본질적으로(정의상) 논증과 반박의 두 가지 설득 추론이 있다고 말하고 있지 않으므로 이 부분과 모순되지 않는다.

290) lexis, 여기서 어의 의미대로 문체만 아니고 어조, 성량, 리듬 등 모든 표현 방법이 포함된다.

제3권

chapter 1

291) 플라톤이 『이온』에서 언급하고 있는 음송 시인 글라우콘(Glaukōn)이 아닐까. 아리스토텔레스가 『시학』 가운데서 다룬 인물과 동일인으로 생각된다.

292) 의회 변론이나 법정 변론의 일이다.

293) 그는 화법과 제스처로 사람의 동정을 사는 데 제일이었다고 전해진다.

294) 아마도 이소크라테스의 변론을 염두에 두고 한 말일 것이다.

295) 이름(onoma)은 명사만 아니라 형용사, 동사까지 포함해 넓은 의미로 사용된다. 예를 들면 플라톤의 『크라틸로스』가 그렇다. 여기서는 뒤에 보이는 것처럼 하는 말(rhēma)과 구별하고 있으므로 명사, 형용사, 대명사 등을 가리키는 것으로 생각한다.

296) 고르기아스(Gorgiās)는 기원전 5세기부터 4세기에 걸쳐 활약한 레온티노 출신의 소피스트로, 변론가다. 플라톤에게 그의 이름을 딴 작품 『고르기아스』가 있다.

297) 이암보스 어조(iambos metre)의 시란, 단장격의 운율을 사용한 시로, 테트라메트론(tetrametron)은 두 개의 장단격으로 이루어지는 각운을 −U−U 네 개 가지고 있는 시형이다.

298) 헥사메트론(hexametron)이란, 장단단격 −UU의 각운을 여섯 개 가지고 있는 시형으로, 서사시에 사용된다.

chapter 2

299) 드문 말, 비유, 수식어, 신조어, 긴말, 줄인말 등을 그 같은 말로 드러내고 있다.

300) 혼합한 술이라 함은 혼합해 질을 떨군 것처럼 풀이되지만 그리스에서는 술을 물로 희석해 마시는 것이 보통이었다. 그러나 희석한 술은 구역질이 나기도 하므로 희석 방법이 문제가 된다. 여기서 희석 방법이 요구대로인가, 평소대로인가에 대해 매우 신경 쓴다는 의미로 한 말이다.

301) 기원전 4세기의 비극 작가로, 앞에 나온 2권 23장의 테오도로스와는 다른 사람이다. 『정치학』에서도 언급되고 있지만, 관람객은 최초로 들은 것에 친숙감

을 보인다는 이유에서 누구든 자기보다 먼저 무대에 올리지 않았다고 말한다.

302) 물론 여기서는 비유를 만들어 내는 재능에 대해 말하고 있다.

303) 메트라기르테스(Mētragyrtēs)는 키벨레(신들의 어머니) 제사 때 구걸하는 일(agyrtenein)에서 이 이름을 얻었다. 또, 다트코스(dadūchos)는 에레우시스 대제사 때 아테네에서 성지 에레우시스까지의 행렬 선두에 서서 횃불을 들어 행렬을 인도하는 중요한 역할로, 명가의 인사가 대대로 이 역할을 계승해 왔다. 똑같은 비의(祕儀)이기는 하지만, 북부 프리기아에서 들어온 키벨레의 제사와 아테네에서 예전부터 행해 온 모신 데메테르 제사는 전혀 다른 것으로, 이따금 펠로폰네소스 전쟁 이후에 데메테르의 제의에 키벨레 신앙이 포함되기에 이른 것뿐이다. 이 점을 분별하지 않은 탓에 이피크라테스의 일을 "비의로 주지 않았다."고 말한 것이다. 거기에 대대로 비의의 중심적 역할을 해 온 자랑과 천한 신분에서 장군의 지위에 오른 이피크라테스의 핀잔이 엿보인다.

304) 디오니시오스(Dionysios)는 기원전 5세기의 시인으로서 변론가다. 청동의 화폐를 도입한 일로 '청동의'라고 호칭한다. 또 칼리오페(Kalliopē)는 학예를 맡은 여신 무사이(뮤즈)의 한 사람이다. 영웅 서사시를 관장한다.

305) 리킴니오스(Likymnios)는 키오스 출신의 디티람스 시인으로, 고르기아스의 유파에 속하는 변론가다.

306) 어째서 "제3의…….."라고 하는 것인가? 또 어떤 조건 때문인가? 이것만으로 잘 모른다. Roemer는 이후에 '동의어를 바르게 사용하기 위해'라고 결락을 예상했다. 내용은 동의어에 관한 것이 분명하지만, 그렇다고 해서 '제3의'라는 점은 여전히 불분명하다.

307) 브리손(Bryson)은 헤라크레아 출신의 소피스트로, 메가라파 에우그레이데스의 가르침을 받은 것으로 알려진다. 원의 방형화(方形化)를 시도한 일로 유명하다.

308) 여기 있는 두 개의 예는 아버지를 살해한 어머니를 공격해 아버지의 복수를 한 오레스테스의 수식어다.

309) 노새는 수컷의 나귀와 암컷의 말 사이에서 태어났다는 데서 이 같은 수식어의 분별이 이루어진 것이다.

310) 축소사로서 chrȳsion–chrȳsidarion, himation–himatidarion, loidoria–loidorē–mation, nosēma–nosēmation이 드러나 있다. 영미어에서 goldlet,

cloaklet, diseaselet 등으로 바꿔 놓을 수 있다. 역문에서 Dufour, Wartell에 따라 '소(小)-'를 붙여 역어로 삼았다.

chapter 3

311) 스키론(Skirōn)은 메가라와 아티카의 국경에서 준동하던 도적으로, 나그네를 잡아 자기 발을 씻게 하고, 그 사이에 바다에 발로 차 넣어 거대한 거북의 먹이가 되게 했다. 시니스(Sinis)는 코린토스의 이스트모스에 준동하던 도적으로, 나그네를 활이나 굽은 소나무로 묶어 이를 놓아 주고 몸을 잡아 찢었다. 후자에서 형용사 sinis(파괴적인)가 나왔다.

312) 이스트미아(Isthmia)란, 코린토스의 이스트모스에서 거행된 경기회를 가리킨다. 이것만으로도 충분한데, 여기에 '제전'까지 덧붙인 일을 말한 것이다.

313) 이 어구의 의미는 판연하지가 않다. mūseion은 학문·기예의 학교를 의미한다. 그 의미에서 "자연으로부터"라는 수식은 분명치 않다. 아마도 학예의 재능을 무사의 관(舘)에 비유해 소질을 드리는 일을 말한 것일까? 그렇다고 하면 "자연으로부터"라는 것은 여분일 것이다.

314) 필로메라(Philomērā)는 아테네 왕 판디온의 딸이다. 형부 데레우스가 그녀를 연모해 언니는 죽었다고 거짓을 말하고 자기 뜻에 따르게 했다. 진상을 알게 된 자매는 복수를 꾸미지만, 데레우스에게 쫓김을 받게 되자 언니는 꾀꼬리로, 필로메라는 제비로 변신해 도망쳤다.

chapter 4

315) 안드로티온(Androtiōn)은 아테네의 변론가다. 이드리에우스(Idrieus)는 가리아의 왕자로, 형 마우소로스의 사후 왕위를 계승했다. '쇠사슬'이라 한 것은 아마도 형에 의해 유폐된 적이 있음을 가리키는 것일 게다.

316) 아테네가 사모스를 페르시아의 압력에서 해방시켰는데, 아테네의 주도에 혐오감을 느끼고 이반을 기도해 군대를 일으킨 일을 가리켜 말하고 있다(기원전 440년).

317) 떡갈나무를 쓰러뜨리는 도구인 쐐기, 망치, 도끼자루 등도 떡갈나무로 만든 것임을 말하고 있다. 바람에 의한 떡갈나무 상호 간의 접촉이라 생각하는 해석도 있다.

318) 민주제하에서 선동이나 정정의 변동으로 변화가 격하고, 차례대로 변혁의 물결이 밀려오기 때문에 배 멀미한다고 풍자한 것이다.

319) 안티스테네스(Antisthenēs)는 기니코스파의 철학자다. 케피소도토스(Kēphisodotos)는 기원전 4세기의 변론가다. 그의 변론에는 청중을 즐겁게 하는 일 외에 아무것도 없는 데서 향기 외에 도움되지 않는, 더구나 써서 없애므로 가늘어진 것을 여윈 몸으로 진단하고 리바노스의 향료에 비유한 것일 게다.

320) 설명이 없는 상태란, 예를 들면 "사자가 돌진했다."고 표현하는 경우다. 그러나 "아킬레우스는 사자처럼 돌진했다."고 말하면, 아킬레우스를 사자에 비유하고 있다는 사실이 설명되는 것이다.

321) 주신 디오니시오스의 특징을 표시하는 '배(盃)'와 무신 아레스를 상징하는 '방패'는 비례 관계에 있다. 배의 디오니시오스에 대한 관계는 방패의 아레스에 대한 관계와 대응한다. 그러므로 'D:배=A:방패'에서 'A·배=D·방패'라 말하게 된다.

chapter 5

322) Syndesmos는 협의가 접속사지만, 그러나 연결 소사나 접촉사나 소사로 관련지어지는 어절도 의미한다.

323) 헤로도토스『역사』에 나오는 유명한 신탁이다. 리디아 왕 크로이소스가 페르시아에 대해 거병하려 할 때 내려진 것으로, 이 '위대한 국가'가 리디아를 가리키는가, 적인 페르시아를 가르키는가 이 점이 애매하다.

324) 이 분류는 이후의 성별에 해당한다. 물품이라고 번역한 skeuē는 일용품, 의복, 장식품 등을 포함하는 인공의 물품을 가리키지만, 이것은 무생물을 의미한다. 이후 문법에서 말하는 중성에 해당한다. 다만 여기서 말하는 성별은 현재의 문법적 성이 아니고 자연적 성이다.

325) 주어 '그들'과 함께 합해서 분사도, 동사도 복수형을 취하고 있다. 또 여기서 '소수'라 한 것이 이후 '쌍수'로 불려지는 것을 가리킨다.

326) 기원전 6세기 에페소스의 철학자로, 세상에서 말하는 만물 유전의 설을 주창했다. 그의 언어는 난해한 것으로 알려져 이 때문에 '어두운 사람', '눈물나는 철학자' 등으로 불렸다.

327) "항상 …이다."인가, "항상 …이해할 수 없다."가 판연하지 않다는 것이다.

현대 번역에서도 전자로 해석하는 것과(Dufour, Bruckhardt) 후자로 해석하는 것(Freeman, Kirk and Raven)의 양쪽이 다 있다.

chapter 6

328) 에우리피데스 『타우리케의 이피게네이아』 727행이다. 편지는 서판에 기록한 것으로, 긴 편지는 겹겹으로 서판이 쌓이게 된다. 서간이라 말하면 단수로 끝날 것을 서판의 수인 복수로 표현함으로써 서간을 겹겹으로 표현하고 있다.

329) 그리스어에서 관사와 명사 사이에 수식어가 오는 것이 보통이지만, 이것을 잘라버리고 명사와 수식어 각각에 관사를 붙여도 같은 표현이 된다.

330) 안티마코스(Antimachos)는 기원전 5세기 고로폰의 시인이다. 데우소스와 보이오디아와 같은 이름의 마을에 있는 언덕으로, 안티마코스는 이 언덕에 없는 특징과 미점을 열거해 칭찬하고 있지만, 실제 없는 것을 드러내는 일은 어디까지나 계속할 수 있으므로 그 결과 칭찬을 강조하게 된다.

331) 여기서 나팔과 리라금의 관계는 나팔의 울림과 리라의 가락 관계에 대응하고 있다. 빠진 것을 이용하는 것이므로 나팔의 울림을 리라 없이, 기다라 없이, 아우로스 없이… 가락으로 얼마든지 표현할 수 있다.

chapter 7

332) 클레오폰(Kleophōn)은 아테네의 비극 작가다. 아리스토텔레스는 『시학』 가운데서 자주 다루고 있다.

333) 노여움이 포함된 표현에 의해 논자는 노하고 있다. – 노할 행위가 있었다. – 노할 행위에는 모멸이 포함된다. – 모멸이 있었다고 추론한다.

334) 여기서 이소크라테스를 염두에 두고 있는 것이 아닐까. 플라톤 『파이드로스』에 의하면, logographos는 본래 '문장을 쓰는 사람', 즉 기록하는 사람이나 산문가가 아니고 남을 위해 변론을 대신 써 주는 사람을 가리키고, 경멸의 대상으로 삼은 것 같다.

335) 이것은 지나침이나 과장이 있을 경우 반론에 선수를 쳐서 "이렇게 말해도 지장이 없다면"이든가, "감히 말한다면" 등 한정하는 말의 덧붙임을 말한다.

336) 이 문장을 윗글의 내용과 연결하면 모순된 일을 말하는 것이 된다. 그러므

로 Ross는 사본의 apithanon(설득력 없는)을 pithanon(설득력 있는)으로 고치고 있다. 그러나 이 번역에서는 사본을 살려 ūn 앞에 d'를 보태어(Dufour, Kassel) 이 글을 일반론으로부터의 마무리로 생각한다.

337) 전자는 ūranos(하늘)와 mekos(크기)를 하나로 한 합성어다. 후자는 pelōrios란 말이 듣기 드문 말이다.

338) 전자는 『파네기리코스』 186에서의 인용으로, 동류어를 배열 장식한 예다. 후자는 같은 책 96에서의 인용으로, etlēsan(안내)이라는 말은 시에서 사용하지만 산문에서 전혀 사용하지 않으므로 듣기 드문 말의 예에 해당한다.

339) 고르기아스의 예는 아리스토텔레스 『정치학』에서 서술되고 있다. 어떤 질문에도 대답할 수 있다고 공언한 고르기아스가 시민의 자격을 어떻게 정의할 것인가 하는 질문에 대해 어중간하게 답이 궁색한 중에 핀잔을 넣어서, "막자사발 만들기에 따라 만들어진 것을 막자 사발이라고 부르는 것처럼, 데미울고스에 의해 만들어진 것이 라리사인이다. 왜냐하면 라리사인 만들기라는 장인이 있기 때문이다."고 대답했다. 이것은 데미울고스라는 말이 통상 '장인, 제작자'를 의미하지만, 다수의 도시에서는 행정관을 데미울고스라고 부른 점, 또 위의 예를 따르면 라리사인 장인이 만든 것이 라리사인이라는 것이 되지만, lariso-poioi(larisaiopoioi 라리사인 장인)에는 라리사풍 항아리의 장인이라는 의미도 있기 때문에 양쪽에 걸쳐 행정관이 인정하면 시민이 탄생한다고 말한 것이다. 『파이드로스』의 말이란 소크라테스가 자기에게 님프(요정)가 붙어서 과장된 변론을 유창하게 이야기했다고 해 핀잔 섞인 비판을 가한 부분을 가리킨다.

chapter 8

340) 클레온(Kleōn)은 가난한 자의 변호인임을 자임했다. 해방 노예는 법정에서 변명할 권리를 갖지 못했기 때문에 재판에서 대리인 또는 변호인을 선임하지 않으면 안 되었다. 그들은 그때 정해 놓고 '클레온'이라고 답했지만, 이 답이 귀에 젖은 어린이들이 법정 직원들로부터 이 질문이 나오면 항상 그것이 끝나기 전에 '클레온'이라고 답한다는 것이었다.

341) 장단의 각운(−U)에서 나오는 경쾌한 리듬이다.

342) 본래는 기원전 7세기에 크레테에서 스파르타에 전해졌다. 치료의 신 아폴론에 대한 찬가다. 단단단장격(UUU−)에서 이루어진다.

343) 1:1이란 영웅시의 리듬(−UU 또는 UU−의 각운을 갖기 때문에)으로, 2:1은 이암보스조(−U)의 각운에서 이루어진다.

344) 이하 세 가지 인용은 시모니데스로부터의 것이다.

345) 고대에 구두점 없이 중요 부분의 끝에 표시를 방기해 놓았다. 현재의 구두점과 기능이 같다고 보아도 좋다.

chapter 9

346) 디티람스는 본래 디오니시오스 제사 때 피리 반주로 원무를 추면서 노래 부른 찬가다. 이것이 코린토스의 아리온에 의해 다듬어져 그리스 서정시의 한 형식으로 발전했다. 그는 합창단의 노래를 일정 형태만 취한 여러 행으로 이루어지는 스트로페와 이것을 같은 형식으로 어순을 역으로 반복하는 안티스트로페(핀타로스의 제1연과 제2연)로 나누었지만, 이 구성에서 비극의 형식이 탄생했다. 기원전 5세기 이후 지금까지 연주자만이 부탁받아온 디티람스에 악기에 의한 전주가 앞에 오도록 되어 점차 음악 쪽으로 무게가 실렸지만, 이에 대해서 이후에 아리스토텔레스의 비판이 보인다.

347) 연결된 것만의 표현이란 헤로도토스나 초기의 기록자, 산문가가 사용한 문체로, 문이나 구절이 접속사나 소사에 의해 연쇄적으로 하나를 이루고 있는 것의 각 절을 나누어 보면 그 사이에 어떤 연결도 없다는 구조의 문을 가리킨다. 한편, 회귀성을 갖는다는 것은 아리스토텔레스가 '주기적 문(periodos)'이라고 부르는 문체로, 문의 구성 부분인 절이 절 상호 간에도, 전체에 대해서도 밀접한 관련을 유지하고, 문 전체가 조직적으로 구성된 것을 말한다. 예를 들면, 둥근 천장은 돌이 상호 간에 밀고 있어 이렇게 함으로써 떠받쳐져 중심에 힘이 모이고 하나의 전체를 이루는 것인데, 절은 이때의 돌에 해당한다고 말할 수 있다. '주기'라는 것은 주기가 원과 마찬가지로 완전한 것이라 생각해 그 자체가 완결되어 있기 때문이다.

348) 이 문장은 헤로도토스『역사』의 첫머리를 약간 변경해 인용한 것이다.

349) 그것을 구성하는 부분, 절의 수가 잘 이해된다고 하는 것이다.

350) 예전 주석에 의하면, 이것은 에우리피데스의『메레아크로스』에서 인용된 것이다. 칼리돈은 코린토스만을 끼고 펠로폰네소스 북방 아이드리아 지방에 위치한 도시다. 문장의 분단에 의해 이것이 펠로폰네소스에 속하는 것처럼 오

해될 가능성이 있다.

351) 아브데라의 철학자와 동명으로, 동시대의 음악가다. 또 멜라니피데스(Melanippidēs)는 기원전 5세기의 디티람스 시인이다.

352) 전체 그리스 집회(panēgyris)란 올림피아 제전 같은 것을 가리킨다. 이하에 계속되는 인용문 열 개는 모두 이소크라테스 『파네기리코스』에서 인용한 것이다.

353) 이 두 사람은 페라이 참주 알렉산더를 살해한 인물이다. 이야기 내용은 페라이에 있을 때 그대들을 노예로 팔고, 지금 이 땅에 와서 그대들을 사들이고 있다고 하는 것이다.

354) 전자는 아리스토파네스 단편이다. 이와 똑같이 유사어를 이용한 놀이는 크세노폰에도 보인다. 후자는 호메로스 『일리아스』에 나온다(9서 526행)

355) 아리스토텔레스의 변론법에 관한 초기의 작품으로, 디오게네스·라엘디오스 목록 중에 나온다. 문체와 문의 구성을 다룬 것으로 알려져 온다. 작품명은 기원전 4세기의 비극 시인으로 변론가 '테오덱테스'에 기인한 것이다.

356) 이것은 에피카르모스가 변론가를 통해 그 흉내를 내어 노래한 것이다.

chapter 10

357) 4장의 예를 사용하면, 비유는 아킬레우스의 돌진, 다만 "사자가 돌진했다." 고만 표현한다. 이것은 아킬레우스를 사자라고 말하고 있는 것이지만 설명이 없기 때문에 청자의 마음은 '왜 그럴까?' 하고 생각해 양자 간에서 공통의 특징을 보려고 한다. 따라서 이해할 때 기쁨도 후에 따라온다. 이에 대해 이를테면, "아킬레우스는 사자처럼 돌진했다."고 말하면 이것은 "아킬레우스의 돌진 모습은 사자의 그것과 유사하다"고 설명한 것으로, 거기에 배워야 할 것이 보이지 않는다.

358) 비유의 네 종류는 『시학』 중에서 드러나 있지만, 그것들은 (1) 유를 종으로, (2) 종을 유로, (3) 종을 종으로 적용하는 것과 (4) 비례에 의한 비유 등이다.

359) 추도 연설의 일부다.

360) 렙티네스(Leptinēs)는 데모스테네스가 논박을 쓴 바로 그 상대다. 이 비유는 아테네에 위기를 호소하러 온 스파르타 사절을 맞이해 아테네 집회에서 말

한 것인데, 아테네와 스파르타는 그리스의 2대 세력임을 주장해 이것을 두 눈에 비유한 것이다.

361) 케피소도토스(Kēphisodotos)는 아테네의 변론가다. 카레스(Charēs)는 용병을 지휘해 기원전 349년 올린토스전에 참전한 아테네 장군이다. 심사회란, 공직에 있는 자가 임기 종료 시에 집무 보고를 하고, 그 후에 보고 내용에 붙여 고소자가 있을 경우 이를 심사하기 위해 설치된 것이다. 이 비유는 카레스가 용병을 인솔, 심사회에 출석해 민회의 의결에 압력을 넣는 것을 말하고 있다.

362) 기원전 358년 제3회 에우보이아 원정 시의 일이다. 데바이의 공격을 받은 에우보이아 구원을 위해 급거 원정하게 될 때의 말이다. '밀티아데스의 포고령'이란, 페르시아 전쟁 시기에 밀티아데스의 명령이 매우 신속하게 집행되어 승리로 이어진 일에서 속담으로 말하게 된 것이다.

363) 약소 도시 에피다우로스와 평화 조약을 체결한 데서부터 이를 침략해 약탈하고, 전쟁 시 비축할 길을 잃어버렸다는 의미다.

364) '파랄로스'는 정치범을 실어 나르는 3단 상앗대 병선 이름이다. '세스토스'는 헤레스폰도스의 유럽 쪽에 있는 마을이다. 흑해 곡창 지대의 집산지이기도 하다. 아테네의 외항 페이라이에우스 곡물의 수입선이고, 거기에 sēstos에 '체'의 의미가 있어 금을 체로 거르는 것처럼 가져간다는 의미로 이같이 비유한 것이다. 아이기나는 페이라이에우스 남방 사로니카만의 중앙에 가로막아 선 섬으로, 그 경제적 번영이 페이라이에우스를 위협한 때문에 이렇게 불렀을 것이다.

365) 나쁜 일을 이율로 비유한 것이다. 모이로클레스(Moiroklēs)는 데모스테네스와 동시대의 살라미스 출신 정치가다.

366) 'hyperēmoros'라는 것은 벌금이나 부과금의 지불 기한을 표시하는 전문용어다. 작자인 아낙산드리데스(Anaxndridēs)는 기원전 4세기의 희극 시인이다.

367) 다섯 개의 구멍은 머리·양손·양다리를 넣는 도구로, 몸을 움직이지 못하게 하는 것이다. 폴리에욱토스(Polyeuktus)는 데모스테네스와 동시대의 아테네 변론가다. 스페오시포스는 아카데미아의 좌장과 동명이인이다. 양자가 모두 중풍으로 쓰러진 일은 우연의 일치일까.

368) 병선의 유지에 속령이나 동맹국의 경제가 맷돌로 간 것처럼 처절했음을 말

하고 있다.

369) 스파르타 시민은 공동 식당에서 함께 식사를 했다. 이 비유는 검소한 식사지만 정연한 스파르타의 식당과 자유자재로 마시고 먹고 떠들썩한 아테네의 술집을 국가 체제의 비교를 포함해 대비하고 있다. 또, 그 기니코스파의 사람이라고 번역한 그리스어는 '개'를 말하는데, 이것은 시노페의 디오게네스를 가리키고 있다.

370) 기원전 415~413년 아테네의 시케리아 원정을 가리킨다. 이것은 아테네의 인구를 고려하면 대원정으로, 결국은 실패로 끝났다.

371) 'syndromē(군중의 긴급 모임)'란 민회를 이른다. 이 말은 군중이 무질서하게 달리는 일을 의미하므로, 이때의 말은 무질서하게 단지 모이기만 할 뿐인 민회에 경고를 발하는 것이다.

372) 리시아스의 추도 연설이다. 다만, 아리스토텔레스의 인용은 변경을 가하고 있다. 비유는 그리스를 의인화하고 젊은이의 죽음을 비탄하는 어머니처럼 표현하고 있지만, 변경이 가해짐으로써 '전사자 대 용기'는 '그리스 대 자유'의 대비도 포함하는 것이 되어 이 비유는 평판이 좋게 되었다.

373) 카레스가 아리스토폰과 함께 이피크라테스를 고소할 때 그에 대한 변명 중에서 한 말이다.

374) 리콜레온(Lykoleōn)에 대해서 가브리아스 재판(기원전 336년)에서 변호를 한 아테네의 변론가라는 사실 외에 알려진 것이 없다. 가브리아스의 군대는 그의 명령이 있을 때까지 대지에 무릎을 붙이고 방패를 그 위에 놓고 창을 쑥 앞으로 내민 자세로 적이 오기를 기다렸는데, 이 대형은 적에게 위협적이었다. 아테네는 그의 무공을 찬양해 동상을 세우기로 결의하고, 그 디자인은 앞에 말한 자세를 취하는 것으로 결정했다. 이 동상은 나고라 재판소 앞에 건립되었는데, 동상의 모습이 탄원자가 취하는 모습과도 같아서 이와 같이 말한 것이다. 이로 인해 탄원자의 바람을 무정하게 잡아떼는 것은 제우스, 히게시오스의 노여움을 사는 일이라 했다.

375) 이소크라테스의 『파네기리코스』 151이다. 수련은 증대시키는 일에 포함되므로 이것은 네 종류의 비유 가운데서 '종에서부터 유에로의 비유'가 된다.

376) '집무 심사'에는 여기서 단순히 집무 보고의 심사만 아니라 그 결과 받는 처벌까지도 포함해 고려하고 있다.

chapter 11

377) 이소크라테스 『필리포스』 127이다. 이것은 자국법이나 관례에서 벗어나지 못하는 속 좁은 애국주의에 대해 필리포스가 자유롭게 그리스를 지배해 페르시아와 싸울 수 있는 모습을 아무런 방해 없이 활보하는 성스러운 동물에 비유한 것이다.

378) 에우리피데스 『아울리스의 이피게네이아』 80행이다. 원문은 창으로 돌진했다고 나와 있다.

379) 시시포스(Sisyphos)는 저 세상에서 거대한 바위를 언덕 위에까지 밀어 올린 괴로운 일을 치렀지만, 언덕 위에 오르자마자 바위가 굴러떨어져 또다시 처음부터 밀어 올린다는 불필요한 노고를 한없이 강제 받았다.

380) 동떨어진 것이 같은 종·유에 포함됨을 보고 취한 것이다. 이것은 낱개를 종으로 놓고, 또는 종을 유로 놓고 파악하는 이해의 일반 방식이다.

381) 아르키타스(Archytās)는 타라스 출신의 피타고라스학파 철학자다. 플라톤과 친교가 있다.

382) 텍스트대로라면 홍미가 어디에 있는지 판연하지가 않다. 그래서 텍스트를 고치려는 시도가 많지만, 어떻든 결정적인 것이 없으므로 사본대로 읽는다. 이 경우 thrassei의 주어인 '무엇'을 잘 알 수가 없다. 트라키아 사람의 신분 등이 짐작되기도 한다. 기다라의 연주법과 종으로 일한 이들이 통상 트라키아 사람들이었기 때문에 그렇게 짐작하는 것이다.

383) 이 말도 홍미가 어디에 있는지 잘 모르겠다. 대체적인 해석은 persai(멸하다)와 Persai(페르시아인)의 치환이라고 생각한다. 그 경우는 페르시아인의 잔학성을 염두에 두고 있는 것이다.

384) 여기서 말하는 적절한 방식은 어의 치환이나 의표를 찌르는 표현의 경우 유의점에 합치하는 것은 물론이지만, 사실과 동떨어지지 않을 것, 상황·시기 등에 합치해야 함을 포함한다. 경우에 따라서 Cope가 말한 것처럼 시기를 취하든가 상황에 변화를 주는 기술적인 것도 포함해야 할지 모른다.

385) 연주 시의 모습이 비슷하다는 것일 게다.

386) 필록테테스(Philoktētēs)는 데살리아 마그네시아 사람으로, 트로이 전쟁 시 그리스 원정군 장수의 한 사람이었다. 그런데 트로이아로 가는 도중 렘노스에서 향연이 절정일 때 그만 독사에 물려 여기서 9년간이나 머물게 되었다.

387) 둘 모두 무명 희극 시인의 단편이다(207, 208 Kock). 필라몬(Philammōn)은 기원전 4세기의 유명한 권투 선수다.

388) 카르파토스는 그레테 섬과 로도스 섬 사이에 있는 섬이다. 섬사람 하나가 야생 토끼를 가져오고 나서 갑자기 새끼가 늘어 섬의 식물이 남아나지를 못하는 피해를 가져왔다. 이 속담은 공통의 '유' 피해를 갖는 두 종 사이의 비유가 된다.

chapter 12

389) 연기란 감정에 맞춰서 내는 목소리의 상태, 크기와 리듬 등을 가리킨다.

390) 대들보를 나르고 있는 사람의 걸음걸이가 단조롭고 발을 버티고 있는 모습 그대로이므로 '단조롭고 기복이 없는 화법'을 가리켜 이렇게 말한 것이다.

391) 이것은 테오덱테스가 표현의 분류에 쾌적성, 장대성을 덧붙인 데 대한 언급이다.

chapter 13

392) 일반 변론에 '반론'이 없지만 의회 변론에는 있어도 이상할 게 없다. 아마 여기서 계쟁 사건처럼 꼭 있는가 여부를 문제로 하고 있는 것일 게다. '진술'에 있어서도 일반적으로 주제 제기의 형식으로 보이지만 그가 말하는 것처럼 한정된 의미의 것은 없다는 것일 게다.

393) 플라톤 『파이드로스』에는 pistis(설득) 이외에 epipistis(보충 설득), elenkos(반박) 외에 epexelenkos(보충 반박)까지도 분류돼 있다 말하는 것이다.

chapter 14

394) 『헬레네』 1~13행이다. 이 서론에는 본론의 헬레네 찬미와는 전혀 관계가 없는 논쟁의 일이지만, 그 밖의 많은 것을 말하고 있다.

395) 코이릴로스(Choirilos)는 기원전 5세기 사모스의 서사 시인으로, 페르시아 전쟁을 칭송해 노래하고 있다. 인용한 의미는 예전 시인들은 구가해야 할 일이 많았지만, 지금은 모두 할당되기 때문에 새로운 것이 손에 남아 있지 않다

고 하는 것이다.

396) 티모데오스의 『스키라』에서 온 것이라 생각되는 단편이다. 디티람스의 서가(序歌)가 다만 연결되어 있을 뿐으로, 내용적으로 관계가 없는 것은 이 책의 3권 9장에서 말한 바가 있다.

397) 앞에 나온 코이릴로스가 페르시아 전쟁을 칭송해 노래한 서사시다.

398) 『오이디푸스』 774행이다. 양아버지인 코린토스 왕 폴리포스를 친아버지라 믿고, 친아버지인 데바이왕 라이오스를 잘못 알아 죽이고, 잘못 알고 친어머니와 결혼해 신탁의 말이 어느 틈에 사실이 되었다는 것이 이 작품의 주제다. 따라서 인용한 말이 바로 주제를 표시하고 있는 것이 된다.

399) 지금까지 청자의 결점이라 해서 다음과 같은 것이 드러나고 있다. 진술을 남의 일로 즐겁게 듣는다. 감정에 의해 판정을 바꾼다. 긴 의론으로 가져가지 않는다. 무교양하다. 잘못된 오류를 가지고 추론을 내린다. 연기적 효과에 좌우된다. 긴 이야기에 속아 넘어간다. 표현과 화법으로 영향을 받는다.

400) 프로디코스(Prodikos)는 케오스 출신의 소피스트로, 소크라테스와 동시대 사람이다. '50드라크마 강연'이란 것은, 50드라크마의 사례 금액에 알맞아 내용은 전혀 들을 것이 없다고 하는 의미다.

401) 전자는 소포클레스 『안티고네』 223행이다. 좋지 않은 보복이기 때문에 빠르게 보복하러 오지 않는 일에 대해 파수병이 해명하는 말이다. 후자는 에우리피데스 『타우리케의 이피게네이아』 1162행이다. 이것은 일행 앞에서 행한 이피게네이아의 변명을 듣고 도아스는 이피게네이아가 긴 변명으로 들어갔다고 생각한 까닭에 이렇게 말한 것이다.

402) 칭찬받지 못하는 청자에게 자기들도 함께 칭찬받고 있다고 생각하게 하면, 스파르타인 사이에서 아테네인을 칭찬하는 것도 성공한다고 하는 것이다.

chapter 15

403) 아테네에서 디오니시오스 축제·달기아 축제 등의 합창대 봉사라든가 3단 상앗대 선의 봉사 등 공적 행사의 봉사를 할당받을 때, 자기보다 유복한 시민이 따로 있을 경우 그 자를 지명하든가 또는 그 자에게 재산의 교환을 신청하는 일이 허락되었다. 이것이 antidosis이다. 그 신청을 거부당하면 법정의 재결을 기다리게 된다. 이 경우 어느 쪽이 교환을 신청했는가는 불분명하다. 또

히기아이논(Hygiainōn)에 대해서는 불확실하다.

404) 테우크로스는 그리스 스파이로서 트로이아에 보냈으나 후에 배반죄로 고발되었다. 그때 고발한 오디세우스는 테우크로스가 트로이아 왕 프리아모스의 부하라는 사실을 배반의 미증으로 드러내 테우크로스는 아버지 데라몬이 그리스 원정군에 참가, 적성에 먼저 뛰어들었기 때문에 프리아모스의 적이라든가, 트로이아에 잠입한 그리스 편 스파이를 적에게 통보하지 않았다는 사실을 반대의 미증으로 드러낸 것이다.

405) 야음을 틈타서 트로이아군 진중에 잠입해 정찰하는 임무를 지원한 디오메데스가 오디세우스를 동행자로 선택한 사실을 가리킨다.

chapter 16

406) 이것은 30인 모임의 크리티아스의 일일 것이다. 다수의 사람이 그의 행위를 잘 알고 있다. 그만큼 악명 높게 플라톤을 비롯한 많은 사람의 비난이 집중되었다. 따라서 비난하는 일이라면 설명할 필요가 없지만, 칭찬하는 일이라면 어째서 칭찬하는지 설명의 말이 필요해진다.

407) 여기에 탈락이 짐작된다. 그 이유는 일반 변론의 설명에서 어떤 예고도 없이 법정 변론으로 화제가 옮겨 갔기 때문이다.

408) 국경 경비를 담당한 이집트 병사 24만 명이 3년이 지나도 교체 병력이 오지 않자 왕을 배반하고 이디오피아 영토로 도망쳤다. 왕명을 받은 추격자가 와서 처자를 나라에 놓아두고 가려는 일을 중지시키려 했지만, 그때 병사들은 자기들의 남자 성기를 가리키며 이것만 있으면 어디에 가도 새로운 처자가 생길 것이라고 대답했다.

409) 오디세우스가 그 고난과 파란만장의 여행을 알키노오스(Alkinoos) 왕에게 말할 때, 현재 일어나고 있는 것처럼 생생한 화법으로 말해『오디세이아』의 9~12서에 이르고 있으나, 귀국 후 아내 페넬로페에게 말할 때는 과거에 일어났던 일을 요약 형식으로 24서의 264~284행, 310~343행의 총 55행으로 요약했다(아리스토텔레스는 어림수를 댄 것이다.). 여기에서 '알키노오스에 대한 이야기'는 긴 이야기를 의미하는 표현으로 사용하게 된 것이다.

410) 파일로스(Phayllos)의 서사시에 대해서 자세한 것을 알 수 없지만, 아마도 동일 테마나 인물을 둘러싼 다수의 서사시를 가리키는 것일 게다.

411) 아이스키네스(Aischinēs)는 소크라테스의 적극적인 신봉자다. 그는 법정 변론을 썼다. 크라틸로스(Kratylos)는 헤라클레이토스의 무리로서, 만물의 유동성을 극단적인 형식으로 주창했다고 일러 온다. 플라톤에게 그의 이름을 딴 작품이 있다.

412) 칭찬이나 비난은 일반 변론의 기능으로, 의회 변론의 본래 역할은 안건을 권장하고 단념케 하는 데 있다.

chapter 17

413) 여기에 미래를 예언한다고 티를 부리는 예언자들에 대한 야유가 포함돼 있다.

414) 아킬레우스는 펠레우스와 테티우스의 아들로, 펠레우스는 아버지다. 또 펠레우스는 아이아코스가 아버지고, 아이아코스는 제우스가 아이기나와의 사이에서 얻은 자식이다. 따라서 아킬레우스를 칭찬하느라 대대로 이어 온 조상을 차례차례 상찬하다가 드디어 아킬레우스에게 용기 있음을 기리고 있는 것이다.

415) 반박이란, 상대의 결론과 모순되는 결론을 추론에 의해 도출하고, 이에 대립시키는 일이다. 따라서 이의와 같이 초기 단계에서 상대가 내거는 한 가지 전제에 대해 다른 의견을 주장하는 것과 다르다. 반박 시에 이미 대립 추론이 성립되고 있다.

416) 여기서 언급하고 있는 것은 그가 만테네이아 전투 직전에 펠로폰네소스에 파견되었을 때의 일일 것이다.

417) 에우리피데스『트로이의 여자들』969·971행이다. 이것은 헬레네가 변명하고, "파리스의 심판에서 헤라·아테나·아프로디테의 세 여신이 아름다움을 서로 경쟁하고, 여기서 아프로디테가 승리한 결과 자기가 파리스와 맺어지게 된 것은 그리스에 이익을 가져다준 일이다. 즉, 그리스가 전쟁에 패하고 적의 지배하에 들어가지 않은 채 끝난 것이다."라고 말한 데 대해 트로이아의 왕비 헤가베가 대답한 말이다. 헬레네의 변명에는 헤라나 아테나가 자기가 승리하면 그 대상으로 그리스를 외국에 복종시킨다고 약속한 사실이 함유돼 있는데, 이에 대해 헤가베가 헤라나 아테나가 그만큼 어리석다고 생각지 않는다고 반론하고 있는 것이다.

418) 전자에서 이소크라테스가 자기 작품에 만족의 뜻을 표하는 대신 이 사실을 들은 친구가 감격해 찬사를 말하고 있다고 해서 그 말을 드러낸 것이다. 후자는 가공의 친구를 내세워 남의 입을 통하지 않으면 예의범절을 갖추고 있지 않다고 생각되는 내용의 찬사를 말하게 하고 있다.

419) 그는 네오퓔과 약혼한 처지지만, 그녀의 아버지 리간베스가 이를 파기한 일에 대해 직접 비난하지 않고 리간베스의 입을 빌어 풍자적으로 딸을 비난했다. 인용된 말은 불분명하지만, 어쨌든 원래대로라고 할 수 없다. 예기치 못한 일이 일어난 것이라는 의미일 게다.

420) 기게스는 리티아의 부유한 왕이다. 알키로코스가 기게스를 구가한 것은 헤로도토스에 의해서도 언급되고 있다.

421) 『안티고네』 688~700행이다. 이 가운데서 하이몬은 안티고네에 대한 클레온의 혹독한 처사를 직접 비난하지 않고, 마을 사람들의 목소리를 드러내는 형식으로 힐난하고 있다.

chapter 18

422) 아테네의 예언자다. 이마 위에 뿔이 하나밖에 없는 양이 페리클레스 앞으로 끌려왔을 때, 이것은 2대 세력 페리클레스와 도우키데스(Thoukydidēs)의 한쪽에 권력이 돌아올 징조라고 예언한 인물이다.

423) 플라톤 『소크라테스의 변명』 27a~28a.

424) 비극 작가 소포클레스와는 다른 사람이다.

425) 이 점에 대해서 1권 11장의 주를 참고하라.

chapter 19

426) 연민은 2권 8장, 노여움은 2권 2·4장, 미움은 2권 4장, 질투는 2권 9·10장, 경쟁심은 2권 11장에서 각각 다루고 있다.

용어 풀이

모든 음절과 문장은 음성 표현이 가능하다. 그리스 명사의 피치 억양은 단어의 마지막 3음절 중에서 나타난다. 그러나 피치 억양은 특수 명사 또는 형용사에서만 결정된다. 스트레스 억양인 라틴어 규칙과 일치하는 그리스 용어의 발음은 수용이 가능하다. 따라서 장모음, 중모음, 중자음 뒤에 단모음이 포함되면 끝에서 첫 번째 음절에 강세의 억양이 온다. 그렇지 않으면 강세가 끝에서 세 번째 음절로 이어진다. 음역(音譯) 시스템이 다양하게 바뀐다. ē는 eta에 해당한다. 영어 장음 a처럼 발음한다. ō는 omega 혹은 장음의 o이다. nk는 본래의 gamma kappa(gk)에 해당한다. 그러나 그것은 비음이다. 라틴어 저자들은 c를 그리스어 kappa에 해당하는 것으로 사용하고 있다. 그리고 라틴어 표기는 오늘도 몇몇 학자들이 계속 사용하고 있다. 그래서 arkhē 혹은 arche, kōlon 혹은 colon 등등으로. 그리스 말의 정관사는 단수로 ho(남성)·hē(여성)·to(중성), 복수로 hoi·hai·ta이다. 다음 목록에서 성별은 각각 m., f. 또는 n.으로 표시한다.

amphisbētēsis, pl. amphisbētēseis(f.): 토론의 계쟁 문제

antistrophos, pl. antistrophoi(m.): 유사한 한쪽, 상관어

antithesis, pl. antithesis(f.): 단어, 어구, 아이디어의 대조 또는 반대

apodeixis, pl. apodeixeis(f.): 논리적 증명

apologia, pl. apologiai(f.): 자기 변호의 스피치

aretē, pl. aretai(f.): 도덕상의 미점, 문체의 미점

arkhē, pl. arkhai(f.): 시작, 출발점, 제일 원리. 단어는 의미의 다양성을 갖는다.

asyndeton, pl. asyndeta(n.): 연결사(접속사) 생략, 연결어의 부재. 현재 '복합어'라 한다. 아리스토텔레스는 polloi syndesmoi를 사용한다.

atekhnos pistis, pl. atekhnoi pisteis(f.): 순수한 증거 또는 증언. 화자가 날조한 것이 아니다. 최근의 작가는 부대적이라 부른다. 법률, 증인, 계약, 노예 증거, 서약 부분 등은 1권에서 토의하고 있다. 3권의 직증외적 스피치의 사실을 atekhnon이라 한다.

auxēsis(f.) or to auxein or to auxētikon(n.): 효과를 강화하기 위한 진술의 확충 또는 증대; 직증외적 웅변의 특징, 전체 종(種)으로 사용됨; 생략 추리법의 토픽으로 간주되지 않는다. 반대는 불찬성이다.

blaisōsis(f.): 대립되는 결론이 여러 전제로부터 추리할 수 있는 사실을 보임으로써 반대자의 생략 추리법을 논파하기 위한 한 꼬임.

diabolē, pl. diabolai(f.): 스피치의 편파적인 공격 또는 중상

diairesis, pl. diaireseis(f.): 논리적 표제가 되는 논의 부분

dialektikē(f.) : 변증법, 정치적 또는 윤리적 성격의 이슈에 대한 논리적 논의 기술; 질의응답 형식으로 철학 전공 학생들이 실제로 하는 연습 과정.

dianoia(f.): 사고; 1권과 2권에서 사용한 변론적 창안을 말한다.

diatribē, pl. diatribai(f.): 문제에 대한 유념; 일상적인 개인적 비난, 때로 탈선.

diēgēsis, pl. diēgēseis(f.): 스피치의 진술 또는 논쟁

dikaion, pl. dikaia(n.): 법정 변론 주제의 정당성

dikankos(Logos), pl. dikanikoi(m.); dikanikon(genos or eidos), pl.

dikanika(n.): 법정 변론

dikastēs, pl. dikastai(m.): 배심원의 한 사람

dikē, pl. dikai(f.): 정당성; 인권 위반 주장에 대한 심리.

dynamis, pl. dynameis(f.): 무슨 일을 하든가 무슨 일이 될 때의 가능성, 능력, 기능. 레토릭이 포함하는 모든 기술의 가능성. 아리스토텔레스 철학에서 규칙적으로 대비되는 에너지.

eidos, pl. eidē(n.): 형식; 종류에 대비되는 종. 1, 2권에서 사용한 일반 및 특정 주제를 의미함.

eikōn, pl. eikones(f.): 직유

eikos, pl. eikota(n.): 개연성(있을 법한 일)

eirōneia(f.): 감정의 속임수, 모방, 조롱

ekklēsiatēs, pl. ekklēsiastai(m.): 민회의 한 회원

elenkos, pl. elenkoi(m.): 논박, 논파

energeia(f.): 현실화, 실현, 기력으로 무기력을 설명함. 몇몇 작가는 energeia를 명료성 또는 활성을 의미한다고 하나 『레토릭』에서 나타나지 않는다.

enkōmion, pl. enkomia(n.): 인간 행위의 칭찬; 입증 외의 형식

enstasis, pl. enstaseis(f.): 대항 논의에서 전제에 대한 반론

entekhnos pistis, pl. entekhnoi pisteis(f.): 기술적 또는 본질적 설득 수단, 신뢰할 수 있는 화자의 인격적 표현과 청중의 정서를 움직일 수 있는 논리적 논의의 사용 등에서 파생됨.

eathymēma, pl. enthymēmata(n.): 변론적 삼단 논법(연역법), 이유, 왜냐하면, …한 이상, 설사 …일지라도 등으로 표현한 지지 이유가 뒷받침된 진술. 논리적 삼단 논법과 대조적으로, 전제와 결론은 대체로 유명

하나 논리적 사실이 필수 불가결한 것은 아님. 청중이 쉽게 추정하면 전제를 생략할 수 있다.

epagōgē, pl. epagōgai(f.): 귀납법

epainos, pl. epainoi(m.): 칭찬, 입증 외의 적극적 형식

epideiktikos(Logos), pl. epideitikoi(m.); epideiktikē(lexis), pl. epideiktikai(f.); epideitikon(genos or eidos), pl. epideiktika(n.): 입증 외적 연설, 예증 변론, 칭찬 또는 책망의 변론 기술.

epieikeia(f.): 공명정대

epieikes(n.): 공명정대, 공평

epiLogos, pl. epilogoi(m.): 에필로그, 열변적인 연설의 결론, 스피치의 결론.

epistēmē, pl. epistēmai(f.): 지식; 아리스토텔레스의 다른 저술, 과학적 지식, 테크닉 또는 아트와 대조됨; 사고의 체계적 본체를 갖는 정치학 및 윤리학과 같은 학문으로 다루어진 레토릭.

epitheton, pl. epitheta(n.): 형용사적 어구

erotēsis, pl. erotēseis(f.): 화자가 적수에게 던지는 심문

ēthos, pl. ēthe(n.): 인격, 인간의 도덕적 성격

eudokimounta(n.): 청중에 유사한 표현법

glotta, pl. glottai(f.): 문체상 난해 원인이 되는 생소하고 용도 소멸된 어휘 또는 외국어 등.

gnōmē, pl. gnomai(f.): 금언, 격언, 생활에 관련되는 일상적 진술.

hellenizein(n.): 문법적으로 좋은 그리스 말

homoioteleuton, pl. homoioteleuta(n.): 끝에 오는 각운(시구의 끝 글자에 다는 운(韻), 두운과 대조됨.).

hyperbolē, pl. hyperbolai(f.): 과장법, 과장된 은유

hypokrisis(f.): 실연(實演), 변론 실시

idiai(f.); idion, pl. idia(n.): 특정 논제, 특정 증명; 일반 토픽과 대조되는 정치학 및 윤리학 같은 학문의 전문적 토픽.

kalon, pl. kala(n.): 서사시의 찬사와 같이 훌륭하고 우러러보기 좋고, 명예스럽고 고귀한 것.

katēgoria, pl. katēgoriai(f.): 고발 또는 기소

Koinai pisteis(f.): 설득의 논리적 방법은 레토릭의 3종이 보통이다. 범례(paradigm), 격언(maxim), 삼단 논법(enthymeme).

koinoi topoi : 토픽, topos를 보라.

koinon, pl. (ta) koina(n.): 논의의 주제는 레토릭의 세 가지 종이 보통이다; 가능과 불가능, 과거와 미래의 사실, 크기의 정도.

kōlon, pl. kōla(n.): 쌍점(colon, :), 쉼표 가운데 하나임.

krisis, pl. kriseis(f.): 판단, 의회 변론 또는 법정 변론에서 만들어짐.

kritēs, pl. kritai(m.): 판단, 종종 법정 멤버를 의미하지만 심의회 멤버를 의미할 때가 있음.

kyrios, pl. kyrioi(m.); kyria, pl. kyriai(f.); kyrion, pl. kyria(n.): 문법상 한 단어의 일반적 또는 특정적 의미; 문맥에서 단어가 갖는 다양한 다른 의미.

lexis, pl. lexeis(f.): 무엇을 표현하는 문체, 종종 어휘 선택, 때로 문장의 작문 또는 스피치 실연.

lexis agōnistikē(f.): 실제 토론에서 하는 표현의 문체

lexis eiromenē(f.): 엮어 나가기, 종결 문체와 다른 연결 문체

lexis graphikē(f.): 문장 문체

lexis katestrammenē(f.): 쌓아 포개든가 종결하는 작문 문체

logographos, pl. logograpoi(m.): 산문 작가, 스피치 라이터

Logos, pl. logoi(m.): 단어, 문장, 합리적 논의, 스피치, 이야기, 평가 등

lysis, pl. lyseis(f.): 그 논리를 원상으로 돌리든가, 전체가 타당하지 않다든가, 또는 따를 수 없는 다른 결론을 보임으로써 논의를 반박함.

metaphora, pl. metaphorai(f.): 은유, 유추법에 의해 유개념에서 종개념으로, 종개념에서 유개념으로, 종개념에서 종개념으로 외국인 이름의 이동 또는 변동.

nomos, pl. nomoi(m.): 법. 법에 성문법 또는 관습법이 있음.

onkos(m.): 문체의 팽창성

paian, pl. piones(m.): 1장3단(長短) 또는 3단1장 음절로 구성된 각운, 산문의 가장 적절한 리듬으로, 아리스토텔레스가 간파한 것임.

parabolē, pl. parabolai(f.): 비교, 실례의 형식

paradeigma, pl. paradeigmata(n.): 범례, 실례를 쓰는 귀납적인 논의

parison, pl. parisa(n.), 또는 parisōsis, pl. parisōseis(f.): 어절의 길이가 동등한 경우

paromoiōsis, pl. paromoiōseis(f.): 각각의 어절이 말미의 음절에서 유사한 경우

Pathos, pl. pathē(n.): 정서, 분위기로 감각하는 일시적 감정의 상태; 특히 변론에서 화자가 움직인 청중의 정서.

periodos, pl. periodoi(f.): 시작과 끝의 표현. 한두 어절로 이루어짐.

pistis, pl. pisteis(f.): 증명, 설득 수단. 레토릭에서 토의된 피스티스의 범주는 기술적 또는 비기술적이다. 그리고 기술적인 것 가운데 화자의 인격 표현, 청중 정서의 환기, 논리적 증명 등이 기초가 된다.

prepon(n.): 적절하고 타당한 질의 문체
proairesis(f.): 신중한 선택 또는 도덕적 목표, 인격에 기초를 둔 의사 결정
prooimion, pl. prooimia(n.): 머리말, 서론, 또는 연설의 도입부
pro ommatōn poein(n.): 안전에 제시, 시각화
protasis, pl. protaseis(f.): 논의의 논제 또는 전제
prothesis, pl. protheseis(f.): 스피치 도입부의 진술
psogos, pl. psogoi(m.): 책망, 직증 외 연설의 부정적 형식
psychra(n.): 문체의 냉담성
rhētōr, pl. rhētores(m.): 화자, 연설자, 웅변가, 변론가
rhētorikē(f.): 능력, 설득의 가능한 방법을 찾아 각각의 특정 사례에 따름.
rhythmos, pl. rhythmoi(m.): 음절 장단의 순환 비율, 언어의 한계성을 말하는 문장과 어구의 시작 및 끝.
saphes(n.): 명쾌함, 문체의 도덕적 강점
sēmeion, pl. sēmeia(m.): 신호, 있음직한 또는 필연적인 징후
semnos(m.), semnē(f.), semnon(n.): 품위 있는 또는 엄숙한 문체
soloikizein: 어휘 오용의 실수
sophistēs, pl. sophistai(m.): 궤변가, 눈가림의 논의를 일삼는 사람.
stoikheion, pl. stoikheia(n.); 요소, 토픽을 동일시함.
syllogismos, pl. syllogismoi(m.): 삼단 논법, 연역적인 논의, 대전제·소전제·결론으로 이어짐.
symbouleutikos(m.), pl. symbouleutikoi; symbouleutikon(n): 공중 앞에서 하는 일반적 연설
sympheron, pl. sympheronta(n.): 연설자나 청중에게 다 같이 유리하고 유익한 것, 일반적 변론의 주제

taxis(f.): 준비, 회의 진행상의 연설

tekmērion, pl. tekmeria(n.): 필수적인 정확한 신호

tekhnē, pl. tekhnai(f.); 기술, 무엇을 해내는 합리적 습관의 마인드

theoros, pl. theoroi(m.): 관객, 스피치를 청취하지만 직중 외적 연설처럼 특정 행동을 요구받지 않는다.

topos, pl. topoi(m.): 토픽; 그 자체가 논의 또는 논의를 찾을 수 있는 지적 공간. 논의의 형식 또는 전략. 어떤 주제든 논제를 논증할 수 있어야 함. 그것은 전문 토픽과 구별되고 지식의 일부인 특정 논제다. 그 논제 28개 항은 2권 23장에 기술되어 있다. 그러나 1권 15장, 19장에 나오는 개념은 특정 화제다.

참고 문헌

그리스 원문의 현대판 레토릭

Ross, W. David. Aristotelis "Ars Rhetorica", Oxford: Clarendon. 1959

Dufour, Médéric, and AndréWartelle. Aristote, "Rhétorique" With French translations. 3 vols. Paris: Les Belles Lettres. 1960-73

Kassel, Rudolf. Aristotelis "Ars Rhetorica". Berlin: De Gruyter. 1976

영문의 현대판 레토릭

Roberts, W. Rhys, trans, 1924. Rhetorica=The Works of Aristotle. Vol. II. Oxford: Clarendon. Rpt. 1954 in Aristotle, "Rhetoric" and "Poetics". trans. W. Rhys Roberts and Ingram Bywater. New York: Modern Library. Also rpt., with corrections, 1984 in The Works of Aristotle. ed. Jonathan Barnes, 2.2 152-2269. Princeton: Princeton University Press.

Freese, John H., trans. 1926. Aristotle, "The 'Art' of Rheteric". With Greek text. Cambridge: Loeb Classical Library. Harvard University Press.

Cooper, Lane, trans, [1932] 1960. The Rhetoric of Aristotle. New York: Appleton- Century-Crofts.

George A. Kennedy, trans, 1991. Aristotle on Rhetoric, Oxford University Press. New York.

Theodore Buckley, trans. 1995. Aristotle, Treatise on Rhetoric, Prometheus Books. New York.

일문의 현대판 레토릭

池田美惠, 辯論術, 筑摩書房, 1966

山本光雄, 辯論術, 岩波書店, 1968

戸塚七郎, 辯論術, 岩波書店, 1992

국문의 현대판 레토릭

이종오 옮김, 수사학 I, II, III, 리젬, 2007

이상윤 옮김, 아리스토텔레스의 수사학, 보성, 2007